用于国家职业技能鉴定

YONGYU GUOJIA ZHIYE JINENG JIANDING

国家职业资格培训教程

GUOJIA ZHIYE ZIGE PEIXUN JIAOCHENG

创业咨询师

（国家职业资格二级）

编审委员会

主　任　刘　康

副主任　宋　建　张亚男

委　员　陈　蕾　蔡　兵　张　伟　赵　欢
　　　　车志刚　李先国　陈　丰　刘晓群
　　　　高　尚　杜　旭　张　薇　郭　楠

编审人员

主　编　李先国　梁雨谷

副主编　陈　丰

编　者　（按姓氏笔画排列）
　　　　向　映　何军彩　宋保龙　沈　杰　李先国
　　　　张　敏　罗朝能　陈　丰　陈　鑫　赵　伟
　　　　徐成响　梁雨谷　郭振华

主　审　车志刚

审　稿　（按姓氏笔画排列）
　　　　叶仁平　吕继仁　石科明　田顺增　廉亚军

中国劳动社会保障出版社

图书在版编目(CIP)数据

创业咨询师：国家职业资格二级/中国就业培训技术指导中心组织编写. —北京：中国劳动社会保障出版社，2009

国家职业资格培训教程

ISBN 978-7-5045-7693-4

Ⅰ.创… Ⅱ.中… Ⅲ.职业选择-咨询服务-技术培训-教材 Ⅳ.C913.2

中国版本图书馆 CIP 数据核字(2009)第 111702 号

中国劳动社会保障出版社出版发行

(北京市惠新东街 1 号 邮政编码：100029)

出 版 人:张梦欣

*

北京北苑印刷有限责任公司印刷装订 新华书店经销

787 毫米×1092 毫米 16 开本 26.5 印张 461 千字

2009 年 7 月第 1 版 2017 年 7 月第 11 次印刷

定价：48.00 元

读者服务部电话:(010) 64929211/64921644/84626437

营销部电话:(010) 64961894

出版社网址：http: //www.class.com.cn

序

促进创业带动就业是十七大提出的明确要求，也是《就业促进法》的主要内容和政策支持的重点，更是新时期就业工作的一个重要任务和主要增长点。做好创业带动就业工作，需要通过加强创业培训，使创业者的创业能力和经营水平得到提高，从而增加创业者人数；需要通过完善创业服务，使创业者的服务保障得到加强，从而实现创业成功率和企业稳定率稳步提升；需要通过制定和实施一系列的政策扶持措施，使创办的小企业稳定发展，从而大大提高带动就业的倍增效应。

2005 年我部提出在“十一五”期间实施“能力促创业计划”，开展以开业指导、项目开发、创业孵化、融资服务和跟踪扶持为主的“一条龙”创业服务。几年来，通过实施这一计划，各地积极探索，成效显著，创造了一系列先进的经验做法，同时也建立起了一支由企业家、创业成功人士、专家学者及政府工作人员共同组成的创业服务专家队伍。为提高创业服务能力建设，完善创业服务技术体系，2007 年 1 月，我部将创业咨询师作为一种新职业向全社会发布。随着这项新职业培训鉴定试点工作的开展，标志着在创业带动就业的舞台上将出现一支新的生力军。

首先，创业咨询师作为服务创业的一支专业化队伍，将系统提升创业工作水平。在理论方面，创业咨询师掌握了一整套先进的帮助劳动者创业和小企业发展服务的知识体系、政策体系；在操作方面，创业咨询师掌握了引导创业成功的方法和技巧，而且运用丰富的实践经验和鲜活的典型案例来提供指导，从而可以更好地为创业者和小企业经营者提供专业化、人性化的服务。

其次，创业咨询师作为国家职业资格认证体系中的新职业，将为从事创业培训与创业服务的师资和专家提供一条新的职业发展道路。随着创业带动就业工作的深入开展，部分创业培训师资通过能力提升和投身于创业服务工作实践，成为创业服务专家队伍的新成员。创业咨询师新职业的开发将帮助更多致力于创业咨询和创业服务的人士实现事业和职业生涯的同步发展。

第三，创业咨询师新职业的开发，还将规范创业和小企业咨询服务的行业行为，营造促进创业和小企业发展服务的良好社会环境。在促进创业带动就业的工作中，更多的有识之士也投身于创业促进事业，各种创业咨询、创业服务机构如雨后春笋般涌现出来。用职业标准、专业化培训和资格鉴定来提高从业者能力，规范引导行业的健康发展，实属必要。

中国就业培训技术指导中心组织编写的这套创业咨询师国家职业资格培训系列教程，在编写内容和编写模式上有别于其他教材。一方面强调针对性和有效性，主要涉及创办企业和经营企业的理论知识，坚持适度效用原则；另一方面强调操作性和应用性，采取操作规程与案例分析相结合的编写模式，突出创业咨询复合型技能特点。这也是对国家职业资格培训教程编写的一次大胆尝试。希望通过这套教程能够更好地指导创业咨询师国家职业资格培训工作，对创业咨询师队伍建设产生积极作用，从而为实现提升创业服务水平，推进创业带动就业的任务目标服务。

人力资源和社会保障部副部长

張小建

前　言

为推动创业咨询师职业培训和职业技能鉴定工作的开展，在创业咨询师从业人员中推行国家职业资格证书制度，中国就业培训技术指导中心在完成《国家职业标准·创业咨询师》（试行）（以下简称《标准》）制定工作的基础上，组织参加《标准》编写和审定的专家及其他有关专家，编写了创业咨询师国家职业资格培训系列教程。

创业咨询师国家职业资格培训系列教程紧贴《标准》要求，内容上体现“以职业活动为导向、以职业能力为核心”的指导思想，突出职业资格培训特色；结构上针对创业咨询师职业活动领域，按照职业功能模块分级别编写。

创业咨询师国家职业资格培训系列教程共包括《创业咨询师（基础知识）》《创业咨询师（国家职业资格三级）》《创业咨询师（国家职业资格二级）》3本。《创业咨询师（基础知识）》内容涵盖《标准》的“基本要求”，是各级别创业咨询师均需掌握的基础知识；其他各级别教程的章对应于《标准》的“职业功能”，节对应于《标准》的“工作内容”，节中阐述的内容对应于《标准》的“能力要求”和“相关知识”。

本书是创业咨询师国家职业资格培训系列教程中的一本，适用于对二级创业咨询师的职业资格培训，是国家职业技能鉴定推荐辅导用书，也是二级创业咨询师职业技能鉴定国家题库命题的直接依据。

本教材是在各有关专家的共同努力下完成的，由徐成响完成第一章的编写，罗朝能、向映、何军彩、郭振华完成第二章的编写，梁雨谷、宋保龙、沈杰完成第三章的编写，赵伟完成第四章的编写，陈丰、陈鑫完成第五章的编写，李先国、张敏完成第六章的编写，在此一并致谢。

中国就业培训技术指导中心

目 录

CONTENTS 国家职业资格培训教程

第 1 章

接待咨询

第 1 节　采 集 信 息

学习单元 1　引导客户描述创业难题

学习目标

➢ 了解客户沟通的方法。

➢ 能够清晰界定客户沟通目标。

➢ 掌握引导客户描述创业难题的步骤与方法。

➢ 掌握客户沟通中的记录方法。

➢ 能够引导客户描述自己面临的创业难题。

知识要求

一、与客户沟通的方法

创业咨询师的沟通能力是很多咨询公司在招聘新的创业咨询师时需要考虑的首

要标准。沟通能力的强弱对创业咨询师有着重要的意义，它体现在两个方面：一方面对创业咨询工作本身而言，只有通过良好的沟通才能明确客户的真实需求，才能获取尽可能多的真实有效信息；另一方面通过沟通能拥有良好的客户关系，从而提高客户对创业咨询服务的认可程度。

作为创业咨询师在创业咨询过程中，会接触到不同类型的客户。创业咨询师在与客户沟通时需要掌握不同类型客户在沟通过程中的特点，然后采取相应的方法与客户沟通，这样才能取得良好的沟通效果，达到沟通的目的。

依据客户在沟通过程中的情感流露的多少，以及沟通过程中作决策是否果断，可以把客户的沟通风格分为四种不同类型，即分析型、和蔼型、表达型和支配型。下面介绍客户沟通风格的常见类型、特点及沟通方法，具体见表1—1。

表1—1　　客户沟通风格的常见类型、特点及沟通方法

沟通风格	特点	沟通方法
分析型	1. 在决策过程中果断性非常弱 2. 感情流露非常少 3. 说话非常啰嗦 4. 问了许多细节仍然不作决定	1. 注重细节 2. 遵守时间 3. 尽快切入主题 4. 要一边说一边拿纸和笔记录 5. 不要和客户有太多的眼神交流，更要避免有身体的接触 6. 使用准确的专业术语 7. 要多列举一些具体的数据，多作计划，多使用图表
和蔼型	1. 感情流露较多，喜怒哀乐都会表现出来 2. 一般是喜欢微笑着面对沟通对象，说话语速较慢，表达较迟缓	1. 要建立良好的关系 2. 要时刻充满微笑 3. 说话语速要慢，注意抑扬顿挫，不要给客户压力，要鼓励客户交谈，多征求客户的意见 4. 与客户的目光接触要频繁，但是不要盯着客户不放
表达型	1. 感情外露 2. 做事非常果断、直接 3. 热情、有幽默感、活跃、动作较多，而且非常地夸张，在说话的过程中，往往会借助一些动作来表达自己的意思	1. 声音一定要洪亮 2. 要有一些动作和手势 3. 要多从宏观角度谈问题 4. 说话要非常直接 5. 达成协议以后，进行书面确认
支配型	1. 感情一般不外露 2. 做事非常果断 3. 喜欢指挥、命令别人	1. 回答问题一定要非常准确 2. 多问一些只能回答“是”或“否”的封闭式问题 3. 要讲究实际情况，有具体的依据，同时有创新思想 4. 直接表明沟通目的，不要有太多的寒暄 5. 要有计划，并且最终要落实到结果上 6. 从结果的方向说，而不要从感情的方向去说 7. 说话时声音要洪亮，干脆果断，充满信心 8. 要有强烈的目光接触 9. 身体要略微前倾

二、界定客户沟通目标

沟通是一种有目标的活动，是一个为了共同的目标，把信息、思想和情感在沟通各方间有效传递，并达成共同协议的过程。所以，创业咨询师在和客户沟通的时候，首先要明确界定沟通目标。

创业咨询师在界定客户沟通目标时，应遵循 SMART 原则：

1. SMART 原则一：S（Specific）——明确性

目标的明确性是指要用明确具体的语言清楚地说明沟通要达成的标准。例如，创业咨询师在初次接触客户时，“了解客户情况”的目标就是一个不够明确的目标；按明确性原则，沟通目标应该设定为：“让客户接受创业咨询服务”。

2. SMART 原则二：M（Measurable）——衡量性

目标的衡量性是指沟通中定量的目标应该有一组明确的数据，定性的目标应该有一个可以识别的行为，作为衡量目标是否达成的依据。

沟通目标的衡量标准遵循“能量化的量化，不能量化的质化”的原则。创业咨询师在与客户沟通时应避免使用形容词，如“取得良好沟通效果”等概念模糊、无法衡量的描述。对于目标的可衡量性应该首先从数量、质量、成本、时间和客户满意程度五个方面来考虑，如果仍不能进行衡量可考虑将目标细化，细化成分目标后再从以上五个方面衡量；如果还不能衡量，还可以将完成目标的工作进行流程化，通过流程化使目标做到可衡量。例如，创业咨询师在与客户沟通前，应事先想好：怎么帮客户选项？客户创业需要多少资金？是自筹还是从朋友处借款？如何选址？等。有了这些明确的标准，创业咨询师就能事先做好有针对性的准备，顺利地与客户进行沟通。

3. SMART 原则三：A（Attainable）——接受性

目标的接受性是指设定的沟通目标能够被客户主观接受。

如果创业咨询师利用一些行政手段或者利用权力性的影响一相情愿地把自己所制定的目标强压给客户，客户典型的反应会是心理和行为上的抗拒，例如，“我可以接受，但是否能达成这个目标，有没有最终的把握，这个可不好说。”一旦目标完成不了，客户会对创业咨询师抱怨：“你看我早就说了，这个目标肯定完成不了，但你坚持要压给我。”

因此，要做到目标具有接受性，创业咨询师必须认真分析客户的学历、年龄、性格以及沟通事项的难度大小等特点，而不是仅仅靠自己的热情来制定目标，因为靠热情制定的目标往往容易超越自己的能力界限，过高的目标不仅会提高失败的概率，还容易形成消极的心态。当然设定不须认真对待即可实现的低水平目标也毫无意义。

4. SMART 原则四：R（Relevant）——实际性

目标的实际性是指沟通目标在现实条件下是否可行、可操作。如果创业咨询师乐观地估计了当前形势，低估了达成目标所需要的条件，如客户的人力资源、硬件条件和技术条件等，以至于制定了一个高于客户客观实际的目标，就容易导致确定的沟通目标没有实际意义，从而影响创业咨询沟通的效果。

5. SMART 原则五：T（Time-based）——时限性

目标的时限性是指目标有时间限制。例如，建议客户做某件事，除了讲清要做的事，还必须建议客户考虑在什么时间之前完成。当然，创业咨询师与客户之间对目标轻重缓急的认识程度往往是不同的，因此设定目标一定要拟订出完成目标的时间要求，并定期检查目标的完成进度，及时掌握执行中的变化情况，以方便对客户进行及时的指导或者根据情况的变化及时地调整计划。

三、引导客户描述创业难题的步骤与方法

1. 收集并分析背景

客户在创业过程中，往往是遇到疑难问题时才会寻求创业咨询师的帮助。客户的创业难题一般是隐性的、不易发现和解决。因此，在创业咨询的开始阶段，创业咨询师需要通过引导性提问，收集有关客户现状的事实信息及其背景数据。

这是创业咨询过程中的基础部分，操作简单，容易提问，但创业咨询师要注意提问时不要问那些没有必要的背景问题，如果问过多的基本背景问题会引发客户的反感，甚至导致客户怀疑创业咨询师的水平。在开始会谈前，创业咨询师应从多角度思考，并重点考虑客户需求和利益，努力从各种信息中寻找与事实相关的内容。另外，在收集与分析客户背景时，一定要表现出对客户的尊重，注意节省客户的时间。

2. 引发并探测问题

当收集并分析完基本信息之后，接下来创业咨询师的任务是使客户意识到现状的不足和存在的问题，并形成客观的认识。在这一阶段，创业咨询师所问问题应能引发客户对现状进行思考，问题的背景应针对客户可能存在的难点、困难和不满，要引导客户说出隐含需求。创业咨询中一般把这一阶段的问题称为困难性提问。此阶段需要注意以下三个方面：

（1）应多运用中性化、开放化的困难性提问。

（2）在应对背景复杂的客户时，困难性提问要精练，在提问之前首先强化客户资料的收集与分析工作。

（3）创业咨询师的提问应给客户提供充分倾诉的机会，客户说得越多，就越容易对创业咨询师产生好感。

创业咨询师问的困难性问题与背景性问题的比例可以反映出创业咨询师的经验多少，一般而言，有经验的创业咨询师问困难性问题的比例比较高。

简言之，本阶段的主要任务是通过初步的诊断，建立客户对创业咨询师的基本信任感，树立创业咨询师的权威。

3. 过渡并加强信任

通常情况下，当客户真的要说出自己的问题时会有习惯性的反抗心理，例如，会问创业咨询师："您对这个行业了解吗？您问这个干什么？"等。因此，在这一阶段，创业咨询师主要的任务应是表明自己为客户服务的诚意，此时可以说一些中性、没有压力的词句过渡，为下一步作铺垫。

例如，"我主要想了解一些您在某某方面的信息，看看我们的服务是否可以帮得到您？"如果客户在这个时候表现出反抗心理，创业咨询师可以用一些反问句回应，例如，"请问您对某某事情很了解吗？"通常当创业咨询师问客户"是否很了解"时，客户都会没有把握。此时，创业咨询师就应该对自己的专业水平表现出足够的自信。

当客户向创业咨询师征询意见时，创业咨询师可以用三段式陈述来体现自己的专业度，具体形式为：

（1）重复客户的原话。

（2）结合权威的统计、第三方事例等展示自己的见解，展开时可以条理化，让客户觉得创业咨询师的思路清晰，解答具有条理性。

（3）反问客户，寻求反馈。

4. 扩展并增强影响

一步步引导客户，并使客户感到问题的严重性是在整个引导进程中最核心的环节。创业咨询中往往会遇到这样的情形：客户在与创业咨询师进行了基本交流后会说考虑一下，过段时间再说。客户为什么没有急迫地想得到创业咨询师的服务，以解决自身的问题呢？原因就在于创业咨询师虽然让客户已经意识到了存在的问题，但并没有更进一步地让客户觉得自己的问题已经到了"非解决不可"的地步。

创业咨询师要学会抓住关键的，但未引起客户足够重视的问题，通过对客户创业问题的准确判断与深入分析，让客户了解问题的严重性并付诸行动。客户的此类问题就像木桶底部的砂眼或木桶上木板之间的缝隙一样，问题本身虽小，但带来的影响却可能是毁灭性的。

此阶段，创业咨询师可以从多个角度提问，让客户感到问题的严重性。典型的提问方式有："这些问题长期存在下去对公司的发展有什么影响?""这些问题对您在行业中的竞争地位有什么影响?"诸如此类的暗示问题会很有效，它们可以直接揭示客户的问题点，使客户感到问题的严重性并下定决心采取行动。

5. 聚焦问题点与放大兴奋点

在客户的思维完全打开后，最关键的任务是要把客户的问题聚焦，并放大可以使其兴奋的理由。在确认客户真正的问题或需求时，可首先利用诊断性提问界定范围，确立具体细节，引发客户的兴奋。如"您是需要大型的服务器还是小型的办公计算机设备?"再利用聚焦性提问进行确认，如"那么，在计算机设备的采购方面，您最关心的是什么?"

一般来说，客户的创业都基于两个心理出发点：逃离痛苦和追求快乐。问题点就是让客户感到痛苦的"痛点"，兴奋点就是让客户感觉快乐的理由。其实做创业咨询就是这个道理，既让客户感觉痛苦，同时又让客户感觉快乐；让客户先痛苦，后快乐，最终接受咨询服务。

6. 提出假设解决型问题

当创业咨询师提出影响性问题并扩大问题，使客户感觉到问题的严重性之后，接下来应该使客户转向另一类型的问题，即揭示对策的价值或意义。此类问题表明了对策的积极因素，并且可以引导客户对于理想解决方案的初步了解，这种以对策为核心内容的问题一般称为假设解决型问题。典型的例子如："对于这个问题，您准备如何解决呢？您觉得理想的方案应该包括哪些因素呢?"等。此阶段的提问策略如下：

（1）假设解决型提问为双方寻求积极的解决方案奠定了良好的基础。

（2）通过此类提问使客户可以在创业咨询师的引导下无压力地说出关键问题点和解决途径。

（3）提出具有建设性、正面的、有意义的问题。

（4）在提此类问题之前，一定要注意所有的问题已经被扩展到最严重的状态，一旦到达临界点，就即刻发问，不要错失机会。

（5）此阶段提问的主要目的在于为客户解决问题，而不是单单注重问题的存在。因此更重要的是使客户有机会向创业咨询师解释客户关心的利益和问题。

上述六阶段的引导提问策略为创业咨询师做好引导客户描述自己面临的创业难

题提供了可供参考的框架，这源于对大量创业咨询实践经验的总结与归纳，创业咨询师应结合自己的实际，将其应用到创业咨询实践当中去。当创业咨询师将之变成思考问题的习惯时，他就会发现创业不再是枯燥无序的机会主义，而是精密科学的必然结果。

四、与客户沟通过程中的记录

与客户沟通过程中的记录是有关沟通情况的书面记载。一般用于比较重要和正式的沟通。它的作用在于准确反映沟通情况，以作为整理文件、总结经验、研究工作等的历史资料。

做好沟通记录，应达到下列要求：

1. 准确写明沟通名称（要写全称）、时间、地点、沟通性质。

2. 详细记下沟通人数及姓名、职务，记录者姓名。

3. 忠实记录沟通过程中的发言和有关动态。沟通发言的内容是记录的重点。对于比较重要的沟通和重要的发言要详细具体地记录，尽量记录原话。其他沟通动态，如发言中的插话、笑声、掌声，临时中断情况等也应予以记录。对于一般性的沟通可做摘要性记录，只记录沟通要点和中心内容。

4. 记录沟通的结果，如下一步工作的计划、需要双方提交的资料等情况。

5. 沟通结束，记录完毕，要另起一行写“沟通结束”四字，如中途休会，要写明“休会”字样。

沟通记录要求忠于事实，不能夹杂创业咨询师的任何个人情感，更不允许有意增删发言内容。沟通记录一般不宜对客户和创业咨询师之外的人公开，如需公开，应征得客户的审阅同意。下面提供一份创业咨询沟通记录表，供参考（见表1—2）。

表1—2 创业咨询沟通记录表

沟通名称		沟通时间		地点		记录人	
出席人员							
缺席人员							
沟通主持人		审阅		签字			
主要议题							
发言记录							
备注							

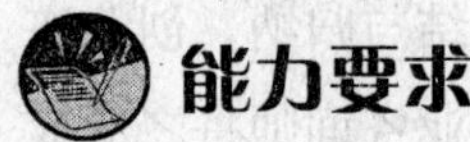

能力要求

引导客户描述创业难题案例

引导客户描述创业难题分为六个基本步骤，分别是：收集并分析背景，引发并探测问题，过渡并加强信任，扩展并增强影响，聚焦问题点与放大兴奋点，提出假设解决型问题。下面以实际案例说明。

小王是某邮电大学信息管理专业的应届毕业生，小王的初步创业想法是创办一家 SP（service provider）企业，即提供信息服务的企业，主要服务内容为：根据用户的要求开发和提供适合手机用户使用的服务。但作为一名刚刚跨出校门的大学生，小王除了了解 SP 领域的一些技术和市场情况外，对创业几乎一无所知，于是，小王便通过网络查询，找到了 A 创业咨询服务机构，该创业咨询服务机构的创业咨询师李老师接待了他。

1. 收集并分析背景

李老师可以提问下列问题：

（1）能简单地介绍一下您的具体情况吗？

（2）您为什么想创业？

（3）您知道做 SP 创业需要具备什么条件吗？

（4）您知道做 SP 业务需要申请哪些行业审批资质吗？

……

在通过询问收集到基本信息后，李老师应分析小王的个人背景是否适合其选择的创业项目。

2. 引发并探测问题

李老师的解答和提问参考：

（1）做 SP 创业起码要具备三个条件：第一注册一家有资格做 SP 的公司；第二是前期启动业务；第三创业不是一个人就行的，所以您还得组建一个核心团队。

（2）在公司方面，如果不是收购现成的公司，那么您必须解决以下问题：首先是注册资金，起码需要 100 万元！如果想做大，最好是 300 万元以上。您是否考虑过如何融到这么多资金？

（3）您得准备一个固定的办公场地（这也是运营时需要的）。

（4）其他需要做的工作，如准备公司章程、股东投资协议和验资等，这个过程通常需用时一个月以上。另外，企业法人代码证、税务登记证（国税、地税）、银行开户和刻章等开办手续也要一一落实。

（5）营业执照办理后，还得申请“电信增值业务经营许可证”或“移动网增值业务经营许可证”。

……

3. 过渡并加强信任

李老师提供的解答和提问需要体现专业性，如：

李老师：下面是申请上述资质证书需要的材料，如果需要，我们可以帮您提供咨询服务，如撰写可行性报告等。

（1）申办单位法定代表人签署的申办经营电信业务的书面申请，内容包括：单位名称、申办的电信业务种类、业务覆盖范围、申办单位性质、隶属关系、注册资本、注册地址、通信地址、邮政编码、法人及联系人的手机、联系电话和传真号码、E-mail等。

（2）申办单位的企业法人营业执照（复印件）或工商行政管理部门核发的企业预登记证明，如有上级单位或行业归口单位的，需提交批准其成立的文件。

（3）申办单位的概况，包括从事电信业务的基本条件、技术力量、经营管理人员情况（不少于10人的身份证及学历或职称复印件）、场地设施（房产证或租赁合同复印件）和企业发展业务的资金保障等有关情况。

（4）申办单位最近经会计师事务所审计的企业法人年度财务会计报表或验资报告。

（5）申办单位的公司章程及股东协议书（股权结构及股东的有关情况）。

（6）申办单位的机构设置情况及业务经营的管理措施，如有分支机构，需提交包括申办单位从事全省性和跨省的地区性及全国性电信业务所设置的经营管理机构情况、申办单位与各地分支机构的经济关系和职责任务等。

（7）可行性报告，内容包括：要求经营的业务种类、业务覆盖范围、市场调研、业务预测和投资效益分析、发展规划、工程计划安排、预期服务质量、收费办法及收费标准等。

（8）组网技术方案，内容应包括：网络概况、系统特点、网络性能、组网方式、业务服务方式、网络结构、技术标准、编码方式、频率配置和设备配置等。

（9）已购或欲购的主要设备清单。

（10）证明公司信誉的有关材料。

(11) 为用户提供长期服务和质量保障的措施。

(12) 公司法定代表人签署的公司依法经营电信业务的承诺书。

……

4. 扩展并增强影响

李老师的解答和提问参考：

李老师：创业计划书、业务规范您仔细看过并了解了吗？

小王：没有。

李老师：没有？里面的细节和规定可多着呢，如果您不了解，提供的资料可能通不过移动电信的审批，而且会造成不好的印象，导致前功尽弃。

……

5. 聚焦问题点与放大兴奋点

李老师的解答和提问参考：

李老师：如果上面的步骤您都顺利完成并通过了，那么，是不是您就可以坐等收钱了？

小王：应该是吧？

李老师：其实以上还只是万里长征的第一步！对于您选择的这个高科技创业项目，关键点是人力资源，如果有了一个优秀的团队，那么就可以众志成城，通过大家的努力实现创业的成功。

……

李老师此时还可以提问下列问题：

请问，您现在还有钱去做市场推广吗？

请问，您知道如何去有效地做市场推广吗？

……

此外，李老师还应从上述问题解决后对小王的创业可以起到的促进作用的角度提问，以激发小王的兴奋点，如：

如果您能找到志同道合的创业伙伴，您就不会被杂事、琐事困扰，可以有精力专注于您特长的方面，充分发挥您在创业中的价值，取得良好的创业效果。

……

6. 提出假设解决型问题

李老师的解答和提问参考：

李老师：刚才谈到的人力资源问题，如何配置您想过吗？

小王：这个没仔细想过。

李老师：给您一个简单的配置建议吧：产品策划1人、市场推广1人、技术支持1人、行政1人（人事、行政、财务、出纳）。

……

学习单元2　整理客户服务的需求信息

学习目标

➢掌握客户服务需求信息的归纳整理方法。

➢熟悉咨询服务业书面表述的一般原则。

➢掌握服务需求的表述规范。

➢能够将客户的表述整理记录为客户服务的需求信息。

知识要求

客户服务需求是指客户在创业过程中遇到的问题及为解决问题需要的帮助。客户的服务需求往往是多方面的、不确定的，需要创业咨询师去引导和分析，很少有客户能对自己创业中的咨询需求做到非常精确的描述，因此创业咨询师需要通过与客户的沟通，将客户心里模糊的认识以精确的方式描述并展示出来，即对客户的服务需求予以定义。

一、客户服务需求信息的鉴别

客户服务需求信息的鉴别就是对收集来的客户创业中的原始信息进行质量上的评价和核实，对材料进行筛选、取舍，寻找出识别客户服务需求所需要的信息。虽然客户服务需求信息的鉴别比较麻烦，但是在鉴别的过程中，创业咨询师会加深对客户服务需求的认识和比较准确的把握。其实对客户服务需求信息的性质、真伪和价值等进行判断，这本身就是一种研究问题的方法。

1. 鉴别内容

在鉴别客户服务需求信息过程中有两点需要注意：

（1）鉴别真伪

客户服务需求信息不一定完全真实，是否真实，直接关系到创业咨询服务的质量。如果使用了不真实的客户服务需求信息进行研究，研究的结论往往会失之偏颇或者因为参考信息的失实而导致所做咨询项目无功而返。鉴别客户服务需求信息的真伪，主要是鉴别其客观实在性和本质真实性，也就是要弄清楚客户服务需求信息中的事实是否真的发生、存在，是否在有条件的情况下才能发生；是偶然的还是必然的；是个别的还是一般的；是现象的还是本质的；是主流的还是支流的。创业咨询师要从客户服务需求的全部信息及各类信息的联系上判断其真实性，同时还要结合各方面的材料综合思考，进行比较分析，而不能被局部或暂时的现象迷惑。例如，一些不可靠的记录，对有故障、停转及被淘汰的机器的记录，原材料可能没有用于指定的产品等。还有一些记录，在采用的标准和记录资料的口径方面可能会有差别。如果记录中采用的标准数值是随时可以修改的，创业咨询师必须找出所有修改的痕迹。如果创业咨询师或者客户本人对信息记录存有疑虑，其在使用之前应对现有记录加以核实。

（2）鉴别程度

同是真实材料，必定有深浅程度的区别。作为创业咨询师，在刚开始对客户服务需求信息鉴别时，可能难于一眼看透，但只要认真鉴别，多熟悉信息，不断积累经验，就能学会对客户服务需求信息的质量进行鉴别。

2. 鉴别方法

常用的鉴别方法有比较法和专注法。

比较法是通过对同一信息进行对比，以确定正误和优劣。比较法是一种基本的分析工具，也是创业咨询师特别感兴趣的方法，但是创业咨询师应当考虑多变的条件是否允许进行这样的比较，特别是向客户提供应该怎样做的具体建议时，更是如此。例如，把客户服务需求信息本身的论点和论据相比较，把正在阅读的信息和已经确认可靠的信息相比较，把宣传性广告和产品目录相比较等。

专注法就是注意专门的创业咨询领域的鉴别性文章。在创业咨询界经常会产生不同的观点，甚至产生针锋相对的争论，这是正常的现象。争论中往往会发现原理论的不足之处，甚至错误之处，争论中理论也会得到发展。

二、客户服务需求信息的整理

客户服务需求信息的整理就是将所获取的客户服务需求信息资料分门别类地加以归纳，使原来分散的、个别的、局部的、不系统的客户服务需求信息资料，变成能说明事物过程或整体，显示其变化的轨迹或状态，论证其道理或指出其规律的系统的客户服务需求信息资料。

创业咨询师的最初记录一般都是冗长的和推测性的，此时处于一种探索并集中的状态。当调查过程变得清晰了，客户服务需求信息的记录也就变得更加有条理了。

1. 客户服务需求信息整理步骤

客户服务需求信息的整理一般分为三步：

（1）第一步是根据客户服务需求信息资料的性质、内容或特征进行分类

将相同或相近的资料合为一类，将相异的资料区别开来。资料的分类，要按一定的标准将所咨询项目的有关客户服务需求信息资料分成不同的组或类。然后，按分类标准将总体资料加以划分，构成系列。典型的分类有：

1）关于事件：时间、频率、速度、趋势、原因、后果；

2）关于人：年龄、性别、国籍、家庭状况、资历、职业、工龄、收入；

3）关于产品和原材料：规格、价值、技术性能、来源；

4）关于资源、投入、产出、工序和步骤：运作费用（销售、消耗、生产）、位置、控制中心、地理分布、设备的使用。

（2）第二步是进行客户服务需求信息汇编

汇编就是按照创业咨询的目的和要求，对分类后的客户服务需求信息进行汇总和编辑，使之成为能反映客户服务需求情况的系统、完整的材料。客户服务需求信息汇编要达到三项要求：

一是客户服务需求信息必须真实、准确和全面，不真实的予以淘汰，不准确的予以核实准确，不全面的补全找齐。

二是根据创业咨询项目的要求和客观情况，确定合理的逻辑结构，对信息进行初次加工。如给各种资料加上标题，重要的部分标上各种符号，对各种资料按照一定的逻辑结构编上序号等。

三是汇编好的客户服务需求信息资料要井井有条、层次分明，能系统完整地反映客户服务需求的全貌。创业咨询师有序地保存记录以及为了检索信息把资料归档有助于创业咨询师保持工作的规范，也便于客户参考。客户服务需求信息在整理后应当在过了几个月后和记录的当时一样清晰。

（3）第三步是进行资料分析

即运用科学的分析方法对所掌握的客户服务需求信息资料进行分析，研究客户创业中的现象、过程及内外各种联系，找出其规律性。

2. 客户服务需求信息整理方法

客户服务需求信息整理的方法主要有四种：

(1) 简化法

简化法是指把与客户沟通中获得的所有信息转化成仅仅保留主要观点的简单形式的方法。主要的工具有：剔、合、排、简四个。

1）剔——剔除。运用5W1H查问法，试试哪些可以剔除：

为何做？Why？——不做可以吗？

谁去做？Who？——换人做可以吗？

做什么？What？——不做这些可以吗？

在哪里做？Where？——一定要在这里做吗？

何时做？When？——换个时间做可以吗？

如何做？How？——变通办法做可以吗？

2）合——合并。在沟通中的各项内容中，试一试哪些相同、相似的内容可以合并。

3）排——重排。经过剔除、合并以后，其余的工作按顺序重排。

4）简——简化。经过剔、合、排之后，是否最简？能不能再简化，以达到最好的效果？

(2) 列举法

列举法是对客户服务需求信息从逻辑上进行分析，按照信息的属性、客户的希望点、客户创业项目的优点和缺点等将其本质内容全面地罗列出来，再针对列出的项目提出改进。

(3) 辐射法

辐射法又称发散型分析法，发散型思考是人类大脑的自然思考方式，每一种进入大脑的信息，不论是感觉、记忆还是想法——包括文字、数字和符号等，都可以成为一个思考中心，并由此中心向外发散出成千上万的关节点，每一个关节点代表与中心主题的一个联结，而每一个联结又可以成为另一个中心主题，再向外发散出成千上万的关节点，而这些关节的联结就形成了一个数据库。辐射法的应用首先要找准辐射中心；然后进行辐射；最后记录辐射到的内容，了解辐射内容之间的内在联系，用不同方法分析解决同一问题。

(4) 直觉法

直觉法是在丰富的创业咨询实践经验基础上，把经验（特别是预测和决策的经验）、有关的市场信息和其他情报、有关的理论知识这三者在潜意识中迅速地组合，从而出现表面上是突然的、说不很清楚的但却是比较准确的分析。直觉法在创业咨询过程中有着不可忽视的作用，创业咨询师要想提高直觉分析和直觉决断的水平和准确性，就一定要积极投身于创业咨询实践中去，在顺利和挫折、成功和失败、鼓励和批评的过程中，不断地总结经验，丰富和强化自己决策的悟性和智慧。

三、客户需求书面表述的一般原则与规范

1. 客户需求书面表述的一般原则

客户需求书面表述是对客户需求进行的一种有形展示，可以促使创业咨询师对客户表达的需求更加认真地思考。客户需求书面表述涉及的不仅仅是有用的信息，而且还涉及创业咨询师与客户协作过程中收集、分析和筛选出的观点。一般而言，客户需求书面表述应遵循以下原则：

（1）表意精确，解释单一

客户需求书面表述是创业咨询活动的源头和依据，客户需求一经确定，创业咨询师和客户都要为进一步的咨询活动投入大量的时间、精力和资金，因此，客户需求书面表述的文字必须做到表意精确，解释单一，以避免因不同理解给创业咨询活动带来不良影响。

（2）文字精练，言简意赅

客户需求书面表述作为一种具有法律和经济意义的文件，语言文字必须精练简洁，不能事无巨细，冗长拉杂，但是必须说明的情况和事实、必须阐述的理由和依据，又不能讲得过于简略或粗疏，做到言简意赅。

（3）文风朴实，格调庄重

客户需求书面表述具有公文风格。朴实无华、严谨庄重，受其正式和严肃的内容所制约。

（4）语言规范，语句规整

客户需求书面表述应使用规范化的书面语言，必须力求合乎语法规则，做到句子规整，成分齐全。

（5）语言诸忌，竭力避免

客户需求书面表述在语言运用中有些需要避免的问题，必须引起重视，如忌用方言土语和绝不能出现错别字等。

2. 客户需求书面表述规范

客户需求书面表述分为标题、导语、主体、结尾四个部分。

1. 标题

标题的写法为“咨询者＋客户＋文种”，如“×××创业指导中心关于某创业者创业咨询需求的分析”，通常情况也可省略咨询者，只标明“客户＋文种”，如“关于某创业者创业咨询需求的分析”。

标题的制作要求鲜明醒目，能高度概括客户的需求。如果采取双行标题的形式，一般正题揭示主题，副题指明内容或范围，起限定作用。

2. 导语

导语也称前言、引言，即客户需求书面表述的开头部分。导语部分一般是简要介绍创业咨询的背景、意义、目的或说明创业咨询的时间、地点、对象范围、方式方法等。导语主要是叙述说明，并做到简要概括。

3. 主体

客户需求书面表述的主体包括三个部分：情况、分析、需求确认。

情况部分，主要是对客户情况的描述和说明。将调查获得的材料归纳整理后，条分缕析为几个方面来表述。这样可以使情况不显凌乱，容易总结出规律。

分析部分，是全篇的核心所在。这一部分是通过对调查得来的基本情况的分析研究，针对客户的实际情况写出分析意见；或是根据资料情况分析客户需求，分析可放在每条情况描述之后，也可另外列专项分析。

需求确认部分，是客户需求书面表述的落脚点，是进行分析的目的所在。这一部分，应结合客户现实情况与调查结果一起综合分析，并最终明确客户服务需求。

4. 结尾

客户需求书面表述的结尾，可要可不要。一般说来，凡写有导言的客户需求书面表述都应照应开头，写个结尾，起归纳、收束的作用；或重申论点，加深认识。但有的客户需求表述比较简短，且言尽意止，就不必画蛇添足。

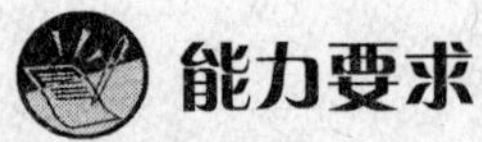

能力要求

整理客户服务需求信息案例

整理客户服务需求信息共分为三步，分别是：根据客户服务需求信息资料的性质、内容或特征进行分类，进行客户服务需求信息汇编，进行资料分析。下面以实际案例说明。

创业者A在公司发展到一定阶段后，发现在实际的工作中不少员工经常出现一些角色不清以及情绪等方面的问题，为了进一步提高员工工作效率和职业素养，在工作期间提供更好的服务和支持，创业者A经常举办相关培训，但效果不佳，于是聘请B创业咨询服务机构的李老师为自己的培训工作作诊断。李老师通过访谈和问卷调查收集了大量信息，并对收集到的信息进行了整理。

1. 根据客户服务需求信息资料的性质、内容或特征进行分类

李老师根据信息的性质，首先把访谈收集到的信息和问卷反应的信息分为客观问卷反映情况和主观问卷反映情况两类，然后又把客观问卷反映情况分为四类：A. 课程与工作的相关度；B. 培训师的效率；C. 学习效果；D. 学员自评。

2. 进行客户服务需求信息汇编

（1）客观问卷反应情况

A. 课程与工作的相关度

1）对于课程是否符合我的需要的评价

满意层次	优良	良好	尚可	较差	极差
所占比例	37％	59％	4％	0％	0％

总体满意度（良好以上）：96％

2）对培训实用性的评价

满意层次	优良	良好	尚可	较差	极差
所占比例	38％	50％	12％	0％	0％

总体满意度（良好以上）：88％

3）针对课程内容是否清晰，易于理解的评价

满意层次	优良	良好	尚可	较差	极差
所占比例	28％	59％	13％	0％	0％

总体满意度（良好以上）：87％

B. 培训师的效率

1）对培训师是否准备充分、组织有效的评价

满意层次	优良	良好	尚可	较差	极差
所占比例	38％	46％	16％	0％	0％

总体满意度（良好以上）：84％

2）利用各种培训手段，有效引导学员加深对课程的感悟、理解

满意层次	很好	好	较好	一般	差
所占比例	20％	58％	12％	10％	0％

总体满意度（好以上）：78％

C. 学习效果

1）对接受培训后，对工作的认识水平有提高的评价

满意层次	很好	好	较好	一般	差
所占比例	16％	53％	16％	14％	1％

总体满意度（较好以上）：85％

2）对此次培训能接触到新的观点、理念和方法的评价

满意层次	优良	良好	尚可	较差	极差
所占比例	42％	48％	8％	2％	0％

总体满意度（良好以上）：90％

3）对此次培训有助于梳理工作思路和工作流程的评价

满意层次	很好	好	较好	一般	差
所占比例	35％	50％	10％	5％	0％

总体满意度（较好以上）：95％

D. 学员自评

1）在参加课程之前我做了充足的准备和了解

层次	很充分	充分	较充分	一般	不充分
所占比例	30％	30％	22％	16％	2％

2）培训中我是否能积极参与交流、讨论和分析

层次	能	不能
所占比例	28％	22％

3）对培训师和其他学员的观点我是否常常深入思考和判别

层次	是的	不是	没有想过
所占比例	75％	23％	2％

4）本次培训内容在工作中运用的机会

层次	有很多机会	有机会	没有机会
所占比例	23％	72％	5％

（2）主观问卷反应情况

1）培训中哪几部分内容对您启发最大？

（略）

统计排名（前三位）

（略）

2）一句话点评

××：受益匪浅。

××：无。

××：收获颇丰。

××：通过培训进一步提高了情绪控制能力和时间管理的知识，并将运用到工作中。

××：有些概念的知识个人理解不透彻。总体满意。

××：对今后工作有所帮助。

××：对于在工作中理性思考有很大的帮助。

××：有必要，有帮助。

××：效果好，自己收获较多。

××：培训效果对于我来讲比较好。

××：内容通俗易懂，培训师讲得精彩，不过大部分内容平时我已经做了。故收获较小。

……

3. 进行资料分析

李老师根据汇编后的信息，作出分析如下：

根据问卷中 A 类问题课程与工作的相关度的统计结果：1）对于课程是否符合我的需要的评价，总体满意度（良好以上）：96%；2）对培训实用性的评价，总体满意度（良好以上）：88%。以及 C 类问题学习效果的统计结果：1）对接受培训后，对工作的认识水平有提高的评价，总体满意度（较好以上）：85%；2）对此次培训能接触到新的观点、理念和方法的评价，总体满意度（良好以上）：90%；3）对此次培训有助于梳理工作思路和工作流程的评价，总体满意度（较好以上）：95%。可以得出以下结论：

创业者 A 所作培训是非常有针对性的训练，对提高个人工作的非技术能力和工作绩效有促进的作用：

（1）课程内容针对性比较强，与个人生活和工作结合度高，并且难度适中。多数知识点需要学员结合实际工作的具体情景才能更好地理解和运用。所以培训后的回顾和再复习对培训的效果有直接的影响。

（2）学员反响比较好，纷纷表示培训对更好地了解自己、了解他人和群体有较大的帮助，认为学习到的知识对家庭、婚姻和学习都有一定的指导作用。

根据学员主观感受中的一句话评价：“××：无。××：有些概念的知识个人理解不透彻。总体满意。××：内容通俗易懂，培训师讲得精彩，不过大部分内容平时我已经做了。故收获较小。”等意见，可以得出以下结论：

创业者A所作培训需要改进的地方及改进措施：

(1) 有相当一部分要求参加培训的员工因为各种原因没有参加培训，根据“员工培训管理制度”的要求，人力资源部应对员工参加培训的情况作详细的记录并作相应的处理。

(2) 员工参加培训的积极性有待于进一步的提高。

(3) 人力资源部还有很多基础的工作要继续扎实地开展，接下来也应对培训进行持续的调研、跟踪和评估。

学习单元3 设计信息采集问卷

学习目标

- ➢了解信息采集的目标与方案。
- ➢了解信息采集问卷的常见类型。
- ➢掌握信息采集问卷的设计方法。
- ➢了解信息采集问卷设计过程中的注意事项。
- ➢能够设计信息采集问卷。

知识要求

一、信息采集的目标与方案

1. 信息采集的目标

对客户进行信息采集，首先要明确信息采集的目标，按照客户的不同需要，信息采集的目标有所不同。采集客户创业信息时，必须调查宏观市场环境的发展变化趋势，尤其要调查客户创业项目所在行业未来的发展状况、市场需求状况、市场竞争状况，消费者购买行为和营销要素等情况；如果是创业过程中遇到了问题，应针对存在的问题和产生的原因开展信息采集工作。

2. 设计信息采集方案

一个完善的信息采集方案包括以下几方面内容：

（1）信息采集的目的要求

根据信息采集目标，在信息采集方案中列出本次信息采集的具体目的要求。例如，本次信息采集的目的是了解某产品的消费者购买行为和消费偏好情况等。

（2）信息采集对象

信息采集的对象一般是客户以及其创业项目涉及的消费者、零售商和批发商等，消费者一般为使用该产品的消费群体。在以消费者为信息采集对象时，要注意有时某一产品的购买者和使用者不一致，如对婴儿食品消费行为的信息采集，其信息采集对象应为孩子的母亲。此外还应注意一些产品的消费对象主要针对某一特定消费群体或侧重于某一消费群体，这时信息采集对象应注意选择产品的主要消费群体，如对于化妆品，信息采集对象主要选择女性；对于酒类产品，其信息采集对象主要为男性。

（3）信息采集内容

信息采集内容是收集资料的依据，是为实现信息采集目标服务的，可根据信息采集的目的确定具体的信息采集内容。如调查消费者行为时，可按消费者购买、使用中、使用后评价三个方面列出信息采集的具体内容。信息采集内容的确定要全面、具体、条理清晰、简练，避免面面俱到，内容过多，过于烦琐，避免把与信息采集目的无关的内容列入其中。

（4）设计信息采集问卷

信息采集问卷是信息采集的基本工具，信息采集问卷的设计质量直接影响到信息采集的质量。

（5）信息采集地区范围

信息采集地区范围应与客户创业的产品销售或服务范围相一致，当在某一区域做信息采集时，信息采集范围应为整个区域，但由于信息采集样本数量有限，信息采集范围不可能遍及每一个地方，可根据信息采集区域的人口分布情况，主要考虑人口特征中收入和文化程度等因素，划定若干个小范围信息采集区域，划分原则是使各区域内的综合情况与总体情况分布一致，将总样本按比例分配到各个区域，在各个区域内实施信息采集。这样可相对缩小信息采集范围，减少实地访问的工作量，提高信息采集工作效率，减少费用。

（6）样本的抽取

信息采集样本要在信息采集对象中抽取，由于信息采集对象分布范围较广，所以应制定一个抽样方案，以保证抽取的样本具有代表性，能反映总体情况。样本的抽取数量可根据信息采集的准确程度的要求确定，信息采集结果准确度要求越高，抽取样本数量应越多，但信息采集费用也会越高，可根据信息采集结果的用途确定适宜的样本数量。具体抽样时，要注意对抽取样本的人口特征因素的控制，以保证抽取样本的人口特征分布与信息采集对象总体的人口特征分布相一致。

（7）信息的收集和整理方法

创业咨询师作信息采集时，采用调查法较为普遍，调查法又可分为面谈法、电话调查法和邮寄法等。这几种调查方法各有优缺点，适用于不同的信息采集场合，创业咨询师可根据实际创业咨询项目的特点来选择。

此外，在多数情况下，创业咨询师随时可能在客户处找到比较直观的信息来源，如记录、记忆和现场观察等。

二、信息采集问卷的常见类型及其适用对象

信息采集问卷是创业咨询师根据一定的调查目的精心设计的调查表格，是创业咨询中用于收集资料的一种最为普遍的工具。

按照不同的分类标准，可将信息采集问卷分成不同的类型。

1. 根据信息采集方法不同分类

根据信息采集使用方法的不同，可将信息采集问卷分成自填式问卷和访问式问卷两大类。

所谓自填式问卷，是指由调查者发给（或邮寄给）被调查者，由被调查者自己填写的问卷。而访问式问卷则是由调查者按照事先设计好的问卷或问卷提纲向被调查者提问，然后根据被调查者的回答进行填写的问卷。访问式问卷要求简便，最好采用二项式选择题进行设计；自填式问卷由于可以借助于视觉功能，在问题的制作上相对可以更加详尽、全面。

2. 根据问卷发放方式不同分类

根据问卷发放方式的不同，可将信息采集问卷分为送发式问卷、邮寄式问卷、报刊式问卷、人员访问式问卷、电话访问式问卷和网上访问式问卷六种。其中前三类可以划归自填式问卷范畴，后三类则属于访问式问卷。

（1）送发式问卷是由调查者将信息采集问卷送发给选定的被调查者，待被调查者填答完毕之后再统一收回。

（2）邮寄式问卷是通过邮局将事先设计好的问卷邮寄给选定的被调查者，并要求被调查者按规定的要求填写后回寄给调查者。邮寄式问卷的匿名性较好，缺点是问卷回收率低。

（3）报刊式问卷是随报刊的传递发送问卷，并要求报刊读者对问题如实作答并

回寄给报刊编辑部。报刊式问卷有稳定的传递渠道、匿名性好、费用低，因此有很大的适用性，缺点是回收率不高。

(4) 人员访问式问卷是由调查者按照事先设计好的调查提纲或信息采集问卷对被调查者提问，然后再由调查者根据被调查者的口头回答填写问卷。人员访问式问卷的回收率高，也便于设计一些可以深入讨论的问题，但不便于涉及敏感性问题。

(5) 电话访问式问卷是通过电话对被调查者进行访问调查的问卷类型。此种问卷要求简单明了，在问卷设计上要充分考虑下列因素：通话时间限制，听觉功能的局限性，记忆的规律，记录的需要。电话访问式问卷应用于问题相对简单明确，但需及时得到调查结果的调查项目。

(6) 网上访问式问卷是在互联网上制作，并通过互联网进行调查的问卷类型。此种问卷不受时间、空间限制，便于获得大量信息及相对满意的答案。

三、信息采集问卷的设计

1. 常用信息采集问卷设计方法

常用的信息采集问卷的设计方法有两种：

第一种是开放式设计法，即调查者请被调查者自由写出咨询项目应涉及的范畴，当被调查者写完以后，调查人员再将这些材料分类，从而确定出问卷的测查内容和题目。

第二种是封闭式设计法，也可称为专家模型法。调查者根据所掌握的材料自行确定问卷的项目和题目。通过试测并进行修改后制定成正式问卷。在信息采集过程中，也可以将两者结合进行。

2. 信息采集问卷中问题的类型

信息采集问卷中问题的类型归结起来分为九种：二项式、多项式、序列式、对比式、等级式、尺格式、表格式、填入式、自由式。

(1) 二项式

二项式是提供二项答案，只选择其中一项。

例如：您的性别？

男	1	
女	2	

(2) 多项式

多项式是提供两个以上的答案，被调查者按要求只选择一个答案或者几个答案。

例如：您认为针对学生开展的活动应采用哪些方式以使同学们了解，便于同学们参加？（可多选）

在宿舍楼下张贴海报	1	
在校道挂横幅	2	
手机短信	3	
发放传单	4	
其他	5	请注明：________

（3）序列式

序列式是要求被调查者对所给的全部答案进行考虑，并从区分重要程度出发排出序列。

例如：请您给卫生间供热水的以下四个时间段按照重要程度排出 1～4 的顺序（1 为相对而言最重要，4 为相对而言最不重要）。

A	上午	
B	中午	
C	下午	
D	晚上	

（4）对比式

按照上面全面排序的方法，如果选项过多或难以比较的时候，被调查者不愿花时间去斟酌，可能放弃填写，因此可改为对比方式。

例如：以下是卫生间供热水的三个时间段，请在您认为最重要的时间段的对应栏中打钩。

上午	1	
中午	2	
下午	3	

（5）等级式

等级式是被调查者回答的答案排出由低到高或者由高到低的等级，被调查者只选择其中一级。这种回答方式一般用于评价外在事物和测试内在心理的问题。

例如：您对某企业服务水平的评价如何？

本地区最好的	1	
在本地区排前十名	2	
属于本地区许多优秀企业之列	3	
属于本地区的中等企业	4	
属于本地区的较差企业	5	

（6）尺格式

尺格式是把回答的答案看做一条连线，就像一把有寸格的尺子，被调查者只需在寸格上面打钩，调查者就可判断被调查者对事物的评价程度或意向。

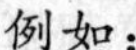

例如：

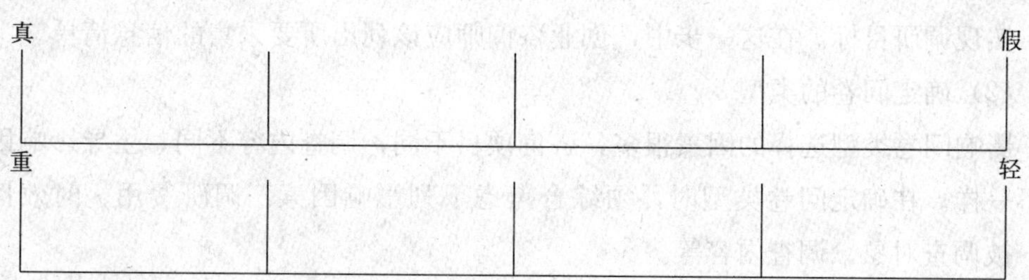

（7）表格式

此方式是把两个或者两个以上的问题集中起来，用举证来表示。主项是横栏，在左边，次项是纵栏，在右边。

例如：下列各句子是对选择工作的重要程度描述，请在最适合的项目栏中打钩。

	项目	极不重要	不重要	普通	重要	极重要
1	能建立自己的社会声望					
2	能有可观的收入					
3	能使自己的社会地位提高					
4	收入超过与自己同等条件的人					
5	能常有额外的收入					

（8）填入式

填入式是被调查者将答案（数字或文字）直接填入问题空格中的方式。

例如：请您如实填写以下情况：单位________部门________职位________。

（9）自由式

此方式是让被调查者自己酌情填写答案。

例如：您认为某公司的服务中最需要改善的三个方面是：

（1）________________________________；

（2）________________________________；

（3）________________________________。

以上 1～8 项回答方式，都属于限定性问题的回答方式；第 9 项回答方式，属于非限定性的回答方式。前者有回答标准、容易编码、适于定量分析和回答省时等优点，但也有使被调查者只局限于回答项目的缺点。后者有被调查者可酌情自由发挥、不受回答项目限制的特点，但是被调查者可能会没有耐心填写。

3. 设计信息采集问卷的基本步骤

（1）确定所需信息

在问卷设计之前，创业咨询师必须明确需要了解哪些方面的信息，这些信息中的哪些部分是必须通过问卷调研才能得到的，这样才能较好地说明所需要调研的问题，实现调研目标。在这一步中，创业咨询师应该列出所要采集的信息清单。

（2）确定问卷的类型

影响问卷类型选择的因素很多，咨询项目不同，调查内容不同，主导影响因素也不一样。在确定问卷类型时，须综合考虑下列影响因素：调研费用、时效性要求、被调查对象、调查内容等。

（3）确定问题的内容

确定问题的内容似乎比较简单。事实上不然，这其中涉及一个个体的差异性问题，也许创业咨询师认为容易的问题对客户来说反而是困难的问题；创业咨询师认为熟悉的问题对被调查者来说反而是生疏的问题。因此，确定问题的内容，最好与客户联系起来。分析客户群体，有时比盲目分析问题的内容效果要好。

创业咨询师应该根据所列采集信息清单进行具体的问题设计；根据信息的性质，确定提问方式、问题类型和答案选项等；对一个比较复杂的信息，可以设计一组问题进行采集。问卷初步设计完成后还应对每一个问题加以核对，以确定其对调研目的是否有贡献，如果仅仅是趣味性的问题则应该从问卷中删除，因为它会延长所需时间，使被调查者不厌其烦，也就是说要确保问卷中的每一个问题都是必要的。

（4）确定问题的类型

问题的类型主要有二项式、多项式和序列式等。在信息采集问卷中，往往是几种类型的问题同时存在，单纯采用一种类型问题的问卷并不多见。

（5）确定问题的顺序

问卷中的问题应遵循一定的排列顺序，问题的排列顺序会影响被调查者的兴趣、情绪，进而影响其配合度。所以一份好的问卷应对问题的排列作出精心的设计。

还应注意问题的逻辑顺序，有逻辑顺序的问题一定要按逻辑顺序排列。

（6）问卷的排版和布局

问卷的设计工作基本完成之后，便要着手问卷的排版和布局。问卷排版布局的要求是整齐、美观、便于阅读、便于作答和统计。

（7）问卷的测试

问卷的初稿设计工作完成后，不要急于投入使用，特别是对于一些大规模的问卷调查，最好的办法是先组织问卷的测试，如果发现问题，再及时修改，测试通常选择调查总样本量 5%～10%的人进行试测，如果总样本量较小，那么测试对象的数量一般不少于 10 人。如果第一次测试后问卷有很大的改动，还应考虑组织第二次测试。

（8）问卷的定稿

当问卷的测试工作完成，确定没有必要再进一步修改后，可以考虑定稿。

能力要求

设计信息采集问卷案例

设计信息采集问卷包括八个基本步骤，分别是：确定所需信息，确定问卷的类型，确定问题的内容，确定问题的类型，确定问题的顺序，问卷的排版和布局，问卷的测试，问卷的定稿。下面以实际案例说明。

大学生创业越来越普遍，并有不少人取得了一定的成绩。但是我国大学生的创业仍然带有一定的盲目性。因此，某创业指导中心拟在某校开展大学生创业问题的调查，通过调查了解该校大学生对自主创业的看法，了解大学生自主创业的困难所在。

1. 确定所需信息

根据调查目的，本次采集的信息应为：大学生自主创业的想法的比重及对风险问题的考虑、大学生在创业中遇到的困难及愿意从事的行业、大学生在创业中有哪些优势等。

2. 确定问卷的类型

因本次信息采集的对象为大学生，理解能力较强，因此问卷可确定为自填式问卷。

3. 确定问题的内容

根据需要采集的信息，确定问题内容如下：（1）大学生对创业的看法；（2）在待遇优厚的工作和自主创业之间大学生的选择；（3）在创业之前，大学生会作哪些准备；（4）大学生对创业概念的理解等。

4. 确定问题的类型

问题的类型主要有二项式、多项式和序列式等。

如对“您对创业概念的理解”，可以采取多项式，设计的选项如下：

(1) 开办一个企业（公司）；(2) 只要开创一份事业都可以叫创业；(3) 开发一项前沿的科技项目；(4) 其他________。

再如对“在工作和自主创业之间”，可以采取二项式，设计的选项如下：

您会选择：(　　)

(1) 工作；(2) 自主创业。

……

5. 确定问题的顺序

例如本次信息采集的问题有：

如果就业压力过大，您是否会选择自主创业：(　　)；对创业的看法是：(　　)；您是否担任过班干部、学生会或某社团组织的学生干部：(　　)；您对创业是否感兴趣？(　　)；在工作和自主创业之间，您会选择：(　　)；您认为政府在大学生创业方面应该做哪些扶持？(任选两项)(　　)；在创业之前，您会做哪些准备？(　　)；您对创业概念的理解为：(　　)；您是否有自主创业的想法：(　　)；如果学校和社会都提供较多的帮助支持，您是否会自主创业：(　　)

……

根据大学生的特点和问题的逻辑顺序，将上述问题排序如下：

您是否担任过班干部、学生会或某社团组织的学生干部：(　　)；对创业的看法是：(　　)；在工作和自主创业之间，您会选择：(　　)；在创业之前，您会做哪些准备？(　　)；您对创业概念的理解为：(　　)；您是否有自主创业的想法：(　　)；您对创业是否感兴趣？(　　)；如果就业压力过大，您是否会选择自主创业：(　　)；如果学校和社会都提供较多的帮助支持，您是否会自主创业：(　　)；您认为政府在大学生创业方面应该作哪些扶持？(任选两项)(　　)

……

6. 问卷的排版和布局

问卷排版布局的要求是整齐、美观、便于阅读、便于作答和统计。

7. 问卷的测试

问卷的初稿设计工作完成后，在调查对象中选取5～10名大学生进行试测。

8. 问卷的定稿

当问卷的测试工作完成，确定没有必要再进一步修改后，可以定稿和正式投入使用。如下所示：

关于大学生自主创业的信息采集问卷

亲爱的大学生朋友：

您好！我们是某创业指导中心，为了更好地了解大学生的创业情况，为大学生创业提供良好的服务，我们就这一相关问题展开调查，感谢您的参与。

1. 您对创业的看法是：(　)

(1) 认同，是实现理想的一个途径；(2) 应该会是一个不错的选择；(3) 反对，大学生还是应该以学习为主；(4) 其他________。

2. 您是否担任过班干部、学生会或某社团组织的学生干部？(　)

(1) 是；(2) 否。

3. 在工作和自主创业之间，您会选择：(　)

(1) 工作；(2) 自主创业。

4. 在创业之前，您会作哪些准备？(　)

(1) 参加创业计划大赛；(2) 看创业书籍；(3) 到企业实习；(4) 求助创业型企业家；(5) 其他________。

5. 您对创业概念的理解为：(　)

(1) 开办一个企业；(2) 只要开创一份事业都可以叫创业；(3) 开发一项前沿的科技项目；(4) 其他________。

6. 您是否有自主创业的想法？(　)

(1) 是；(2) 否。

7. 您对创业是否感兴趣？(　)

(1) 很有兴趣；(2) 比较有兴趣；(3) 一般；(4) 不是太感兴趣；(5) 没兴趣。

8. 如果就业压力过大，您是否会选择自主创业？(　)

(1) 是；(2) 否。

9. 如果学校和社会都提供较多的帮助支持，您是否会自主创业？(　)

(1) 是；(2) 否。

10. 您认为政府在大学生创业方面应该作哪些扶持？(任选两项)(　)

(1) 大学生科技创业基金支持；(2) 社会化、专业化管理服务机构提供服务；(3) 政策支持；(4) 宣传鼓励；(5) 政府不应该扶持，不应再出台过多的这类政策，使大量大学生盲目地选择创业而荒废学业；(6) 其他________。

11. 您希望通过怎样的途径获得创业方面的知识和技能？(　)

(1) 老师授课；(2) 活动加训练；(3) 亲身实践；(4) 其他________。

12. 您认为学校是否应该鼓励大学生自主创业，应该采取何种鼓励措施？（任选两项）（　　）

(1) 学校提供配套资金；(2) 纳入大学科技园区提供场地、实验设备等环境和服务；(3) 将创业课程纳入必修课；(4) 其他________。

13. 您所在的学校是否有关于创业指导的教育？（　　）

(1) 是；(2) 否；(3) 不知道。

14. 您认为学校应该加强关于自主创业的哪些方面的教育？（　　）

(1) 创新教育；(2) 心理教育；(3) 实践能力培养；(4) 团队精神培养；(5) 其他________。

15. 如果要自主创业，您是否会选择专业的咨询服务机构进行咨询？（　　）

(1) 是；(2) 否。

16. 您对大学生创业优惠政策的了解程度是：（　　）

(1) 十分了解；(2) 一般了解；(3) 仅限于听说；(4) 不了解。

17. 您认为自主创业应具备哪些素质？（　　）

(1) 强烈的挑战精神；(2) 出色的沟通及交际能力；(3) 较好的专业知识；(4) 管理及领导艺术；(5) 良好的社会关系；(6) 其他________。

18. 您认为大学生创业相对于社会其他群体优势在哪里？（　　）（可多选）

(1) 年轻有活力，勇于拼搏；(2) 专业素质较高；(3) 学习能力强，有创新精神；(4) 网络信息能力强；(5) 其他________。

19. 如果要自主创业，您会从事哪一行业的工作？（　　）

(1) 服务业；(2) 咨询业；(3) 高科技；(4) 电子商务；(5) 其他________。

20. 如果您已经在创业，您所学的专业与自主创业所从事的行业之间的联系程度：（　　）

(1) 紧密联系；(2) 联系较少；(3) 无关。

21. 您认为以下因素对大学生自主创业的影响程度如何？请按重要性由大到小排序。

(1) 家庭条件；(2) 个人能力；(3) 学历；(4) 资金；(5) 社会关系；(6) 社会环境。

____

22. 如果要自主创业，您的目的是：（　　）

(1) 赚钱；(2) 实现自我价值；(3) 为社会服务；(4) 积累经验；(5) 其

他________。

23. 您创业的最大动力是什么？（　　）

(1) 赚更多的钱；(2) 解决就业；(3) 想自己当老板；(4) 其他________。

24. 您是否考虑过风险问题？（　　）

(1) 是；(2) 否。

25. 如果您的创业计划和学业冲突，您将如何处理？（　　）

(1) 休学创业；(2) 边学习边创业；(3) 放弃创业专心学习；(4) 找人代理创业事务；(5) 其他________。

26. 如果创业失败，您会怎么办：（　　）

(1) 放弃；(2) 总结经验，重新开始；(3) 其他________。

27. 在创业和就业的过程中形成两种对立文化，即“白领文化”和“创业文化”。您对两种文化的立场是：（　　）

(1)“白领文化”的风险较小，投资较少，工作稳定；

(2)“创业文化”选择自己做老板，即使冒着风险也可赌一把；

(3) 随大流，“打工”和“创业”只要能得到应有的回报就可以；

(4) 先选择“白领文化”的基础，以此发展自己的“创业文化”。

28. 当您在创业过程中发现资金不足等财务问题时您会：（　　）

(1) 向政府部门申请资金；(2) 向银行贷款；(3) 吸引风险投资；(4) 向亲朋好友借钱；(5) 自己积累；(6) 其他________。

29. 您是否参加过创业类培训或讲座？（　　）

(1) 有；(2) 没有。

30. 如果有，您参加的目的是：（　　）（可多选）

(1) 了解创业的过程和方法；(2) 明确现在的就业形势；(3) 多认识一些有经验的人；(4) 其他________。

31. 您参加过多少次这类讲座或培训？（　　）

(1) 1次；(2) 2次；(3) 3次以上。

32. 您认为这些讲座或培训对您是否有帮助？（　　）

(1) 帮助很大；(2) 有些帮助；(3) 一般；(4) 帮助不大；(5) 基本没有帮助。

33. 您是否希望多举办一些这样的活动？（　　）

(1) 是；(2) 否。

34. 您认为在自主创业的道路上会遇到哪些困难？其中最大的困难是什么？

第 2 节　初步解答创业问题

学习单元 1　初步解答客户创业的个性疑难问题

学习目标

➢ 了解各种典型的创业个性疑难问题。

➢ 掌握初步解答创业个性疑难问题的基本要求。

➢ 能够根据客户的具体情况，初步解答客户创业中面临的个性疑难问题。

知识要求

一、常见的创业个性疑难问题

作为创业咨询师，在接待客户创业咨询过程中，首先需要根据客户提供的信息，判断客户的创业问题。客户的创业问题根据其普遍性，可以分为创业共性问题和创业个性问题，创业个性问题可以从以下几个角度分析：

按创业的阶段，可以分为创业前的问题、创业中的问题、创业后的问题。

按创业者的身份，可以分为大学生创业常见问题，海外留学归国人员创业常见问题，下岗失业者创业常见问题，退伍、复转军人创业常见问题，农民创业常见问题，兼职创业常见问题，退休人员创业常见问题，残疾人创业常见问题等。

按创业主体组织形式，可以分为个体创业常见问题、合伙创业常见问题、有限责任公司创业常见问题、农民专业合作社创业常见问题等。

按创业模式，可以分为独立自主经营中的常见问题、先代理销售后自己经营中的常见问题、连锁加盟特许经营中的常见问题、收购股份或者现有实体中的常见问题。

按创业要素，可以分为资金问题、创业者个人特质问题、人力资源管理问题、市场营销问题等。

另外还可以从创业行业、产品、经营模式等角度分析创业的个性疑难问题。下面介绍几类常见的创业个性疑难问题。

1. 大学生创业常见问题

（1）心理准备不足

创业中会遇到许多矛盾和困难，如果没有坚强的意志品质、不懈追求的精神，很难取得成功。这些意志包括：坚韧不拔的毅力、敢冒风险的果断性和胜不骄败不馁的自制性。

然而从对近几年曾涉足自主创业的大学生的情况分析来看，不少创业者往往缺乏上述意志，他们对创业的艰苦性心理准备不足，主要包括：

1）争取家庭对创业的理解不够。家长供自己读书已属不易，自主创业是笔额外的风险投资，与工薪家庭的投资回报期望相距甚远，从而导致家庭矛盾，出现意想不到的麻烦；

2）创业之初人手少，无严格分工，创业者不得不同时担任多种角色，常常是疲惫不堪，不能适应；

3）创业要与社会各方面打交道，这又常常是初涉社会的大学生创业者所不擅长的，遇到办不成事的情形是常有的，这容易使人灰心；

4）缺乏挫折承受准备，稍遇失败就容易心灰意冷，怀疑自己的能力，害怕承担风险，有时甚至半途而废。

（2）资本筹措困难

资金不足对刚走出校门的大学生创业者而言是尤为突出的难题。创业需要资金，对于某些领域的创业甚至需要大量资金。创业者融资有三个渠道，一是自筹，二是借贷，三是风险投资。自筹数量有限；借贷一则资信不足贷款不易，二则有期限要求，不能满足创业的长期投资需要；风险投资是最好形式，特别适合大学生创业者。但我国目前的风险投资市场还很不成熟：一是投资者少，资金有限；二是管理不规范，投资风险大；三是上市条件高，投资不能及时抽出，继续其他项目的投资。所以能为大学生创业提供投资者很少，数量也有限。

（3）企业管理经验缺乏

首先，从一份抽象的创业计划书到成功的市场运作，整个操作过程需要借助长时间积累的管理经验加以磨合，这不是仅了解书本理论就能完成的。正如不少大学生所认为的："大学生自主创业的可能性不是很大。因为大学生本身没有什么工作经验，仅仅是依靠在校园里学到的一点皮毛的东西，一知半解地搞创业，既搞技术，又要管理，感觉不太现实。”

其次，在成立公司之后，对于如何建立财务制度、人事制度和行政制度等，大学生创业者并不是很清楚。自主创业办一家公司，方方面面的事情都需要自己打理和进行沟通，这个面特别广，对于一位刚刚跨出校门的学生来说很难。

2. 海外留学归国人员创业常见问题

（1）留学归国创业者曾长期生活在国外，对国内的社会环境和市场运作缺乏了解，对留学生归国创业、安居的管理与配套服务机构的办事流程不熟悉。

（2）留学归国创业者对国家和地方政府的创业优惠政策不了解。

（3）留学归国创业者对回国创业和就业的个人所得税问题不清楚，不了解国家的个人所得税政策和法律。

（4）留学归国创业者在进行创业融资时缺乏条件。如留学归国人员在国内缺乏必要的房产和其他不动产用于抵押，过去在国内无信用记录等。

3. 下岗失业人员创业常见问题

（1）下岗失业人员创业目的和创业行为有时比较盲目，选择创业项目跟风，考察市场时心态不够冷静，缺乏对创业项目的客观、科学分析。

（2）下岗失业人员视野有一定的局限性。下岗职工原先大都待在企业或工厂内，由于工作环境限制，交往圈较小，有些脱离社会大环境，因而感受不到真实的社会现状，容易造成判断失误。

（3）下岗失业人员选择加盟往往不够慎重。加盟是比较好的创业之路，但因为目前国内的加盟连锁还不规范，宣传有时言过其实，而下岗失业人员缺乏客观判断加盟机构及其模式的能力，求胜心切导致轻率加盟。

（4）不了解政府的相关政策。政府对下岗失业人员在政策上有很多照顾，要多了解、多学习。如政府对下岗职工的小额贷款有一定的额度，如果几个下岗职工合伙投资，每人的小额贷款合起来就是一大笔钱，不仅可以增加投资、共抗风险，而且在创业初期老板就是员工，员工也是老板，大家都会尽自己所能进行经营管理，更容易把事情做好。

4. 退伍、复转军人创业常见问题

（1）退伍、转业后创业前的学习问题。大部分退伍、复转军人源于刚毕业甚至没毕业的学生，退伍、转业后需要提高自己的学力（文凭）或学习相关的技术，认真参加国家提供的政策性培训。

（2）社会资源掌握不多。大部分军人来源于农村，相对而言少了很多可利用的社会资源。

（3）军队的生活毕竟相对单纯，从军队到地方需要一个适应的过程，因此要善于向老战友学习。

5. 农民创业常见问题

（1）创业资金不足

近几年，虽然农民收入有了较快增长，但还不富裕，绝大多数农民家庭收入主要用于子女教育、修建住房和日常生活等开支，资金积累较少，农民创业资金存在较大缺口。而面向农民贷款的农村金融机构，主要是发放小额信用贷款，农民想获得大额贷款却又缺乏进行贷款抵押的生产资料和固定资产。农民向亲朋好友借款，一般数额小，范围窄，农民创业从民间融资的难度比较大。

（2）创业层次较低

受观念、文化、技术和信息等因素制约，大多数农民创业一般只能选择在种植、养殖、农产品加工、建筑装修、交通运输和商品零售等行业进行创业，而在新型产业、制造业和技术密集型等高端行业进行创业较难。

（3）文化水平较低，创业技能不足

据统计，目前农村劳动力中初中及其以下文化程度的占绝大多数，高中及其以上文化程度的为极少数。由于文化水平偏低，大多数农民缺乏创业必需的经营管理知识和相关技能技术。

（4）抗风险能力弱

大多数创业农民由于受经营规模小、资金不足、项目科技含量低、获取信息来源有限、缺乏经营管理和市场应变能力等诸多因素的限制，导致创业农民抗风险能力弱。

6. 兼职创业常见问题

（1）市场调研不够充分

兼职创业者一般没有足够的时间对创业项目的可行性进行调研，这往往导致其构想没有可行性而告败。通常，当兼职创业者有了构想时会讲给朋友或家人听，以寻求肯定和认可，其实其内心并不希望找寻事实真相，而是希望有人给予认可。兼职创业者应更注重听取别人的意见而不是寻求别人的肯定。

（2）过分估算市场规模及销售额

兼职创业一般需要较长时间等待市场成熟。因此需要认真估算市场规模，并科学制定销售计划，尊重商品的生命周期规律。

（3）关注片面，不能均衡发展

通常，兼职创业者总是关注自己最得心应手的业务，对其他不擅长的部分漠不关心。如有的兼职创业者可能对广告宣传比较在行，而对产品质量控制没什么经验。实际上，不应只对创业项目的一部分予以关注，而必须统揽创业项目的全局，否则就会失去对创业项目的控制。

（4）缺乏止损计划及转让策略

兼职创业者在开始一个创业项目时总会有始料未及的事情发生，如销售情况不佳、银行利率变化、运费计算错误、销售不如预计等。因此兼职创业者在所需资金、所需时间以及如何防止亏损等方面一定要有备用计划。同时不管经营好坏，都要有转让计划和准备。

（5）不能很好地兼顾本职工作和创业

兼职创业者经常会受到处理本职工作和创业之间关系的困扰。尤其是在创业初期，需要处理的事情比较多，往往会影响本职工作，从而动摇创业的信心，因此，兼职创业者在选项上适宜选择网上创业、信息服务、软件开发等知识经济型项目。同时，一定要注意兼职创业在劳动合同法的允许之内。

7. 合伙创业常见问题

合伙创业者之间往往彼此了解，有感情基础，也注意到了“十个合伙九个散”的普遍规律，但还会因为对合伙创业中的某些问题认识不深，导致失败。

（1）合作意识和心态问题

有的合伙创业者强调，在合伙创业过程中“朋友是朋友，工作是工作”，但因美好的前景和融洽的气氛而没有看到更进一步的实质性问题——阶层对立问题。阶层对立的矛盾很难调和。合伙人的心态会随着合伙事业的进展而发生变化，合伙人在合伙企业内的位置，以及将来可能遇到的利益问题都是变数。在合伙创业的过程中，合伙人之间会形成一种“新型”的人际关系，这种“新型”的人际关系最初往往阳光灿烂，但有可能暗藏“杀机”，造成日后的管理复杂化，这种潜在的不利因素甚至会导致合伙企业分化瓦解或彻底崩溃。

（2）合伙创业中的制度化管理问题

合伙创业随着各项工作的展开，尤其是面对越来越多的困难时，一些致命的问题就会暴露出来。一个有效率的企业，其内部的上下级关系在工作上是绝对的，下级需要无条件服从上级的领导，尤其是面对困难时更需要无条件服从，虽然现代管理融入了人性化管理的成分，但工作上的服从与被服从关系是绝对的，企业员工是不是训练有素仅凭这点就能略见一斑。在合伙企业中，规章制度中的服从与被服从关系常常被朋友交情或纯粹的利益关系取代，下级服从上级的领导常常是利益和交情的成分多了些，因此合伙创业者之间是先有交情而后有上下级关系，合伙创业者虽懂得服从与被服从的重要性，但很难在感情上接受领导阶层与被领导阶层的概念，尤其是面对将来可能发生的经济利益及地位的变化时。

相比之下，非合伙企业中，员工一开始就感到，遵守公司的规章制度是天经地义的，员工之间的感情建立在明确的上下级关系或分工的基础上，并且先有领导与被领导的关系而后有感情：非合伙企业的管理者或员工较容易接受上级的批评，而合伙企业的上级较难面对工作上犯错误的下级。

缺乏管理手段而机构涣散的创业团队根本不可能完成艰巨的创业任务，任何一个成功的企业都是纪律严明，并且是无条件严格执行企业制定的各项规章制度。但是，人情和旧的习惯让合伙创业者忽略了这些问题，尤其是面对灿烂的前景和多年的老朋友时，合伙创业者常常不知怎么办才好。可以说合伙者之间的关系决定了合伙企业的命运。

二、初步解答创业个性疑难问题的基本要求

解答创业个性疑难问题，是创业咨询师执业的基本功，也是一项经常性的工作。一次成功的解答，可以全面展现创业咨询师的业务素质，令客户感到亲切和信任。同样，一次糟糕的解答，会使客户感到失望，当然也就不会把项目交给这样的创业咨询师来做。对于失败的解答，主要存在两种情况：一是由于创业咨询师的创业知识存在某些盲点，在客户的追问下，有些创业咨询师支支吾吾，面红耳赤，满头大汗；二是创业咨询师恰好对客户咨询的业务十分熟悉，于是乎口若悬河，滔滔不绝，说了半天，客户不知所云，一头雾水。第一种现象固然会使得客户失去对创业咨询师的信任，第二种现象也好不到哪里去，客户听不懂创业咨询师的话，也许会产生一种敬畏的心理，但是对于创业咨询师能不能真正维护自己的利益，还是存有疑虑。

解答创业个性疑难问题的原则和方法：

1. 创业咨询师解答创业咨询应以事实为依据，充分考虑客户的个性

创业咨询师应当在全面、准确、深入地掌握客观事实，并在合法、合理的分析基础上，客观公正地发表自己的意见或建议。

在询问客户的创业事实时，应当明确告知客户实事求是地阐述情况，不能只介绍或提供主观的、有利的事实或证据。

在对事实进行调查时，应当避开各种人员和因素的干扰，独立完成调查活动。

在进行分析时，应当以查明的事实为依据，准确地适用法律、政策、创业咨询原理等，并给出客观的分析意见。

2. 创业咨询师解答创业咨询应最大限度地维护客户权益

创业咨询师应当在法律允许的范围内尽最大努力维护客户的权益。凡是对客户权益有利的要点和措施，创业咨询师要着重强调，并给出具体的实施方案。对于客户不利的问题，创业咨询师也不能隐瞒，应当明确告知客户，并尽可能提出解决方案。

3. 创业咨询师解答创业咨询应缓和矛盾、减少弯路

创业咨询师在解答创业咨询时要有大局意识，应当本着解决问题而不是激化矛盾的态度，尽可能使用缓和的语言。应当告知客户创业的风险，以减少不必要的投入。

4. 创业咨询师解答创业咨询应谨慎小心

创业咨询师的咨询意见往往成为客户解决问题的重要参考。因此，创业咨询师在解答前要认真分析，仔细研究相关法律、政策，必要时要进行调查，审慎地发表意见，确保创业咨询师意见和建议的准确无误。

5. 创业咨询师解答创业咨询应高标准、严要求、精益求精

创业咨询服务本身就是一项高质量的专业服务，要求在内容上全面客观、准确细致；在解答的语言表达上应口齿清晰、流畅，用语规范、准确；在书面形式上应表达准确无误，行文格式规范，印制清晰，装订整齐。

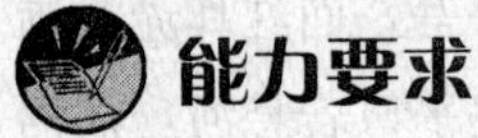

能力要求

初步解答创业个性疑难问题案例

初步解答创业个性疑难问题主要分为三步：识别和确认客户问题类型，诊断客户问题的具体症结，提供分析意见和初步解决办法。下面以实际案例说明。

小王属于一名刚起步的创业者，跟许多创业者一样，是兼职创业，小王计划做一个免费在线记账理财软件的网站，提供免费在线记账的理财服务。

在开始创业时，小王对怎么处理好本职工作和创业心里没底，于是来到某创业咨询服务机构进行咨询，李老师接待了他。

1. 识别和确认客户问题类型

根据小王的描述，李老师认为小王的问题属于兼职创业问题，并给小王分析了兼职创业的基本原则：工作和创业是一种很微妙的关系，无论是工作还是兼职创业，都需要全身心地投入。工作时间全身心地投入到工作当中去，工作之外的时间全部投入到兼职创业当中去。工作时间坚决不做与工作无关的事情，特别是不做兼职创业项目的事情！要坚持工作第一，兼职创业项目第二的原则。

2. 诊断客户问题的具体症结

通过进一步了解，李老师发现小王对兼职创业的认识还比较模糊。主要问题有：

(1) 没有进行充分的市场调研。

(2) 关注片面，不能均衡发展。

(3) 缺乏止损计划及转让策略。

3. 提供分析意见和初步解决办法

在确认了小王的创业问题后，李老师向小王提供了自己的分析意见：

(1) 把自己的创业构想讲给朋友或家人听，但应更注重听取别人的意见而不是寻求别人的肯定。

(2) 不要只关注自己最得心应手的业务，对其他部分不擅长就漠不关心，必须统揽创业项目的全局。

(3) 在所需资金、所需时间以及如何防止亏损等方面一定要有备用计划；同时不管经营好坏，都要有转让计划和准备。

在得到李老师的解答后，小王感觉很有收获，创业的信心也更强了。

学习单元2 提出初步咨询建议

学习目标

- 了解咨询建议的概念。
- 了解咨询建议的基本内容要素。
- 掌握提出咨询建议所需的背景信息。
- 了解与客户沟通咨询建议的重要性。
- 能够就客户的具体情况提出初步的咨询建议。

知识要求

一、咨询建议的概念

咨询建议书是创业咨询师为了帮助客户解决创业问题完成某项任务或进行某种活动而倡议客户做什么事情，或提出合理化的意见、建议时使用的一种文体，也叫倡议书、意见书。

咨询建议书是创业咨询师在咨询过程中常用的一种书面文件。其主要目的是通过对客户的问题进行初步分析，提供咨询建议，获得客户的认同和理解，使客户有一定的工作准备和思想准备，虽然是建议，但主要是宣传、动员对方去做，具有一定的号召性。尽管如此，咨询建议一般是中肯地提出自己对客户工作的意见和自己的建议，没有强求对方去做的意思。

咨询建议是赢得咨询合同的关键要素之一（另一个要素往往是价格），因此需要仔细准备。对于创业咨询师来说，仅仅了解客户的需求和解决此问题的思路是不够的，创业咨询师还必须能够以客户能理解的方式将其描述于文件上。客户内部的有些决策者有可能并没有参与创业咨询师对客户的首次访问，他们只能从书面建议书中形成自己的意见。

因此，撰写具有说服力的咨询建议书既是一门科学又是一门艺术。咨询建议书的文笔和技术质量往往会给客户留下深刻的印象，这种印象甚至可以直接影响到客户对是否接受该项创业咨询服务的决策。一份好的咨询建议书可以起到事半功倍的效果。

撰写咨询建议应该注意以下几点：

1. 从实际出发，实事求是

提意见、写建议要根据具体问题、实际需要和可能的条件，而不能凭空想象，不着边际地提，这样才有助于客户改进工作方法，开展有效活动。

2. 措辞得体，有分寸

首先，所提意见和建议应当比较准确、比较合理，并且要掌握一定的分寸。欲晓之以理，首先需动之以情，这样写，意见容易被接受，从而到达目的。其次，要使意见和建议在现实条件下行得通，不应该说过头话，也不应该提过高的要求，否则无济于事。

3. 内容具体、清楚、实在

咨询建议书的核心部分是所提建议的内容。因此，写咨询建议书不管是分条开列，还是不列条款，都应当把建议的内容写具体、写清楚，使客户一目了然。这样客户在考虑和采纳建议时才容易将其落到实处。切记不要说空话、套话，不要抽象、笼统。

4. 语言准确、精练

咨询建议书是创业咨询师发表意见、提出建议的一种工具，因此，语言一定要准确精练，要言简义明地把具体的办法、具体的措施写出来，而不是过多地分析和论证。

二、咨询建议的基本内容要素

创业咨询师向客户提交的咨询建议书应包括以下基本内容：标题、称呼、正文、结尾、落款。

1. 标题

标题一般在第一行中间写上“咨询建议书”字样。有的咨询建议书还写上所建议的内容，如“关于某某创业者融资的咨询建议书”。

2. 称呼

咨询建议书称呼要求注明客户的名称或个人的姓名，要在标题下隔两行顶格写，后加冒号。

3. 正文

咨询建议书正文由以下三部分构成：

第一，要先阐明提出建议的原因、理由以及自己的目的、想法。这样往往可以使客户从实际出发，考虑创业咨询师建议的合理性，为采纳创业咨询师的咨询建议打下基础。

第二，建议的具体内容。建议的内容要分条列出，这样可以做到醒目。建议要具体明白切实可行。

第三，提出自己希望采纳的想法，同时也应谨慎虚心，不说过头的话，不用命令的口气。

4. 结尾

结尾是表示敬意或祝愿的话，与一般书信相同。

5. 落款

落款要署上提建议的创业咨询服务机构或创业咨询师的称呼姓名，并署上成文日期。

三、咨询建议的沟通

创业咨询的一切工作、分析和方案都是基于对信息的收集和掌握。从某种意义上说，一切信息都是有用的，当然由于资源的限制，创业咨询师最关注的是一些重要的、客观的和真实的信息，并根据这些信息向客户提供咨询建议。这些信息是否重要、客观和真实，需要通过和客户进行咨询建议的沟通来确认。

1. 咨询建议沟通的意义

完成咨询建议书后，许多创业咨询师偏向于在会议上直接交给客户，并对报告摘要做简短的口头陈述同时辅以投影介绍。此刻，双方都对咨询前景充满热情，但并非一定有皆大欢喜的结果：一是许多客户往往会在评价了不同的创业咨询服务机构提供的咨询建议书后，再作出选择。这种情况下，可能需要花几个星期或几个月才能有结果。二是客户也许在对使用创业咨询师的服务跃跃欲试的同时，对咨询建议书的某些部分还不满意。例如，客户希望提出不同的时间表，或者调换由咨询机构推荐的其他创业咨询师等，这些都可以酌情进行某些改动，也是正常的。因此，作为创业咨询师既要认真地准备、提供咨询建议，同时，还要与客户进行咨询律议的沟通。

咨询建议的沟通，不仅有利于获取有效和真实的信息，而且对于创业咨询项目的顺利开展和方案的成功实施有着决定性的作用。一个项目中的方方面面都存在着对沟通意识和技巧的要求：和客户的沟通、团队内部的沟通、和外部信息源的沟通等。

2. 咨询建议的沟通方法

咨询建议的沟通方法主要有：面谈法、会议法、电话沟通法、书面法。

（1）面谈法

面对面的交流是创业咨询实践中最常见的沟通方式，面对面的沟通中，创业咨询师应该处于积极主动的地位，但绝不是咄咄逼人的态势。创业咨询师应该尽可能主导谈话，事先进行充分的准备，包括准备面谈提纲、研究客户的背景等。对年长者和地位较高者必须表现出足够的尊重，对一般的客户也应该保持基本的礼貌。在沟通时，应该充分掌握节奏和效率，根据客户的特点巧妙地引导话题。

客户都有不同的身份和背景，创业经验丰富的客户一般比较健谈，对一些问题有自己成熟而系统的看法，有的时候他们甚至可以成功地控制谈话的节奏。这并不是坏事，在这种情况下，作为创业咨询师尽量多倾听，尊重而巧妙地发问，提出关键问题，记录下每一句话。但是不要被客户的观点迷惑，更不要被客户牵着鼻子走，保持自己的理性并不失时机地发表“专家”级的见解，这样有助于获得客户的尊重和认同。在面谈中，必须注意不要发表一些不成熟的结论性、方案性的看法。

如果创业咨询师对这种交流做得恰到好处，每一次谈话都能给客户带来一些实际的价值，或者是告诉客户一些创业应遵循的原则，或者是一些最新的有用信息，或者仅仅是帮助客户梳理了一下思路，也许就能给客户提供巨大的价值。这将使得每一次谈话后客户都会期待着下一次的会谈。

（2）会议法

会议是沟通艺术的一种最高发展形式，是为了追求效率而发展起来的，3 个人互相沟通信息，如果用两两沟通的方式则需要 3 次，而且其中有不少重复和信息失真；如果是 4 个人两两沟通，这个数目增加到 6 次，如果到 10 个人、100 个人互相沟通，这个沟通数目将是一个相当庞大的数字，沟通效率低下，因此才出现了会议的沟通方式。

创业咨询师需要在自己能控制的场合下提高会议效率。其中有很多简单而有效的手段，如没有椅子、限定时间等。在充分的沟通方面，创业咨询师可以做很多事情来保证会议的效率和效果，如提前通知会议的时间、地点和议程，为此进行充分的准备；告诉每个参加者会议的目的；让所有想发表自己意见的人依照一定的规则发言，一次只允许一个人发言；恰当和礼貌地倾听、进行充分的记录；进行总结；会后必须对会议进行回顾，对会议的成果进行实践并且给予反馈。

（3）电话沟通法

电话沟通与其他方法比有自己的特点，通过冷冰冰的话筒传递自己的热情、把握足够的信息、进行有效的沟通需要更专门的技巧。有效地使用电话是创业咨询师必备的基本技能。

电话沟通的要点和面谈基本相同，对创业咨询师来讲，除非条件限制不得已以外，尽量采用面谈式沟通。如果必须采用电话沟通，应做充分的准备。拟好电话沟通的提纲非常重要，电话沟通提纲要求相对更加紧凑。和客户约好，如果可能，希望客户在此期间不要安排其他的事情，也最好不要被其他的电话打断。电话沟通的时间一般应比面谈短，因为电话沟通容易导致疲劳和情绪的低落。保持客户高昂的情绪非常重要，因此电话沟通必须不断地主导发问，同时进行无间断的记录，在征得客户许可后，最好能进行录音，事后进行整理。

（4）书面法

书面信息能够被长期保存，通过文字可以把很复杂的思想表达清楚，同时可以帮助客户理清思路。书面表达可能比口头表达更加费力，往往需要比口头表达多

3～4 倍的时间，但是书面的表达方式可以将信息同时传递给几百、几千甚至上万人，因此实际上是一种效率很高的方式。

创业咨询工作中通常使用的书面沟通形式主要有：信件（包括 E-mail）、书面报告、合同、通知和正式文件等。对于所有的信件和 E-mail 最好都能及时回复。创业咨询师团队中的每一个人都应该有这样的良好习惯：每天上班的第一件事情是花 10 分钟到半小时处理自己的邮件。

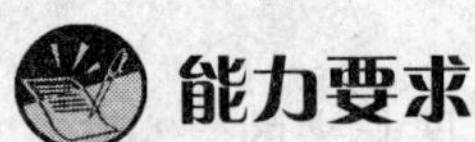

提出初步咨询建议案例

提出初步咨询建议的步骤包括：判断客户基本情况，确认客户创业目标，建议客户应做的准备工作。下面以案例说明。

某创业咨询服务机构的创业咨询师李老师为客户小张提出初步咨询建议的过程如下：

1. 判断客户基本情况

小张，××大学信息管理专业大三学生，欲创办一家 ICP 网站。市场定位为：成为为××大学师生及周边网络用户提供信息、娱乐和学习等资讯的综合信息港，相对于其他校内单一网站，该网站内容更全面、更具吸引力；相对于校外网站，该网站又具有浏览速度快、提供更符合校园用户的个性化服务等特点。

2. 确认客户创业目标

小张创业的近期目标为：成为××大学内最大的 ICP 网站，确立门户网站地位。远期目标（5 年）为：将该网站的运作系统（模式）推广到不同高校，建立特许经营体制。

3. 建议客户应做的准备工作

(1) 工作计划

2008 年 4—6 月：网站框架基本建成，各项服务完善，大规模推广活动配合；

2008 年 7—9 月：推出暑期专栏，举办（协办）各项暑期活动；

2008 年 9 月至 2009 年 1 月：与各类商家取得联系，针对用户群体开展各项活动，针对新生开展各项网络宣传活动，日浏览量争取达到 6 000 人次以上；

2009 年逐步向××高等职业技术学院及周边院校推广、扩展；

2010 年把该网站的营运模式向省内其他高校推广、转让；

2011—2015年内有选择性地向全国范围内其他高校进行营运模式的推广和转让。

(2) 设备投资

服务器（启动投入）：初期可采用两台Intel架构服务器，每台价格人民币5万元，共10万元。

专线（每年投入）：64 K专线，年租费约15万元。

PC机（启动投入）：10台，共10万元。

软件（启动投入）：10万元。

租用办公地点（每年投入）：拟租用办公室120平方米，年租金7万元。

设备的启动资金合计52万元。

将来随着访问率的提高，还需要提高服务器的档次、增大专线带宽、增加PC机的台数、扩大办公面积。预计在1年后设备费用将追加40万～60万元。

(3) 行政费用

人员工资：200 000元/年。

宣传费用：60 000元/年。

参考资料：10 000元/年。

行政费用启动资金合计27万元。

(4) 人才招聘

网站竞争力的体现说到底就是人力资源的竞争，所以该网站在建网之初就应非常重视人力资源库的建设。

1) 技术开发人才

主要负责网站各种应用技术的开发以及网络功能开发工作，如可定制地（自动）搜索网络上各种信息的"Info Gain System"等。

2) 网页设计人才

主要负责设计网站页面、如何实现界面友好、如何把更多的用户吸引到网站来、如何突出网站自身的特色等。

3) 策划推广人才

主要负责对网站的品牌与各种服务进行推广。

其实，作为一所高校，××大学有许多各方面专长的人才，该网站把对网络有兴趣、有热情的同学召集起来，这样既可以壮大自身的实力，又可为同学们提供锻炼的机会。

……

学习单元3　准备咨询预案

学习目标

- ➢了解咨询预案的概念。
- ➢掌握咨询预案的基本内容要素。
- ➢熟悉咨询预案的常见类型。
- ➢掌握咨询预案的准备要领。
- ➢能够利用创业知识和信息，准备各种咨询预案。

知识要求

一、咨询预案的概念

咨询预案，是指当咨询项目发生时，根据预先设计的咨询处理方案协调和处理，避免内耗，以期在短时间内以最快的速度为客户提供咨询，解决客户创业问题的系统化思路。

提到咨询预案，很多创业咨询师可能不以为然："那是国际大公司需要的东西，我闭上眼睛全都能讲得清清楚楚！"事实上，正是这种满不在乎，事前无预防、事后无总结的态度，导致创业咨询师在同样的项目上摔两次、三次跟头！所以作为一名专业的创业咨询师，应该重视咨询预案的准备工作。

咨询预案应达到以下三个基本标准：

第一，要友好面对客户，针对客户的背景、需求和爱好，选择咨询预案的结构、文体、术语、论点以及其他特点。最根本的问题是："什么样的咨询预案能最好地服务于客户，并易于客户阅读理解？"而不是"创业咨询师愿意出具什么样的咨询预案？"当然，在大多数情况下，客户对咨询预案并没有什么特殊的偏好，而是让创业咨询师替他们选择。尽管如此，还是要征求客户的意见，直接和客户讨论咨询预案会对咨询工作有很大的帮助。

第二，咨询预案应便于撰写。便于撰写的咨询预案才便于阅读。况且，这样做可以为客户节约时间和费用。因为客户要为创业咨询师撰写咨询预案所花费的时间支付费用，而且要花费自己的时间研究咨询预案。在极端的情况下，一份撰写得不好的咨询预案会使客户心烦，导致事与愿违，甚至会丢掉咨询项目。

第三，每一份咨询预案的目的都是为了传递特定的信息，因此在撰写咨询预案前，需要明确这一信息（或目的）。这样做有助于确定咨询预案的结构，选择适当的文体，并针对要向客户传递的这一信息，组织相关的事实和信息等论据。

为了确保咨询预案的质量，可以通过以下问题来自检要撰写的咨询预案的必要性和目的：

——为什么这份咨询预案是必要的？

——它要表达什么内容？

——如何达到这一目的？

——有没有达到这一目的的更好的方法？

——时机成熟了吗？

——谁会是这份咨询预案的决策者？谁会是这份咨询预案的使用者？

试写咨询预案的开场白，可以采用这样的开头："本咨询预案的目的是……或者为了……"如果完成这个句子有困难，说明写这份咨询预案的必要性有待商榷。

原则上，除了直接证明结论或工作所产生的信息外，咨询预案不应重复从客户那里得到的或早为客户熟知的信息及有关背景情况的一般信息。因此，咨询预案的信息应包括：

1. 创业咨询师首先发现的事实。

2. 对已知事实的重要的新发现。

3. 新发现的已知效果和迄今未知原因之间的联系。

4. 客户存在问题的解决方法及方法的正确性。

5. 向客户表明创业咨询师需要采取的行动以及其他需要引起客户注意的情况。

二、咨询预案的基本内容要素

咨询预案包括以下十项内容：

1. 开篇

咨询预案的开头应该开章明意，讲清写本预案的原因。开头的格式为："本预案的目的是提供给客户一个正式的文件以概括创业咨询服务机构将如何帮助客户进行××的营销计划。"接着，可以陈述撰写本预案的起因。如："本预案是基于2009年3月10日在您的办公室同您就有关××的介绍，及您对有关咨询服务的需求撰写的。”

2. 背景

背景情况应包括有关的项目信息以及客户的想法。这部分内容的主要目的是：

（1）向客户表明创业咨询服务机构已经掌握了撰写预案的足够信息；

（2）向客户表明创业咨询服务机构对所咨询领域的熟悉程度；

（3）表明预案是建立在对客户咨询需求的正确判断之上；

（4）确认客户方已经向创业咨询服务机构提供了足够的信息。

3. 任务目标

通过非常简洁的陈述向客户表明在咨询项目结束后会得到什么成果。任务目标的描述应该按照逻辑要求从一般性的总体目标到非常具体的目标，并且应能反映目标的先后顺序。

非常重要的一点是项目目标必须现实、准确并可以衡量。撰写任务目标的关键是要清晰，使每个阅读这个咨询预案的人都会清楚地明白项目的任务目标是什么。

4. 任务范围

任务范围将向客户准确表明本咨询项目将完成的具体任务内容。例如在完成一个市场推广项目时，要清楚表明在所有营销组合中客户应采用的营销工具、不应该采用的营销工具等。

5. 研究方法

创业咨询服务机构要向客户阐述将如何完成项目任务，包括信息调研的方法（一手资料调研、二手资料调研），将访问哪些人，将采用的模型，研究途径和研究路线等。对创业咨询服务机构而言，研究方法是最能体现创业咨询师能力和创造性的部分。

6. 日程安排

很多客户要求创业咨询服务机构提交非常详细的工作日程安排，包括每名创业咨询师在项目中的时间安排，这有利于客户计算创业咨询服务机构的工作量，控制咨询进度和保证咨询质量。创业咨询服务机构一般是以图表的形式（甘特图）来表示项目组中不同创业咨询师的日程安排。

7. 人员安排

这部分内容需确定在创业咨询服务机构里由哪些人组成项目组。在有些情况下，可能项目组只由一两名创业咨询师组成，或由一名创业咨询师和一些助手组成。人员安排的关键是向客户清楚表明哪些人将参与咨询项目，每个人的责任是什么，并且通过项目组成员每人的资历增强可信度。在组成项目组时创业咨询服务机构要考虑人员的搭配，一般为：资深创业咨询师同创业咨询服务机构新手的搭配，各种不同专业技能的搭配，地区工作经验上的搭配等。

8. 资格

这部分在咨询预案中的作用是将创业咨询师销售出去，要向客户表明为什么这些创业咨询师是做这件工作最合适的咨询顾问。在这部分可以描述一些创业咨询师及创业咨询服务机构的项目经历、与本项目有关的背景资料及其他有助于创业咨询服务机构赢得这个项目的信息。

9. 经费预算

这部分将涉及所有有关预算方面的问题，包括创业咨询服务机构向客户要求的费用、付款方式，或其他费用，如一手资料调研和二手资料调研费用、差旅费、长途电话费、特快专递费等，这部分要尽可能具体。

10. 结尾

表明创业咨询服务机构对执行这个项目的兴趣、期待客户的反馈等。

三、咨询预案的常见类型

咨询预案有很多种类型，例如，按创业的阶段和创业中涉及的方面可分为：投资预案、市场预案、融资预案、开店预案等；按时间特征，可划分为常规预案和临时预案。而最适合咨询预案文件体系的分类方法，是按预案的适用对象范围进行分类，可将客户的咨询预案划分为综合预案、专项预案和现场预案，以保证预案文件体系的层次清晰和开放性。

1. 综合预案

综合预案是针对客户的全面情况对其创业活动的总体设计。例如，针对某创业者创办女企业家健康俱乐部项目的总体咨询预案。

2. 专项预案

专项预案是针对某种具体的、特定类型的情况编制的，例如市场推广咨询预案等。

专项预案是在综合预案的基础上，充分考虑了某项特定内容的特点，对可能的形势、组织机构、活动等进行更为具体的阐述，具有较强的针对性。

3. 现场预案

现场预案是在专项预案的基础上，根据具体情况需要编制的。现场咨询预案的特点是针对某一具体现场活动，在详细分析的基础上，对各个方面作出具体、周密而细致的安排，因而现场预案具有更强的针对性和对现场具体活动的指导性。例如，某创业者开业庆典活动咨询预案等。

四、咨询预案的准备要领

1. 搜寻和积累案例

创业咨询师根据自己经历过的咨询案例，或是眼见或耳听到其他同行遭遇过的相关事例，同时，还可集思广益，向熟人打听、向其他专家咨询等，推测可能会发生的情况，以此积累形成案例库。

2. 事先拟订事后评估

一般来说，人在冷静的时候更容易看到事情的关键，在进行充分的分析和论证后，提出建设性的方案；而在问题发生时，问题迫在眉睫，往往容不得人冷静地思考，如果没有一个成熟的解决方案供参考，势必乱作一团。因此需要在问题发生前拟订解决方案，在问题发生后对解决过程进行评估，并结合实际情况进行修正。

3. 准备咨询预案的原则

（1）要考虑客户及其相关人员的阅历和经验。

（2）避免复杂的句子，而且要精心选用长短词语。句子长短可以不一，但平均要在二十个字左右。

（3）选择常用的文字，避免使用冷僻或绕弯的文字。保持语气严谨准确，不要让客户从字里行间体会到言外之意。一般用动词表达行动，用主动语态表达力度，运用被动语态变换风格。

（4）要使咨询预案的每一件事情都贴近预案目标，包括预案目标所需要的所有观点，同时保持文体匀称——要根据每件事项的重要性分配篇幅。

（5）在使用数字时要仔细斟酌何时采用绝对值比百分比更重要，何时百分比又比绝对值更有意义；在引用其他来源的数字时，一定要正确；做估算时，则要考虑其可靠程度。

（6）如果引用其他文献，要列出确切和完整的出处。

如果时间充裕的话，最好把完成的初稿搁置一两天，然后再读，就更容易看到错误的地方并加以修正。如果有可能，在自己觉得没问题后，再让别人读一读，一般情况下，还能发现一些问题，而这些问题往往是缺少经验的创业咨询师从来不会怀疑的。可是，这一点也有某些弊端：任何咨询预案总是可以不断加以修改的，总想使它“尽善尽美”是比较困难的。

在撰写咨询预案过程中，创业咨询师可能会发现最初选择的咨询预案提纲并不是最好的，这个时候就没必要去坚持之前的提纲；如果先前的提纲是经过客户认可的，为避免可能的误解，则应再次征得客户同意后方能对提纲进行修改。

如果咨询预案是由风格迥异的不同创业咨询师集体完成的，则要事先为最后的编辑工作做准备，以保持文体风格、布局、术语、章节长短等方面的连贯性和一致性。

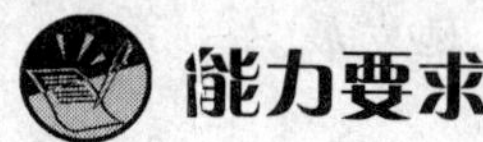

能力要求

准备咨询预案案例

准备咨询预案包括六个基本步骤，分别是：确认项目背景，明确工作原则，设定咨询价值观，制定咨询项目总体思路，拟订工作计划，项目组织安排。下面以案例说明。

1. 确认项目背景

A 科技有限公司（以下简称“A”）是由 6 个自然人股东为发起人设立的有限公司。

A 在某市高新技术产业开发区注册登记，集科研、生产、技术服务于一体，主要从事通信产品的开发、制造与销售，网络信息产品的技术开发、技术咨询与技术服务等业务。经过几年的发展，A 已完成原始积累，目前，正处于股份制改造、机构重组的关键时期，迫切需要建立健全规章制度，规范各项工作流程，引进人力资源管理，加大考核力度，上升管理层次，为企业的长远发展创造条件。

此次咨询项目工作成果既要符合 A 最高层领导的意志，又要结合 A 公司的具体特点，同时符合现代企业制度和有关法律、法规要求，并具有可操作性。

2. 明确工作原则

共同工作：项目一经确立，即由 A 和××创业咨询服务机构分别成立项目小组，项目运作过程中，双方应本着团结合作的原则，建立共同工作的平台，共同推动项目的运行。

信息互动：项目合作双方应定时联系和沟通，与项目有关和有用的信息应予以开放，保证信息的及时性和有效性，使项目得以顺利进行。

法人意志：该项目旨在为 A 解决面临的具体问题，因此项目的出发点和最终目标都服务于 A 的法人意志，而不是 A 内外部其他利益。

理论与实际相结合：通过调查、访谈等手段掌握项目有关的详尽事实和数据，运用合适的理论模型和工具对相关的事实和数据进行分析，确定并解决 A 面临的具体问题，提出实效性的解决方案。

3. 设定咨询价值观

经过近3年为中国创业企业提供战略和人力资源管理咨询服务的经验，××创业咨询服务机构形成自己独特的创业咨询价值观：

服务战略：一切创业咨询都服务于企业战略，服务于企业长远发展。

适应变化：一切创业咨询都应适应企业未来环境的变化。

尊重现实：一切创业咨询都以企业实际情况为出发点。

顾客导向：一切创业咨询都应为顾客创造最高价值。

通过对国内外先进高科技企业及行业发展状况的深入研究，为A制定切实可行的咨询方案。

4. 制定咨询项目总体思路

(1) 真正将企业发展战略和人力资源管理结合起来

由于战略和各项人力资源管理职能相距甚远，使得人力资源管理工作只能被动地服务于业务发展需要，不能发挥其主动功能。如企业迅速扩张急需大量职业经理人，人力资源部门就突击提拔或从外部大量招聘，表面上及时迅速地满足了企业需要，实际上由于缺乏对企业战略的充分理解，即目标指向不清晰，结果可能导致数量上完成任务，而质量效果很差。

(2) 必须以系统的、全局的眼光来理解人力资源管理

招聘、薪资福利、绩效管理、培训工作以职能形式各自独立存在，而对企业领导者和其他管理者来说，所面临并需要解决的人力资源问题往往是跨越这些职能的，例如如何吸引优秀人才并保留他们，如何对员工进行考核评价，如何激励员工，如何培养职业经理人等，只有这些问题解决了才能使人力资源真正发挥功效。故此，××创业咨询服务机构提倡着眼长远的人力资源管理，提醒高瞻远瞩的A领导者必须从全新的角度，以系统、全局的眼光来理解人力资源管理，在A内建立基于企业远景和经营战略的层层落实的人力资源管理系统。

(3) 必须以科学的人力资源模式来指导企业人力资源管理

根据企业远景和经营战略来全盘规划企业的人力资源管理，包括确定支持企业长远发展的核心价值观，分析企业关键的成功因素，明确核心业务流程；在此基础上，设计适合A总体人力资源管理的指导理念和原则。人力资源管理与开发的好坏，既受其外围环境——企业文化的影响，又受其运行载体或平台——企业组织架构的影响。组织架构和岗位设计是人力资源管理与开发的载体和平台，因此在进行A的人力资源战略规划时，主张首先对A的企业文化进行诊断、分析和提炼，并

把企业思想政治工作归入企业文化建设中，以此发挥企业文化在人力资源管理中的导向功能、约束功能、凝聚功能、激励功能以及辐射功能。同时，还提出从适应 A 发展战略的角度来对集团组织结构进行重新定位及设计。

由战略、组织、文化落实到具体的各人力资源操作系统的分析，明确职位（岗位）对公司的价值（存在的目的），如何衡量（分解的关键绩效指标），以及对任职人的要求（能力、素质、价值观）。科学的人力资源模式的最后一个层次才是具体的招聘、培训、绩效和报酬等操作系统（政策、制度、程序、方法等）。只有将发展战略、企业文化、组织建设和人力资源管理与开发有机地融合在一起，才能发挥系统性的和全局性的作用。

5. 拟订工作计划

通过对 A 的初步了解，××创业咨询服务机构根据多年对创业企业提供创业咨询的经验，初步考虑如下：

（1）内外部信息收集

工作内容：

1）收集 A 发展规划、发展目标、主要发展措施方面的信息。

2）系统地收集现有的反映 A 运行状况的资料，包括岗位责任书、机构设置图、干部的定员和配备、人员的考核和奖惩制度。

3）收集 A 组织结构及组织管理方面的信息，包括部门设置、职能、管理幅度及管理层次、部门结构、职权、决策权限与决策程序、各种决策制度、横向联系、岗位职责、管理规范等。

4）收集 A 领导、各部门负责人状况和人力资源管理制度（招聘、任用、薪酬、评价考核）方面的信息。

5）收集并整理各主要业务流程，如订单的获取与完成流程、生产流程、采购流程、库存管理流程、售后服务流程、人力资源管理流程、战略管理流程、财务管理流程、信息管理系统流程等。

6）收集 A 财务状况和财务管理状况方面的信息，包括资产结构、负债结构、流动资金结构等财务指标及投资管理、融资管理、利润分配方面的状况。

7）组织个别面谈和小型座谈会，了解 A 的企业文化，包括价值观念、组织制度、经营理念、控制理念等。

8）收集 A 用户信息，包括用户的规模、数量结构，用户需求特点，用户购买力状况等。

9）收集 A 供应商信息，包括供应商数量、规模和结构等。

10）收集行业和主要竞争对手信息，特别是关键人员的招聘、薪酬、激励、考核、培训、岗位设置、职业生涯规划方面的信息。

11）收集A所在地区的薪酬结构、薪酬水平的信息。

12）设计工作分析问卷，收集对关键人员的工作分析、工作设计、岗位设计、岗位价值评估等信息。

工作方式：

1）二手资料收集

A. 公开出版物，各种官方报告、报表等

B. 行业报告

C. 出版物

D. 企业内部管理资料、管理制度、董事会决议、各种文件、财务报表等

E. 竞争对手半公开和公开的资料

F. 企业内部报刊

G. 企业内部网信息

2）访谈

A. 全国行业主管部门

B. 竞争对手

C. 行业协会

D. A高中级管理人员

E. A部分员工

F. 关键供应商

G. 关键用户

3）问卷

A. 行业市场调查

B. A员工调查

工作成果：

1）原始二手资料

2）访谈记录原件

3）调查表原件

工作时间：5个工作日

（2）A人力资源管理诊断

工作内容：

1）分析 A 现有绩效考核制度。绩效考核就是收集、分析、评价和传递有关某一个人在其工作岗位上的工作行为表现和工作结果信息的过程。通过进行定期的评价，达到培养、开发和利用人才能力的目的。

2）A 现有薪酬制度分析。为了充分发挥薪酬管理对员工行为的导向功能，体现薪酬制度的公平性和激励性，同时使薪酬管理活动与公司的未来发展相适应，薪酬管理制度应与公司组织结构、运行机制以及绩效管理制度配套同步推进，协调进行。

3）A 人才队伍建设状况分析。需要对以下四支人才队伍建设状况进行分析：管理人才队伍建设、专业技术人才队伍建设、市场营销人才队伍建设、高技能员工队伍建设。

工作方式：

1）内部研讨

2）专家研讨

3）与 A 共同研讨

工作成果：《A 人力资源管理诊断报告》

工作时间：20 个工作日

(3) 人力资源管理模式设计

工作内容：

1）制定 A 招聘制度，含招聘流程、招聘信息发布、招聘来源、甄选方法及程序、内部招聘程序；

2）A 考核制度，选择与确定 A 绩效考核目标及行为导向，确定绩效考核指标体系，制定考核效果评价及绩效改进计划；

3）制定 A 薪酬、激励制度，含工资起薪、工资级差、绩效工资、员工福利、晋升标准/程序、年终效益工资制度、其他表彰制度；

4）制定 A 培训制度；

5）A 员工职业发展制度；

6）指导 A 公司项目组成员制定《员工手册》。

工作方式：

1）内部研讨

2）专家研讨

3）与 A 共同研讨

工作成果：《A 人力资源管理体系设计方案》

工作时间：30 个工作日

(4) 管理模式实施辅导

工作内容：

1) 向 A 各有关人员宣传贯彻管理模式方案，讲解与此相适应的一系列变化的必要性，对变化涉及的相关人员进行培训；

2) 与 A 共同监督方案实施过程中出现的变化，分析其产生的原因，并采取相应的措施；

3) 根据实施中的环境变化，对方案进行完善和调整。

工作方式：

1) 培训课

2) 研讨会

3) 个别专题指导

4) 远程指导

工作时间：5 个工作日

(5) 项目实施计划

实施阶段	工作时间	说明
1) 内外部信息收集	5 人×5 工作日	
项目组成立及制定项目计划		
内外部信息收集		
2) 内部管理诊断	5×15 日	专家组（3 人）参与工作 2 天
人力资源管理分析		
3) 管理模式设计	5×25 日	专家组总体指导参与（4 天）
人力资源管理体系设计		
4) 实施辅导	5×5 工作日	
培训		
指导		

6. 项目组织安排

本次创业咨询项目成功一定是 A 与××创业咨询服务机构相互协作、沟通的结果。本着客户至上的原则，本次创业咨询项目采取如下组织模式：

(1) 项目领导委员会

批准项目实施计划和方法、指定项目小组成员。

(2) A 项目总监

向领导委员会汇报项目进程和成果、总体把握项目进程、做好领导委员会和项目小组的协调工作、推动内部资源支持项目。

(3) 创业咨询服务机构项目小组

制定项目工作计划、保证交付成果按时完成、把知识传递给A项目小组、保证咨询服务的质量。

(4) A项目小组

提供所需信息并与××创业咨询服务机构项目小组协同合作、协同××创业咨询服务机构项目小组制定工作计划、督促A有关人员参与项目。

部分咨询顾问背景：

咨询师一，职务，级别，学历，主要经历，项目经验，主要成就，项目运作特长。

咨询师二，……

本项目会根据具体工作情况，安排以下人力资源专家参与：

专家一，职称，在公司职务，现任职，曾任职，主要成就等。

专家二，……

第2章
提供解决方案

第1节　分析诊断

学习单元1　了解常见创业问题

学习目标

- 掌握不同行业的创业问题。
- 掌握不同产品的创业问题。
- 明晰不同经营模式需要注意的创业问题。

知识要求

一、不同行业的创业问题

在创业的时候，任何一个行业都会面临一些常见的创业问题，例如资金问题、个人特质问题、人力资源管理问题以及市场推广问题等，但是置身于不同的行业，除了要解决好以上问题之外，还面临着其行业特有的难题，下面主要介绍以下五种常见行业所面临的典型创业问题。

1. 餐饮业的典型创业问题

当今，我国餐饮业呈现出持续、稳定发展的势头，通过多样化的促销活动引导消费，积极开拓新的领域，经营的特色更加突出，品牌意识明显增强，大众快餐成为人们的消费热点，已经基本形成了高、中、低多档次兼有，中餐、西餐并驾齐驱，传统风味和现代潮流相互媲美，软件、硬件共同发展的局面。餐饮业的增长速度，高出批发零售贸易业 9.8 个百分点，高出制造业 14.5 个百分点，居国民经济各个行业前列。这为中小企业进入餐饮业进行创业带来了机遇。

创业者在选择餐饮业进行创业的时候，需要解决好以下问题：

（1）地理位置选择问题

这是餐饮业创业成功的一个关键，通常，好的座店位置能够事半功倍，但要求创业者投入较多的资金用于场地费。

（2）餐饮特色问题

如何使创业者的餐饮具有自己的特色，从而在菜系品种、就餐环境以及餐饮服务等方面区别于其他餐饮店是很重要的，同时也是吸引顾客光临的典型难题。

（3）人员费用较高问题

餐饮业的服务时间往往相对集中，短时间内聚集客人多，因此要求的服务人员相对较多，由此产生的人员成本比较高。

（4）对创业者经验要求较高问题

进入餐饮业要求创业者具有较好的相同经验，而且食品制作技术、人际能力要求也非常高。

（5）竞争比较激烈问题

在现有市场条件下，一个区域内已有的餐饮经营者数量已经很多，而且经营形成了稳定的特色，有了比较固定的顾客群。因此，要求新创业者的风味和技术更具特色，能够满足数量较大的人群的需要。

2. 广告业的典型创业问题

商品经济的发展，促进广告的繁荣。广告业是集技术、知识、人才于一体的产业，近几年来在我国以前所未有的速度发展。广告业平均以每年 40%的速度递增，总营业额平均每年增长率高达 60%。中国已成为世界上广告业发展最快的国家。

如今很多小型的广告公司散布于各大城市，无论是为产品宣传还是为公司形象定位，都不能缺少广告业的作用。

创业者要想在广告业创业，首先必须清楚广告业创业存在的问题：

（1）对创业者的艺术素质和技能要求较高问题

广告业要求创业者具备丰富的想象力、观察力、创造力，能赋予事物艺术创新的思路。

（2）对员工的专业创作技术和能力要求较高问题

除了对员工艺术素质的一般要求外，广告业还要求员工具备相关技能，比如平面设计、美术、计算机以及不同行业的相关知识。

（3）专业设备投入较大问题

硬件投入主要包括：计算机、打印机、扫描仪等，软件投入主要包括平面设计和相关软件。

3. 零售业的典型创业问题

20 世纪 90 年代以来，我国零售业呈现前所未有的发展势头，社会商品零售总额有较大幅度的增长，零售业态异彩纷呈，更多的人从事于零售业。我们生活中大多数衣食住行的需要都是从零售业中得到满足的。

我国实行改革开放政策以来，提出了“大市场、大流通、大商业”的观念，旨在拓宽流通渠道。零售业在这一观念的指导下得以发展，“瓶颈”出口得以拓宽，并对我国工农业生产起到了很大的促进作用。当今的零售业是生产与消费的桥梁，也为社会提供了大量的就业机会。毫不夸张地说，零售业是国民经济发展状态的“晴雨表”。如果选择零售业创业的话，建议创业者采取加盟店、便利店以及摆小摊等方式进入。

创业者如果选择零售业创业，一定要努力克服下面难题：

（1）高效有利的供应链和分销体系选择问题

由于市场上同一种产品有多家厂商，究竟选择哪种供应链以及分销体系在创业者进入之前需要认真思考。

（2）员工流动率和人力资源管理成本问题

由于零售业的进入门槛很低，对学历的要求不高，其报酬相对缺乏竞争力，最终导致员工流动率较高；此外，由于零售业对人员的需求量过大，因此人力资源管理的成本跟着提升。

（3）店址的地理位置及商圈内的购买力问题

既然是零售，其店铺一定要在消费人群聚集区，这就要求经营之前一定要选择一个优越的地理位置，同时，对地区消费者的购买能力也要做一全方位的调研。

（4）经营产品的准确选择和市场定位问题

市场上选择零售这一经营方式的产品很多，究竟选择何种产品作为自己未来的利润之源以及针对哪些类型的消费者？这对创业者来说，很难在短期内作出准确判断。

（5）竞争激烈问题

目前，零售业的竞争很激烈，如家电零售这个板块，由于介入该行业的零售商很多，导致激烈竞争，以至于各商家利润率下降。

4. 美容美发业的典型创业问题

随着人民生活水平的提高，“美丽经济”保持快速增长，2005 年，整个美容美发行业产值接近 4 000 亿元，还间接拉动数以千亿元计的其他消费，美容美发已经成了继房地产、汽车、电子通信和旅游之后的“第五大消费热点”。

这些年来，国家先后出台了《美发美容业国家级评委管理办法》《美发美容业开业的专业条件和技术要求》《美容美发业管理暂行办法》等法规标准。2007 年，政府进一步大力整顿、规范美容美发业市场，继续加强美容美发业的监督管理，国内美容美发行业上了一个新的台阶。

创业者如果选择美容美发业创业，将面临以下创业问题：

（1）店址选择问题

经营店址一定要结合其针对的目标人群经过仔细地考察。

（2）美容美发师选择问题

优秀的美容美发师能吸引更多的顾客光临，进而创造更多的价值，对美容美发师的选择需要创业者慎重考虑。

（3）服务质量高低问题

美容美发行业属于服务业范畴，服务质量的高低成为其创业成败的一个重要因素。

5. 保健业的典型创业问题

随着社会的进步和生活水平的普遍提高，人们越来越关心生活的质量。人们不仅注重个人作用的发挥，以及吃、穿、玩、身体健康、家庭和睦幸福等，而且更注重心理健康。目前，健康包括身体健康和心理健康这一观念早已深入人心，成为人们的共识。以保健内容为主打牌的保健业应运而生，而且会越来越发展壮大。

21 世纪对于中国人来说，面对的将是一个老龄化的社会。所以，积极投身于健康产业将会大有作为。如今流行于城市各个角落的中医按摩、足疗以及心理咨询等都是很好的创业选择。

保健业创业时主要会面临以下创业问题：

（1）保健种类的选择问题

选择保健业进行创业，首先必须清楚哪种保健类型更适合创业。

（2）保健服务质量高低问题

保健业属于服务业的一种，保健服务质量的高低直接和其经营效益挂钩。因此，高服务质量是该行业创业的重中之重。

（3）员工雇佣成本高低问题

由于保健业的从业人员要对专业知识有比较深的见解，因此对人员知识结构的要求比较高，这样就会带来比较高的雇佣成本。

二、不同产品的创业问题

创业时，不同的产品有不同的创业问题，任何一种产品都会面临其特有的创业问题，下面主要介绍三种产品所面临的创业问题。

1. 农产品的创业问题

农产品的创业主要有三大经营困境需要创业者仔细思考：

（1）农产品交通运输的便捷性问题

农产品的价格往往会受其新鲜程度的影响，因此，农产品在运输过程中的便利性需要创业者充分考虑。

（2）农产品的科技创新问题

和其他产品不同的是，农产品的产量很大程度上依赖天气的好坏，受自然灾害的影响较大，因此，如何加大农产品的科技创新也是创业的一大难题。

（3）农产品的终端销售问题

目前农产品销售人才匮乏，特别是融高级农产品策划、经营、销售为一体的全面营销人才更是难以寻找，农产品销售很难融合现代营销手段。因此，农产品国内营销远远不能满足实际市场的消费需求。

2. 特色工艺品的创业问题

创业者要想在特色工艺品方面有所作为，需要克服以下困难：

（1）资金的初始投资问题

因为一般特色工艺品的价格比较高，导致在这个领域创业的成本也比较高昂。

（2）原材料的选择问题

工艺品档次的高低很大一部分来源于原材料的质地，因此想在特色工艺品领域内创业，必须清楚创业者对其档次的定位，注重原材料的选择问题。

（3）搞好特色工艺品的宣传问题

特色工艺品属于非生活必需品，往往用来作为室内摆设和送礼。如何宣传工艺品的特色，赢得消费者的购买兴趣十分关键。

3. 小食品的创业问题

日常生活中，有很多小食品创业方面的例子。例如北京地区的煎饼果子、炒凉皮、羊肉串以及掉渣饼等，创业者如果选择小食品进行创业，需要努力克服以下难题：

（1）地理位置的选择问题

在经营小食品之前，要做好前期调研工作，为地理位置的选择奠定基础。

（2）小食品的特色问题

如今在小食品领域创业的人越来越多，如何凸显经营特色是创业者必将面临的问题。

（3）小食品的卫生问题

如何保证所经营的小食品卫生是在该领域创业的重中之重。

三、不同经营模式的创业问题

企业在选择创业的时候，不可避免会涉及创业模式的选择，常见的创业模式有独创产品创业模式、策略跟进模式、特许经营模式以及收购股份或者现有实体模式等四种，创业者确定创业模式之后，还必须确认创业企业究竟采取何种经营模式对整个企业进行实体运营。

企业的经营模式，就是企业如何将自己所有的人力、物力、财力等资源有效组合，从而使得企业价值不断增长以达到营利的目的。简而言之就是经营的方法。

根据市场需求的不断变化，作为中小企业创业者，可以采用以下四种经营模式：

1. 分工协作经营模式

分工协作经营模式是指把为大企业配套作为企业发展、走向市场的途径。成功的中小企业非常注意避免直接与大企业竞争，而是尽可能与大企业合作，做大企业发展中必不可少的伙伴。

为了避免与大企业展开直接的竞争，中小企业在创业的时候可以采取分工协作经营模式，最终与分工企业共同实现为消费者提供专门的服务。但是采取此种经营模式创业还需要解决好以下问题：

（1）解决配套问题，即在为消费者提供某种产品的时候，究竟选择哪个板块来经营？

（2）如何协调好与分工企业之间的关系进而谋求长远的分工协作？

2. 利基经营模式

利基经营模式是指通过对市场的细分，企业集中力量于某个特定的目标市场，或严格针对一个细分市场，或重点经营一个产品和服务，创造出产品和服务优势。通过选择一个特殊的利基市场，企业的战略更突出表现为企业家对顾客和竞争对手的决策。与大企业相比，中小企业在满足消费者多层次需求方面最具竞争力，例如纽扣市场就是利基经营模式的一种。

作为中小企业，大多是市场补缺者。作为市场补缺者，应精心服务于市场的某个细小部分，不与主要竞争对手竞争，通过专门化经营占据有利的市场位置。而利基经营模式则成为这种需求的最佳拟补方式。若选择这种方式创业，应该注意以下问题：

（1）怎样对某个市场进行合理的细分？

（2）如何选择适合创业的市场空白点？

（3）怎样实现薄利多销？

3. 特许权经营模式

特许经营模式是连锁经营的一种重要形式。它是指特许经营机构将自己拥有的商标、产品、专利和专有技术等，以特许经营合同的形式授予被特许者使用，被特许者按合同规定在统一的业务模式下从事经营活动并支付相应的费用。

加入特许经营固然有诸多方面的好处，但是一个成功的特许经营系统，跟经营单独一间商铺有很多不同的地方。当创业者有意加盟时，应注意如下事项：

（1）是否有一套可复制的有效工作程序和经营模式？

（2）加盟者能否通过培训，比较容易地掌握工作程序？

（3）在不同地区和不同的店铺经营管理下，这一程序是否能被严格执行？

（4）产品或经营方式能否得到市场的认可与支持？

（5）中间商本身是否拥有特许经营所必需的专业人员？

另外，不要轻视签订特许经营权合同，这是一项十分专业的工作，律师的参与必不可少，业主自己凭想当然拟订的合同，往往会产生各种意想不到的问题。

4. 虚拟经营模式

20 世纪 90 年代以来，全球正在发生一场由物质型经济向知识型经济的深刻转变。知识和信息通过对传统生产要素即资本、劳动力和土地等自然资源的整合和改造，为企业的发展创造了一种新的经营模式即虚拟企业经营。

在日常生活中，网络花店、网络服装店以及礼品公司直营店等都采取的是虚拟经营模式，这样可以大大降低经营成本。

近年来，网络经济的发展势头强劲，与此同时，虚拟经营模式也应运而生。采取虚拟经营模式创业，一定要注意以下问题：

（1）产品或者服务是否能够满足客户的需求；

（2）经营品种的选择问题；

（3）产品或服务的质量问题；

（4）特色品牌问题；

（5）经营过程中的诚信问题。

学习单元 2　分析确定客户的创业问题

学习目标

➢了解确定客户创业问题的原则。

➢把握创业问题的常见成因。

➢明确创业问题的常见后果。

➢能够详尽分析和确认客户创业问题的成因和潜在后果。

知识要求

一、分析确定创业问题的原则

1. 客观性

所谓的客观性原则，是指创业咨询师在确定客户创业问题的过程中，应当以创业者或创业企业实际的经营情况为依据，如实反映创业的资源、优劣势和风险。确定创业问题要做到内容真实、数字准确、资料可靠。

2. 明确性

所谓的明确性原则，是指要用创业者易懂的具体语言清楚地表述创业问题或困难，即问题的实质是什么，影响面有多大有多久，给创业者带来的风险是什么。同时，创业问题明确以后，创业者和创业咨询师对问题的认识应尽可能一致。明确解决创业企业经营过程中所存在的问题是一个企业创业成功的前提条件。

3. 针对性

所谓的针对性原则，是指要根据不同类型的创业企业、不同类型的创业者，提出相应的创业问题，也就是说提出的创业问题不能是放之四海皆为准的理论。那样将失去创业咨询的意义。

4. 科学性

所谓的科学性原则，是指要用科学的方法和原理，对创业企业进行分析诊断，不能以自己的主观臆断凭空对创业问题进行描述。

二、创业问题的常见成因

创业过程中常常会遇到各种各样的问题，在此将创业问题分为三种类型：创业方法问题、创业团队问题以及创业者心理问题。下面就各种创业问题的常见成因进行分析。

1. 创业方法问题的成因分析

造成创业方法出现问题的原因主要包括以下几个方面：

（1）创业必备条件不足

1）技术或设备准备不足；

2）社会资源缺乏；

3）相关生产经营经验不足；

4）初始投资资金匮乏。

由于创业者在创业之初不具备基本的创业条件，进而造成创业进度受阻。

（2）有技术没市场

1）技术本身存在缺陷；

2）技术超前不能转化为产品；

3）技术成本高；

4）技术不符合本地文化；

5）市场人员缺乏或能力不足；

6）技术市场价值低。

创业者在创业过程中若只有技术没有市场，那么将会造成对市场不确定、创业信心挫折的影响。

（3）不明确创业的组织形式

1）不了解创业的模式；

2）不了解创业注册要求；

3）缺乏企业管理经验。

（4）创业微利或亏损

1）经营管理不善；

2）成本和费用高；

3）销售力度不够；

4）产品或服务不对路；

5）产品质量低。

创业企业长期处于微利或者亏损状态，则会造成资金链断裂，并且危害后续发展。

2. 创业团队问题的成因分析

（1）初创合伙人冲突

1）初期创业激情消失；

2）利益分配矛盾；

3）需要新的注资；

4）权力安排冲突。

在创业的时候，如果初创合伙人产生冲突，将会造成关键资源组合冲突、重大内耗，并危害企业的发展壮大。

（2）内部人员不协调

1）人情因素；

2）分工不合理；

3）素质不能满足企业的要求；

4）协作意识差；

5）成就和资历意识作祟。

创业的过程中如果出现上述情况，则会导致创业队伍不稳定，降低创业效率，并且影响创业绩效。

3. 创业者心理问题的成因分析

（1）创业观念不强

1）惧怕创业风险；

2）家庭和社会压力；

3）等待帮助和观望的心态；

4）维持现状不求更好的思想。

（2）准备不足

1）求成求利心切；

2）资源不到位；

3）经验和时间不足；

4）事先分析和预测不准；

5）环境变化大而快。

（3）期望过高

1）对利润期待过高；

2）风险认识不足；

3）经验不足；

4）过多注重资源优势。

（4）为小事所困扰

1）创业的头绪多；

2）人员分工不合理；

3）人员自觉性、创造性工作不强；

4）企业管理经验和艺术差。

由于创业者的心理而造成的问题，将会影响创业主体，使创业基础动摇，进而导致影响创业全过程。

三、创业问题的常见后果

1. 人员流失

无论是哪一种创业问题的存在，如果长时间得不到解决，必将会导致创业企业内部人员流失，克服人员流失对于创业团队问题的解决尤为重要。

2. 客户流失

在创业过程中，创业企业如果不能妥善解决好创业方法和创业团队等问题，将会导致客户流失，这将直接影响资金链的来源，很可能使企业陷入财务困境。

3. 财务困境

在创业过程中，由于各种各样的问题，将直接或间接导致财务风险，进而导致维持企业运营的资金链断裂。许多创业者还没有意识到，企业决策错误所造成的财务方面的危害和影响对企业效率的损害更大。也就是说，对多数创业者最具有威胁的风险不是在生产和效率方面，而是来自财务方面。一个企业可以克服和解决供货或销售渠道的困难，但是每一笔错乱的资金支付或者资金无力支付在很大程度上意味着企业的生存危机，往往会致使企业彻底破产。只有能够及时完成资金筹措的企业，才可能泰然地面对市场或者企业内部多方面的困难，以及避免企业生存风险。

4. 破产

如果不能恰当地解决好人员流失、客户流失以及财务困境等问题，创业企业将面临散伙、被收购或者被兼并的危险，最终走向破产的边缘。

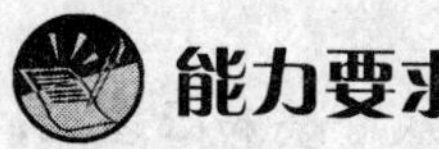

能力要求

分析确定客户创业问题案例

创业咨询师应根据分析确定客户创业问题的工作流程（见图 2—1），分析创业实际面临的主要问题及成因，正确评估由于各种创业问题带来的影响，提出有针对性的创业建议，并形成系统的创业问题诊断表。

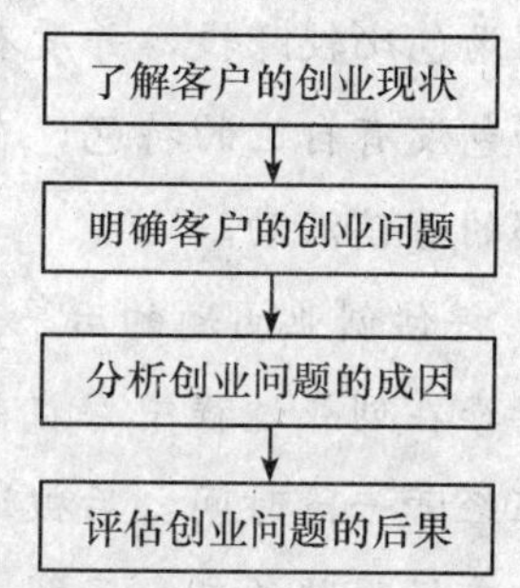

图 2—1　分析确定创业问题流程

下面以创业者老李在创业过程中遇到的问题为例进行分析。

1. 了解客户的创业现状

老李是个下岗职工，还拖家带口，在权衡许久之后，他看上了一个投资回报快的项目——风味灌汤包。虽说店面不大，但投资却也不少，房租、设备、原料、员工，还有学习技术的费用，总共加起来也花去了三四万元，为了开店，除了把自己的储蓄拿出来，老李还向朋友借了一万多元的外债。但不管怎么样，老李总算是把自己的店开起来了。开张的一个多月里，老李的生意好得不得了，可能是因为有风味小吃的诱惑，老李的店每天都是顾客盈门，可是就在这一个多月内，风味灌汤包的小吃店如雨后春笋般出现在北京的大街小巷，没过几个月，老李小店前的顾客数量明显减少，老李在朋友的建议下，在小店里也开始卖其他风味小吃，但生意还是没有多大的起色。

在连续亏了两个月后，老李的店就关门大吉了，老李说他还了外债之后，赔了一万多，对一个下岗职工来说，这并不是个小数目。老李失败后，没有再选择创业，而是选择给别人打工，老李说，给别人打工虽说赚得少些，但心里踏实。

2. 明确客户的创业问题

从老李的创业经历中，我们可以将其失败的原因归纳为两个方面：

其一是创业心理问题，在创业之前，从资金和心理上，老李都有很大压力，这从一定程度上造就了老李在创业过程中的心理负担。

其二是创业方法问题，任何一种创业的首要工作就是要做好进入行业或市场的调研工作，不了解即将进入的市场或者行业，盲目跟风是创业者的一大忌讳。而案例中的老李恰恰犯了这个原则性的错误。

3. 分析创业问题的成因

首先，分析老李创业过程中的创业心理问题：在创业之前，从资金和心理上，老李都有很大压力，由于自有资金缺乏，要想创业必须向别人借钱；另外，老李还有一个正在上大学的儿子，家里正值花钱的时候，这从一定程度上造就了老李在创业过程中的心理负担。

其次，分析一下老李的创业方法问题：在创业之前，老李只是表面上看见经营风味灌汤包比较赚钱，并没有真正深入市场作过仔细的调研，同时自己所经营的风味灌汤包没有自己的特色，在经营过程中盲目跟随，此外，也没有对自己的产品进行足够的营销活动。

4. 评估创业问题的后果

老李在创业过程中存在的种种问题，终将导致选择的项目没有足够的市场潜力，在经营一段时间之后被迫退出市场。正像案例中的老李，由于缺乏对风味灌汤包这个市场现状的充分了解，最终在经营了几个月后被迫破产。

第 2 节　制定方案

学习单元 1　编写客户服务方案

学习目标

➢ 了解客户服务方案的概念与作用。

➢ 掌握客户服务方案的表述要求。

➢ 能够按照表述要求编写客户服务方案。

知识要求

一、客户服务方案的概念

客户服务方案是创业咨询师为客户提供创业咨询服务的流程、服务内容以及质量控制等的一整套规范。例如，客户咨询的时候，应该按照怎样的程序服务客户，应该通过怎样的方式了解客户的需求、情况，应该运用怎样的方法让客户信任自己，了解咨询师的工作内容。

二、客户服务方案的作用

良好的客户服务方案能给创业咨询服务机构以及创业者双方带来利益。

1. 客户服务方案的制定使得公司相关人员有章可循。客户服务方案的制定使得公司工作人员能充分了解工作的流程、服务的范围、自身工作的重要性等。同时，好的客户服务方案也能提高创业咨询师的工作效率，拉近创业咨询师与创业者之间的距离，让创业者充分信任创业咨询师，使创业咨询师能够更加充分地了解创业者的意愿与情况。

2. 好的客户服务方案可以带来良好的声誉。良好的客户服务方案的制定可以更好地维护创业咨询师与创业者之间的关系，让创业者充分地了解创业咨询服务机构的服务情况、服务质量等。从而树立良好的企业形象，吸引更多的创业者。

3. 客户服务方案能为创业者提供全面有效的咨询服务，以满足创业者的创业需求。

三、客户服务方案的主要内容和表述要求

1. 客户服务方案的主要内容

（1）导言

主要包括创业咨询服务机构的历史背景及服务宗旨、本方案的依据与目标等。

（2）服务方案

即指创业咨询服务机构所提供服务的内容及完成的标准、目标和预期达到的效果。

（3）服务流程安排

（4）服务部门及人员安排

主要包括确定创业咨询服务机构服务的相关部门、各部门职责要求以及人员安排与个人职责等。

（5）服务质量控制方案

（6）附录

2. 客户服务方案的表述要求

客户服务方案的表述主要有以下几方面要求：

（1）客户服务方案应该符合国家有关规定

客户服务方案应该在符合国家相关规定的前提下制定。例如国家相关行业的法规、规范，国家针对服务业的相关规定等。

（2）客户服务方案要符合公司的各项规定，不能有违规行为

创业咨询服务机构都有自己的宗旨和文化，有对客户服务内容的规定和对客户服务方案格式与内容的要求等。因此，在制定客户服务方案的时候要符合公司的各项规定，不得违规。

（3）客户服务方案中不能有违反咨询师职业道德的行为

创业咨询师对客户提供服务，涉及客户的众多商业秘密，并且存在很多道德陷阱，因此在制定客户服务方案的时候应该尽量避免陷入职业道德陷阱中。

（4）客户服务方案要按照每个客户的特殊要求进行设计

客户服务方案应该有较强的针对性，针对不同行业、不同创业问题的客户，提供不同的服务方案，并且要根据客户的特殊要求进行设计，以达到全方位满足客户的要求。

制定创办房地产评估公司的服务方案案例

编写客户服务方案是每个创业咨询服务机构都必须做的事情，目的是规划和规范为创业者提供的咨询服务。创业咨询师应该根据客户和本机构的情况制定客户服务方案。主要分为以下几个步骤：

（1）首先，了解客户的相关情况。

（2）按照客户的情况指派相关部门负责创业咨询业务，并为各部门分配任务与职责。

（3）各部门之间相互协调、沟通，共同帮助客户解决问题。

（4）在创业咨询过程中，项目负责人要监控整个项目的服务质量，不断提高和完善。

(5) 创业咨询完成后，要对客户的后续结果进行跟踪，并给予技术指导，协助开展项目。

(6) 创业咨询过程中，各部门还要按照制定的相关工作制度实施工作。

下面结合案例说明如何进行客户服务方案的制定：

××创业咨询服务机构接待了前来进行创业咨询的创业者徐先生。徐先生注意到自己居住的城市有大量的中小企业存在房地产评估服务的需求，因此产生了成立一家房地产评估公司以满足其需求的创业构想。由于他之前没有创业经历，因此对自己是否具备创业条件和能力把握不定，在朋友的介绍下，徐先生决定聘请××创业咨询服务机构为其进行创业测评。××创业咨询服务机构在详细了解了徐先生的咨询需求后，××创业咨询服务机构的经理首先制定了一个比较详细的服务方案，其中包括：洽谈签约、创业项目管理、创业信息服务、创业培训、创业评价等。具体的服务方案如下：

1. 第一部分　导言

(主要包括创业咨询服务机构的历史背景及服务宗旨、本方案的依据与目标等。)

××创业咨询服务机构是一家 2000 年成立的对创业者提供专业咨询服务的公司。目前拥有 150 名专业咨询人员，其中高级咨询师 15 位，聘请的名牌大学专家 10 位。他们都拥有非常丰富的创业咨询经验，能为客户提供全方位的咨询服务。另外，本公司的服务宗旨是……

本服务方案制定的依据是：客户公司的特定情况、目前行业的情况等。本服务方案要协助客户达成一定目标：……

2. 第二部分　服务方案

(创业咨询服务机构所提供服务的内容及完成的标准、目标和预期达到的效果。)

××创业咨询服务机构将为客户提供有关房地产评估行业的市场情况分析，定期为客户公司提供房地产评估行业的具体情况分析；提供创办房地产评估行业应具备的人员、设备以及其他各方面的资源情况分析；安排专业人员协助公司的创办，并在创办过程中协助客户公司解决各项有关创业的问题。

××创业咨询服务机构将协助客户公司最终实现房地产评估公司的创办，并实现赢利。

3. 第三部分　服务流程安排

××创业咨询服务机构提供的服务主要分为以下几部分：

（1）专业人员对房地产评估服务行业进行市场调研、分析。

（2）专业人员对客户创业资源情况进行分析。相关人员对徐先生的创业问题进行详细的了解。包括了解其公司的情况，通过对徐先生的访谈，了解到徐先生是想建立一家房地产评估服务公司，而在该市房地产评估服务只有很少的几家公司，并且规模都不大，专业技术水平也不够，因此成立一家大规模、高水平的房地产评估服务公司在当地很有市场前景。

（3）专业人员协助客户创办房地产评估服务公司，并最终实现赢利。

4. 第四部分　服务部门及人员安排

（主要包括确定创业咨询服务机构服务的相关部门、各部门职责要求，以及人员安排与个人职责等。）

××创业咨询服务机构经理确定了公司客户服务的相关机构以及它们各自的职责：

（1）市场开发部

市场开发部负责市场调研，项目推广，接待客户，客户资信调查，客户创业问题评估，创业咨询建议、提案和与客户签订创业咨询合同。

市场开发部首先对徐先生的各方面情况进行调查，了解并评估徐先生的创业问题，提出初步的创业咨询建议和提案。在双方达成协定之后，负责与徐先生签订创业咨询的正式合同。

（2）信息部

信息部负责前期信息服务、客户档案的建立、行业信息收集、风险评估、后期信息服务。

在与徐先生签订正式的创业咨询合同之前，信息部需要配合市场开发部做好相关的信息调研服务，并建立客户的信息档案。正式的创业咨询服务开始之后，信息部需要协助项目管理部门做好徐先生想创业的房地产评估行业的信息收集，并负责对创业中的风险进行预测、评估。创业咨询合同结束后，信息部还需要对项目的实施进行信息反馈等的信息服务。

（3）培训部

培训部负责设计培训内容、培训人员、培训评估。

培训部需要根据徐先生的需要定制房地产评估的培训内容，对徐先生及其相关人员实施培训，并对培训效果进行评估及反馈。

（4）项目管理部

项目管理部负责创业咨询全过程管理、创业评价、项目计划管理、咨询角色管理、驻点管理、质量监控、业绩管理、客户满意度管理、客户创业进度评估。

项目管理部首先需要有相关的项目经理，实行项目经理负责制，由专业人员对徐先生进行专业服务。项目经理负责项目人员的分配，实施驻点管理，并对徐先生的创业咨询进行质量监控，及时与徐先生进行交流沟通，了解其想法，满足其需求。在对徐先生的创业咨询服务完成之后，需要安排相关人员对创业进度进行跟踪，并及时反馈创业的业绩信息，对徐先生进行及时的创业信息的支援。

在服务过程中，各个部门要完全按照自己的职责对项目进行服务。制定客户服务工作制度，主要包括：接待制度、项目经理制度、信息服务管理制度、培训管理制度、咨询人员行为守则。

5. 第五部分　服务质量控制方案

(1) 确定客户后续咨询和投诉的客服渠道

让相关负责人员及时与徐先生进行交流，在创业咨询项目实施后，要做好及时的后续咨询和服务，协助徐先生完成创业。

(2) 客户服务质量衡量

对参与项目的人员实施严格的客户服务质量监督，按照以下几个标准进行衡量：

信赖度：能够始终如一地履行对客户所作出的承诺。

专业度：创业咨询人员所具备的专业知识、技能和职业素质，如优质服务的能力、对客户的礼貌和尊敬及与客户有效沟通的技巧。

有形度：有形的服务设施、环境、服务人员仪表以及对客户的帮助和关怀的适合性。

同理度：创业咨询人员能够随时设身处地地为客户着想，真正地同情理解客户的处境，了解客户的需求。

反应度：创业咨询人员对于客户的需求给予及时反应并能迅速提供服务。

6. 第六部分　附录

包括相关人员的联系方式等。

 学习单元 2　制定客户问题解决方案

➢ 了解制定客户问题解决方案的要求。

➢熟悉选择适合客户需要的解决方案。

➢能够为客户制定客户问题解决方案。

知识要求

一、制定客户问题解决方案的要求

为客户提供优质服务，也就是针对客户的需求，为客户提供解决问题的方法。制定客户问题解决方案要遵循以下要求：

1. 因人因事制宜

每一个客户都是独一无二的，而且客户存在的问题都是有自身的情况影响，因此不存在统一的解决方案。创业问题之间存在着许多相似点，但是这并不意味着相似的问题就有相似的解决方法。因此创业咨询师不能盲目地信任自己的胆识，所有的解决方案都应该以事实为根据，以客户的实际情况为依据去制定。

客户问题解决方案应该具有现实性，即解决方案是否满足客户的真正需求，脱离现实的解决方案永远不会是恰如其分的。客户问题解决方案即便是有堆积如山的资料支持，而且保证可以赢得巨大的额外利润，只要客户或者企业无法实施，那么它就是徒劳无益的。因此客户问题解决方案必须是了解了客户的优势、劣势和能力之后制定的。

2. 效率最高

相信对于任何一个问题都有很多种方式来解决，那么客户问题解决方案就应该是最佳的、用时最短的、耗能最少的。在制定解决方案的过程中要不断地发现新方法、抓住新机会，这样才能制定出有效的客户问题解决方案。

3. 有效利用资源

客户提出的问题很多、很复杂，因此创业咨询师不可能同时干完所有的事情，解决所有的问题。很多问题也许超出创业咨询师能力范围，此时创业咨询师就需要寻求团队的力量去解决，所以，创业咨询师只有充分利用自身资源才可能制定出客户问题的解决方案。客户问题的解决方案一定是集众人智慧的成果。

4. 诚实

对于客户提出的问题，如果在创业咨询师的能力范围之外，那么创业咨询师应直接告诉客户“我不知道”。“我不知道”意味着诚实，对自己的客户、对自己的团队同时也是对自己的诚实。诚实包括当自己找不到线索时要勇于承认，因为承认比欺瞒的代价要小得多。

5. **一致性**

一致性即考虑解决方案本身是否存在内部的一致性，各部分是否很好地协同。客户问题解决方案一定是各方面完全一致的，都是为着客户的真正需求而制定的，而且各部分之间还互为补充、互惠互利。

二、解决方案的调研内容与方法

1. **调研内容**

针对客户的创业问题，要进行各方面的调研，调研的主要内容包括以下几个方面：

（1）创业行业的相关市场信息

包括行业的市场容量、市场前景；行业中先行者的优势、不足；行业中其他竞争者的市场占有情况；消费者对该行业的看法，消费者对行业的期望等。

（2）客户自身的资源情况

包括客户自身的人员配备情况、相关人员的职业技能情况、客户的资金情况以及市场营销方式等。

（3）项目执行后的运行情况

包括项目执行后消费者的态度、市场的反馈、资金的回流情况等。

2. **调研方法**

在客户问题解决方案调研过程中，一般会用到以下四种调研方法：

（1）查阅报告文件法

这里包括一些市场、行业分析报告以及一些创业咨询服务机构的历史数据、文件报告等。文件和报告的缺点在于：它们往往是专为某一个特定的读者撰写的，往往会有一些假定和假设，可能跳过了很多看起来并不重要的问题，但是对其他创业咨询师却有着重要的阅读价值。针对行业的调研可以通过相关的行业分析报告以及一些咨询公司的历史数据、文件报告来收集。但是对于消费者以及客户资料的调研则不可使用这种方法。

（2）访谈法

访谈是获取信息的常见方法，这种方式可以允许与个人进行接触，能获取组织中重要的信息。然而，访谈过程是一个耗费时间的过程，需要巧妙、周全的构建。对于行业市场、消费者以及客户自身情况，可以通过抽样访谈以及与客户公司人员的访谈进行，这样可以收集比较详细的数据资料。

（3）问卷调查法

对于消费者的购买状态，对于客户产品的消费态度、期望等可以通过问卷调查的方式进行，这样可以收集更为广阔的资料，充分了解不同年龄层次、不同消费层次的消费者的消费状态。使客户公司可以抓住产品的主要消费群体，并针对各个层次的消费者制定不同的营销策略。

与访谈法相比，问卷调查并不是时间密集型的数据收集方式，可以使创业咨询师进行对比，也比访谈法更加容易分析。但是，问卷调查法有一些缺点，例如调查对象可能会误解问卷中的问题，他们可能会感觉有压力而不会知无不言，害怕被发现。因此，给出的答案就是他们认为必要的答案，而不是真正的答案。

（4）实地观察法

在项目执行之后，可以通过实地观察的方法对项目执行的效果进行调研。针对消费者的消费情况、客户的执行质量等，通过实地观察可以更进一步地抓住项目执行过程中的不足，以更好地完善解决方案。

实地观察法是一个良好的调研方式，绝大多数的咨询几乎都在自觉地运用这个工具。但它的有用性存在两个因素的限制：首先，创业咨询师可能只注意他所寻找的信息；其次，创业咨询师的存在往往会改变周围人们的行为。然而，实地观察仍然可以暴露有关组织的详细信息，也就是在这些详细信息中很多大问题才慢慢显露出来。

三、评估与选择初步解决方案

对初步解决方案进行评估和选择，即对初步解决方案的分析、筛选。一个良好的解决方案不仅是有效的，而且也适合客户需求。

1. 在评估初步解决方案时需要考虑的因素

（1）在评估初步解决方案时，需要考虑客户的以下特征：客户的近期需求，客户的长远要求，客户的技能和能力，客户的财务资源和财务要求，客户的社会资源。

（2）在评估初步解决方案时，需要了解当时的创业外部环境变化因素，以及由此给解决方案带来的不利影响。

2. 在选择解决方案时需要考虑的基本因素

（1）按需选择

创业咨询师必须与创业者密切合作，寻找最能满足创业者特定需求的解决方案。这与创业者的预算、资源及多方面的支持力有关。

（2）业务涵盖范围

创业咨询服务机构往往为许多不同的创业者服务，创业咨询师根据经验设计出来的方案通常覆盖很大的业务范围，相较资源和能力有限的单个创业者来说涵盖面太大的业务不仅可能是画饼充饥，而且还可能一败诸损，连带风险极大。业务覆盖太多的解决方案除了资源和能力较强之外，还会在实施中带来种种不便以致影响初始创业。

（3）弹性

解决方案必须适应创业者现有的资源和能力，并留有余地。让解决方案来适应创业者的现有资源水平和能力比试图改变创业者的现有资源和能力来适应解决方案更为重要。

（4）发展的可能性

创业者的创业需求往往是近期需求和远期需求交织在一起，因此，解决方案在重点满足和符合创业者的近期需求的同时，还要兼顾满足长远的创业需求，要与应对更大环境的变化和企业进一步发展相适应。

四、客户问题解决方案的主要内容与撰写步骤

1. 客户问题解决方案的主要内容

（1）客户情况的分析，其中包括对客户公司的历史背景、当前资金、人力等方面的情况，以及创业咨询问题的分析。

（2）对相关行业的调研分析，包括客户创业产品的市场调研、相关行业的市场调研等。

（3）针对客户问题提出的解决方案．包括：营销方案、产品方案、生产方案、技术方案、服务方案等。

（4）项目实施过程中需要注意的问题以及人员、时间的安排。

（5）项目实施后，对项目实施结果的跟踪、信息的收集、相关技术人员的支持等。

（6）在解决方案中还需要附上项目各个环节相关负责人的职责和联系方式等。

2. 客户问题解决方案的撰写步骤

（1）突出陈述初步的问题和推荐建议。

（2）总结所收集的数据。证明每一种调查途径都是经过研究的，所收集的数据是客观的，并经过了认真的分析。

（3）陈述研究结果，解释对收集的数据信息的判断和评价。

（4）清晰陈述解决方案。集中清晰地陈述需要开展的工作。展示实施解决方案

所能带来的利益，尤其是财务优势。同时，指出如果解决方案没有得到实施，或者没有完整实施会带来的风险。

（5）列出附录。一些数字和图表形式的支持材料放在报告的末尾。

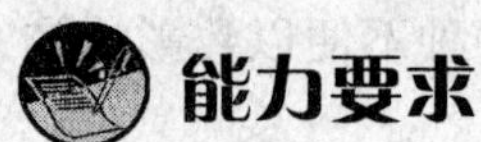

能力要求

制定客户问题解决方案案例

创业咨询师必须有能力把握制定客户问题解决方案的工作流程，并在此基础上最终确定客户问题解决方案。以下举例说明。

东方公司是一家创业不久的保健品生产企业。在创业初期，该公司的产品制造和产品销售情况都不是很理想，没有打开消费市场。东方公司总经理由于创业经验不足，不能找出产品销售问题的关键，也不知道该如何转变劣势。因此，他来到××创业咨询服务机构进行相关的业务咨询，并希望创业咨询师能给他的公司带来希望，设计有效的解决方案，打开产品的销路。

在给李经理制定解决方案时应按照以下程序进行：

第一，了解东方公司在人员配备、资金周转、技术等方面的情况。

第二，对东方公司的保健产品进行详细的了解，并对相关行业开展市场调研，了解市场消费者的消费心理以及消费习惯等。收集第一手信息，为之后的方案设定奠定基础。

第三，对该公司的产品以及公司的销售方式深入了解，可以通过调研和访谈等方法进行，以找到该公司产品以及销售方式的问题。

第四，设定该公司产品制造、销售方案。从产品的包装、产品形象、产品销路等各方面深入考虑，设定适合该公司实际情况的制造、销售方案。解决方案可以通过报告的形式交给客户。

第五，在项目实施的过程中，派遣相关技术人员予以指导，协助其完成。

针对东方公司的具体问题，确定以下解决方案：

1. 导言

东方公司成立于2007年11月，由从美国回来的李先生带着他自己研制的保健品回到中国，建立了东方公司。东方公司的注册资金为500万元，目前拥有××平方米的生产车间、××人的生产队伍以及产品研发队伍。但是东方公司的产品在中国销路一直不好，可能存在几方面的原因：①消费者对产品不接受；②产品价格高昂；③消费者对产品不信任等。

本方案主要依据东方公司以及消费者的情况，对东方公司的问题提出相应策略。

本方案的目标主要是帮助东方公司打开保健品的销路，实现赢利。

2. 东方公司宗旨

东方公司的宗旨主要是满足顾客需求。

东方公司开发产品的指导思想是开发一种能够补充目前消费者营养吸收不好、抗毒副作用的保健品。

3. 东方公司目标

东方公司的目标市场：主要是针对那些偏食的儿童。他们爱吃肉，不爱吃蔬菜，因此严重缺乏维生素，东方公司的保健品富含各种维生素，能够充分补充儿童的营养。另外，针对老年人。患有糖尿病、高血压、高血脂的老年人，通过服用东方公司的保健品也可以起到平衡营养的作用。

目前东方公司的市场份额只占到消费者市场的不到 1%。

目前东方公司的销售额为××元每月，每瓶的成本大概是××元，目前售价为××元一瓶，这样每瓶的利润为××元。

目前东方公司主要的资金来源于李先生自己的积蓄，还没有找到适合的投资人。

目前东方公司的净资产为××元，每月的销售额是××元，但是每月的成本是××元，因此长此以往下去，东方公司将会资不抵债。

4. 营销方案

东方公司的产品营销目标是在两个月内实现赢利，并在半年内实现利润××元。

要实现东方公司的销售目标，我们认为应将东方公司的保健品定位在中等偏高的价位，大概××元一瓶。

要打开东方公司保健品的销路，必须设置不同的分销渠道，从以下几个方面来安排：1.……2.……3.……

利用促销也能将东方公司的保健品更好地推销出去，让消费者更好地了解和信任东方公司的保健品。

对东方公司保健品进行推销的同时，还需要对推销的相关信息，以及消费者的一些反馈信息进行跟踪，并对信息收集整理，进行分析，从而更好地指导东方公司保健品的销售。

5. 产品方案

针对东方公司的保健品，我们还建议能实施产品系列化，让东方公司的产品能有高中低三个档位，适合不同消费群体。另外，还可以按照不同消费者的需求，定制不同的保健品，但是都按照东方公司的品牌进行发展，形成良好的系列产品形象，深化保健品在消费者心中的良好形象。

在了解到东方公司的保健品情况后，我们认为东方公司的保健品应该进行产品改良和新品开发。在保健品的包装、对消费者的需求的满足程度等方面进行改进。另外还要在了解消费者不同需求的情况下，针对不同消费者的需求开发不同的产品。

6. 生产方案

东方公司的产品产量不高，在现在销路不好的情况下可以慢慢提高产品的产量，但是要保证在销路打开的情况下，能有产品满足消费者的需求。

东方公司目前的产品生产没有很好的质量控制体系，对于刚刚上市的产品，应该尽量保证每个产品的质量，这样才能更快更好地打开销路。因此在质量控制方面，应该更加严密，安排责任感强的人对其进行监控。

东方公司保健品在提高产品质量以及产品功能的同时，更要对成本进行控制。

7. 管理改善计划

东方公司在销售分支机构的设置上应该按照以下几方面来进行：①……②……③……

要对东方公司的人员进行调整，目前重要的是打开销路，因此应该增加销售人员，并且对销售人员进行产品的相关培训，让他们更好地了解产品的相关知识，能更好地为消费者提供信息，提供服务。

在财务管理方面，我们有如下建议：①……②……③……

对销售人员要施行一定的业绩评价及奖励政策，按照以下几方面进行：①……②……③……

8. 实施安排

在销售方面，东方公司安排××总负责，××创业咨询服务机构安排××负责监督，并提供技术支持。

(1) 项目实施的进度安排：第一季度：…… 第二季度：……

(2) 目前的重点工作：……

(3) 配套工作：……

(4) 效果评估与反馈：……

9. 附录

学习单元 3　制定解决方案时的人员分工与时间安排

学习目标

- 了解制定解决方案时的人员分工与时间安排的作用。
- 了解制定解决方案时人员分工与时间安排的原则。
- 掌握制定解决方案时的人员分工方法与技巧。
- 能够为制定解决方案作出合理的人员分工和时间安排。

知识要求

制定解决方案时需要对整个创业咨询项目进行控制，需要监控实际行动的过程和在项目计划中的突出事件，需要对人员、时间和费用等各项资源的耗费与预算进行控制。

一、制定解决方案时的人员分工与时间安排的作用

制定解决方案时合理的人员分工与时间安排可以直接给创业咨询项目带来效率和利润。

1. 合理人员分工的作用

（1）合理的人员分工可以使得制定解决方案时团队成员工作有条不紊，从而提高每个人的工作效率。

（2）人员分工明确，使得解决方案全面、具体。

（3）合理的人员分工可以使得创业咨询团队的力量远远超过每个人的力量总和。

（4）合理的人员分工使得每个创业咨询人员各尽所能，充分发挥各自的能力。

（5）合理的人员分工还可以起到促进创业咨询人员之间关系的作用。

2. 合理时间安排的作用

合理的时间安排能起到提高工作效率的作用，能够让工作事半功倍。

二、制定解决方案时人员分工与时间安排的原则

1. 制定解决方案时人员分工的原则

（1）人员分工要做到充分发挥每个人的长处。

（2）人员分工要将个人能力发挥到最大，做到高效。

（3）人员分工要定时进行相关的反馈与调整。

（4）人员分工要充分考虑各方面的因素。

（5）人员分工要有备选方案，如果某些人因为特殊原因无法完成工作，那么一定要及时有人员来补充。

2. 制定解决方案时时间安排的原则

（1）时间安排要有重有轻，不能所有的事情都安排一样的时间。

（2）时间安排要有先有后，将非常重要的放在最先来解决。

（3）时间安排要通过与客户沟通，了解客户亟待解决的问题之后作出。

（4）时间安排要有“机动时间”，以适应意外情况的发生。

三、制定解决方案时的人员分工方法与技巧

1. 界定参与人员职责

制定解决方案时对人员进行分工首先要对创业咨询团队人员的职责进行清晰界定。

创业咨询团队成员应该由公司内部人员担任，这些人员需要自觉遵守各项制度，积极主动参与咨询活动，按要求完成各阶段计划和总结，努力完成咨询任务。创业咨询人员要充分了解客户的各方面情况，加强业务素质的培训和咨询水平的提高。创业咨询团队人员需要有较强的责任感和严谨的工作态度，认真履行自己的职责。

2. 进行参与人员分工

为加强创业咨询工作的过程管理与控制，创业咨询项目由领导小组、专家顾问小组和咨询小组构成。领导小组要加强对创业咨询过程的督促检查，发现问题及时纠正，提供必要的咨询环境、时间和经费的保障。专家顾问小组定期对相关创业咨询人员指导一次，听取小组成员的汇报，实地检查指导。咨询小组全体人员应团结协作，分工明确，就咨询内容、进展情况、经验教训、咨询心得经常交流总结。

创业咨询工作主要对以下几部分内容分别安排人员负责：

（1）创业咨询资料的收集、保管。

（2）创业咨询中咨询报告的设计与制作。

（3）创业咨询中硬件、软件、网络等环境的正常运行保障。

（4）解决方案的撰写。

（5）创业咨询过程中人力资源问题的保障。

3. 人员分工的步骤

要按照以下步骤对参与人员进行分工：

（1）确定每个人的专长。

（2）按照客户的相关问题的要求，选择专业的人员负责，并指定主要负责人。

（3）为每个人制定详细的工作安排。

四、制定解决方案时的时间安排方法与技巧

1. 按照事务类型安排时间

事务可以分为以下四种类型：

（1）紧急而且重要

包括与客户洽谈业务、未按时给客户提交咨询方案或者咨询报告出现问题等。创业咨询师对这类紧急的事都不能马虎、要不惜花时间处理，直到解决为止。

（2）重要但不紧急

包括远景规划、组织协调等。这类事务看起来不急迫，创业咨询师可以从容地去做，但却是需要花精力去做的事，是创业咨询师的第一要务。

（3）紧急但不重要

包括批阅日常文件、工作例会、接打电话等。这类事务也需要创业咨询师赶快处理，但不宜花去过多的时间。

（4）不紧急也不重要

包括可不去的应酬、冗长而无主题的会议等。

因此，在安排时间顺序的时候应该按照紧急而重要、紧急但不重要、重要但不紧急、不紧急也不重要的顺序安排，以免将紧急的事情耽误了。

2. 尽量留出空闲时间，以防发生突发事件

创业咨询师容易犯这样的错误：用各种活动把一天的时间表排得很满，以至于没有一点“机动时间”来处理可能出现的各种突发事件。如果出现意外情况，创业咨询师就不得不放弃计划中的工作，而当日未完成的工作就必须加进明日的工作表中。

作为一名优秀的创业咨询师，应每天留些“机动时间”，即使没有发生突发事

件，也可利用“机动时间”处理一些较次要的问题；或与员工联络一下感情；也可休息一会儿，考虑一天工作中的得失等。这样，创业咨询师就可紧张而又不失轻松地完成一天的工作，从容地面对明天的挑战。

3. 制定时间安排的步骤

在制定时间安排的时候，需要按照以下几个方面进行：

（1）了解咨询项目。

（2）对咨询项目的各个环节的轻重做好安排。

（3）对工作进行排序，排序不应是完全的先后，有些工作也需要同时进行。

能力要求

以学习单元2中的东方公司为例，说明方案制定人员分工与时间安排的工作程序。

1. 确定每个人的专长

张扬，有多年咨询工作经验，明确咨询的各个环节的重要性，并有一定的领导能力；李勇，擅长与人沟通，有很好的沟通交流能力，并且学过市场营销，懂得市场调查；陈东，擅长研究、分析，学过产业经济，因此对整个市场的发展、调研的分析能有所帮助；肖军，生产管理专业，有丰富的财务管理经验，擅长对企业的产品生产进行分析，并抓住最佳生产流程和方案；时尚，财务管理专业。

2. 选择专业人员负责

按照客户的相关问题，选择专业人员负责，并为每个人制定详细的工作安排。

咨询公司经理负责解决方案的最终总集成，他对东方公司制定解决方案的工作人员进行如下分工：

（1）张扬，多年咨询工作经验。担任项目经理，负责起草公司的管理改善方案，并阐述公司宗旨，组织工作人员定期交流、总结工作，组织项目组共同研究、分析东方公司的问题，拟订解决方案并不断优化。向咨询公司经理负责。

（2）李勇，擅长与人沟通。负责东方公司产品的行业竞争调查，并确定东方公司的产品方案。

（3）陈东，擅长研究、分析问题。负责东方公司产品的消费市场调研和解决方案的营销部分。

（4）肖军，擅长对企业的产品生产进行分析。负责东方公司产品生产方案和技术方案的研究。

（5）时尚，有丰富的财务管理经验。负责解决方案的财务部分，并研究确定东方公司的目标。

3. 进行时间安排

在时间安排方面，首先要对咨询项目有整体的了解和把握，并在对人员进行合理分工后，负责人对各个环节的重要性以及时间的先后进行排序，最后可以利用甘特图显示工作的进展情况，并采取措施加快落后的工作。如下图所示。

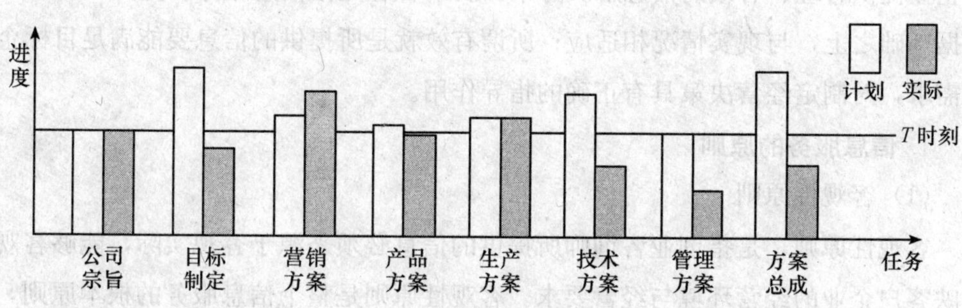

工作进度控制甘特图

在上图中 T 这一时刻，制定解决方案的任务“公司宗旨”和“生产方案”都已按时完成；任务“营销方案”已经完成而且远远超过计划要求；“目标制定”“产品方案”“技术方案”“管理方案”及“方案总成”等任务尚没有完成。

第 3 节　提供信息服务

学习单元 1　构思信息服务解决方案

学习目标

➢ 了解信息服务的原则和方法。

➢ 能够针对客户的特定创业要求，构思信息服务解决方案。

知识要求

一、信息服务的原则和方法

信息服务是创业咨询师根据客户企业的需求，运用各种信息技术与方法，为客户企业提供合理、有效的信息解决方案。所谓合理是指信息服务要建立在客观事实依据基础之上，与现实情况相适应；所谓有效就是所提供的信息要能满足目标企业的需求，对制定经营决策具有正确的指导作用。

1. 信息服务的原则

（1）客观性原则

客观性原则，是指创业咨询师所提供的信息必须来源于客观实际，能够客观地反映客户企业的经营环境与经营要求。客观性原则是整个信息服务的根本原则，脱离客观性原则的信息服务必须杜绝。

（2）目的性原则

目的性原则，是指创业咨询师的整个信息服务工作要围绕满足客户企业需求这个目的而展开。目的性原则具有两个重要作用：一是可以增强信息服务的针对性，极大地减少服务时间的浪费；二是可以保证信息服务能够正面地反映客户企业的需求，提高创业咨询的质量与效率。

（3）系统性原则

系统性原则，是指创业咨询师所提供的信息要能全面并且条理清晰地反映出客户企业的经营环境与经营要求。

（4）适用性原则

适用性（或有效性）原则，是指创业咨询师根据客户企业的信息需求来提供信息服务，其所提供的信息能为客户企业制定经营决策起到正确可靠的指导作用。满足客户企业的信息需求是工作关键。

（5）便捷性原则

便捷性原则，是指创业咨询师要按照方便客户企业采纳与使用的原则来提供信息服务。最好的结果是所提供的信息服务能够直接被客户企业运用到经营决策中。

（6）保密性原则

除了以上五个原则之外，创业咨询师在向客户企业提供信息服务时，还必须坚持保护客户企业商业秘密的原则，不能向第三者随意透露客户信息。

2. 信息服务的方法

(1) 专家咨询法

专家咨询法，是指组织创业咨询公司内部专家或外部专家，运用专业方面的知识与经验，就客户企业的信息环境，通过直观归纳、综合分析与科学研究，提出信息解决方案的方法。专家咨询法的形式很多，可分为专家个人咨询和专家集体研讨等方式。

专家个人咨询，是指依靠某个专家对客户企业提出信息解决方案。其突出特点是能充分发挥专家个人能力，缺点是由于专家能力的限制，难免会带有片面性见解。专家集体研讨，是指依靠一定数量的专家，就客户企业的信息需求展开研究讨论，求得合理的信息解决方案。专家集体研讨有助于专家们交换意见，互相启发，弥补个人咨询的缺点，但是也有很多不足之处，如受心理因素影响很大，盲目认同权威等问题。

(2) 系统分析法

系统分析法，是指根据客户信息需要，利用创业咨询服务机构已有的信息系统，有针对性地为客户提供信息的方法。系统分析法的方法论基础是应用数学和现代管理理论，主要有运筹学、系统论、排队论、关键路线法等，并借助创业咨询服务机构的软硬件信息设备。

系统分析法的良好应用效果取决于创业咨询服务机构信息系统的信息汇集能力和人（专家）的分析判断力。

(3) 预测分析法

在创业咨询中，无论是宏观方面的信息服务，还是微观方面的信息服务，大多都需要在信息调研的基础上对信息进行分析与综合，从而推断和估计信息所揭示的客观规律。在许多情况下，一个有价值的信息解决方案的关键在于对信息规律的科学预测。预测分析法就是指通过运用各种预测分析技术与方法，对客户企业咨询的信息课题的发展趋势与结果进行估计与判断，在准确估计与判断的基础上提出信息解决方案。

(4) 可行性分析

可行性分析，是指在信息收集、处理与分析等工作的基础上，对客户的问题进行系统的分析、计算、评估及咨询研究论证，进而获取解决该问题的可行性方案。

二、构思信息解决方案基本工作流程

信息解决方案就是创业咨询服务机构受客户之托，围绕创业需求而提供的全过程、全面的信息服务方案。它涉及创业前和创业中的全部信息服务，因此包括定制信息供应服务、客户信息系统创建服务及信息服务管理三个方面。

构思信息解决方案的基本工作流程如图 2—2 所示。

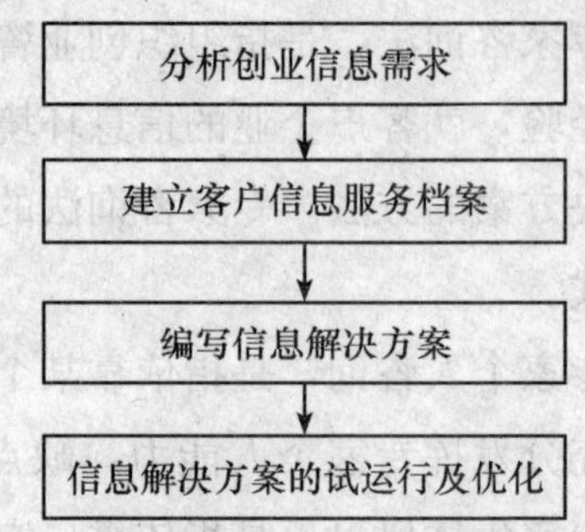

图 2—2 构思信息解决方案的工作流程

1. 分析创业信息需求

通过与客户的密切接触和商谈，准确把握客户的创业信息需要，是成功制定信息解决方案的关键，也是构思信息解决方案的第一步。

客户企业的信息需求主要集中在以下几个方面：行业名录、行业分析报告、市场份额报告、竞争对手分析报告、产品调研报告、进出口企业情报、行业市场数据等。

2. 建立客户信息服务档案

根据客户提出的信息服务要求，建立信息服务档案。信息服务档案至少要记录三项内容：客户的基本信息、客户所需的服务内容、信息服务的结果和成效。

3. 编写信息解决方案

根据客户的需要和创业咨询服务机构的内部分工，在规定的时间内完成客户信息解决方案的起草和集成，并经过一定的反复讨论和修改，形成初步方案。

4. 信息解决方案的试运行及优化

将信息解决方案围绕创业者的需要进行试运行，并根据试运行的信息优化方案，最终定型信息解决方案。

三、信息解决方案的基本框架

如前文所述，信息解决方案主要包括定制信息供应服务、客户信息系统创建服务及信息服务管理等内容，这其中的每一个方面都牵涉到一系列的工作内容和工作要求，工作量巨大且烦琐。因此，在创业咨询过程中，为了确保能向客户企业提供合理、有效的方案，创业咨询师可以根据下面提供的框架构思信息解决方案。

信息解决方案的基本框架

1. 信息服务目标

信息服务目标即对将要提供的信息服务的目标和意义进行说明。信息服务目标是整个信息服务解决方案的立足点和根本目的。

2. 信息服务流程

信息服务流程指的是信息服务解决方案实施后，相关信息工作的步骤和要点规定。合理的信息服务流程有助于提高信息服务的质量和效率。信息服务流程可以分为信息输入流程与信息输出流程两个部分。

3. 信息服务机构

信息服务机构指的是承担信息工作的相关责任部门。在大多情况下，信息服务机构就是信息服务的项目经理及其领导下的信息部门。在这个部门，创业咨询师需要对各个相关责任人或部门的工作要点进行详细陈述，以保证整个信息工作的有序进行。

4. 创业企业信息系统

创业企业信息系统是在信息服务流程指导下，为创业企业构建的信息管理系统，主要负责收集和分析创业生产、技术、资源、市场及客户、供应商和合作伙伴等重要信息。

5. 信息服务安全

信息服务安全主要是对信息服务工作中的信息安全作出规范。

6. 信息服务制度

信息服务是企业一项庞大的工作，如果仅仅靠相关责任人或责任部门的自觉认知来运行，必然会造成信息工作的紊乱和麻烦。因此，在构建信息解决方案的时候，创业咨询师还需要帮助客户企业制定相关的信息服务制度，保障信息工作的有效进行。

7. 信息服务重点及信息工作方法

信息服务重点即在信息服务目标和客户信息需求的前提下，对整个信息服务的工作内容和工作重点进行详细说明，以完整高效地完成信息工作。

信息工作方法则是对即将开展的信息工作需要用到的工作方法与技术进行预先陈述。

8. 信息服务质量控制

信息服务质量控制即是对信息服务的质量进行监控和管理，主要包括客户信息服务效果评价、客户信息服务反馈渠道和方式及信息服务改善方法及管理等内容。

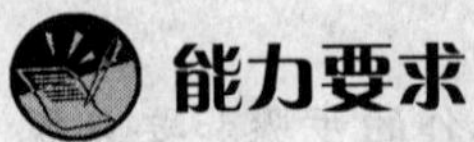

能力要求

构思信息服务解决方案案例

创业咨询服务中信息服务是最重要的内容之一，为了有效地促进成功创业，创业咨询师要有能力针对客户的特定创业要求，制定出全面的信息解决方案。以下是二级创业咨询师张某在向A第三方物流服务公司提供创业咨询的过程中，构思信息服务解决方案的流程要点。

一、分析创业信息需求并建立客户信息服务档案

客户信息服务档案

1. 客户企业的基本信息

1.1　企业名称

A第三方物流服务公司。

1.2　行业属性及企业属性

A第三方物流服务业的民营企业（初创）。

1.3　主营业务

货运、仓储等。

1.4　地理位置

北京市海淀区。

1.5　联系方式

(1) 通信地址：……

(2) 联系电话：……

(3) 其他方式：……

2. 客户企业要求的信息服务

2.1　信息服务内容

A第三方物流服务公司由于近期经营业绩下滑，且与初始预期和计划差距很大，造成公司在财务上的困境，因此，A第三方物流公司希望得到一份有关该问题的详尽的信息分析。

2.2　信息服务方式

通过分析，向A第三方物流服务公司提供整套信息解决方案。

3. 过往咨询案例

3.1　有无类似咨询

有，B 物流技术公司曾于 2007 年就类似问题咨询过。

（或者：无类似咨询。）

3.2　过往解决方式与结论

详见本公司备存档案，档案编号：……

二、编写信息解决方案

A 第三方物流服务公司信息解决方案

1. 信息服务目标

总目标：通过信息解决方案，确保 A 第三方物流服务公司（简称 A 公司）能以更低的成本和更高的效率取得创业成功。

具体目标有：

（1）使 A 公司创业获得最合适的有利进入点。

（2）使 A 公司的市场定位更快捷和准确。

（3）有利于 A 公司提高创业效率，降低创业运营成本，从而增加收益。

（4）增强 A 公司运行的协调性。

（5）增强 A 公司发展的后续力。

2. 信息服务流程

2.1　信息输出服务的流程

分析 A 公司的创业信息需求——→定制信息内容——→信息分析及报告

2.2　信息输入（反馈）服务的流程

创建 A 公司的信息系统——→分析创业进度及绩效——→总结偏差信息——→提供创业调整建议信息

3. 信息服务机构

3.1　项目经理

（1）针对客户信息服务的对口负责人，全权负责 A 公司的信息定制和信息服务的协调及管理。

（2）信息服务全过程管理：驻点信息、创业进度信息、绩效信息、质量信息、客户满意度信息等。

3.2　信息部

（1）客户档案：建立客户信息档案。

（2）外部信息：与A公司创业相关的市场、行业、产品、技术和竞争等信息。

（3）专家支援：信息分析专家。

（4）风险评估：A公司的创业风险预测、评估和提醒。

4. 创业企业信息系统

由项目经理统一管理与帮助A公司建立内部信息系统，以及时反映A公司的创业生产、技术、资源、市场及客户、供应商和合作伙伴等重要信息，为A公司高层提供创业决策服务（具体系统构建办法已略去）。

5. 信息服务安全

5.1 创业信息的内部安全管理措施（略）

5.2 创业信息的外部安全管理措施（略）

6. 信息服务制度

（1）信息定制制度（略）

（2）信息报告制度（略）

（3）信息反馈制度（略）

（4）信息安全制度（略）

7. 信息服务重点及信息工作方法

7.1 信息服务重点

（1）第三方物流服务行业及其竞争信息。

（2）第三方物流服务的市场需求信息。

（3）第三方物流服务的相关技术信息。

（4）创业政策和法规信息。

（5）创业基本信息。

（6）创业进程信息。

（7）创业业绩信息。

7.2 信息工作方法

（1）市场调研。

（2）业绩数据研究。

（3）政策分析。

（4）专家座谈。

8. 信息服务质量控制

8.1 客户信息服务效果评价（略）

8.2 客户信息服务反馈渠道和方式（略）

8.3　信息服务改善方法及管理（略）

3. 信息解决方案的试运行及优化

在信息解决方案主要理念的指导下，为 A 第三方物流服务公司提供整套信息服务，并根据实施过程的反馈信息对信息解决方案进行优化和改进，以保证信息服务的成功实现。

学习单元 2　关键信息分析与得出结论

学习目标

➢能够有效识别和筛选关键信息。

➢掌握信息分析的常用方法。

➢掌握形成结论的一般方法。

知识要求

一、关键信息的评判标准

所谓关键信息，是指关于创业问题的本质信息，它是促进企业成功创业的最主要信息。在实务中，通常根据以下标准评判关键信息：

1. 直接相关性标准

直接相关性标准是指关键信息必须与所要解决的问题具有直接相关性，信息与问题之间不存在第三方信息。直接相关性标准与后面的独特性标准结合起来运用，可以帮助分析人员剔除那些重复信息、无关信息及次要信息，降低信息筛选的工作量。

2. 经济性标准

经济性标准主要包括以下三方面的含义：首先，从成本的角度来说，经济性要求关键信息能有助于客户企业降低创业成本；其次，从收益的角度来说，经济性要求关键信息能够为客户企业带来创业收益；最后，从效率的角度来说，经济性要求关键信息能推进客户企业的创业进程，提高客户企业的运营效率。

3. 独特性标准

独特性标准是指关键信息不能与其他信息重复，这有助于彰显被分析问题的核心本质。通常，不具独特性信息的价值非常小，甚至根本没有价值，因此，独特性是关键信息的核心价值所在，分析独特的关键信息是信息分析工作的重中之重。

二、关键信息分析

相对于一般信息分析，关键信息分析更注重信息的目的性和结论性。

1. 关键信息分析的主要内容

在创业咨询中，关键信息分析主要包括以下几个方面：

（1）创业环境与机会分析

创业咨询师根据客户需求，对客户的创业环境进行分析，并在分析的基础上识别创业机会和评价创业的可行性，为客户的创业选择提供服务。

（2）创业方式与策略分析

创业咨询师对客户可能采用的创业方式进行比较分析，向客户提供营销、融资及资源分配等方面的策略与建议。

（3）创业过程分析

创业咨询师对客户创业过程中的资源需求与配置情况，以及创业结果进行分析，为客户制定创业计划等。

（4）新创企业经营分析

新创企业经营分析主要包括新创企业的管理模式、企业成长问题、企业文化建设等方面的信息分析。

2. 关键信息分析的工作流程

关键信息分析的工作流程如图 2—3 所示。

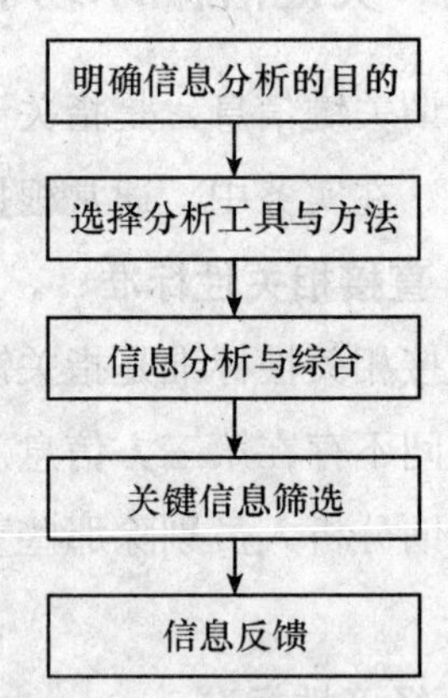

图 2—3　关键信息分析的工作流程

第一步，明确信息分析的目的。信息分析工作都具有明确的目的性，没有目的信息分析不仅因为工作量巨大而没有效率，还会导出很多无关的分析结论，甚至是错误结论。

第二步，选择分析工具与方法。不同目的的信息分析工作要求不同的分析工具和方法。如定量性分析就必须选用那些定量的分析方法，而不能选用倾向于定性分析的德尔菲工作法。

第三步，信息分析与综合。即对各种收集到的信息进行归类、综合以及分析，探讨信息的本质和意义，从而为进一步的分析工作做准备。

第四步，关键信息筛选。即在信息分析与综合的基础上，根据前述关键信息的评判标准，对整理和分析出的信息进行筛选和识别，判断信息价值。

第五步，信息反馈。将前面分析得到信息对比信息分析目的和现实情况进行检验反馈，以对信息分析工作的质量作出评价，并优化那些不合理的分析。

3. 关键信息分析的常用方法

（1）文献分析法

文献分析法是一种对相关文献中的信息进行要素统计和比较分析，从中获取针对创业问题的直接或密切相关的信息的分析方法。文献分析的目的在于通过对特定问题领域中已被思考过和研究过的信息进行整合与分析，找出对创业问题有用的重要信息。

文献分析往往是从选择一组关键词开始，经过文献分析逐步加深对问题的认识，获取关键信息，从而形成信息分析结论。其操作过程如图 2—4 所示。

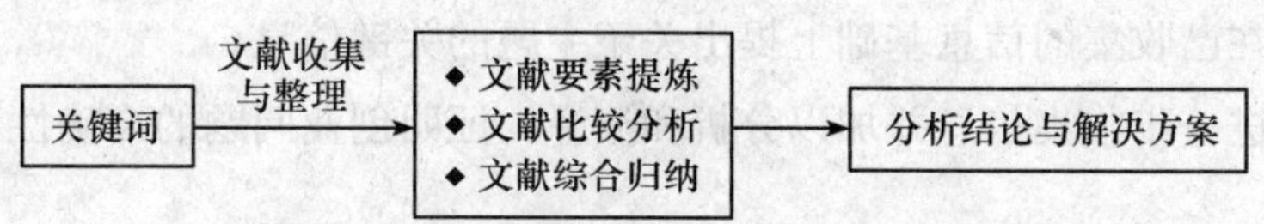

图 2—4　文献分析法的工作流程

（2）比较分析法

比较分析法是对两个或多个相关信息进行对比性研究，通过这种对比发现信息的相同点与不同点，从而获取有关创业的关键信息的方法。比较分析法是确定事物之间差异和共同点的方法，主要包括数据比较、图表比较、描述比较。比较分析法的基本步骤如下：

1）确定创业主要问题及目标；

2）对信息进行整理和描述；

3）对信息进行合并与比较，依据相同点建立通则，或依据相异点进行分类

4）根据创业需要找出通则重点信息和分类信息；

5）根据创业需要系统归纳各种关键信息及分析结论。

（3）逻辑分析法

逻辑分析法包括归纳法和演绎法两种。

1）归纳法。创业咨询中的关键信息归纳，就是从收集到的各种信息出发，通过运用一些信息分析理论和思维，总结出与创业问题相关联的关键信息。

归纳法是一种逻辑分析方法，一般容易受到分析者学识水平和主观态度的限制。我国著名经济学家林毅夫曾提出了一个“一分析，三归纳”的方法。一分析即本质特征分析，在分析一个现象时，想清楚谁是这个现象中的关键者，其作用是什么，存在意义及特性如何等问题。三归纳包括横向归纳、纵向归纳、多现象综合归纳。横向归纳是在信息分析过程中，注意观察是否存在同时段或同层次上的类似信息，如果存在，则进一步分析两种信息之间的关系；纵向归纳就是要了解信息的演变发展过程，通过对信息发展过程的分析把握信息的本质；多现象综合归纳就是针对同一时点或地点的多个信息进行综合分析，归纳出这些信息背后的共同原因，而不是孤立地分析单个信息。

2）演绎法。演绎法是一种通过逻辑性推广已知的事实，经过推理获得结论的分析方法。演绎法主要探讨与创业问题解决方案相关的关键信息。演绎法的过程是：

第一，确定问题，并选定分析的主题；

第二，在已收集的信息基础上提出关于主题的关键信息；

第三，进一步收集信息并加以分析和演绎，证明创业问题的准确性和关键信息的正确性；

第四，形成关键信息分析报告。

（4）层次分析法

层次分析法首先把信息进一步层次化分解，从而构成一个多层次的分析结构模型。这样一个复杂的信息就可以被分解为若干个小的信息元素，这些元素又按属性及关系形成若干层次。这些层次可以分为以下三类：

最高层信息：这一层次中只有一个信息元素，源于问题的最初级信息；

中间层信息：这一层次中包含了解剖上层信息所涉及的中间环节信息，它也可以由若干个层次组成；

最底层信息：这一层次信息包括了为解释中间层信息而分解的可具体加以利用、指导工作以解决创业问题的最基本信息。

运用层次分析法进行关键信息分析的主要步骤如下：

第一，明确信息分析的主要目的与任务；

第二，建立信息的递阶层次结构；

第三，通过信息间的两两比较，构造出信息相对重要性程度矩阵，即判断矩阵；

第四，根据判断矩阵，计算单个信息的权重系数，并进行一致性检验；

第五，在权重系数的基础上，结合创业咨询师的经验分析能力，建立信息筛选的标准系数，并进行信息取舍。此处也可以与 80/20 法则相结合进行。

（5）鱼刺图法

鱼刺图法是一种透过现象看本质找关键的分析方法。企业经营问题受到各种各样因素的影响，信息繁杂，通过集思广益，深入分析与问题关联的信息，并进行归类，阐释问题的信息就会脉络清晰，层次分明，在此基础上画出形状如鱼骨的关联图，这就是鱼刺图法。

鱼刺图分析主要包括两个步骤：展示问题的各种信息和绘制鱼刺图。其具体工作流程如下：

1）针对问题点，分析并确定大类原因（信息）；

2）分别针对各类别原因找出所有可能的深层原因（信息）；

3）进行归类、整理，明确其从属关系；

4）分析选取重要因素；

5）绘制鱼刺图（见图 2—5）。

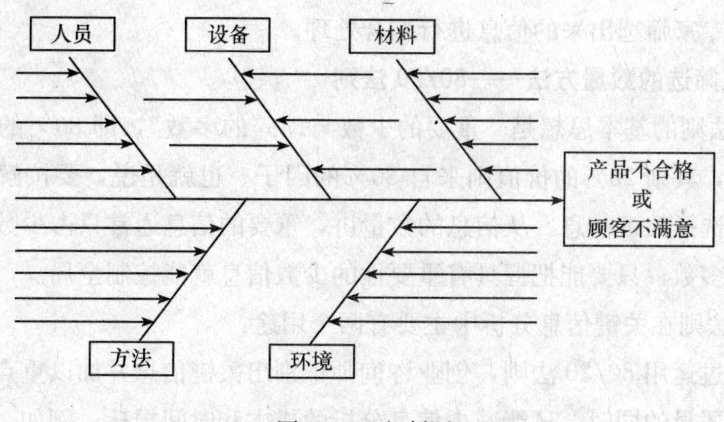

图 2—5　鱼刺图

三、关键信息筛选

所谓关键信息筛选，是指创业咨询师运用一定的方法在信息分析的基础上，进一步剔除重要但非关键的信息，识别和找出关键信息的过程。

1. 信息筛选的逻辑方法——德尔菲法

德尔菲法是在 20 世纪 40 年代由 O. 赫尔姆和 N. 达尔克首创，经过 T. J. 戈尔登和兰德公司进一步发展而成的一种信息工作方法。创业咨询师可以运用德尔菲法整合自身和众多专家的经验，并根据相关意见进行信息筛选。

运用德尔菲法进行信息筛选的工作流程如下：

（1）组成专家小组。按照信息工作所需要的知识范围，确定专家小组。专家人数的多少，可根据信息工作量的大小和涉及面的宽窄而定，一般不超过 20 人。

（2）向所有专家提供有关信息筛选的全部背景材料及初步信息，并对信息筛选的有关要求进行说明，同时请专家提出还需要什么材料。

（3）各个专家根据他们所收到的信息材料，提出自己的筛选意见，并说明自己是怎样利用这些材料作出筛选的。

（4）将各位专家第一次筛选意见汇总，列成图表，进行对比，再分发给各位专家，让专家比较自己同他人的不同意见，修改自己的意见和判断。

（5）将所有专家的修改意见收集起来，汇总，再次分发给各位专家，以便作第二次修改。逐轮收集筛选意见并为专家反馈信息是德尔菲法的主要环节。收集筛选意见和信息反馈一般要经过三四轮。在向专家反馈时，只给出各种意见，并不说明发表各种意见专家的具体姓名。这一过程重复进行，直到每一个专家不再改变自己的意见为止。

（6）对专家筛选出来的信息进行综合处理。

2. 信息筛选的数量方法——80/20 法则

80/20 法则的基本思想是“重要的少数与琐碎的多数”，即 80%的价值是来自 20%的因子，其余 20%的价值则来自 80%的因子。也就是说，要按解决创业问题的重要程度选择关键信息。从信息的数量讲，重要的信息通常只占少数，而不重要的信息则占多数，只要能把握具有重要性的少数信息就能控制全局。

80/20 法则在关键信息分析中主要有两个用途：

（1）通过运用 80/20 法则，创业咨询师识别出关键信息并加以重点分析，在提高信息分析质量的同时，还能减少信息分析的成本和时间损耗。例如，创业咨询师在信息分析中发现，某项咨询业务中 80%的成因都是由其中 20%的信息引起的，那么这 20%的信息就构成了关键信息，创业咨询师就可以通过对这 20%的信息进行重点分析来把握整个业务的本质成因，这样就大大提高了信息分析的效率与效益。

（2）80/20 法则还可以帮助创业咨询师识别并分析另外 80%的非关键信息，总结其中的规律性结论，为以后同类型的咨询工作提供指导，提高信息的使用效率。

四、得出结论

1. 信息分析结论的含义及分类

结论是对整个信息分析工作的最后总结。通过结论，创业咨询师可以评价信息服务的质量，并在此基础上形成一个合理的咨询方案。

根据结论的性质不同，信息分析结论可以分为事实性结论和理论性结论两类。事实性结论是指通过对信息的分析而得到的关于事物或现象表层特征的描述性结论。理论性结论是指通过对信息的分析而获取的有关事物或现象本质规律和普遍联系性的理论性结论。从根本上看，这两种信息结论可以通过不同的信息分析方法得到。

2. 得出信息分析结论的工作流程

得出信息分析结论的工作流程如图 2—6 所示。

第一，关键信息汇总。即创业咨询师根据一定的分类方法，将通过信息分析和筛选工作得到的关键信息加以汇总。

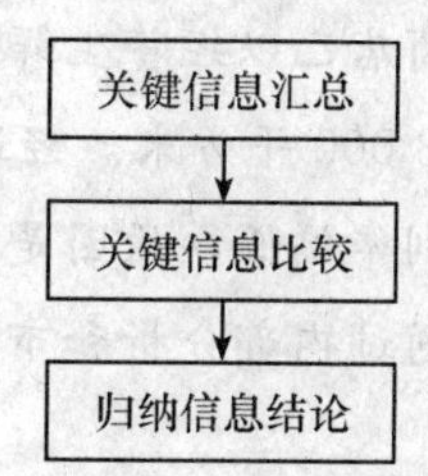

图 2—6　得出信息分析结论的工作流程

第二，关键信息比较。即创业咨询师运用比较分析的方法，对汇总的关键信息进行分析。关键信息比较可以从横向、纵向及两者的结合三方面进行。其中，横向比较是指对同一层次上的不同类列的关键信息进行比较，纵向比较是对同一属类的信息进行不同层次上的比较。关键信息比较的目的是存同求异，识别和揭示关键信息所包含的问题本质。

第三，归纳信息结论。运用简洁、通俗易懂并富有启示性的语句归纳信息比较得出的同异点，这些语句整合在一起便构成了信息分析的结论。

能力要求

关键信息分析案例

创业咨询师应该能在已经收集的信息基础上，通过恰当的方法，有效组织关键信息分析。我们通过一则案例来说明关键信息分析的工作流程。

创业咨询服务机构甲接受某新创平价商店乙的委托，为其提供有关创业初期经营状况的信息分析服务。以下便是服务机构甲在提供咨询服务过程中分析关键信息的工作要点：

1. 明确该信息分析服务的工作目的

该信息分析工作的主要目的，是通过对商店乙的日常经营信息进行分析，找出该商店经营毛利率低的根本原因，并向店主提供改进商店经营的建议。

2. 分析工具与方法选择

鉴于过往的咨询经验，在经过初步调查分析后，创业咨询服务机构甲决定选用鱼刺图法进行信息分析。

3. 信息分析与综合

在经过对商店乙的经营状况的全面了解和调查后，公司乙进行了以下的信息分析与综合工作。

（1）基本信息

商店乙以经营生鲜食品、日化品、服装针织、皮具、皮鞋、化妆品为主，营业面积 3 000 平方米。经过统计，该商店 2008 年 7—12 月的销售总毛利率为 8.79%。此毛利率偏低，原因是在本店没有低毛利的家电，而本店百货毛利率接近 20%。

通过内部分析和市场调查，下表中的信息可以反映该商店的毛利率问题。

毛利率对比

业务	市调数量（件）	本店毛利率（%）	A 竞争店毛利率（%）	B 竞争店毛利率（%）	C 竞争店毛利率（%）
生鲜蔬菜	120	8.2	8.9	9.2	9.9
食品	230	4.9	7.4	7.6	7.9
日用日化	180	9.1	10.4	12.2	14.0
总毛利率		8.79	9.83	10.45	14.21

进一步对市场调查结果分析后，相关的价格问题信息得以显现：该店的同种商品进价比竞争店售价还高（见下表）：

本店的同种商品进价与竞争店售价对比

业务	市调数量（件）	本店比 A 高		本店比 B 高		本店比 C 高	
		数量	比率（%）	数量	比率（%）	数量	比率（%）
生鲜蔬菜	120	9	7.5	11	9.2	4	3.3
食品	230	62	27.0	48	20.9	28	12.2
日用日化	180	37	20.6	23	12.8	19	10.6

（2）初步分析与综合得出的有关结论

1）A、B 两竞争者拥有一些商品的价格竞争优势，如对商品定价的控制权，它们有权、有实力进行降价促销。

2）该商店所依赖的供应商要求的利润比较高，导致进价相对较高。由于自己处于相对不利的市场地位，要降低进价，只有放弃现有的供货商而寻找新的供货渠道，这也会带来进价的不确定性。

3）该商店由于规模不大以及成立不久没有受到供应商的重视，无法享受到大批量进价的折扣优惠。该商店目前没有加入某连锁集团，也没有享受进价优惠的计划。

4）该商店采取的是货到后 7 天内付款的方式，与当即现金付款的方式相比，无法享受价格优惠。由于该店初创不久，这项政策执行得非常严格。

5）竞争店存在牺牲利润的恶意竞争行为，但不存在故意针对该商店的恶意降价。

6）该商店与供应商没有签订固定供货协议，与供应商没有进行任何合作谈判。主要原因是经验不足和人力紧缺。

仅是以上原因造成的吗？或还有其他的根本原因吗？为此，公司甲有必要对商店乙的相关经营信息进一步分析。

（3）鱼刺图分析

在前面分析的基础上，运用鱼刺图法，创业咨询服务机构甲对商店乙毛利率低的问题进行了深入分析：主要问题出现在哪些环节，哪些是当前需要重点解决的，哪些是商店规模小等先天不足但可以通过努力改进的，哪些是由于条件所限暂时不能改进但可以通过改进其他问题予以弥补的。下表即为创业咨询服务机构甲进行的鱼刺图分析。

4. 关键信息筛选

运用德尔菲法，综合商店乙的管理层和创业咨询服务机构甲中相关专家的意见，对上表中分析出的信息进行筛选，标有“★”的信息即为筛选出的关键信息。

5. 关键信息分析结论与反馈

（1）关键信息分析的结论

通过以上分析，可以识别出商店乙经营毛利率低的关键信息，并发现商店乙的自身因素是问题产生的最大根源。具体表现在：

第一，商店自身经营管理者的问题；

第二，商店与供应商的合作关系没有建设好；

第三，由于条件限制和人员因素，商店没有及时掌握市场上的商品和价格动态信息；

关键信息分析

要素	影响事项	备注
人	一、自身因素：★ 1. 采购人员的谈判力度不够 2. 管理人员市场调查不够，缺乏系统的市场调查，信息反馈迟缓 3. 没有及时进行价格调整 4. 闭门造车，对外界反应迟缓 5. 素质问题，高价进货，收取回扣 6. 经营人员素质需要进一步提高	
	二、供应商因素 1. 被轻视，因为规模小，实力不足 2. 没有固定的供货协议，零供关系不融洽★ 3. 供货方要求的利润过高，难以承受更换供应商带来的不确定性	
	三、竞争对手因素 1. 恶意降价行为 2. 有自己批发代理优势 3. 经营方式灵活	★表示关键原因
机	一、硬件因素：设备、货架、冷冻设备等对销售有影响，没有计算机管理商品 二、软件因素：缺乏信息管理系统，不能对商品销售情况进行及时分析★ 三、陈列：商品陈列无序而杂乱，影响供应商对商店的信心★	
料	一、商品周转率不高，滞销，积压严重，供应商不愿送新货 二、商店要求的商品质量比竞争对手要好，渠道正规，价格相对高些 三、商店货到付款、零预付金等财务政策欠灵活，供应商不愿降低价格★ 四、进货员对商品价格没有全面信息，无法选择价格较合理的商品★	
法	一、经营手法欠灵活，如进货方式、付款方式等★ 二、没有进行定期与不定期的市场价格跟踪★ 三、对市场变化没有做到及时的了解和研究 四、对供应商的支持没有明确的政策，以及力度小 五、供应商对商店的促销方式不认可	
境	一、商圈内商家增多导致竞争加剧，购买力没有相应增加 二、商店地理位置处于相对劣势	

第四，商店经营方式和财务政策不灵活，不适应经营发展的需要，必须进行调整；

第五，商店经营没有增强供应商对本店的信心。

（2）信息反馈

创业咨询服务机构甲将以上信息分析的结论提交给商店乙的相关负责人，在进一步交流沟通后，双方都认为以上信息分析工作符合商店乙的信息需求，实现了关键信息分析工作的目的。

学习单元 3　编写信息服务产出报告

学习目标

➢ 掌握信息服务产出报告的基本要素。

➢ 掌握信息服务产出报告的表述要求和格式规范。

➢ 能够编写并提交信息服务产出报告。

知识要求

一、信息服务产出报告的基本要素及格式规范

信息服务产出报告，是一种为解决某项专门的信息服务问题而编写的信息调研报告，具有针对性、综合性、结论明确等特点。信息服务产出报告由前置部分、报告正文和报告结尾 3 个基本要素组成。

1. 前置部分

信息服务产出报告的前置部分包括封面、报告摘要、目录等内容。

（1）封面

报告封面包含的内容有：报告编号，报告题目，信息服务提供单位（即创业咨询师所属单位），信息服务的项目名称，信息服务主持人，信息服务产出报告编写人，报告编写时间或期限。

（2）报告摘要

报告摘要是以提供报告内容梗概为目的，不加评论和补充解释，简明确切地记述报告重点信息的短文。报告摘要的篇幅应控制在 200～400 字为宜。在整个信息服务产出报告中，摘要应写在整个报告的第一页（封面除外）。

（3）报告目录

报告目录应位于摘要之后，用“目录”作为标题，放在页的上端居中位置。在实务中，创业咨询师可以运用 Microsoft Word 软件的目录生成功能形成报告的目录。其实现过程是：插入——引用——索引和目录（Microsoft Word 2003 版本），然后在弹出的对话框中选择要建立的目录格式。

2. 报告正文

正文是信息产出报告的主体部分，主要依据事实与数据，进行分析与论证，以得到信息结论和信息方案。正文包括报告前言或概述、报告主体和报告结论或建议等3部分内容。

报告正文是报告的核心部分，占据报告的主要篇幅。根据需要，报告的正文可以划分成几个不同部分，每个部分内部也可以继续划分。在编写报告正文时，为了突出报告的便捷性，一般都要给每个部分加一个表明主要内容的标题，标题的层次性可以通过选用不同类型的编号和格式标明。

另外，为了确保信息服务报告的可读性，在实务中，报告正文还应根据信息服务的具体需要划分章节。如可以按照信息工作的流程划分章节，可以划分为绪论、信息收集、信息分析、信息结论及分析建议等几个部分；也可以按照信息分析的工作重点或内容划分章节，如可以划分为行业分析和竞争对手分析等部分。

3. 报告结尾

信息产出报告的结尾部分应根据需要记录参考文献、附录及报告的时效性（用“本报告时效”标明）等内容。

二、信息服务产出报告的表述要求

信息服务产出报告是整个信息服务工作的最终结果，创业咨询师的素质、能力及信息服务的质量都能从中体现出来。因此，信息服务产出报告在编写过程中必须实事求是，坚持科学性与客观性，具体要求如下：

1. 重视特定用户的需求。

2. 报告要有很强的逻辑性，想办法突出逻辑重点词句。如陈列要点，使用不同的字体、字号或者符号等。

3. 注意句子结构，少用长的复合句，尽量使用主动语态。

4. 希望强调的词最好放在句首或句尾。

5. 避免使用晦涩难懂的词语。

6. 代词指代要清楚严明。

7. 少用或不用含糊、模棱两可的词。如“看起来”“显得”等词。

三、编写信息服务产出报告的基本步骤

编写信息服务产出报告的步骤如图2—7所示。

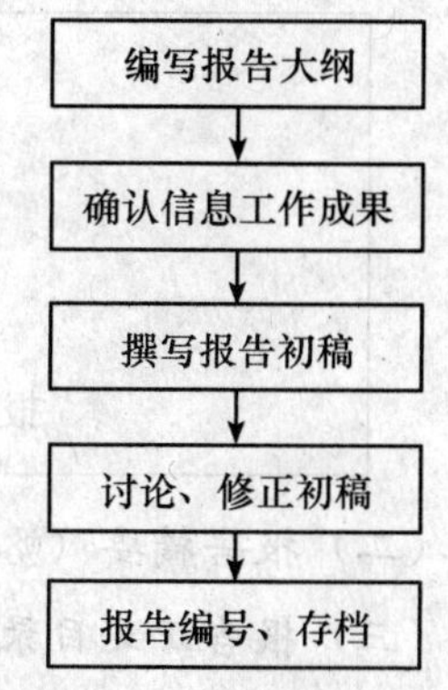

图 2—7　信息服务产生报告编写流程

1. **编写报告大纲**

编写报告大纲即对整个信息服务产出报告的内容布局作出规划，先写什么，接着写什么，其后再写什么。这样做对保证信息服务产出报告的质量和可读性具有很重要的作用。

2. **确认信息工作成果**

信息服务产出报告是直接提交给客户企业的，是对整个信息服务工作的总结。因此，一定要确认好创业咨询师得到的成果和结论中哪些该写入报告，哪些是中间成果不需要写入报告。

3. **撰写报告初稿**

根据信息服务产出报告大纲和确认的信息工作成果，撰写信息服务产出报告的初稿。

4. **讨论、修正初稿**

初稿撰写出来后，不能直接交给客户企业。还需要其他咨询专家及客户企业代表对初稿进一步讨论，修正其中的不合理部分，形成正式的报告。

5. **报告编号、存档**

即对正式报告进行编号、存档，并提交客户企业。

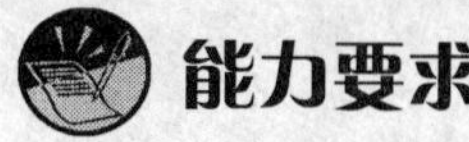

能力要求

编写信息服务产出报告案例

下面是创业咨询师张某在向某新创家具企业提供创业信息服务的过程中编写的信息服务产出报告。限于篇幅，仅简要介绍其模板。

（一）封面

<table><tr><td>报告编号：……

×××创业咨询公司信息服务产出报告

20×8—20×9 年中国家具行业趋势预测及投资策略分析报告</td></tr></table>

项目主持人：张某　李某
报告编写人：张某

报告起止年月：20×8年1月至20×8年2月

（二）报告摘要（略）

（三）报告正文目录

第1章　行业发展环境分析

1.1　家具行业定义、分类及发展历史

1.2　经济分析

1.2.1　经济增长

1.2.2　对外贸易

1.2.3　固定资产投资

1.2.4　城镇居民家庭人均可支配收入与恩格尔系数

1.2.5　存贷款利率变化

1.3　社会分析

1.3.1　城市化进程分析

1.3.2　人口规模分析

1.3.3　就业环境分析

1.4　政策法律分析

1.4.1　家具质量监控体系

1.4.2　鼓励家具设计创新，推行《家具设计专利保护试行办法》

1.4.3　家具进出口政策

1.5　技术分析

第2章　国际市场分析

2.1　市场需求分析

2.1.1　市场规模

2.1.2　需求结构

2.2　供给能力分析

2.2.1　供应总量

2.2.2　供给结构

2.2.3　供需平衡分析

2.3　价格分析

2.3.1　历年价格波动

2.3.2　价格波动的主要原因

2.4　国际区域市场

2.4.1　国际市场结构

2.4.2　主要国家（地区）市场分析

2.5　细分产品分析

2.5.1　产品结构

2.5.2　主要产品分析

第3章　国内市场分析

3.1　市场需求分析

3.1.1　消费者行为特征

3.1.2　需求市场规模

3.1.3　需求结构

3.2　供给能力分析

3.2.1　家具供给规模

3.2.2　供给结构

3.2.3　供需平衡分析

3.3　进出口分析

3.3.1　进口分析

3.3.2　出口分析

3.4　价格分析

3.4.1　历年价格波动

3.4.2　价格波动的主要原因

3.5　国内区域市场

3.5.1　区域市场概况

3.5.2　重点地区市场分析

3.6　细分产品分析

3.6.1　产品结构

3.6.2　主要产品分析

3.7　品牌市场结构

第 7 章　创业风险评价

7.1　宏观经济波动风险

7.2　政策风险

7.3　供给风险

7.4　需求风险

7.5　价格风险

7.6　财务风险

第 8 章　企业创办与经营的策略与建议

8.1　产品策略

8.2　价格策略

8.3　渠道策略

8.4　营销策略

8.5　服务策略

8.6　品牌策略

8.7　行业投资机会与建议

（四）报告图表目录（略）

（五）正文（略）

第3章

实施选项服务

第1节　创业测评

学习单元　分析与评价客户创业条件和能力

学习目标

- 了解客户创业条件和能力的表述原则。
- 了解判断客户创业条件和能力时应考虑的因素。
- 掌握创业测评的常用方法。
- 能够判断分析客户的创业条件和能力。
- 能够通过解读测评信息说明客户的创业优势、劣势和潜在风险。

知识要求

一、客户创业条件和能力的表述原则

创业咨询师在表述客户的创业条件和能力时，需要遵循以下几个表述原则：

1. **实事求是原则**

实事求是是指从实际对象出发，探求事物的内部联系及其发展的规律性，认识事物的本质。在表述客户的创业条件和能力时坚持实事求是的原则是指创业咨询师在表述客户创业条件和能力时应从实际出发，如实表述客户的创业条件和能力，而不能从主观出发，仅仅依靠直觉作出主观判断，或进行不合理的推测或无依据的臆测。这就要求创业咨询师在表述客户创业条件和能力时，应首先采用客观科学的方法收集客户的创业条件和能力信息，其次用科学合理的方法对其进行测评，最终得出测评结论。

2. **全面原则**

全面是指创业咨询师在表述客户创业条件和能力时，应做到不遗漏、不以偏概全。也就是说，应当包括客户所有相关的创业条件和能力信息。相关的创业条件和能力信息是指，与客户拟创业项目相关的创业条件和与客户创业活动相关的能力信息，创业条件信息包括客户的资金、技术、团队、经验等信息；创业能力信息包括客户的经营能力、组织能力、管理能力、沟通协调能力、领导能力等信息。

3. **系统原则**

系统是指创业咨询师在表述客户创业条件和能力信息时，应注意客户的创业条件和能力信息是一个有机的系统，这一有机系统紧紧围绕着客户的拟创业项目，是相对创业项目而言的，撇开创业项目去谈客户的创业条件和能力是没有意义的。这就要求创业咨询师应结合客户的创业项目进行创业条件和能力信息的表述，从而构成一个有机的系统。

二、判断客户创业条件和能力时应考虑的因素

在进行创业测评过程中，创业咨询师经常会遇到如下问题：如何恰当地评价客户的创业条件和能力？怎么判断客户的一项创业条件是优还是劣？某一客户的某一方面的创业能力是强还是弱？这就涉及在判断客户创业条件和能力时应考虑哪些因素的问题。常见的考虑因素有以下几个方面：

1. **结合客户拟创业项目来判断客户的创业条件和能力**

前已述及，客户的创业条件和能力是相对于客户拟创业项目而言的，单纯地就创业条件和能力来判断客户的创业条件和能力很容易犯比较低级的错误。举例来说，手中拥有 100 万元的资金，对于开办一个小型的加工企业而言可能绰绰有余，而对于一个大型的制造项目而言，可能一台生产设备的价格都要远远超过这一数目。所以，创业咨询师在判断客户的各方面创业条件和能力时，必须结合客户的创

业项目来进行，据此判断客户创业的优势与劣势、机遇和威胁。

2. 不应仅考虑客户自己的条件和能力，还应考虑创业团队成员的条件和能力

在进行创业时，是否具有优势互补的创业团队对创业成功与否有着至关重要的作用。木桶现象告诉我们，最短的木板决定了木桶所盛的水的多少。同样，在进行具有高度挑战性的创业活动时，需要创业者具有多方面的能力和条件。并不是创业者最优秀的能力和最有利的条件决定创业能否取得成功和创业企业能走多远，而是创业者缺少的能力和条件决定了创业的成败。所以，打造一个高效的创业团队，成了目前进行创业活动非常普遍的现象。即便是单枪匹马驰骋商场的传奇人物，实际上也不是一个人在战斗，而是背后有无数人的支持和贡献。因此，在判断客户创业条件和能力时，创业咨询师不应仅判断客户本身的条件和能力如何，更重要的是综合考察创业团队总体的创业条件和能力状况。

3. 应当从动态发展的观点来判断客户的创业条件和能力

众所周知，事物总是处于不断变化的发展过程中。客户的创业条件和能力也是如此，是动态发展变化的，此时所具备的条件可能在未来并不具备。同样，现在不具备的条件和能力可能在不久的将来拥有。因此，创业咨询师在进行创业条件和能力判断时，应注意这些条件和能力在未来可能发生的变化。例如，虽然客户目前仅有 5 万元的银行存款，但通过与贷款银行签订的贷款协议可以在未来 3 年内在资金不足的时候，由银行贷款补充流动资金。在这种情况下，创业咨询师在判断客户的资金是否充足时就要考虑这一与贷款银行的贷款协议。

三、创业测评的常用方法

创业测评是利用一定的方法进行的，常见的创业测评方法主要包括以下几种：

1. 专家意见法

专家意见法是指运用专家的工作来实现创业测评的任务。这里所指的专家包括创业项目涉及的技术领域的技术专家、财务专家等。当然，这里也包括创业咨询师。创业咨询师由于为众多的创业项目进行过咨询服务，积累了丰富的经验，在创业测评过程中起到至关重要的作用。创业咨询师在对客户的创业条件进行测评时，应成立由创业咨询师、技术专家、财务专家等专家组成的测评小组，对收集到的有关客户的创业条件信息发表专家意见，判断客户各项创业条件的优劣。考虑利用专家的工作时，应注意对其是否独立于创业者进行评价，以保证其对客户的创业条件发表公正、客观的评价。

（1）专家意见法的实施步骤包括：

1）组成专家小组。专家人数一般不超过 20 人。

2）向专家小组提供客户创业条件的相关信息，由专家分别单独提出个人意见。

3）将各位专家第一次判断意见汇总，列成图表，进行对比，再分发给各位专家，让专家比较自己同他人的不同意见，修改自己的意见和判断。

4）将所有专家的修改意见收集起来、汇总，再次分发给各位专家，以便做第二次修改。

5）对专家的意见进行综合处理，得出测评结论。

（2）在创业测评过程中，专家意见法主要适用于对客户的技术、资金、创意等客观性较强的创业条件进行测评。

2. 情境模拟法

情境模拟法是指创业咨询师为客户设定一个特定的情境，观察客户的具体反应，根据其反应来判断客户的创业能力的一种方法。例如，创业咨询师可以设定如下情境：假如你是一家公司的营销部经理，请问你如何带领你的团队完成第四季度的业绩指标？并给出一些具体的限定条件。然后仔细观察在此种情境下客户作出的各种反应，检查提出的方案措施，并跟踪采取的实际行动，以此判断客户是否具有优秀的管理能力、决策能力、组织协调能力等。在运用情境模拟法时，应注意设定的情境尽可能与创业测评的目标相吻合。

情境模拟主要包括公文处理、与人谈话、无领导小组讨论、角色扮演和即席发言等。

（1）情境模拟法的实施步骤包括：

1）准备工作。例如，与人谈话的准备工作包括：事先要明确通过与人谈话要测试客户哪些心理素质和潜在能力；准备谈话的主题材料等。

2）实施评估。主要包括：观察行为、为行为打分、主试讨论、总体评分等程序。

（2）情境模拟法主要适用于对客户的创业能力进行测评，这主要包括客户的组织、计划和协调能力，领导能力和问题解决能力等。

3. 评价中心法

评价中心法是指综合利用多种测评技术手段，把受评者置于一系列模拟的工作情境中，让他们进行某些规定的活动，从而考查受评者是否胜任某项拟委任的工作并预测其各项能力或潜能的一种方法。典型的评价中心通常包括以下模拟练习：公文处理、无领导小组讨论、管理游戏、演讲和面谈。此外，还包括各种类型的性格测试、智力测试和兴趣测试等。

（1）评价中心法的实施步骤与情境模拟法相似。将情境模拟法与评价中心法相比较，容易看出，情境模拟法实际上是评价中心法的组成部分。评价中心法由于综合运用了多种人才测评技术，使得各种测评技术之间互相弥补，扬长避短，从而使得测评结果比较客观有效。

（2）在适用范围方面，评价中心法与情境模拟法一样，主要适用于对客户的创业能力进行测评。

四、测评信息的解读和采用

1. 测评信息的解读

创业咨询师在对客户的创业条件和能力进行测评的基础上，对测评过程中获知的创业条件信息以及对这些信息进行测评得到的评价信息进行分析、归纳与整理，从而最终得到测评结论，得到客户的创业优势、创业劣势以及潜在的创业风险等信息。

解读测评信息主要通过以下四步完成，即去粗取精、去伪存真、由此及彼、由表及里。去粗取精，是指去除收集到的与测评目的无关的信息，保留相关的信息，提高测评的效率；去伪存真，是指去除收集到的错误的信息，提高测评的质量；由此及彼，是指要注意用联系的观点解读测评信息，从整体上得到测评结论，不能只注重某一方面的信息而忽略与其他信息的联系；由表及里，是指要透过信息的表象观察其反映的本质，抓住最根本、最突出的特征，避免被现象蒙蔽。

2. 测评信息的采用

创业咨询师在为客户实施选项服务时，依据测评信息对各个创业项目进行权衡，从中选择与客户的创业条件和能力最匹配的一个创业项目，最大限度地发挥客户的创业优势，尽可能地限制其创业劣势对创业的影响，并尽可能地规避潜在的创业风险。采用测评信息对创业项目进行选择时，还应注意考虑竞争对手的优势、劣势、实力等具体情况，并考虑外部的经济环境、政治和法律环境、技术环境、社会环境及其发展变化趋势。只有这样，才能做到科学合理地选择创业项目，更好地为客户实施选项服务。

能力要求

创业测评案例

创业测评的一般步骤包括成立创业测评小组、采集客户的创业条件信息、进行创业测评和提出创业测评结论。

下面结合案例说明如何进行创业测评。

XYZ创业咨询服务机构接待了前来进行创业咨询的一名创业者刘先生。刘先生注意到其居住的城市有大量的中小企业存在会计服务需求，遂产生成立一家会计师事务所满足其需求的创业构想。由于之前没有创业经历，因此对自己是否具备创业条件和能力把握不定。在朋友的介绍下，刘先生决定聘请XYZ创业咨询服务机构为其进行创业测评。XYZ创业咨询服务机构在详细了解了刘先生的咨询需求后，根据其要求为其推荐了具有10年创业咨询工作经验的二级创业咨询师张先生。经过沟通后，刘先生非常满意，决定将张先生确定为他的创业咨询师。

1. 成立创业测评小组

张先生首先组建了创业测评小组。在确定小组成员时，张先生考虑了拟创业项目——会计师事务所的特点，选择二级创业咨询师王先生加入测评小组。张先生和王先生都是中国注册会计师，分别有5年和3年的会计师事务所工作经验。

2. 采集客户的创业条件信息

张先生和王先生通过与刘先生进行面谈，运用创业条件信息采集表采集刘先生的创业条件信息。如下表所示。

创业条件信息采集表（部分）

项目	刘先生	合作创业者钱先生	合作创业者孙先生
拟出资金额（元）	100 000	100 000	100 000
是否注册会计师	是	是	是
工作经验	1998—2002××公司会计 2002—2008××会计师事务所	2002—2008××会计师事务所	2002—2008××会计师事务所

3. 进行创业测评

由于创业者刘先生以及合作创业者钱先生、孙先生都有7年的会计师事务所工作经验，创业咨询师张先生和王先生决定采用评价中心法对其进行创业测评。具体采用的测评方式如下：

（1）管理游戏

由创业咨询师张先生扮演一名私人企业主，该私人企业主准备聘请一家会计师事务所为其提供会计核算和编制财务报表服务。张先生通过与创业者刘先生、钱先生和孙先生进行沟通交流以最终确定是否聘请其事务所为其提供相关服务。创业咨询师王先生负责观察、记录并对三名创业者的表现进行评价。

（2）公文处理

将三名创业者置身于面对大量的报告、备忘录、电话记录、信函等待处理材料的环境中，通过观察三名创业者的行为举止，来判断其解决问题的能力、协调能力等。

（3）面谈

创业咨询师张先生、王先生通过与三名创业者面对面的交流沟通，获得客户的创业信息，并对其创业条件和能力进行测评。

4. 提出创业测评结论

通过对测评信息进行解读，张先生和王先生得到如下测评结论：

（1）刘先生的创业优势有：

具有丰富的会计审计工作经验；

具有较广的人脉资源；

具有较强的问题解决能力；

具有较强的组织管理能力；

具有较强的协调沟通能力。

（2）刘先生的创业劣势有：

面临的家庭压力较大；

身体状况欠佳；

过于保守，创新意识不强。

（3）潜在的风险：

越来越多的大中型会计师事务所提供的服务逐渐从原来的审计服务扩展到会计服务、管理咨询和税务服务等领域，在不久的将来，会计师事务所行业将会面临激烈的竞争。刘先生创办会计师事务所的项目同样会遭受到同业竞争，可能面临业务量下降，增长缓慢的风险。

第2节 实施选项服务市场调研

学习单元1 设计调查问卷

学习目标

- ➢了解调查问卷的功能。
- ➢了解调查问卷的设计原则。
- ➢了解调查问卷的类型。
- ➢掌握调查问卷的结构。
- ➢掌握调查问卷设计的步骤。
- ➢能够设计调查问卷。

知识要求

创业咨询师在实施选项服务过程中，一方面，需要对客户的创业条件信息进行收集并测评；另一方面，还需要对客户的创业项目进行市场调研，收集创业项目的产品、顾客、竞争对手、营利模式等相关资料的信息。调查问卷和信息采集单就是采集此类信息的方法，其中又以调查问卷最为常用。调查问卷是调查者根据一定的调查目的精心设计的一份调查表格，是现代社会用于收集资料的一种最为普遍的工具。调查问卷对选项服务中的市场调研起着重要作用。

一、调查问卷的功能

1. 方便信息收集，提高精度

调查问卷提供了标准化和统一化的数据收集程序，调查员按问卷上的问题提问，每个被调查者面对的是相同的问题和提问方式。只要被调查者有一定的文化水平和语言表达能力，就能完成问卷。由于此种方法简单、方便，因此，问卷的适用面非常广。

如果没有调查问卷，被调查者的回答可能会受到调查员用词和提问方式的影响，导致调查收集到的资料的精度下降，这会严重影响调查报告的质量。

2. 便于对资料进行统计处理和定量分析

问卷调查的结果可以用计算机进行汇总、归类、分析处理。问卷设计不仅将人们实际的购买行为以提问和回答的方式设计出来，而且还可以将人们的态度、观点、看法等定性的认识转化成定量的研究，这样研究者除了对调查对象的基本情况有了基本的了解外，还可以对各种现象进行相关分析、回归分析和聚类分析等，对数据进一步处理，从中提取出有价值的内在信息。如果没有问卷，对不同被调查者进行比较的有效基础就不存在了，这些数据从统计分析的角度看难以处理。一定程度上，问卷是一种控制工具。

3. 节省调研时间，提高调研效率

由于许多项目设计成由被调查者选择答案的形式回答，因此，调查人员对调查对象只需稍作解释，说明意图，调查对象就可以作答，一般不需要被调查者再对各种问题作文字方面的解答，只需对所选择的答案做上标记即可，因此节省了许多时间，使得被调查者在较短的时间内回答出更多对研究者有用的信息，且不需要调查人员做大量的记录。

二、调查问卷的设计原则

调查问卷的设计应遵循一系列的原则，这些原则包括：

1. 相关原则

调查问卷中除了少数几个提供背景的题目外，其余题目必须与研究主题直接相关，设计的问题必须符合客观实际情况。

2. 简洁原则

调查问卷中每个问题都应力求简洁而不繁杂、具体而不含糊，尽量使用简短的句子，每个题目只涉及一个问题，不能兼问。违反这一原则的例子如“你是否赞成加强高中的学术性课程和教师的竞争上岗制度?”

3. 礼貌原则

调查问卷中尽量避免涉及个人隐私的问题，如收入来源；避免那些会给答卷人带来社会或职业压力的问题，使人感到不满。问题的措辞礼貌、诚恳，人们才能愿意合作。

4. **方便原则**

调查问卷中题目应该尽量方便调查对象回答，不必浪费过多笔墨，也不要让调查对象觉得无从下手，花费很多时间思考。

5. **定量准确原则**

调查问卷中如果要收集数量信息，则应注意要求调查对象答出准确的数量而不是平均数。例如，“在您的班级中六岁入学的有几人”和“在您的班级里学生平均几岁入学”，前者能够获得班级六岁入学儿童的准确数字，而后者则无法得到这样的信息。

6. **选项穷尽原则**

调查问卷中题目提供的选择答案应在逻辑上是排他的，在可能性上又是穷尽的。例如，“您的最后学历是什么”的备选答案有：A. 中专，B. 本科，C. 硕士研究生三个答案，显然没有穷尽学历类型。有的题目应提供中立或中庸的答案，例如“不知道”“没有明确态度”等，这样可以避免调查者在不愿意表态或因不了解情况而无法表态的情况下被迫回答。

7. **易理解原则**

调查问卷中避免大量使用技术性较强的、模糊的术语及行话，以便使被调查对象都能读懂题目。违反这一原则的例子如“您认为您的孩子社会智力如何?”

8. **适合调查对象原则**

调查问卷中题目的语言风格与用语应该与调查对象的身份相称。因此在题目编拟之前，研究者要考察调查对象群体的情况，如果对象身份多样，则在语言上尽量大众化；如果调查对象是儿童、少年，用语要活泼、简洁、明快；如果调查对象是专家、学者，用语应该科学、准确，并可适当运用专业语言。

9. **非导向性原则**

调查问卷中所提出的问题应该避免隐含某种假设或期望的结果，避免题目中体现出某种思维定式的导向。例如，“作为教师，您认为素质教育能够更好地促进学生的健康成长吗?”

10. **必要性原则**

必须围绕调查课题和研究假设设计必要的问题。设计的问题数量过少、过于简略，无法说明所要调查的问题；数量过多、过于繁杂，不仅会大大增加工作量和调查成本，而且会降低回答质量，降低问卷的回复率和有效率，也不利于正确说明调查所要说明的问题。

三、调查问卷的结构

调查问卷的基本结构一般包括四个部分，即说明信、调查内容、编码和结束语。其中调查内容是问卷的核心部分，是每一份问卷都必不可少的内容，而其他部分则根据设计者需要可取可舍。

1. 说明信

说明信是调查者向被调查者写的一封简短信，主要说明调查的目的、意义、选择方法以及填答说明等，一般放在问卷的开头。

2. 调查内容

问卷的调查内容主要包括各类问题，问题的回答方式及其指导语，这是调查问卷的主体，也是问卷设计的主要内容。

至于指导语，也就是填答说明，用来指导被调查者填答问题的各种解释和说明。

3. 编码

编码一般应用于大规模的问卷调查中。因为在大规模问卷调查中，调查资料的统计汇总工作十分繁重，借助于编码技术和计算机，则可大大简化这一工作。

编码是将调查问卷中的调查项目以及备选答案给予统一设计的代码。编码既可以在问卷设计的同时就设计好，也可以等调查工作完成以后再进行。前者称为预编码，后者称为后编码。在实际调查中，常采用预编码。

此外，对每份问卷也应编号，这个编号既包括样本的顺序号，也包括与抽样有关的其他信息，如区域编号、行业编号等。

4. 结束语

结束语一般放在问卷的最后面，用来简短地对被调查者的合作表示感谢，也可征询一下被调查者对问卷设计和问卷调查本身的看法和感受。

四、设计调查问卷

1. 调查问卷设计的基本要求

一份完善的问卷调查表应能从形式和内容两个方面同时取胜。

从形式上看，要求版面整齐、美观、便于阅读和作答，这是总体上的要求，具体的版式设计、版面风格与版面要求，要根据调查对象的知识层次、阅读习惯等要素综合加以考虑。

再从内容上看，一份好的问卷调查表至少应该满足以下几方面的要求：

（1）问题具体、表述清楚、重点突出、整体结构好。

（2）确保问卷能完成调查任务与目的。

（3）调查问卷应该明确正确的政治方向，把握正确的舆论导向，注意对群众可能造成的影响。

（4）便于统计整理。

2. 调查问卷设计的步骤

问卷设计是由一系列相关的工作过程所构成的。为使问卷具有科学性、规范性和可行性，一般可以参照图 3—1 所示程序进行：

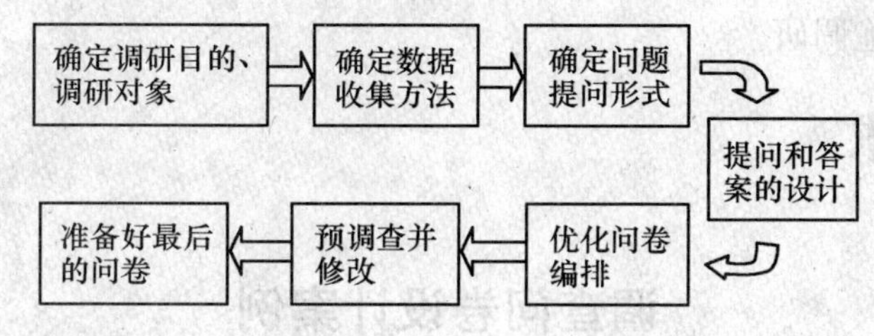

图 3—1　调查问卷设计步骤

步骤 1　确定调研目的、调研对象

确定为什么要调研，通过这次调研想获得什么样的信息，这些信息从哪获得，调查对象有哪些特征。

步骤 2　确定数据收集方法

获得调查数据可以有多种方法，包括人员访问、电话调查、邮寄调查与自我管理访问等。每一种方法对问卷设计都有影响。

步骤 3　确定问题提问形式

问题类型有开放式问题、封闭式问题、量表应答式问题。量表应答式问题则是以量表形式设置的问题。

步骤 4　提问和答案的设计

一旦确定了提问类型，下一步就是设计问题和答案选项。问题和答案设计时要遵循多方面的要求。诸如要定义清楚所讨论的论题，用词要清楚、简单、通俗易懂，用词避免对应答者的诱导，考虑到调查对象回答问题的能力，避免一问多答，避免所提出的问题与答案不一致等。

步骤 5　优化问卷编排

在系统阐述问题后，下一步就是将其排序并形成编排的问卷。同样的问题，安排合理有利于有效地获得信息。这里有一些经验可供借鉴：问题的编排应具有逻辑性，要符合人们的思维习惯；问题的编排应该先易后难，有利于调查对象把问卷做完，不至于一开始就对问卷失去兴趣；敏感性的问题、开发性问题和背景部分的问题最好置于问卷的最后，因为这些问题要么会引来排斥，要么需要较长时间作答。

步骤 6　预调查并修改

将编排好的问卷用于小规模的调查，及时发现问卷设计中存在的问题并加以修改，避免将来大规模的返工，浪费时间、金钱。

步骤 7　准备好最后的问卷

将预调查后删除修改的问卷进行整理，编制出正式付诸实施的问卷，将问卷印刷出来，准备实施调研。

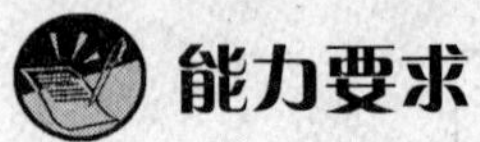

能力要求

调查问卷设计案例

调查问卷的设计是用于收集信息，更好地为客户实施选项服务。调查问卷的设计需要经历 7 个步骤，上文已经详细论述过，下面结合一个具体的案例来详细说明设计调查问卷的具体工作内容。

2008 年的一天下午，A 创业咨询服务机构接待了一位前来做调查问卷设计咨询的王女士，王女士想创业，但是具体选择什么项目却无法确定，由于对行业、市场以及创业所需的条件都不太了解，迟迟不敢实施创业计划。王女士想到可以通过市场调研来获取信息，为创业项目选择提供决策支持，并决定采用调查问卷的形式来调研。但是，王女士却碰到了如何设计一个好的调查问卷的难题。为此，王女士求助于 A 创业咨询服务机构，赵咨询师接受了这个委托。

赵咨询师接受委托后，认真分析了王女士的创业条件，初步认为可以做育婴商品相关的项目。但是，是不是能选择这类项目需要精心的市场调研，可以先用调查问卷收集该类市场需求信息来帮助项目选择。赵咨询师立即按照调查问卷设计的步骤开展了工作。

第一步：确定调研目的、调研对象

这次调研是想获得育婴用品的市场需求情况，希望通过这次调查了解本地区的育婴用品市场容量、潜在客户、需求重点以及行业竞争情况，为客户创业项目的实施做好准备。

第二步：确定数据收集方法

赵咨询师选择了问卷调查，因为问卷可以了解调查对象更真实的态度，而且还能够挖掘出一些额外的有价值的信息。

第三步：确定问题提问形式

由于这次调查主要针对的是顾客的消费态度、购买意向等定性问题，主观性较高，主要采用量表应答式问题和少量开放式问题，比如，“你认为什么样的用品更适合宝宝的需要”等。

第四步：设计提问和答案

第五步：优化问卷编排

第六步：预调查并修改

问卷编排好了之后，赵咨询师选择了一个居民区部分刚成为母亲的女士进行小规模的调查，发现了问卷设计中存在一些问题并及时地加以修改。

第七步：准备好最后的问卷

将预调查后删除修改的问卷进行整理，编制出正式付诸实施的问卷，并将问卷印刷出来，准备帮助客户进行实施调研。

问卷设计的主要问题如下：

1. 您的宝宝现在多大了？

A. 0～6 个月　B. 7 个月至 1 岁半　C. 1 岁半至 2 岁　D. 2～3 岁　E. 3～5 岁

2. 您家宝宝的婴儿用品主要是在哪里购买的？

A. 大型超市　B. 婴儿用品专卖店　C. 医院或小区附近的婴儿用品店　D. 网上购买　E. 婴童用品大卖场

3. 您购买婴儿用品是否选择固定场所消费？

A. 是　B. 否

4. 是什么吸引您去这些地方购买婴儿用品？

A. 品种齐全　B. 购物方便　C. 环境良好　D. 价格适中　E. 服务态度好　F. 专业

5. 您最重视婴儿用品的哪方面？

A. 价格　B. 质量　C. 品牌　D. 款式　E. 其他

6. 对于市面上的婴儿用品价格您怎么看？

A. 偏贵　B. 接受不了　C. 可以接受　D. 没什么看法

7. 您的家庭月收入？

A. 2 000 元以下　B. 2 000～4 000 元　C. 4 000～6 000 元　D. 6 000 元

以上

8. 平均每月为孩子支出的婴儿用品费用？

A. 200元以下　B. 200～600元　C. 600～1 000元　D. 1 000～1 500元　E. 1 500元以上

9. 婴儿奶瓶您购买的是哪些品牌？

A. 贝亲　B. 拉比　C. 新安怡　D. NUK　E. 爱得利　F. 宝贝可爱　G. 皇家宝贝　H. 其他

10. 洗护用品系列您购买的是哪些品牌？

A. 强生　B. 宝贝可爱　C. 贝亲　D. 新安怡　E. 其他

11. 您心目中婴儿用品店必须供应以下哪些系列产品？

A. 婴儿奶粉、米粉　B. 奶嘴、奶瓶系列　C. 洗护用品系列　D. 婴幼儿毛巾、衣裤及床褥系列　E. 婴幼儿餐椅、睡床、学步车、手推车　F. 婴幼儿便药　G. 益智玩具　H. 婴幼儿衣服

12. 您认为玩具应该具备的最重要特征是：

A. 启发孩子的智力　B. 无化学污染　C. 价格能接受　D. 孩子喜欢　E. 品牌知名度高　F. 清洗保养容易　G. 其他

13. 购买玩具时您会首选什么类型的？

A. 益智性玩具　B. 娱乐性玩具　C. 机械性玩具　D. 其他

14. 给宝宝买的婴儿衣服单件在什么价位您可以接受？

A. 50～100元　B. 100～150元　C. 150元以上

15. 您给宝宝购买的是什么品牌的玩具？

A. 杂七杂八　B. 迪孚　C. TOLO（多乐）　D. Toyroyal（乐雅）　E. Lego（乐高）　F. 木马智慧

16. 您认为宝宝学步车在什么价位可以接受？

A. 100～200元　B. 200～400元　C. 400～600元　D. 600元以上

王女士对于最后问卷的设计非常满意。

学习单元 2　策划市场调研

学习目标

- ➢掌握市场调研的方法及其应用。
- ➢掌握市场调研的步骤。
- ➢掌握市场调研人员安排的原则。
- ➢能够策划市场调研。

知识要求

创业项目的选择必须考虑市场的需求状况，有市场的项目才能称其为好项目。随着市场化程度的不断提高，市场调研的重要性逐渐体现，市场调研为创业项目的选择提供重要的决策依据，同时也为创业项目今后的实施以及建立竞争优势打下良好的基础。

一、市场调研的方法及其应用原则

1. 市场调研方法概述

相对于一般的市场调研，创业所需的市场调研的重要性更大，其结果的好坏有时可以直接决定一个项目的取舍。另外，它的针对性更强，就是针对某种具体产品、服务或者项目，调研的目的就是为了选择能够实施又能有所收获的创业项目。

一般来说，主要的市场调研方法有文案调研、实地调研、特殊调研三种。

（1）文案调研

文案调研主要是二手资料的收集、整理和分析。

（2）实地调研

实地调研可分为询问法、观察法和实验法三种。

1）询问法。就是调查人员通过各种方式向被调查者发问或征求意见来收集市场信息的一种方法。它可分为深度访谈、GI 座谈会、问卷调查等方法。

采用此方法时应注意：所提问题确属必要，被访问者有能力回答所提问题，访

问的时间不能过长，询问的语气、措辞、态度、气氛必须合适。

2）观察法。它是调查人员在调研现场，直接或通过仪器观察、记录被调查者行为和表情，以获取信息的一种调研方法。

3）实验法。它是通过实际的、小规模的营销活动来调查关于某一产品或某项营销措施执行效果等市场信息的方法。实验的主要内容有产品的质量、品种、商标、外观、价格、促销方式及销售渠道等。它常用于新产品的试销和展销。

（3）特殊调研

特殊调研有固定样本、零售店销量、消费者调查组等持续性实地调查，投影法、推测试验法、语义区别法等购买动机调查，CATI 计算机调查等形式。

2. 调研方法的应用原则

调研方法的优劣直接影响到调研结果的质量与效果，每一种调研方法都有自己的优势和局限性。对于直接服务于创业项目选择的市场调研来说，调研方法的选择尤为重要。在应用调研方式时要特别遵循如下原则：

（1）实事求是原则

只有客观反映市场情况，才能真正发挥市场调研的作用，才能为创业项目选择提供真实有效的决策支持。

（2）与研究性质匹配原则

调研方式的应用首先要考虑的因素就是研究的性质。对调研结果深入地研究分析才能从中提取出创业所需的关键信息。探索性的研究多选取文案调查法、深层访谈法等定性调研方法；要进行因果关系研究则实验法是最好的；而企业一般所需要的描述市场、顾客的特征的描述性研究多采用问卷调查法。

（3）与研究目的和内容匹配的原则

市场调研的方法要紧紧为研究的目的和内容服务。如果创业项目选择的是具体的产品，要测试一个产品的概念、广告文案等最好选用小组座谈法；如果创业项目选择的是提供一种服务模式、一种生活方式，则电话调查法和入户调查法是最好的。

（4）与研究经费预算匹配原则

客户最想让研究人员在费用一定的情况下把市场需求状况所有问题都搞清楚，所以研究时间和经费是研究人员面临的两大难题。一般而言，电话调查、街头拦截式调查和邮寄调查的费用较低，最便捷省时；而入户调查、深层访谈法、小组座谈法需要的时间相对较长，费用相对较高。

（5）调研方式的互补原则

一种调研方法的优劣并不是绝对的。在实际研究过程中，一般以一种方法为主，同时辅以其他方法，以扬长避短，取得更好的效果。收集信息资料的一般原则是先二手后一手，即先进行文案调研再进行实地调研。

二、市场调研的步骤

建立一套系统科学的工作程序是市场调研得以顺利进行、提高工作效率和质量的重要保证。如图 3—2 所示，一个完整的市场调研过程应由以下几个步骤组成：

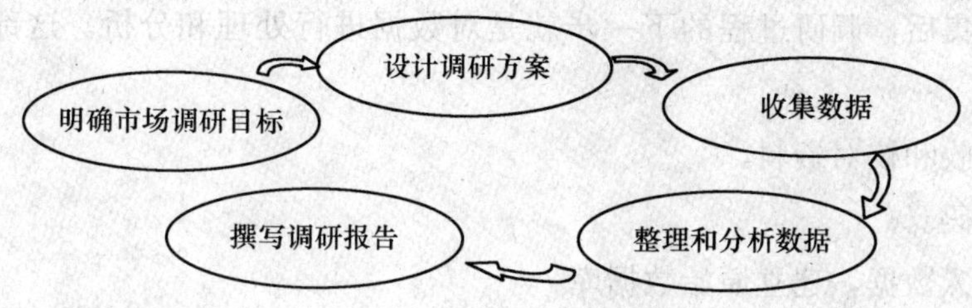

图 3—2　市场调研步骤

1. 明确市场调研目标

在组织市场调研活动时应当首先明确客户所面临的管理决策问题，找出其中需要解决的最关键的问题，选定调研的专题，明确调研的任务和目标。

2. 设计调研方案

明确调研问题和调研目标后，调研人员需要建立一个回答具体问题的框架结构，这就是调研方案。调研方案应涉及以下内容：

（1）规定调研目的和调研内容：调研要达到什么目的，调研的主要内容有哪些。

（2）确定调研对象和调研范围：向谁调研。

（3）选择总的研究方法。

（4）选择数据收集的具体方法。

（5）设计抽样方法和样本量。

（6）制定调研实施的具体计划和质量控制方法（访问、复核）。

（7）制定数据分析方案：编码、录入、查错、编辑、统计分析等。

（8）安排调研进度：制定调研进度时间表。

（9）预算调研经费：合理控制经费，减少不必要的开支。

（10）设计调研问卷和测试调研问卷。

（11）形成调研策划书。

3. 收集数据

实施调研的关键在于实施过程中严格的组织管理和质量控制。重点做好以下工作：

（1）挑选和培训调研员。

（2）进行调研工作的质量监控。

（3）查收和评价调研员的工作。

4. 整理和分析数据

数据收集后，调研过程的下一步就是对数据进行处理和分析。这部分工作包括：

（1）查收和校对资料。

（2）编码。

（3）录入数据，建立原始数据库。

（4）查错和数据净化，处理缺失数据。

（5）数据处理、制表作图和统计分析。

5. 撰写调研报告

调研报告是整个调研工作的最终产品，是研究人员辛勤劳动的结晶。市场调研报告一般包括如下部分：

（1）报告的摘要，包括主要发现、主要结论。

（2）报告的详细目录。

（3）报告正文，包括调研的基本情况、主要发现、小结和建议。

（4）报告附录，包括此次调研所用的调查问卷、收集的原始数据以及将数据形象化的图表等。

三、市场调研人员与时间安排的原则

市场调研人员与时间的安排是调研能成功实施、调研结果可靠的重要保证。在调研人员配置和调研时间安排上要遵循以下原则：

1. 调研人员能力素质匹配原则

市场调研必须具备一定的物质条件，其中又以配备合适的调研人员最为重要。市场调研工作需要具有各种不同背景和技能的人员，因为有的职位需要管理从事其他方面的工作，所以往往要求具有更多的知识和更高的能力。调研人员应当受过良好的人文教育，以便很好地理解和处理所面临的问题。

比如现在常用的间接调研法的关键是获取有价值的二手资料，并采用适当的方法验证这些资料。因此，需要调研人员具备丰富的专业知识和较强的分析能力。间接调研还有一个困惑，即很难获得最新的信息资料，缺乏时效性的信息资料，其准确度和可利用性也随之下降。这就要求调研人员要有灵敏的嗅觉，有些现象或征兆微露时，就能运用知识和经验立即推断出一些有用信息，为企业所用，走在别人前面，抢先获取市场机会，为市场调研的有效实施做好准备。

在配置调研人员时，要清楚调研人员的素质如何，其具有相关知识的程度如何，知识结构层次又如何，能否胜任工作，要使得调研人员的能力和素质符合该项调研。

2. 时效性原则

时效性是市场调研对信息资料最基本的要求，过时的信息对选项决策毫无用处。市场调研的时效性表现为及时捕捉市场上任何有用的情报信息，及时分析，及时反馈，为客户在经营过程中适时地制定方案和调整决策创造条件。市场需求信息是不断变化的，调研的过程不能拉得太长，分次调研的时间间隔也不能太久，太长或者太久会使得调查者很难把握消费者的心理，导致所得出的调研报告的可信度下降。

3. 成本效益原则

市场调研是一种费时、费力、费财的活动。即使在调查目标不变的情况下，采用的调查方式不同，费用支出也是不同的。同样，在费用支出相同的情况下，不同的调查方案产生的效果也是不同的。对成本和效益的均衡考虑是市场调研的重要准则。因此，在为客户策划市场调研，对调研人员和调研时间的安排上，一定要根据客户的实力，力争以较小的投入取得较大的调研成果。

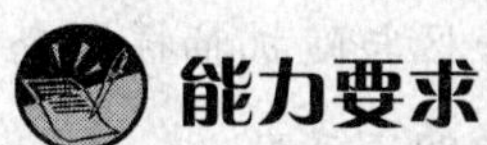

能力要求

策划市场调研案例

市场调研策划是一项系统性工程，需要对调研工作总任务的各个方面和全部过程进行通盘考虑和安排，以提出相应的调研实施方案，制定合理的工作程序。策划创业所需的市场调研一般有 7 个基本程序：确定调研目的、确定调查的内容、确定调查对象、确定调查方法、确定调查时间、制定调查步骤及方法和撰写市场调研策划报告。下面以一个案例来说明市场调研的策划过程。

2008 年的一天下午，A 创业咨询服务机构接待了一位前来做市场调研策划咨询的王先生。通过前期的创业条件的测评，A创业咨询服务机构为王先生选择了创办一个从事房地产经纪业务中介的创业项目。但是王先生对该房产行业和居民住宅消费需求都不太了解，所以迟迟不敢实施创业计划。王先生想到可以通过市场调研来获取这方面的信息，但是如何策划这个市场调研活动让王先生感到为难。为此，王先生求助于A创业咨询服务机构，赵咨询师接受了这个委托。

赵咨询师接受委托后立即按照市场调研的相关程序开展了工作。

第一步，确定调研目的。通过对该市部分居民的收入水平、住房现状、住宅消费与购房意向、存贷款观念等方面的实地调查，为住房经纪项目的可行性提供客观可靠的依据。

第二步，确定调查内容。赵咨询师认为在这次调查中应该包括的内容有：被调查者及家庭的基本情况，被调查者家庭的住房现状及改善意向，被调查者收入情况以及部分单位对解决其职员住房问题的计划。为此，赵咨询师还设计了“××市居民住宅消费需求调查问卷”。

第三步，确定调查对象。赵咨询师根据潜在客户的类别选择了两类对象：

1. 普通工薪阶层

该阶层收入水平不高，短期内尚不具备购买商品房的能力。但这一阶层人数众多，对改善住房条件的要求亦很强烈，是住房经纪业务的最大潜在顾客。

2. 企事业单位

目前，还有许多企业为职工提供住房，特别是对高层次职工和底层员工。单位除自建房外，购房分给职工或租给职工已成为一种现实有效的方式。企事业单位购房是直接现实的购买力，也应该是住房经纪业务的潜在顾客。

第四步，确定调查方法。对于普通工薪阶层，采取分层、分区与随机抽样调查相结合的方式。对于企事业单位组则采用分类与重点调查相结合的方式。

第五步，确定调查时间。2008年5月至2008年6月。

第六步，制定调查步骤及方法。

（一）方法设计

方案内容主要包括调查对象的选定、样本抽取方法、调查问卷设计、组织实施步骤、采用方法及日程安排等。

（二）问卷印制及试调查

为保证调查质量，调查问卷先在两类调查对象中抽取少量样本进行试调查，为全面推开调查做好准备。

（三）调查员培训

组织有经验的调查员进行培训。

（四）正式调查

为提高效率，保证调查质量，本次调查采取多渠道、多方式的灵活调查方法。除按常规进行入户调查和当街访问，还选择一些重点调查点，如邮局、公交站、出租车停靠站、饮食区、居民小区等。

为保证调查质量，要求调查员现场指导填表，杜绝散发回收式调查问卷，对不合格问卷予以剔除。经审查合格的问卷，要及时编码，为下一步的录入、计算、分析工作做准备。

（五）数据处理和分析

对合格的问卷进行录入、计算，得到可供分析使用的初步计算结果，进而对调查结果作出准确描述及初步分析，为进一步分析提供依据。实施时需应用到有关统计分析软件包。

第七步，撰写市场调研策划报告。对整个市场调研策划完成后，A 创业咨询服务机构为王先生提供了“××市居民住宅消费需求调研策划报告”。根据此策划报告，A 创业咨询公司实施市场调研。并将本次调查的实施情况、调查结果及分析结果付诸文字，形成“××市居民住宅消费需求调查报告”，以作为本次调查的最终结果。

王先生对该项市场调研策划表示认同。

第 3 节　项 目 精 选

学习单元 1　建立项目精选评估体系

学习目标

➢ 了解项目精选的内涵。

➢ 掌握创业项目评估的常用方法。

➢掌握项目精选评价指标体系的建立。

➢能够针对备选项目设计出项目精选评价体系。

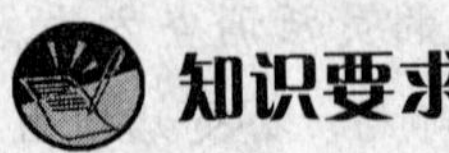

一、项目精选的内涵

在项目酝酿阶段，创业者根据有关的科研成果、外部信息以及各种投资建议会产生多种新项目的设想。这些项目设想中有一部分在最初就被否定或暂时搁置起来，另一部分通过筛选而得到初步认可。然后，要对通过初步筛选而存留下的候选项目进行深入详细的综合分析，得出对这些项目的评估结论。经过评估，一部分候选项目被暂时搁置，另一部分则可能同时通过评估。

所谓项目精选是在项目初步筛选的基础上，通过外部创业环境的评价，结合自身的资源和优势，通过进一步整合分析，从中优选出适合实施的最优项目的决策过程。

这样的选择过程应当依据宏观、中观和微观的次序进行，如图 3—3 所示，其中宏观、中观标准用来做项目的初步筛选，而微观标准用来做项目的精选。宏观标准要求考虑宏观的政治、经济环境，选择适当产业以利于企业实现高成长；中观标准反映了项目的市场定位及创业者资源、创业条件之间的相容性；在满足宏观和中观标准的前提下，微观标准提供了针对具体项目的操作性标准。

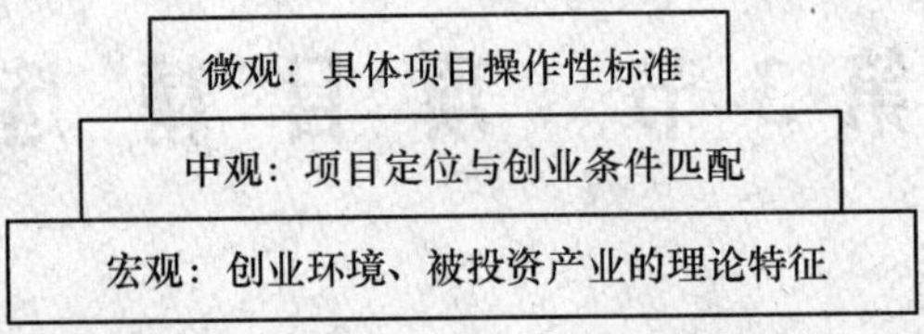

微观：具体项目操作性标准

中观：项目定位与创业条件匹配

宏观：创业环境、被投资产业的理论特征

图 3—3　创业项目宏观、中观、微观层次选择标准关系

二、创业项目评估的常用方法

创业项目评估的常用方法主要包括三种：以净现值为代表的折现现金流量法、层次分析法和决策树法。

1. 折现现金流量法（DCF 法）

这种方法按照预测的现金流量和估计的折现率确定持续经营企业的价值，其思路是把项目未来的所有现金流用一个合适的折现率折现到项目投资初期，加总得到项目的净现值。如果净现值为正，说明投资项目可实现的收益率高于创业者的必要报酬率，项目是可行的；如果净现值为负，则说明项目可实现的收益率低于创业者的必要报酬率，项目是不可行的；而如果净现值等于零说明项目可实现的收益率等于必要报酬率，该项目可投资也可不投资。该方法被许多专家认为是最具理论意义的价值评估方法，并被广泛应用于各种价值评估。其基本模型为：

$$V=\sum_{t=1}^{n}\frac{CF_t}{(1+r)^t}$$

式中　V——项目价值，

CF_t——t 期的现金流量，

r——能够反映各期现金流量风险的折现率，

n——项目期。

在操作中对未来各期现金流量的准确预测是估算项目价值的关键，同时选用合适的折现率 r 也对项目评价意义重大。根据现金流量的变化特征，常用现金流量模型可分为：永续模型、固定增长模型、两阶段模型和三阶段模型。

折现现金流量法考虑了资本未来收益和货币的时间价值，可以真实准确地反映资产的资本化价格，而且现金流相对利润来说更真实可靠，不会受会计政策的影响，人为操纵的可能性比较小。但是，这种方法没有考虑实物期权价值的存在，难以考虑诸如协同效应之类的重组、整合价值，在创业项目评估中，在选择客观公认的折现率时存在较大困难，使得最终评估结果客观性受到影响。

从本质上讲，各种类型的创业项目评价均需要使用该办法来计算项目自身的价值；在传统项目价值评估中，该方法更是最主要、运用最广泛的方法。

2. 层次分析法（AHP 法）

层次分析法是一种用于多准则、多目标决策的评价决策方法，是一种将定性分析和定量分析相结合的评价决策方法，它将评价者对复杂系统的评价思维过程数学化。具体来讲，它是将复杂的决策问题按照过程把各因素进行分解，形成层次化的分析模型，包括目标层、准则、方案层等，通过因素间的两两对比，确定各决策因素的相对重要性，进而构造断矩阵，计算各因素的综合权重并判断其一致性。最后通过对各因素的评分，将分乘以各对应因素的综合权重，得出各方案的相对优劣排序，从而对多目标决策提供决策支持。

层次分析法对人们的思维过程进行了加工整理，提出了一套系统分析问题的方法，为科学管理和决策提供了较有说服力的依据。AHP 方法经过几十年的发展，形成了一些新的方法，像模糊决策和反馈系统理论等。

一个简单的 AHP 模型如图 3—4 所示。

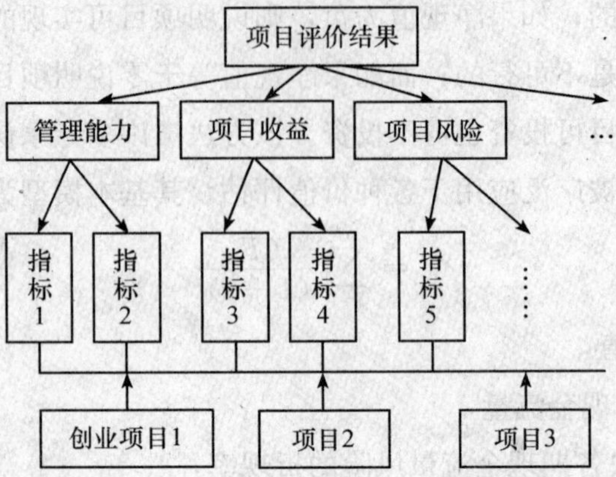

项目评价结果
管理能力 项目收益 项目风险 ……
指标1 指标2 指标3 指标4 指标5 ……
创业项目1 项目2 项目3

图 3—4 简单的 AHP 模型

层次分析法综合考虑了对项目有影响的因素，而且不需要太多定量资料便能作出判断，因此很适合在创业项目投资领域运用。

但是，运用层次分析法要求决策者对所面对的问题有透彻的理解，对相关因素的相互关系十分了解，这在现实中尤其是创业项目投资领域更加困难。另外，如何将某定性的量做比较接近实际的定量化处理，即各因素的权重主要依靠以往的投资经验来决定，这显然有失公正。再者如何识别、选择各个因素，实际上各个创业者以及创业咨询服务机构都有各自的评价标准，不利于项目的客观估价。

层次分析法从理论上讲，其适用于各种投资评价，在创业投资领域尤其得到推崇，最好结合其他方法来综合判断。

3. 决策树法（DTA 法）

决策树法是用树形图来表述对各方案未来的收益的计算、比较和选择，使用于未来可能有几种不同状态的决策。一般分为两个步骤进行：

（1）根据可替代方案的数目和对未来市场状况的了解，绘出决策树形图。

（2）计算各方案的期望值，包括计算各概率分支的期望值，将各概率分支的期望值相加，并将数字记在相应的状态点上。剪去期望收益较小的方案分支，将保留下来的方案作为备选实施的方案。对于多阶段或多级决策，则需重复步骤 2 的工作。

决策树就是将决策过程各个阶段之间的结构绘制成一张箭线图，可以用图 3—5 来表示。

决策树法简单直观，易于计算和求解最佳方案，但是难以准确地确定先验的主

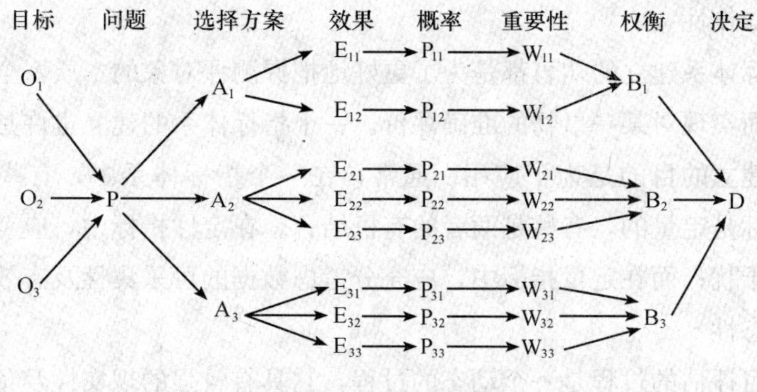

图 3—5　决策树

观概率和计算损益的期望值；只能考虑单个不确定性因素的作用，不能同时考虑多个不确定性因素对决策方案的影响；没有考虑决策者风险偏好对决策结果的影响，忽略了管理者的经营灵活性。

决策树法适用于未来有几种可能经营结果情形下的项目评价，在创业项目投资评价中有一些运用，不过并不适用于风险因素较多的项目，绝大多数创业投资项目都无法用该方法评估。

除了上述三种常用的方法外，创业项目评估出现了一些新的方法，比如实物期权法，经济增加值法等。

三、建立项目精选评价指标体系

1. 项目精选评价指标体系的要求

在选择项目精选评价指标，建立评价体系的过程中，要注意以下几个方面的要求：

（1）客观性

创业项目往往缺少可参比的对象，不太容易获得相关的行业及企业数据。初始创业项目的风险很大，项目期间不确定，加之项目申请者有时为获得资金资助而故意隐瞒实情，这些都使得评估数据的获得大多具有很大的有限性和主观性，这无疑会增加评估的不准确性。

一个健全的投资指标体系的建立，必然要求其能够较为全面地反映所评估项目的全面性、真实性及科学性，其各级指标的设立一定要周全、合理、正确，使它们能够较为客观地反映评估对象的本质特征，以便于创业者和相关投资者能够整体性地权衡投资项目中的风险及收益。因此，客观性是一个创业投资评价指标体系的最为重要的前提。

（2）可操作性

任何指标体系建立的初衷都是为了更好地把握测评对象的本质，全面了解其真实面目，从而实现对某一事物的准确评价。一个指标体系的建立也许是艰难的、复杂的，但是建立的目的是为了应用。通常，在一个指标体系中，有些指标是定性的，有些指标是定量的，有些是两者的有机结合。在定性指标中，应考虑尽量减少人为因素的干扰；而在定量指标中，应充分考虑数据的可采集性及有效性。

（3）动态性

创业项目评估的过程是一个动态的过程，它具有较强的现实性及预期性，它必须能够及时反映各种与风险投资项目相关的因素的变化，这就决定了评估所依据的标准必然要随着时代、环境的发展而做相应的改变。因此，一些原来在评估体系中的主要指标可能会变成次要的指标，而一些原来在评估体系中的次要指标可能会突变为主要指标，更可能会添加一些新的评估指标，以适应新的环境变化。

（4）前瞻性

评估体系的前瞻性主要体现在指标的设定上具有预见性、趋势性，并通过定性及定量的分析，能够较为准确地预测到项目投资过程中存在的风险及风险的大小，便于指导创业者，使他们正确地认识项目的总体未来，准确地预测投资中的风险及收益，最大限度地降低投资的盲目性。

2. 创业项目评估指标的选择

在进行项目评估时，一般需要确认和分解评估指标，依据项目和创业者的具体情况，就各项指标的重要性进行排序，并进而给出定性或定量的描述，最后按一定的模型、方法进行综合决策。对于某个具体项目的评估考察，涉及的指标和因素方方面面，这些指标的取舍及分解因项目的特点不同，会有很大的差别，但总的来说，一个较好的投资评估指标体系至少应包含以下几个方面：

（1）市场评估

创业投资项目市场评估的目的在于通过考察现有的市场与竞争状况来判断项目是否具有可观的市场前景。市场预测在内容上是相当复杂的，要保证其质量，必须进行充分、详细的调查研究，全面、准确地选择和考察各种影响市场供求的参数。一般而言，在对项目进行市场分析预测时，应着重考虑以下一些因素：

1）创业投资项目产品的消费对象。进行市场预测，首先必须搞清楚产品是否有消费对象，及在什么样的范围内有消费对象，以谁为主要消费对象等问题，还要考虑这些潜在的消费对象对产品或服务的依赖和需求程度、需求目的及需求弹性等。

2）创业投资项目的价格水平与潜在消费者的收入状况。市场需求总是与商品价格和消费者的收入水平密切相关，必须认真分析产品在不同的价格水平上的市场需求量，研究企业所承受的最低价格。不仅如此，需求还取决于消费者收入水平的高低，因此要关注消费者的收入来源构成及其可自由支配收入占总收入的比例等。

3）市场上替代产品的发展趋势。创业投资项目产品多为技术型产品，在这种情况下，市场上能否接受以及什么时候接受这种技术创新产品，这种工艺和创新产品的扩散速度以及竞争能力都存在不确定性，因此在评估时要充分考虑项目的市场定位与细分，估算产品在一定时期内可以占到的市场份额，做好市场潜力和增长空间分析预测。

（2）产品与技术评估

创业项目的产品与技术评估主要包括现有产品与技术的纵向、横向延伸空间和创新开发能力，着重考察评估产品与技术的独特性、技术含量、边际利润、竞争保护及持续创新的可能性等。具体来说，要分析主要产品的技术特征、技术水平、技术壁垒及知识产权保护情况；产品的竞争优势、更新周期、技术发展的方向和重点；产品的研究开发能力、生产能力及其各种支撑条件等。

（3）投资项目规模评估

投资规模指的是通过投资所形成的项目生产规模，它直接决定了投资回报预期，因此也是评估指标体系中一个极为重要的组成部分。一个投资项目规模的确定，需要考虑到多方面的因素，着重地把握好如下几条原则：

1）规模经济。创业项目的生产规模是否经济可以从两个不同的角度进行判断：一是规模是否能导致单位产品的生产成本降低；二是规模是否能导致公司赢利最大。

2）供求状况。项目的投资、生产规模受制于市场的供求状况。项目的生产规模反映了公司可以提供的市场供给能力，而这种供给能否充分实现，最终要看市场对其需求的容纳状况。因此，在评估创业投资项目规模时，要从动态的角度对市场供求长期趋势进行预测。

3）筹资能力。创业投资项目的规模，还要受到其资金筹措能力的限制，规模不同，相应地所需投资额也就不同，对项目的筹资能力的要求也就不同。对这一指标的评估要从宏观、微观两个方面进行。一方面要考虑国家宏观的金融政策、资金市场的完善程度；另一方面还要考虑项目公司的资信状况、融资方案的选择等。

4）生产要素的持续供给。项目投产后，要充分发挥其生产能力，就需要在其寿命期内有稳定而充足的原材料等生产要素的供给，否则，未来的生产过程将时断时续，经常发生生产能力的闲置现象，公司经济效益便会受到损害，因此，在评估投资项目规模时要考虑到这一要求。

（4）项目管理评估

创业项目管理评估主要包括两个方面：一是项目的组织人事制度评估；二是项目的团队素质评估。创业项目的高科技含量决定了人的因素对企业的特殊意义，它是创业企业活力的源泉，是创业企业生产活动的能动因素，因而投资者也必须对它仔细考察。

创业项目的组织人事制度主要包括组织设置的人事选拔、人事考评、人事激励几个方面。首先，要了解项目的组织原则，分析项目的组织结构是否在主要方面能满足项目的需要，是否有利于促进项目的发展；其次，要进行职务分析，也就是通过组织结构下设职位的观察和研究来准确确定每个职位的工作性质、技术难度、责任轻重和任职资格，并据此对每个职务进行评价；最后，进行人力可获得量预测，也就是该项目可能获得的人力的结构和数量，通过分析项目预定的招聘工资待遇、教育培训、福利等方面的计划来评定项目是否能够实现人和职务的最佳组合，从而充分发挥项目员工的积极性、创造性，共同地把创业投资项目搞好。

整个团队成员的素质对创业企业的生产经营活动的重要性是毋庸置疑的。对这一指标评估和考察的重点是：第一，项目的高层管理者是否具有高度的责任感、极强的必胜信念、高超的领导艺术和强烈的创新意识，是否具有足够的威望和号召力，能够运用权力来实现自己的理想；第二，项目的核心管理层对目标市场、行业是否熟悉，对产品的了解、核心技术的掌握、融资与调拨能力、组织管理能力等要素是否具备；第三，团队成员的地域分布、技术状况、知识结构（专业、学历、经验）；第四，团队的工作理念及企业文化等。

（5）财务评估

这一指标包括项目投产后未来 5 年的财务预测及投资回报的预测。财务预测主要是从销售出发预测损益表；预测现金流量表，重点考察投资资本需求、资本支出维持水平、计划资本支出、计划折旧与摊销时间表、账面和课税资产寿命、融资需求、净现金生产能力等；预测资产负债表，考察各科目的变动情况及其合理性、销售和损益的对照。

投资回报的预测主要是根据创业投资项目的特点，选择和确定能够正确反映项目风险的贴现率，建立合理的现金流量模型，并使用这一贴现率计算项目的投资收益、净现值和投资回收期、投资回报率等。

（6）风险及退出方式评估

创业投资项目具有很高的风险性。项目所具有的风险各种各样，如产品的技术风险、市场风险、财务与融资风险、管理风险、法律风险、道德风险、退出变现风险、宏观经济环境风险等。而这其中的某一类的风险又可能是多方面的。创业项目的高风险性，加大了评估的难度，这要求在进行风险评估时要将定性分析与定量分析结合起来，通过系统而充分的考虑，定性分析出与项目有关的各种因素，分析这些不确定因素的概率分布，并在项目多方案比较和选择的不同条件下，定量地分析出与项目有关的各种因素同时发生变化对项目投资效果所产生的影响。

基本确定了六大方面的评估后，需要将每一方面再进一步分解，分解出一些细小的指标，形成评估指标体系，见表 3—1。

表 3—1　　评估指标和评估内容汇总

评估内容	评估指标
市场评估	市场需求量预测
	目标客户收入水平
	市场接受时间
	市场竞争激烈程度
产品与技术评估	替代品
	技术的先进性
	技术的发展前景
	专利和知识产权保护
投资项目规模评估	投资总额
	原材料供应
	生产能力
	规模经济
项目管理评估	商业模式
	创业团队能力素质
	员工技能水平
财务评估	动态投资回收期
	净现值
	内部收益率
	净利润增长率
	销售收入增长率
风险及退出方式评估	财务风险
	行业风险
	退出壁垒

对于定性的一些指标要通过量表的形式将其定量化处理。各元素的相对重要性可以通过统计汇总调查问卷来得到。通过汇总问卷调查数据，根据上述层次分析法，计算各因素的权重并进行一致性检验。

在给出评价标准和各指标的权重后，就可以按照评分标准给各指标打分（指标评分按照 10 分制打分），按照下式计算项目最终得分：

$$A = \sum_{i=1}^{n} s_i \times \omega_i$$

式中 s_i——各个指标的最终打分值，

ω_i——表示各个指标的权重。

当指标的层次较多时，需要利用上述公式进行多次的加权平均，算出最终结果。

能力要求

建立项目精选评估体系案例

项目精选评价指标体系的构成包括市场评估、产品与技术评估、投资项目规模评估、项目管理评估、财务评估和风险及退出方式评估等方面。

下面结合一个案例来说明运用项目精选评价指标体系来进行项目精选工作。

某创业咨询服务机构，收到某公司提交的多份创业项目咨询。按照投资决策程序，进行项目初选和阶段评估，最终确定了 3 个重点项目。考虑到创业者的资源、能力，只能投资一个或两个项目，需要进行项目选择。

根据本文所建立的创业项目风险评价指标体系及供参考的各指标权重值，利用层次分析法分别对这 3 个项目进行评价。以项目 1 为例：

该公司是一家致力于推动社会信息化进程的高新技术企业，以信息系统应用为基础，在计算机系统集成、信息网络建设、多媒体应用信息系统等领域都有所建树。

市场评估：近年来，随着我国社会信息化、网络化进程的加快，数据通信业务发展迅速，2005 年以前数据通信用户为 145 万户，2007 年底达到 245 万户，2008 年预计新增长 85 万户，达 330 万户。可以看出用户数成指数倍上升，如果对网络协议分析仪的需求保持每年以 4 000 台递增，则 5 年后将增加 2 万台，5 年后市场对网络协议分析仪的市场总容量为 35 000 台。

产品与技术评估：主要产品有网络协议分析仪、IP 语音网关、多媒体网络视频系统等具有自主知识产权的宽带网络维护、应用和接入产品。网络协议分析仪是采用“虚拟仪器”的设计思想，以国际标准和信息产业部标准，综合国外同类网络协议测试仪表的先进功能以及可视化编程技术和全中文界面等特点，研发出的一种新的通信仪器。这种仪器不仅能满足数据通信网络维护监测的实际需要，而且属国内首创，填补了国内在该领域仪器的空白，其中多项测试功能达到国际先进水平。

投资项目规模评估：需要新增投资额 1 035 万元，用于完成公司产品的生产线建设、市场销售渠道的建设、广告宣传和大量流动资金的投资。

项目管理评估：公司总经理 1988 年毕业于复旦大学管理学院，毕业至今一直从事企业经营管理工作，对 IT 行业的发展有独特而深刻的认识，拥有成熟的企业经营理念和卓越的组织领导才能，并具有丰富的企业管理专业知识及实践经验。公司在其领导下聚集了一大批开拓能力强、创新能力佳的管理人员，并创建了一套完善的管理体系。在管理战略上，通过贯彻新的管理思想，建立扁平化学习型组织，用“以人为本”的知识管理观念，充分发挥人的知识潜能和创造力。在技术上，公司参考国际流行的 CMM 标准，进行严格的配置管理和变换控制管理，同时加强技术共享，并严格按照 ISO 9001 开发生产规范，建立了一套开发和生产的技术质量管理手册、作业指导书等手册。在营销上，为了突出公司主营方向，明确业务定位，以产品或项目形成专业销售队伍，同时确定销售目标与任务，并实行部门经理目标负责制，通过销售管理、技术支撑，实现销售目标利润的最大化。在人力资源方面，公司为所有员工提供了一个发展、成长的舞台，并且为员工配备相应的市场资源和产品研发条件。公司人力资源部还为员工建立了一整套人事保障体系，为员工办理了养老保险、医疗保险、失业保险、住房公积金等社会保障，给骨干员工通过开发区管理委员会办理了户口入区手续，很好地解决了“用人”和“留人”的关系问题，为公司的长期发展奠定了基础。

财务及风险评估：经预测，该项目的内部收益率为 69%，净现值为 1 121 万元，动态投资回收期为 2.4 年。公司可以通过以下渠道实现投资回报：一是公司回购；二是公司争取 3 年内通过香港创业板或在国内借壳上市。投资机构可以通过股权转让获得资本收益。该项目的主要风险来自于该产品技术的日益更新。虽然目前该技术处于国内领先地位，但是由于其技术壁垒不是很高，其他国内外企业进入，竞争加剧，会使得产品的利润空间不断压缩。为了分散该风险，公司应一方面加强技术研发；另一方面尽快形成规模经济的生产能力，不断降低生产成本。

创业咨询服务机构邀请了 7 位评审委员参与该项目评价，根据项目实际情况分别对各风险评价指标进行打分。为了减少人为的误差，在7个评分中去掉一个最高和最低的得分，最后每项指标的得分见下表。指标得分计算公式如下：

$$项目的指标得分：Z=\frac{\sum_{i=1}^{7} z_i - \max z_i - \min z_i}{5}$$

指标综合得分结果计算表

评估内容	权重		指标	指标得分
市场评估	0.2	0.05	市场需求量预测	3.5
		0.04	目标客户收入水平	3.4
		0.06	市场接受时间	2.8
		0.05	市场竞争激烈程度	4.3
产品与技术评估	0.15	0.04	替代品	5.1
		0.03	技术的先进性	4.3
		0.06	技术的发展前景	3.2
		0.02	专利和知识产权保护	4.1
投资项目规模评估	0.15	0.04	投资总额	3.9
		0.03	原材料供应	4.3
		0.04	生产能力	5.1
		0.04	规模经济	4.3
项目管理评估	0.15	0.05	商业模式	3.9
		0.06	创业团队能力素质	4.8
		0.04	员工技能水平	2.9
财务评估	0.2	0.03	动态投资回收期	5.8
		0.05	净现值	3.9
		0.04	内部收益率	4.9
		0.05	净利润增长率	3.8
		0.03	销售收入增长率	5.4
风险及退出方式评估	0.15	0.06	财务风险	3.8
		0.04	行业风险	5.8
		0.05	退出壁垒	3.9

对该项目层次分析化评估分为两级：第一层次分为市场、产品与技术、投资项目规模、项目管理、财务评估和风险及退出方式6个方面；第二层次为指标层，比如第一层的市场通过市场需求量预测、目标客户收入水平、市场接受时间、市场竞争激烈程度4个方面评估。将各指标的得分与其权重进行加权平均，合计3.739。同理，可以算出其他两个项目的综合得分。

学习单元 2 选择与客户条件最匹配的创业项目

学习目标

- 了解创业项目与创业条件的匹配原则。
- 掌握项目精选时与客户沟通的要求。
- 熟悉项目精选中常见的问题和解决办法。
- 能够从众多备选项目中选择与客户条件最匹配的创业项目。

知识要求

实施项目精选服务是一个系统性工程，需要在前期项目初选的基础上进一步深入分析创业者创业条件、创业素质以及创业能力，同时对创业项目进行更深层次、更为全面细致的分析，除了宏观政治、经济、技术分析，中观的产业分析外，对创业项目的投资收益和风险都必须有清醒的认识。最终才能根据创业者自身素质与创业项目的匹配，精选出既有投资价值又能在更大程度上获得成功的创业项目。

一、创业项目与创业条件的匹配原则

最好的创业项目不一定适合自己，只有非常适合自己的才是最佳的。市场中的每一个创业者的创业条件、所掌握的创业资源都不一样，立足自身，实现创业项目和创业条件、资源相匹配是选择创业项目的一项基本原则。

"项目是创业者针对创业行为的一个切入点，这个切入点适合创业者本身，并和他所拥有的个人爱好、个人特点、个人能力等资源相匹配。"清华大学何建坤教授曾这样阐述创业项目投资。创业项目的选择必须能够充分利用自己的长处和优势，而且是自己有兴趣的、熟悉的，最好是自己具有独特资源优势的项目。只有综合考虑自身的资金实力、行业经验、社会关系等条件，充分利用自身的资源优势，才能节约创业成本，增加产品的竞争力，也就越容易取得成功。

1. 创业者的创业条件

对创业者来说，其创业条件大体可分为社会条件和自然条件。社会条件主要是

指创业主体所处的社会环境，如政策条件、家庭条件、工作学习条件、人际关系条件等。创业者充分利用这些条件，是创业者打开创业局面，顺利进入创业角色的基础。自然条件主要包括创业者的生存环境条件和创业者自身条件，生存环境条件对创业者从事的行业往往影响较大，而创业者自身条件，在很大程度上决定着创业者的创业活动能否获得成功。除此之外，还需具备一些其他的创业资源，比如人力资源、经营管理资源、行业经验资源和客户资源等。

2. 创业项目和创业条件如何匹配

（1）地域匹配原则

选择创业项目时要做到因地制宜，要善于利用当地的自然资源和社会资源。

自然资源是指创业所在地具备的在现代经济技术条件下能被人类利用的自然条件，如自然风景、气候、水土、地理位置、能源等。从创业选项的角度讲，这些自然资源应该具有独特性。比如在水果生产地，从事水果加工可能更容易获得成功。社会资源内涵更为丰富，包含了除自然之外的所有物质，如民族风俗、传统工艺、人际关系等。比如在某些民俗风景区从事旅游服务和特有工艺品的销售无疑有很大优势。由于各地独特的自然资源和社会资源不可复制，这使得借助这种方式选择的创业项目具有独占性，客观上提高了他人进入和竞争的门槛。

（2）资金匹配原则

实力就是指创业者的资源能力。主要含有资金规模、后续融资渠道等，它是决定创业者初创企业规模和后续发展能力的重要支柱，是企业经营的主线。生产型项目一般投资都比较大，如果没有足够的创业计划资金或后续资金来源，最好慎重选择，否则，很快会处于资金紧张、周转不灵的尴尬境地。如果融资渠道不畅，项目也可能有中途夭折的危险。无论是生产型还是贸易型的项目，都存在在途产品，都会积压大量资金。譬如，原材料占压，库存、半成品、下游经销商占压等。所以，创业预算的多少对创业项目的选择也非常重要。

（3）人群匹配原则

创业项目最终是要由创业者实施的，提供创业项目选择咨询时不能不考虑创业者群体的一些特质，比如他们的爱好、专长等。

首先，与创业者的爱好匹配。创业者所从事的工作如果是自己喜欢做的事情，他们就会有巨大的创业激情，创业也容易取得成功。在创业项目的选择上，一定要考虑创业者自身的兴趣，创业的过程是艰辛的，创业者选择一个不感兴趣的创业项目，很难保证能坚持下去。所以创业者要想使自己的生意成功，要尽量选择自己熟悉的事来做。创业光靠热情是远远不够的，在创业初期，创业者的激情很重要，但项目能否持续下去，很大程度上还取决于创业者对这个项目的熟悉程度，特别是对于那些资金资源少、创业经验不足的创业者更为重要。总之，只有创业者经营自己熟悉的项目或是十分了解的行业，其创业经营才能得心应手。

其次，与创业者专长匹配。创业者自身具备的技能是成功创业的有力武器，也是选择创业项目的重要依据。由于技能是创业者在以前工作过程中长期积累形成的，如果创业项目的动作与此项技能的运用密切相关，那么就比较容易形成自己的经营特色，他人难以模仿，而且也有助于实现项目的永续经营，同时经营中的技术问题也便于解决。基于这些优点，创业者选项时应尽可能挑选与自身技能密切相关的项目。这些技术和能力，既包括生产技术，也包括经营管理技能，甚至创意能力等。

此外，创业者的性格也要与创业项目相匹配。比如，性格急躁的人，可能适合做贸易型项目，不适合选择生产型项目，因为生产型项目需要很长时间的市场适应期，需要一个市场对品牌的认知过程。也不适合选择娱乐服务型项目，因为现在的客户越来越挑剔，有时候刁钻的客人会让人暴跳如雷，客户越来越少，最终会使企业关门。以上两类项目则比较适合性格温柔有耐力型的创业者。

二、项目精选时与客户沟通的要求

项目精选时不能凭自己的主观想象，要从客户的创业条件和创业需求出发，而要了解客户的创业条件和需求，就必须与客户进行有效的沟通，和客户的沟通贯穿于整个项目精选阶段。

1. 确认客户需求，合理管理客户的预期

在对客户进行选项服务时，不能完全迎合客户，要客观地分析客户自身的创业条件和创业项目成功的关键点，针对创业项目的内容和选择提出独立建议，负责任地提出自己的专业见解，务必要求真求实，这样的态度往往可以赢得客户的尊重，也为所选项目能够成功实施打下基础。

2. 沟通过程中处理好客户与顾问的关系

咨询顾问是智者、是提供技术支持的人，而不是真正的创业者，所以不要将自己定位于创业者的角色。要了解创业者的生活状态、工作节奏、经历、个性、兴趣，把握好他的个人情况，因为只有了解人的内在因素，才能理解他的行为。同时，要与客户保持适度的距离，咨询顾问毕竟代替不了创业者本身，更不能代为决策。在整个创业项目精选过程中，咨询顾问要将自身始终定位于一个为创业者提供知识支撑的独立方。

3. 做到正式沟通与非正式沟通相结合

在和客户正式沟通的过程中，要讲究求同存异，把握好“度”，工作上要专业。同时，有时候工作外要和客户保持适度的接触，加深对他们的个人创业特质和商业氛围、工作环境的理解，这样有助于创业项目精选的服务效果比较切合客户实际，也可以促进客户理解咨询顾问的工作特点和方法，加强双方的理解与合作。

4. 注意沟通方式的专业性和现实性

专业和现实是两条线，在提供决策支持服务时要平衡两者之间的关系，防止走极端。专业性强调给客户讲清楚各种项目选择，创业管理理论、逻辑、原理；现实性强调合理管理客户预期，引导客户强调项目选择时要注重操作性和可行性。

5. 做好项目精选后的后续沟通

项目精选完成后，与客户的沟通并未结束，要与客户保持联系，长期跟踪，定期发邮件、打电话或发短信和客户保持联络，并对出现的新问题帮助调整并提出建议。必要时可以对客户进行理论培训，协助客户制定创业项目实施规划，提供配套实施方案。

三、项目精选中常见的问题和解决办法

1. 缺乏整体战略和项目经营的长期指导战略

创业者在选择创业项目时很少会考虑项目整体发展战略和经营战略，只有一些模糊的远景展望，内容都是营业额要达到多少，利润要达到多少。而对于企业未来发展会遇到的机会、威胁、优势、劣势以及竞争分析，战略规划上这些深层次的问题，都没有足够的考虑。

而事实上，创业者在选择创业项目时，要充分考虑新项目如何发挥优势，规避或弥补弱势，所寻找、确定的新项目也需要考虑长期发展战略，不能因利益驱动的短期行为而贻误远大前程。企业应该根据自身优劣势，研究项目可能的外部机会和威胁，分析了竞争对手和潜在竞争者之后确定未来的发展方向及战略，在总体战略的指导下，制定新项目战略和营销战略，寻找符合自己战略方向的项目。

2. 创业项目精选时盲目求大求全

许多人认为创业是要开拓一番大事业，选择的项目当然要有一定的规模，还要有诱人的营利前景，对于那些小型微利项目往往不屑一顾。其实，创业是一种风险很大的投资，必须遵循量力而行的原则，特别是对于借债创业者和下岗失业人员来说，应该尽量避免风险大的事情，为数不多的资金完全可以考虑投到风险较小、规模也较小的事业中去，先赚小钱，再赚大钱，滚动发展，而那些所谓赚大钱的项目

未必不是漂亮的“肥皂沫”。

许许多多企业家也是从不起眼的小本买卖起家，然后不断扩大发展的。微软的比尔·盖茨起步时只有 3 个人、一种产品，年收入 16 000 美元。“拖鞋大王”胡志勇下岗后也是先从摆摊开始，然后做拖鞋代理，再做拖鞋生产厂家。目前他的通盈鞋业公司已经在 10 多家百货公司有自己的专柜，拥有 300 多家较稳定的二级代理商，并拥有“千里马”商标。所以，创业要从干小事、求小利做起是有道理的。

3. 选择创业项目时过度求新

创业项目需要有所创新，好的创意能赢来巨大的竞争优势，但作为工商领域的产品技术创新却不得不考虑其经济效益。项目提供创新产品要考虑顾客的适应性，创新产品的生产面市要与消费者的认知和支付财力相一致。有些新产品的成本太高，其功能在绝大多数消费者眼里，也还没有达到非用不可的程度，其市场前景可想而知。即使是定位于极少数高层次先锋消费者，由于缺少对竞争者进入门槛的限制和对新产品开拓时市场投入及风险的估计不足，也容易造成新项目失败。新产品再好，人们对它的认识、使用也需要耗费大量时间、人力和财力来宣传与培养。要避免好的创意最终破产，必须对所选的项目进行深入、细致、认真的市场调查，保证所选的项目建立在足够的现实市场需求的基础上。

4. 个人眼光代替商业眼光

与正规企业决策层所不同的是，个人创业者决定是否承接某个商业项目时，很少进行理性的市场系统研究与专项分析，而更多的是以个人的市场操作经验和阅历作为分析基础，再融合一些个人对新产品的直观感觉作出判断。

实际上，个人创业者承接项目的平均成活率一直维持在 10%以下的水平，而企业上马新产品的平均成功率基本可以保持在 40%以上，区别就在于研究判断方式的区别，理性的、系统的分析判断方式自然要比感性的、个人的分析判断方式科学得多，也有用得多。所以，很多创业者过于相信自己的眼光和判断力，认为自己的经历已经能够用来洞察市场并准确预测，结果常常失败。

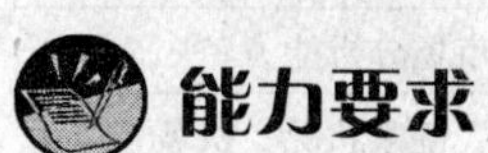

项目精选案例

选择与客户条件最匹配的创业项目的工作步骤一般包括：

◆ 对创业者创业能力和素质测评，明确创业者的优势和劣势；

◆列出所有的候选项目，每个项目按照项目精选评估体系打分；

◆将每个项目打分相加，选出分数最高的几个方案；

◆把选出的项目列出，通过专业的创业咨询师评估分析，最后从中选择最佳方案。

下面结合案例详细说明项目精选工作的具体内容。

一天下午，A创业咨询服务机构接待了一位前来做项目精选咨询的王女士，王女士曾接受过A创业咨询服务机构提供的项目初选的咨询，经过咨询师的创业项目初选咨询，已从众多备选项目中选出了两个创业项目：开一家以婚恋为主的心理咨询室和从事育婴用品销售的“宝宝乐园”商店。这两个项目，王女士及其家人均表示赞同，但具体选择哪一个项目，却是意见不一，王女士自己也拿不定主意，所以前来进行创业项目精选咨询。赵咨询师接待了王女士，并进行全程的创业项目精选咨询服务。

1. 对创业者创业能力和素质的测评

赵咨询师接受委托后，立即着手进行项目精选的筹备工作。

首先，根据创业项目与创业条件的匹配原则，赵咨询师必须详细了解王女士的创业条件、创业素质以及创业能力。赵咨询师为此进行了客户拟创业项目相关的创业条件评估，包括王女士拥有的资金、掌握的技术、创业之前的工作经验以及创业团队的创业条件，并分析了王女士的创业能力以及创业素质，包括她的经营组织能力、管理能力、沟通协调能力、领导能力、心理素质、个人品质、风险防范能力等。

所用到的创业企业家指标体系包括六方面指标，见下表。

创业企业家指标体系

指标1：经营管理能力	包括战略、人力资源安排、组织协调能力、决策、激励措施
指标2：市场开拓能力	包括策略及洞察力、营销手段及理念
指标3：社会公关能力	包括社会关系资源、沟通交往能力、社会背景
指标4：市场风险预见能力	包括风险预处理能力、恢复措施、市场分析能力
指标5：企业家个人品质	包括个人信用、团队精神、机智、经历、健康状况、执著
指标6：技术创新能力	包括技术领导能力、产品开发能力

经过信息采集、整理和分析形成了王女士的个人创业条件的评估报告。在这个评估报告中，赵咨询师具体阐述了王女士的创业条件，王女士的创业资金可以满足每个项目的初始需求，而且王女士还能通过贷款获得额外的资金来源。总的来说，两个项目的资金问题都不大。

技术方面，做心理咨询，由于行业特殊，所需的知识更为专业；育婴用品销售需要的更多是商业知识，而王女士的商业知识较为贫乏，可能需要自学一些知识或者其他团队成员的帮助。

在已有的工作经验方面，赵咨询师了解到王女士曾在上海一家法治类媒体“婚恋处方”栏目担任咨询顾问，为别人排忧释疑。在为期两年半的时间里，通过热线、书信等一系列手段，得到王女士帮助的超过千人。在工作当中，王女士积累了一定经验，并形成了一套独特的辅导别人的模式，积累了广泛的客户资源，开一家以婚恋为主的心理咨询室对王女士来说具有得天独厚的优势。另外，王女士所以有从事育婴用品销售工作的想法，是因为她喜爱婴儿，并且有朋友在育婴用品生产厂家工作，有相对低廉的进货渠道。

经过赵咨询师对王女士的创业企业家指标分析发现，王女士对企业的经营管理能力不强，市场风险的预见能力不够。考虑到不同项目对创业者能力素质要求的差异，比如，心理咨询室的市场开拓能力的要求没育婴用品销售的要求高，但知识创新能力要求却比育婴用品销售的要求高。相对于每个项目对各个指标的能力要求，两个项目得分和权重见下表。

各项目指标得分与权重明细

指标体系	项目 1（得分、权重）	项目 2（得分、权重）
指标 1：经营管理能力	（90，0.2）	（80，0.2）
指标 2：市场开拓能力	（85，0.2）	（85，0.2）
指标 3：社会公关能力	（80，0.15）	（85，0.2）
指标 4：市场风险预见能力	（85，0.2）	（80，0.15）
指标 5：企业家个人品质	（90，0.15）	（85，0.1）
指标 6：技术创新能力	（85，0.1）	（80，0.15）

根据上述资金、技术以及工作经验的评比，经过综合测评，王女士在这两个项目上的得分分别为 86 和 82.5。

2. 对创业项目本身价值的评估

清楚了王女士自身的创业条件后，赵咨询师开始从项目本身的风险收益和市场环境影响这两个要素对项目价值进行系统评估，见下表。

创业项目价值评估指标表

创业项目指标子体系 1	指标 1：未来现金收益指标	在一定时期内达到预期的收益水平
	指标 2：行业发展指标	所处行业要有发展前途并且具有相关概念题材
	指标 3：项目产品评价（独特性、市场需求程度等）指标	产品必须具有某种独特性，拥有知识产权最好。市场需求量要大，并且产品不宜被模仿

续表

创业项目指标子体系 1	指标 4：投资规模指标	所需投入资金要在创业基金承受范围之内
	指标 5：员工素质指标	与企业发展相适应的员工队伍，核心层员工要忠诚
市场环境指标子体系 2	指标 1：市场容量	市场容量越大越好
	指标 2：市场成长性	市场要有极强的成长性
	指标 3：市场竞争性	要有一定的竞争性以保持企业活力
	指标 4：环境政策风险	要符合国家产业发展政策及相关法律法规，并且要有一定的预见性
	指标 5：退出机制完善程度	市场的退出机制要完善

分别对这两个创业项目进行各个指标的评分（5 分差异量表），对于每一个指标赋予不同的权重，权重可以采用“专家意见法”请教行业专家帮忙确定，见下表。

项目指标权重明细表

指标	1.1	1.2	1.3	1.4	1.5	2.1	2.2	2.3	2.4	2.5
权重	0.1	0.06	0.12	0.06	0.06	0.15	0.09	0.18	0.09	0.09
项目 1	85	85	90	80	95	80	80	80	82	82
项目 2	90	88	90	80	90	88	87	80	90	80

赵咨询师最终得出这两个项目的得分为 83 和 86。其中，营利能力后一个项目要优于前一个项目，因为有较优的进货渠道，并且面对客户规模大，但是风险较大。一方面，来自于育婴商品销售竞争较为激烈；另一方面，该项目资金的占用较大，退出壁垒较高，而且对创业的经商能力要求较高，创业失败风险较高。

3. 出具项目精选报告

项目精选报告不同于创业项目分析报告，项目精选报告更多的要考虑创业项目和客户的一种匹配程度，要综合考虑创业者自身的条件和创业项目的价值，而创业项目分析报告，更多的是从项目本身的价值来考察项目的可行性。两个报告的结论并不完全相同，所谓好的项目未必就是合适的项目。正如此例中，单从项目本身的价值来看，项目 2 要好于项目 1，但是考虑到客户的创业条件后，项目 1 更加适合。

在提供给王女士的报告中，赵咨询师综合考虑创业者自身的条件和创业项目的价值，并参考一些非定量化的因素，与王女士也进行了深入的沟通，在赵咨询师的决策支持下，最终王女士选择了心理咨询室的项目。

提供给王女士的项目精选报告的主要内容有：

首先是王女士的创业条件评估结果。比如王女士的创业资金不是很足，大的项目难以实施。商业技能不是很强，但是拥有很强专业知识，尤其在心理咨询方面，还有多年的工作经验。因而王女士选择专业性比较强的项目成功的可能性更大。

其次是备选项目的介绍及各个方面的分析，包括投资风险、收益、资金占用及来源等。此例中育婴商店的营利能力要优于心理咨询室，因为有较优的进货渠道，并且服务的客户规模大，市场比较大。但是风险较大，一方面来自于育婴商品销售竞争较为激烈；另一方面，该项目资金的占用较大，退出壁垒较高，而且对创业的经商能力要求较高，创业失败风险较高。

再次是各项目与创业者创业条件的匹配情况，最终选择的项目及原因阐述。比如根据创业条件与创业项目相匹配的原则，王女士应该选择心理咨询室的项目。因为王女士自身的知识、能力以及资源等创业条件非常适合该项目，而且其营利比较稳定且风险较小。

最后是创业项目实施时的建议。比如此例中，对于王女士从创建到日常运营这家心理咨询室的过程中要注意哪些方面的问题以及如何处理，需要创业者进行哪些能力的锻炼和相关资源的积累等提出一些合理的建议。

第 4 节 项目论证评估

学习单元 1 评估项目可行性

学习目标

- 了解项目可行性分析的概念和原则。
- 掌握项目可行性分析的方法。
- 掌握项目可行性分析的内容。
- 掌握项目可行性分析报告的基本格式。

➢能够在可行性分析的基础上提出评估意见。

一、项目可行性分析的概念和原则

项目可行性分析是指创业咨询师依据一定的原则运用一系列的分析方法从产品或服务、市场需求、创业企业的组织、技术和财务等各个方面对创业项目进行分析，以确定创业项目是否可行，并最终出具项目可行性分析报告的系统过程。

在对创业项目进行可行性分析时，创业咨询师应遵循以下基本原则：

1. 科学性原则

科学性是指在对创业项目进行可行性分析时，所采用的定性和定量分析方法必须符合客观实际，能够合理实现可行性分析的目的。创业咨询师在对创业项目进行可行性分析时，如果仅仅依靠积累的经验知识，得出的结果很可能与实际不符，误导创业者，导致其错失良机，甚至造成极大的损失。在对创业项目进行可行性分析时，需要运用到整套科学方法，这包括定性分析的专家意见法，定量分析的各种数学方法，市场预测的回归方法、线性和非线性方法，以及决策树分析法。创业咨询师需要从众多可选的分析方法中选择最能实现分析目标的那种分析方法。

2. 客观性原则

创业咨询师在对创业项目进行可行性分析时难免会涉及主观判断，但可行性分析的目的却要求创业咨询师必须依据包括客观的实际情况对创业项目进行可行性分析，而不能靠主观臆测。这些客观的实际情况包括创业者自身的创业条件、创业素质、外部的政治法律环境、经济环境、技术环境、自然地理环境等。这就要求创业咨询师在进行可行性分析时，一方面要科学合理地作出专业判断；另一方面要从实际情况出发，实事求是地分析创业项目的可行性。

3. 系统性原则

创业项目可行性分析包括多个方面的内容，是一个系统性的工作。坚持系统性原则，就是要在可行性分析过程中，做到可行性分析的多个方面的内容有机结合，最终得到一个总体结论，而不是某一个方面或某几个方面的结论。

4. 时效性原则

在进行创业项目可行性分析时，创业咨询师应树立时间观念，坚持时效性原则。值得注意的是，某个创业项目可行与否通常是具有时效性的。也就是说，此时可行的创业项目未必在过去或将来具有可行性。在进行创业项目可行性分析时，创业咨询师不仅要分析评估创业项目现在的可行性，更要评估创业项目在未来一段时期是否依然可行。

5. 资金时间价值原则

创业咨询师在对创业项目进行可行性分析时，应当注意资金在不同的时点有不同的价值，这就是资金的时间价值。在进行创业项目可行性分析时考虑资金时间价值，常见的方法是将创业项目在不同时点产生的资金收入和支出按照一定的利率换算到同一个时点上再进行相应的计算。相反，在不考虑资金时间价值的情况下进行可行性分析，将不同时点的数据简单地进行计算得出的结论往往容易产生误导。

二、项目可行性分析的方法

在进行项目可行性分析时，依据可行性分析的内容不同，有不同的分析方法，见表 3—2。

表 3—2　　项目可行性分析方法

分析内容	分析方法
产品或服务可行性分析	电话访谈、个人访谈、焦点小组
市场可行性分析	五力分析模型
组织可行性分析	专家意见法
技术可行性分析	调查研究
财务可行性分析	动态分析法、比率分析法

1. 产品或服务可行性分析方法

（1）电话访谈

电话访谈是指创业咨询师与客户对拟创业项目生产或提供的产品或服务的潜在消费者进行电话沟通，观察潜在消费者对该产品或服务的态度，把握潜在消费者注重的产品属性，并征求其对产品或服务的改进建议，从而形成对产品或服务是否可行的总体看法。

在运用电话访谈分析产品或服务的可行性时，应注意所选取的访谈对象的代表性，即应当尽可能保证访谈对象在最大程度上与目标顾客群保持一致，尽量消除选样偏差。

（2）个人访谈

个人访谈是指创业咨询师与潜在消费者针对产品或服务进行的交流沟通，获取其对产品或服务的观点、态度信息，寻求意见、建议，以此来分析产品或服务的可行性。

个人访谈的具体操作步骤包括：

1）设计访谈提纲；

2）恰当进行提问；

3）准确捕捉信息；

4）适当作出回应；

5）及时做好访谈记录。

（3）焦点小组

焦点小组是指创业咨询师，邀请具有代表性的潜在消费者组成一个小组进行座谈，主持人引导参与者就产品或服务进行开放和深入地讨论，以获得潜在消费者对产品或服务的观点、态度等相关信息，并分析产品或服务的可行性。

为了成功地运用焦点小组，应当具备以下条件：做好焦点小组的组织工作；具备一名专业的主持人；掌握定性分析研究方法，能够写出一份高质量的定性研究报告。

2. 市场可行性分析方法

五力分析模型是指通过分析某一行业的供应商、顾客、替代者、潜在进入者和行业内现有竞争对手间的竞争等五种力量，来分析评价该行业的总体竞争状况、行业的赢利能力与行业的吸引力等指标，从而分析判断进入该行业是否可行的一种分析方法。该模型已在三级教程中做过详细介绍，在此不再赘述。

3. 组织可行性分析方法

专家意见法是指创业咨询师利用专家的工作，对客户的计划和组织能力、沟通协调能力和问题解决能力进行分析评价，以判断客户的创业活动在组织上是否可行的方法。

专家意见法已在本章第一节作过介绍，可参照专家意见法的实施步骤进行组织可行性分析。

4. 技术可行性分析方法

调查研究是指创业咨询师通过调查获得客户拟创业项目所采用的技术的发展阶段、技术是否成熟、技术的风险、技术的发展趋势等相关信息，据此分析评价客户的创业活动在技术上是否可行的分析方法。

客户拟创业项目所采用技术的复杂程度可能会导致进行技术可行性分析超出创业咨询师的能力范围，此时，创业咨询师应当考虑利用技术专家的工作协助其进行技术可行性分析，以保证为客户提供高质量的咨询服务。

5. 财务可行性分析方法

财务可行性分析方法主要包括动态分析法、比率分析法两种。

动态分析法是指在考虑资金时间价值因素的情况下，投资某一创业项目未来产生的现金流量按照某个折现率进行折现所得到净现值的方法。资金时间价值是指同一数量的资金在不同的时点具有不同的价值。动态分析法主要有净现值和经济利润两个指标。

比率分析法是指通过比较两个因素之间的关系，根据既定的标准判断创业项目财务上是否可行的方法。比率分析法包括净资产收益率、总资产收益率等比率。

三、项目可行性分析的内容

项目可行性分析包括多方面的内容，其中最主要的内容是产品或服务可行性分析、行业或市场可行性分析、组织可行性分析和财务可行性分析，下面分别加以详细阐述。

1. 产品或服务可行性分析

（1）产品或服务可行性分析的概念

产品或服务可行性分析是指创业咨询师对拟推出的产品或服务的总体吸引力进行评估。在将产品或服务投入开发之前，创业咨询师和创业者应当确信产品或服务正是消费者所需要的，而且有足够大的市场。在创办新企业时，创业者很容易陷入筹集资金、雇用员工、购买办公设备、签订租赁合同和进行宣传活动等众多工作中。但是，对绝大多数企业而言，成功的首要因素是创业企业能够提供优秀的存在大量有效需求的产品或服务。

（2）进行产品或服务可行性分析的重要性

进行产品或服务可行性分析非常重要，具体表现在以下几点：

第一，有利于在第一时间确定合适的产品。由于对潜在消费者进行了调研，因此知道他们需要什么样的产品或服务，也可据此检测产品的可用性和收集消费者对产品或服务的质量的态度、意见和建议。

第二，有利于早期接受群体的出现。通过参与调研等活动参与到产品或服务可行性分析的企业或个人往往会成为创业企业的第一批顾客，这些早期消费者可以为产品或服务的改进提供更多的反馈意见，并且由于存在扩散效应，加速了产品或服务的传播。

第三，有利于避免产品或服务设计出现明显缺陷。通过对潜在消费者进行调研，可以检测出产品的可用性或服务的舒适性，很容易发现设计中存在的明显缺陷。

第四，有利于提高时间和资本的使用效率。通过进行产品或服务可行性分析，确定了消费者最感兴趣的产品或服务的特征，从而不必花费时间和资本去实现消费者并不感兴趣的产品或服务的特征。

第五，有利于发现附加产品或服务。通过对产品或服务进行可行性分析，往往有利于发现附加产品或服务。

(3) 产品或服务可行性分析的构成

产品或服务可行性分析由概念测试和可用性测试两部分组成。

概念测试是指向预期用户展示产品或服务，以评估消费者对产品或服务的态度、兴趣和购买意向。概念测试有三个目标：第一个目标是验证创业者认为有价值的产品或服务创意，这可以通过电话访谈、个人访谈、焦点小组或观察等途径来实现。第二个目标是发展创意。企业可以向消费者展示自己的产品或服务创意，获取反馈意见并对其进行修正，然后重复这个过程，向更多的消费者展示产品或服务获取反馈意见并进行进一步修正，如此循环往复，直到确信产品或服务能够满足消费者某种明确的需求。第三个目标是预计产品或服务可能占有的市场份额。这可以通过在调查问卷中设计有关购买意向的问题来实现。

可用性测试是指测量产品或服务的易用性与用户的体验。值得注意的是，把新产品或服务投入市场是一件非常诱人的事情，很多创业者往往抵制不住诱惑，把握不住投入市场的时机，过早地把新产品或服务投入市场，结果导致了创业失败。所以，在经过概念测试，开发出产品或服务的原型之后，还要进行可用性测试，以评估产品或服务的易用性。可用性测试有多种形式，例如，让自己的朋友和同事使用产品并填写评估表或口头反馈意见，有条件的创业企业可以通过可用性测试实验室进行测试，也可以通过测试团队到用户家中观察产品的使用情况来进行测试。

综上所述，产品或服务可行性分析可通过图 3—6 加以反映。

2. 行业或市场可行性分析

行业或市场可行性分析是指创业咨询师对创业企业将要提供的产品或服务的整体市场吸引力进行评估的过程。在进行行业或市场可行性分析时需要重点考虑三个方面：行业吸引力、市场进入时机和利基市场识别。下面分别加以详细阐述：

(1) 行业吸引力

不同的行业由于成长性、竞争对手的数量等方面的不同，其吸引力存在很大的差别。一般而言，最富吸引力的行业具有以下几个特征：

第一，发展空间广阔并呈现持续成长的态势。

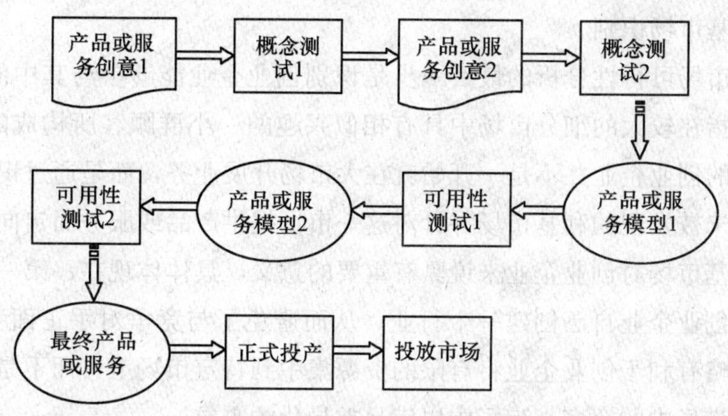

图 3—6 产品或服务的可行性分析

第二，行业提供的产品通常是消费者的必需品而不是可有可无的产品。

第三，能够赚取较高的利润。

第四，竞争对手相对较少。

在对行业的总体吸引力进行评估时，创业咨询师需要借助于直接资料和间接资料。直接资料通常包括创业咨询师在评估行业吸引力时与潜在消费者和行业的重要参与者的交谈沟通内容。间接资料是指已经整理好的与所评估行业相关的数据资料，主要包括行业相关出版物、政府统计数据、竞争对手的网站以及咨询服务机构的行业研究资料等。需要注意的是，创业咨询师应当掌握有关市场规模和行业预计成长率的具体数据资料，而不能简单地经过研究得出一个定性的结论。

(2) 市场进入时机

创业咨询师在进行行业或市场可行性分析时，还需要考虑产品或服务的市场进入时机问题。

在判断市场进入时机时，首先，应当考虑创业企业所处行业是否能够进入，例如存在较高的进入壁垒，或者存在垄断的情形，则不能进入某一行业；其次，应当考虑进入该行业从长远来看是否仍然有利，例如，当某行业存在大量兼并联合，并且少数大公司控制绝大部分市场时，此时进入该行业可能会不利；再次，在确定具体的市场进入时机时，可能产生先发优势和后发优势的问题。先发优势是指领先其他企业率先将新产品或服务投向市场从而具有的优势，后发优势是指在其他企业将新产品或服务投向市场后紧随着将产品或服务投向市场所具有的优势行为。创业咨询师应当根据创业企业拟推出产品或服务的特点、行业或市场的具体情况并结合创业企业自身的实力来从这两个策略中作出选择。

（3）利基市场识别

行业或市场可行性分析的最后一步是识别创业企业能够参与其中的利基市场。利基市场是指在较大的细分市场中具有相似兴趣的一小群顾客所构成的市场空间。大多数成功的创业企业并不是一开始就在大市场开展业务，而是通过识别较大市场中新兴的或未被发现的利基市场并针对这一市场提供产品或服务而走向成功。

识别利基市场对创业企业来说具有重要的意义，具体体现在：第一，识别利基市场有利于创业企业自己创建一个行业，从而避免了与竞争对手正面竞争；第二，利基市场战略有利于创业企业将有限的资源集中到特定市场上，而不是将有限的资源分散到大市场中的众多小市场中以满足差异化的需求。

在识别利基市场时，要能保证其必须足够大以支持创业企业，同时又要能保证其足够小以避免与行业领导者进行正面竞争。

利基市场的识别对创业成功具有至关重要的作用，如果不能清晰识别利基市场，很难保证创业项目具有行业或市场可行性。

3. 组织可行性分析

组织可行性分析用来判定创业者是否具有足够的管理专业知识、组织能力和资源以成功推动创业项目的进行。在进行组织可行性分析时，创业咨询师要充分评估创业者及其创业团队成员的能力和经验、对创业项目所怀有的激情、对将要进入的市场的了解程度，并评估创业者及其团队成员是否具有广泛的社会关系。

（1）创业者的管理能力

创业者及其创业团队成员的管理能力在推动创业项目取得成功的过程中发挥着不可估量的作用。如果创业者及其创业团队成员拥有杰出的领导能力和管理能力，那么在开展创业项目的过程中他们便能在自己做到卓有成效的同时，也会帮助下属及其同事做到卓有成效，以绩效为中心，从而推动创业项目取得成功。

（2）创业者对创业项目的激情

人们倘若对一件事情怀有激情，那么在做这件事情时，往往容易取得成功。创业也是如此，创业者对创业项目是否怀有激情，决定了创业项目能否顺利进行下去，从而决定了创业是否能取得成功。

（3）创业者的社会关系

拥有广泛的社会关系往往有利于创业取得成功。创业咨询师在分析评价创业者的创业项目的组织可行性时，需要注意其是否具有广泛的社会关系，包括同事关系、朋友关系、师生关系、同学关系等。例如，与供应商或分销商间存在良好的合作关系，便能得到较优的供货或交货条件，从而给自己提供难得的便利；如果有在学术界造诣颇深的老师，就能比较轻易地弥补自己管理能力的不足，等等。

4. 技术可行性分析

技术可行性分析是创业咨询师对创业项目进行可行性分析的重要内容之一。在对创业项目的技术可行性进行分析时，需要考虑以下几个方面的条件：

（1）技术本身的可靠性

创业项目所选择的技术必须是成熟和可靠的。技术要进入生产领域，必须经过实验，只有在实验阶段解决了各种应用技术问题，并经过权威机关综合评价和鉴定后，才能进入生产领域。

（2）技术对产品质量的保证程度

随着生产和技术的发展，消费者对产品质量的要求越来越高，产品的质量被视为企业的生命，其质量好坏将直接决定创业企业的生存和发展。为此，创业项目采用的技术必须能向消费者提供高质量的产品或服务。

（3）技术的经济性

运用技术的成本是项目总成本费用的主要组成部分，这部分成本表现为原材料费用、燃料及动力费用、工资及福利费、修理费、折旧费等。该项成本的高低决定了创业项目的赢利潜力，因此应当选用最经济合理的技术。

（4）技术与原材料的适应性

创业项目选用的技术必须同项目可以获得的主要投入物相结合，而且还必须同长期和短期资源因素适当地结合起来。在某些情况下，原材料可能会决定所要使用的技术。某些原料没有来源，或来源受到限制，就可能成为技术选择的制约因素，例如原材料由国外进口的项目。

5. 财务可行性分析

财务可行性分析是创业项目可行性分析的最后一步。创业咨询师在对客户的创业项目进行论证评估时，进行财务可行性分析是非常必要的。但同时也应注意，由于创业项目产品或服务、客户的创业条件以及外在的市场环境随时可能发生变化，创业咨询师花费大量的时间、精力准备详尽的财务预算并没有太多的实际意义。在此阶段进行财务可行性分析，需要重点考虑的三个方面是资金需求能否得到及时的满足、财务收益是否达到创业者的预期和投资的总体吸引力怎样。当然，在创业咨询师对客户的创业项目进行了上述四个方面的可行性分析并认为四个方面均可行时，紧接着的一项任务就是，编制未来 1～3 年的预计财务报表，以证明客户的创业项目在未来期间具有财务可行性。

（1）创业项目的资金需求能否得到及时的满足

创业者需要筹集足够的资金来支付各种开支，包括雇用员工、租赁办公或生产场所、购买设备、培训、研发、营销等活动的开支。创业者能否筹集到足够的资金关系到创业能否顺利进行，因此，资金需求能否得到及时的满足是衡量财务可行性的重要指标之一。

（2）创业项目的财务收益是否达到创业者的预期

创业项目的资金需求能否得到及时的满足解决的是客户是否有资金实力投资创业项目的问题，而创业项目的财务收益是否达到创业者的预期解决的是客户是否值得投资创业项目的问题。财务收益有诸多形式，如资产收益率、权益净利率等。评价创业项目的财务收益以此来判断是否值得投资该创业项目时，需要注意创业项目的财务收益是一个相对的衡量指标，仅仅依据经过测算得到的财务收益来评价创业项目的财务收益情况既不科学也不合理，而需要综合考虑多个相关的因素，这些因素包括：

1）获取收益的时间；

2）创业项目的风险；

3）创业项目的机会成本。

在综合考虑这些因素之后，如果创业项目的财务收益高于或等于创业者的预期，那么值得投资该创业项目；反之，则不值得投资该创业项目。

（3）创业项目的投资总体吸引力

除上述两方面的财务因素影响创业项目的财务可行性以外，还有其他一些财务方面的因素影响创业项目的财务可行性，包括利基市场未来的成长速度是否足以支持创业项目的成长，创业项目未来获得的收入与发生的成本费用的不确定性情况，创业者是否能够以合理的代价退出市场等。

创业咨询师对创业项目进行财务可行性分析的过程可以用图 3—7 表示。

四、项目可行性分析报告的基本格式

项目可行性分析报告是创业咨询师在对创业项目的各个方面进行可行性分析的基础上对创业项目是否可行发表专家意见的载体。项目可行性分析报告是对前期项目分析工作的总结和提炼，是项目可行性分析的成果。

常见的项目可行性分析报告的基本格式如下：

第一部分　项目概况

第二部分　产品或服务可行性分析

1. 概念测试

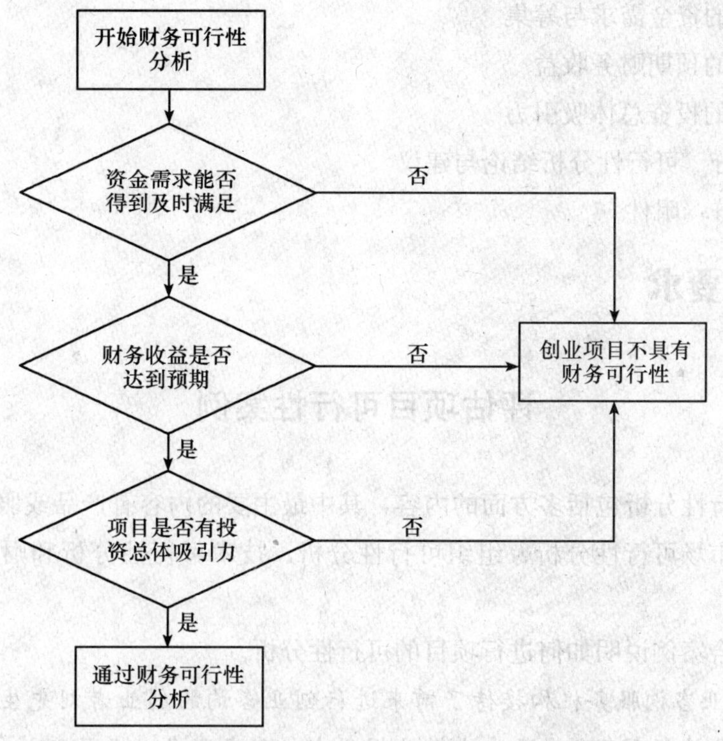

图3—7 财务可行性分析

2. 可用性测试

第三部分 行业或市场可行性分析

1. 行业吸引力

2. 市场进入时机

3. 利基市场识别

第四部分 组织可行性分析

1. 创业者的管理能力

2. 创业者对创业项目的激情

3. 创业者的社会关系

第五部分 技术可行性分析

1. 技术本身的可靠性

2. 技术对产品质量的保证程度

3. 技术的经济性

4. 技术与原材料的适应性

第六部分 财务可行性分析

1. 项目的资金需求与筹集

2. 项目的预期财务收益

3. 项目的投资总体吸引力

第七部分　可行性分析结论与建议

第八部分　附件

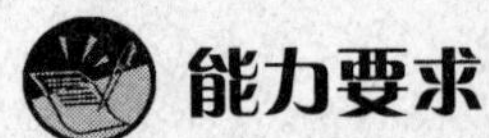

能力要求

评估项目可行性案例

项目可行性分析包括多方面的内容，其中最主要的内容有产品或服务可行性分析、行业或市场可行性分析、组织可行性分析、技术可行性分析和财务可行性分析。

下面结合案例说明如何进行项目的可行性分析。

XYZ创业咨询服务机构接待了前来进行创业咨询的创业者刘先生。刘先生准备设立一家会计师事务所，为中小企业提供会计税务服务，并已聘请XYZ创业咨询服务机构的国家二级创业咨询师张先生为其进行了创业测评。刘先生对创业测评的结果相当满意，决定继续聘请张先生为其创业项目进行可行性分析。张先生接受委托后，通过市场调查收集了充分的数据资料，在此基础上，对设立会计师事务所的可行性进行详细的分析。张先生在可行性分析的基础上出具的可行性分析报告如下所示：

1. 项目概况（略）

2. 产品或服务可行性分析

客户刘先生所在的××市有10 000家中小企业。对调查问卷的分析结果显示，其中有4 000家配备了财务会计人员，另外6 000家中小企业规模较小，经营业务单一，企业中没有配备会计人员。这些企业之所以没有配备财务会计人员，40%的企业认为配备全职的会计人员费用太高，超出承受范围，而聘用兼职会计却能省掉一笔不小的开支；60%的企业有能力负担全职会计的开支，但担心招聘到的会计人员能力不强，且出于经济效益方面的考虑，希望聘用能力得到公众认可的注册会计师为其提供会计税务服务。

产品或服务可行性分析的结论是：6 000家中小企业存在会计税务服务方面的需求，设立会计师事务所提供会计税务服务是可行的。

3. 行业或市场可行性分析

(1) 容易进出，风险较小

只要有一间办公室、一张桌子和一把椅子就可以设立会计师事务所提供专业服务，前期投入较少，因此，进入和退出壁垒较低，风险较小。

(2) 竞争者较少，竞争不激烈

××市共有20家会计师事务所，其中执业注册会计师超过10人的有10家，主要面向大中规模企业提供审计和咨询服务；其余10家会计师事务所规模较小，执业注册会计师均少于10人，主要面向中小规模企业提供会计税务服务。相对于6 000家中小企业存在的会计税务需求而言，该服务的提供者较少，竞争不激烈。

(3) 市场成长潜力较大

预期在未来3年内××市中小企业的数量每年以20%的速度增加，同时，小规模会计师事务所的数量每年以10家的速度增加。虽然事务所的数量相对于中小企业数量而言有显著的增加，但由于中小企业基数较大，未来市场成长潜力较大。

行业或市场可行性分析的结论是：市场有较强的吸引力，可以考虑进入。

4. 组织可行性分析

刘先生在××会计师事务所工作期间长期任项目经理，与客户建立了良好的合作关系。当刘先生提出自己设立会计师事务所时，这些客户表示将会聘请其事务所为其提供会计税务服务。同时，刘先生对提供会计税务服务抱有极大的热情，有着浓厚的兴趣。此外，刘先生有着非凡的管理能力。

组织可行性分析的结论是：会计师事务所项目组织上可行。

5. 技术可行性分析

会计师事务所在提供会计税务服务时要具有胜任能力，应熟悉企业会计准则和审计准则以及税收法律法规知识，遵守职业道德规范，恪守独立性，严格按照执业准则的要求提供会计税务服务。

技术可行性分析的结论是：刘先生及其合作创业者钱先生、孙先生已取得执业资格，且均有6年的会计师事务所工作经验，专业胜任能力较强。

6. 财务可行性分析

(1) 创业前期资金压力较小。

(2) 赢利预测：第一年为其提供服务的客户数量为30家，每家收费20 000元，办公费200 000元（其中租金120 000元），则第一年赢利为：30×20 000－200 000＝400 000元。

第二年服务的客户数量为45家，每家收费22 000元，办公费300 000元（其中租金 150 000 元），则第二年赢利为：45×22 000－300 000＝690 000（元）。

第三年服务的客户数量为 60 家，每家收费 25 000 元，办公费 400 000 元（其中租金 200 000 元），则第三年的赢利为：60×25 000－400 000＝1 100 000（元）。

创业项目在未来三年的赢利状况为第二年增长 72.5%，第三年比第二年增长 59.42%。

财务可行性分析结论是：创业项目财务上可行。

7. 可行性分析结论

综上分析，该项目拟提供的会计税务服务存在大量的市场需求，且市场前景广阔；市场上提供同样服务的竞争者相对较少，竞争相对缓和；刘先生具有丰富的管理经验，且在会计、审计和税务领域有着广博的知识和出众的能力；投资该项目能够带来稳定增长的财务收益，故选择该项目从事创业活动是可行的。

学习单元 2　进行创业项目评估

学习目标

- 了解创业项目常见的赢利模式。
- 了解创业项目评估的内容。
- 了解创业项目评估的依据。
- 掌握创业项目评估的程序。
- 能够提出项目评估的结论意见。

知识要求

一、创业项目赢利模式

1. 赢利模式的概念

赢利模式是指在市场竞争的环境下，几种管理要素有机结合，能提供客户价值并实现企业价值最大化，具有竞争力和动态稳定性的经营结构。

2. 创业项目常见的赢利模式

（1）客户解决方案赢利模式

客户解决方案赢利模式是指创业企业通过利用自身的专业及技术优势，提供与产品相关的系列产品或服务，使客户原来需要几家供应商才能满足的需求，现在只需要找一家即可获得满足，从而在方便客户、为客户提供超值服务的同时，创业企业自身也可因此增加业务，提高利润。

实施客户解决方案赢利模式的关键是提供能够满足客户需要的一系列产品或服务，最大限度地满足客户的需求，提高客户对创业企业的忠诚度。

（2）模仿创新赢利模式

模仿创新赢利模式是指创业企业通过模仿现有企业的产品、技术，经过创新推出新产品的模式。模仿创新赢利模式可以避免大量的资源投入，可以避免较高的开拓市场的风险。

实施模仿创新赢利模式的关键是发现被模仿者的成功关键因素，进而寻找突破进行原创技术的开发，建立自己的核心竞争优势。

（3）连锁与加盟赢利模式

实施连锁与加盟赢利模式需要做到以下几点：让加盟商获得持续赢利；形成强势品牌，维持顾客忠诚，从而保持加盟者的忠诚；容易复制；强化各种培训；加强统一管理，不断淘汰“害群之马”。

在通过连锁与加盟实现扩张的同时，创业企业需要不断提升管理水平，加强对加盟者的监督力度，做到扩张的速度与管理的水平相适应，而不能盲目地加速扩张的步伐。

（4）渠道领先赢利模式

渠道领先赢利模式是指创业企业通过打造一个庞大的、强有力的销售渠道，建立自己的渠道优势，以此来获得赢利的模式。

为了实施渠道领先赢利模式，创业企业应力求实现与经销商间关系的平衡；通过广告强力拉动需求；加强研发，不断推出新产品。

需要注意的是，渠道领先赢利模式需要创业企业具备雄厚的资金实力，而在新创企业初期，创业企业往往难以筹集足够的资金来打造极富竞争力的渠道网络。

（5）星火燎原赢利模式

星火燎原赢利模式是中国民营企业家在创业期常用的一种赢利模式。简单地说，就是抓住机遇，整合资源，迅速复制，快速扩张。具体表现为，创业企业先有一个好产品，集中优势力量，在区域市场重点突破，获得经验，总结出区域市场的赢利模式，然后，将该模式复制到其他市场，带动全国市场全面启动。

（6）利润乘数模式

利润乘数模式也称为品牌延伸模式，是指将某一强势品牌运用于一系列产品上，从而重复获得利润的赢利模式。对于拥有强势品牌的创业企业来说，利润乘数模式是一个强有力的赢利模式，一旦投入巨资建立了一个品牌，消费者就会在一系列产品上认同这一品牌。例如，娃哈哈、乐百氏的品牌从果奶延伸到矿泉水、八宝粥、果汁饮料等。

利用该赢利模式时，需要注意以下几点：

1）在相同的消费者群体中进行品牌延伸；

2）防止使用相同品牌的产品出现问题，从而对使用该品牌的其他产品造成不利影响；

3）注重对品牌的保护，授权和合理使用要慎重。

（7）垄断资源模式

稀缺资源包括资金、土地、具有特殊才能的人才、渠道、优越的地理位置等。创业企业掌握了稀缺资源，就掌握了利润的源泉。

（8）基础产品模式

一种产品本身利润并不高，但是用户在购买了基础产品后，不得不长期购买其后续产品。基础产品的销售额和利润可能都不高，但其后续产品的利润却是稳定而具有吸引力的。如利乐公司免费送包装设备，靠包装材料赢利。类似产品还有复印机、电梯、剃须刀等。

实施基础产品模式，首先要保证基础产品经久耐用，而后续产品则应是分期低值易耗品；其次要把握好基础产品与后续产品产量的比例，避免库存积压。此外，为防止其他企业与本企业竞争，最好将基础产品与后续产品的接口特殊化。

（9）配电盘模式

在某些市场，供应商要与众多客户发生交易，交易成本很高。这就会出现一种中介业务，这种业务的作用类似于配电盘，其功能是在不同的供应商与客户之间搭建一个交易平台，降低双方的交易成本，从中得到较高的回报。

在该模式下，参与交易的供应商和客户越多，这个平台就越有价值。创业企业需要尽力维护这个平台的形象，避免“害群之马”闯入，如伪劣商品等；尽可能争取更多知名品牌的参与，以提高整个平台的声誉。

（10）薄利多销模式

随着产品销量的增加，由于规模经济的存在，成本会相应降低，即使降低价格，总利润仍然会随之增长。

实施薄利多销模式时，创业企业需要考虑在竞争环境下，薄利能否达到多销的目的。

3. 创业企业打造赢利模式的方法

创业企业打造赢利模式有两种常见的方法：一种是创新；另一种是模仿。

（1）创新

一般来说，对于新产品、新技术，尤其是当前的高科技企业而言，由于没有现成的赢利模式可以模仿，创业企业只有通过不断探索，慢慢地形成自己独特的赢利模式。

（2）模仿

创造一种成功的赢利模式并不是一件容易的事情。然而，当某一赢利模式获得成功后，其他企业可能会相对容易地复制该模式，为我所用。因此，相比而言，模仿成功的赢利模式要比创造一种赢利模式容易得多。这种现象常见于一些科技含量低和进入门槛不高的行业，在这些行业中，模仿往往会迅速地复制出大量的同类企业。虽然对于单个创业企业而言，通过模仿轻易地复制了成功的赢利模式，而对于行业而言，由于赢利模式单一，很容易导致价格战，从而摊薄了行业的平均利润。

二、创业项目评估的内容

创业项目评估是在可行性研究的基础上，根据国家有关政策、法律法规、方法与参数，从项目及国家的角度出发，由政府的隶属部门、贷款银行、项目的主管部门等有关机构自行或聘请创业咨询师等中介机构对创业者拟投资创业项目的规划方案进行全面的技术经济论证和再评价，以判断项目的优劣和可行与否。

在对创业项目各个方面进行可行性分析的基础上，对创业项目进行评估的内容主要包括以下几个方面。

1. 创业项目是否必要，规模是否适当

创业项目是否必要是项目能否成立的前提条件。判断创业项目是否必要，应着重从以下几方面进行分析论证：

（1）创业项目提供的产品或服务是否短缺，是否属于升级换代品种，其质量、成本与价格等方面在国内外市场有无竞争优势。

（2）从经济发展前景看，创业项目是否符合国家产业政策，适应国民经济发展规划要求；是否有利于调整经济结构，发挥区域经济特色与优势；是否符合中国人民银行和贷款银行的有关信贷政策和投资方向。

（3）从社会效益来看，创业项目是否有利于提高国民经济的技术装备水平，是否有利于生产力的合理布局，是否有利于改善社会劳动力就业状况。

（4）创业项目的投资规模是否符合规模经济的要求。

如果符合上述要求，创业项目就是必要的。

2. 创业项目的建设与生产条件是否具备

具备必要的建设条件和生产条件是创业项目顺利进行的基本保证。

建设条件是否具备主要分析：厂址选择与生产布局的合理性；水文地质、工程地质状况是否清楚，是否适合建设施工要求；施工力量、施工技术与施工物资的供应有无保证；设备能否落实配套；工程设计方案是否切实可行；三废治理方案是否符合要求。

在分析生产条件是否具备时，行业的生产特点不同分析的侧重点有所不同。例如，对于一般的加工项目而言，应着重分析创业项目投产后所需的原材料、燃料、动力、水电热的落实情况，交通运输条件是否便利，产品方案和资源利用方案是否经济合理等。

3. 创业项目是否先进、经济合理，相关配套项目是否有同步建设方案

先进、经济合理的创业项目是项目能否取得预期效益的关键。为此，应着重分析项目采用的工艺、技术和设备是否符合国家产业政策的相关规定，是否有利于资源的综合利用，是否有利于提高生产率，改进产品质量，降低消耗与成本；采用的工艺、技术和设备是否经过工艺试验和技术鉴定，是否安全可靠等。

4. 创业项目是否具有良好的财务效益

获取尽可能高的财务效益是创业者进行创业的直接目的。在归纳总结项目信息与项目分析意见时，创业咨询师应着重检查创业项目投资和经营财务数据的测算是否准确，评估指标是否科学完备；利用净现值、内含报酬率、投资回收期、会计年均收益率等财务指标分析创业项目的赢利水平，通过分析创业企业的流动比率、速动比率、资产负债率、现金比率、已获利息倍数等指标分析评价创业企业的偿债能力。

5. 筹资方案是否经济合理，资金来源有无保证

筹资方案是否经济合理关系到筹资的成本，进而影响创业项目的实际收益。筹资方案经济合理才能保证在有融资需求的情况下以较低成本融到所需的资金，保证创业项目的顺利建设，项目的投产顺利进行。

6. 项目投资风险的大小

创业项目的风险由多方面因素导致，这可能包括项目所利用的技术具有不确定性，创业者及其创业团队成员之间的合作与分歧，资金出现短缺，影响项目的外部经济、政治法律、技术等环境发生变化，等等。所有这些情况的变化都可能导致创业项目由原来的可行变为不可行，因此，为了应对创业项目可能面临的风险，创业咨询师需要做不确定性分析，以判断创业项目风险的大小。

7. 创业项目存在的问题及建议

创业项目即便可行也可能存在一些问题，总的来说，这些问题包括两方面：一方面是创业项目本身存在的问题，例如项目规划方案、厂址选择、生产规模、设备类型、设计和建设方案等方面可能存在问题；另一方面，可能是现行政策和规定中存在问题，例如物资供应、财税政策、投资和创业企业技术装备等不利于创业项目取得预期收益。创业咨询师进行项目评估时，经过具体调查研究后，应实事求是地反映存在的问题，提出建议，加以改进。

三、创业项目评估的依据

创业咨询师在进行创业项目评估时，需要依据的内容包括：

1. 重要的市场调查报告。

2. 有关部门颁布的项目评估方法，如原国家计委和建设部发布的《建设项目经济评价方法和参数》。

3. 投资协议、合同、章程等。

4. 有关的方针、政策、法律、法规、规定等。

5. 其他有关资料，如同类型项目的国内外资料。

四、创业项目评估的程序

创业项目评估依据一定的程序进行，这些程序如下：

1. 制定创业项目评估计划

在制定计划阶段，主要应完成以下工作内容：

（1）根据创业项目的性质和特点，确定评估任务和目标。

（2）根据创业项目的繁简程度，确定评估人员的数量，成立评估小组并对小组成员进行分工，以保证项目评估工作保质保量按时完成。

在确定项目评估小组人员组成时，应注意包括经济技术人员、工程技术人员、财务人员、市场分析人员等。对一些规模大、技术复杂的创业项目，应考虑聘请相关的工程技术专家、市场分析专家和财务分析专家参与评估。必要时，还要咨询法律专家、环境和社会问题专家等。

（3）根据创业项目特点和评估任务制定项目评估计划。评估计划内容主要包括：评估工作的内容、评估工作的重点、市场调查的方法、拟收集与整理的资料和信息目录、时间和进度安排、人员的分工与合作等。常见的项目评估计划见表3—3。

表 3—3　　项目评估计划

项目评估计划
评估项目名称：××××××项目
项目评估的任务和目标：
项目评估工作的重点：
项目评估人员的分工：
项目评估工作的指导和监督：
项目评估工作的进度安排：

2. 收集与整理评估所需资料

（1）根据计划阶段拟订的资料目录收集评估所需的资料。

（2）对可行性研究报告中的各项数据进行核实，明确基础数据和参数取得的途径并核实其可靠性，明确可行性研究报告中的计算方法和过程，核对表与表之间、数据与数据之间的逻辑关系，尽可能找出可行性研究报告中的错误。

（3）分类整理收集到的资料和数据，使其具有系统完整性，为下一步评估工作奠定基础。

3. 分项评估

（1）创业项目建设必要性评估

创业项目建设必要性评估包括宏观必要性评估和微观必要性评估两个方面。

宏观必要性评估是指评估创业项目是否符合国家相关的产业政策、法律、法规及规定，是否有利于提高国民经济的整体技术水平，是否有利于资源的合理配置，是否有利于扩大就业，等等。

微观必要性评估是指评估创业项目生产或提供的产品或服务是否是社会公众所需要的，是否能够满足社会公众的某种需求。

（2）市场分析

市场分析具有十分重要的作用。任何一个项目，其生产规模的确定、技术的选择、投资估算甚至厂址的选择，都必须在对市场情况充分了解之后才能作出决定。市场分析主要包括市场需求分析、市场供给分析和价格预测等。

进行市场分析首先需要进行市场调查。市场调查包括创业项目生产或提供产品或服务的用途调查、产品现有生产能力调查、产品产量及销售量调查、替代产品调查、产品价格调查和国外市场调查等。

在进行市场需求分析时，应考虑如下几个方面的因素：产品的消费者、消费者的消费条件、产品生命周期的特点、可能出现的替代产品以及产品可能产生的新用途等。

在进行市场供给分析时，应考虑现有产品的生产能力及产量、替代产品的生产能力及其产量以及产品进口等因素。

在进行价格预测时，应考虑产品的供给和需求状况、产品的成本、替代产品的价格水平以及现有同类产品的价格水平等因素。

（3）创业项目技术评估

创业项目技术评估主要从三个方面进行：工艺技术方案评估、设备选择方案评估和设备采购方案评估。

工艺技术方案评估主要包括市场需求适应性评估、工艺成本经济性评估、原材料适应性评估和工艺流程的均衡协调性评估。其中市场需求适应性评估是指评估创业项目所采用的工艺方案是否具有一定的应变能力以满足市场上不断变化的需求。工艺成本经济性评估是指评估包括原材料消耗、能源消耗、员工工资和设备厂房折旧等在内的工艺成本是否经济合理。原材料适应性评估是指评估工艺方案所采用的原料是否有充足的供应来源。工艺流程的协调均衡性评估是指评估每道工序、班组生产能力的协调性。

设备选择方案评估主要包括主要工艺设备选型分析和设备配套情况分析两个方面。在选择主要工艺设备时应重点考虑创业项目设计的生产能力，保证设备的生产能力略大于设计的生产能力。在分析设备的配套情况时，不仅要考虑设备之间在数量上匹配，而且要保证设备间在质量上匹配，保持项目内部各工序、工段、车间之间生产能力的平衡。

设备采购方案评估主要包括以下内容：设备取得渠道分析，即是直接在市场上购买还是到厂家订货；设备价格分析；设备付款方式分析；售后服务与零部件配套情况分析。

（4）创业项目投资估算与资金筹措

创业项目投资估算包括固定资产投资总额估算和流动资金估算两部分内容。固定资产投资主要包括厂房的购建、流水线的购置、机器设备的购买等。流动资金主要包括现金和以原材料、产品、应收账款等形式存在的能够在短期内收回的资产。流动资金估算可采用指标估算法和分项估算法两种。指标估算法是指采用参照同类企业流动资金占销售收入、销售成本、固定资产投资的比率来确定流动资金的方法。分项估算法是指按照流动资金的各种占用形态，分别依据年需用额及周转率来估算各分项数额，据此估算流动资金数额的方法。

在估算创业项目固定资产投资数额与流动资金数额之后，需要对创业项目资金筹措进行评估。资金筹措评估主要包括评估筹资渠道与筹资方式两方面的内容。筹资渠道包括银行贷款、社会公众资本、企业间赊购赊销、捐赠等。筹资方式包括股票、债券、银行借款等。在评估的基础上确定最优的筹资方案。

在评估创业项目投资估算与资金筹措时，应确保创业项目投资所需要的资金能够与筹资获得的资金在时间和数额上保持一致，确保投资活动顺利进行，与此同时，也要确保借款的偿还有充足的资金来源，防止出现资金断流的现象。

（5）创业项目财务效益评估

创业项目财务效益评估包括收入估算、成本费用估算及项目营利能力分析。

收入估算应根据前面预测的产品价格及产销量逐年计算确定，当有多种产品时，可分别计算各种产品的年销售收入，再汇总计算年总销售收入。

成本费用估算的内容主要包括耗用的原材料、燃料动力费、工资及福利费、折旧摊销费、管理费用、销售费用和财务费用等。成本费用可参照行业内规模相似且技术水平也相似的其他企业的水平进行估算。

项目营利能力分析可通过计算项目的净现值、项目的内含报酬率等指标来进行。

4. 总评估

在完成创业项目分项评估之后，评估人员应根据分项评估的结果，提出项目评估的结论，撰写创业项目评估报告，推荐合理的投资方案，对创业项目存在的问题提出合理化、建设性的意见和建议。

五、提出项目评估的结论

项目的评估过程就是创业咨询师对创业项目的论证过程，通过对创业项目的建设和生产、技术和经济等方面进行微观和宏观的分析，静态分析与动态分析相结合，定量分析与定性分析相结合，得出项目评估各分项的评估结论。各分项结论之间可能会不尽相同，甚至可能会截然相反。若把这些分散的、不相关的，甚至可能是矛盾的各分项结论直接提供给决策者，就会使其无所适从、难以决策。因此，必须对各分项评估结论进行分析，依据共同的目标和已有的准则进行判断，权衡利弊，对各分项结论的重要程度进行排序，从整个项目出发而不是单从项目的某个方面出发来考虑项目的优与劣，最后得出一个简明扼要、比较准确可靠的结论，供创业者决策。

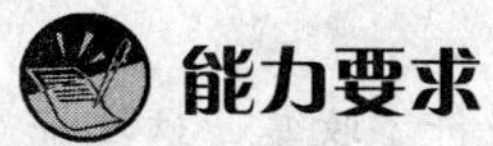

能力要求

进行创业项目评估案例

对创业项目进行评估的程序包括制定创业项目评估计划、收集整理评估所需资料、分项评估和总评估四个步骤。

下面结合案例加以说明。

XYZ创业咨询服务机构接受了甲银行的委托对贷款申请人××医院的拟建项目进行项目评估。××医院拟投资建立西安（青海）疗养中心，已聘请ABC创业咨询服务机构为其出具了项目可行性研究报告。西安（青海）疗养中心是基于高原病的预防、医疗、保健为核心的综合性疗养院及医疗保健系统。XYZ创业咨询服务机构在接受委托后，经过××医院同意，委派国家二级创业咨询师张先生负责对该项目进行项目评估。张先生为完成项目评估任务做了以下一些工作。

1. 制定项目评估计划

(1) 甲银行委托XYZ创业咨询服务机构对××医院拟建西安（青海）疗养中心项目进行评估，其主要目的是希望借助专家的工作来分析评估该拟建项目是否切实可行，据此决定是否向××医院提供贷款。张先生根据该委托业务的特殊性确定项目评估的任务和目标是评估西安（青海）疗养中心项目是否可行，为甲银行的贷款决策提供支持。

(2) 由于该项目规模大、技术复杂，张先生组织成立了由多名专家组成的评估小组。小组成员包括工程技术专家、医药卫生专家、市场分析专家、财务分析专家和其他领域专家。

(3) 张先生根据该项目特点和评估目标制定评估计划，据此组织和指导本次评估工作。计划的内容包括如下几个方面：

评估工作的重点：对项目的财务效益进行评估。

进度安排：20××年3月份前，收集整理评估所需资料；20××年5月份前完成分项评估工作；20××年6月份前完成总评估工作并出具项目评估报告。

人员的分工：医药卫生专家负责项目的建设必要性评估；工程技术专家和医药卫生专家负责对项目进行技术评估；市场分析专家负责项目的市场分析工作；工程技术专家、医药卫生专家和财务分析专家负责对项目进行投资估算；财务分析专家负责对项目的资金筹措和财务效益进行评估。

2. 收集整理评估所需资料

为进行此次项目评估工作，评估小组成员对评估所需资料进行了收集。这些资料包括：

（1）原国家计委和建设部发布的《建设项目经济评价方法和参数》。

（2）通过市场调查取得的青海省内有医疗保健服务需求的潜在顾客信息。

（3）青海医药卫生状况相关资料。

（4）高原医学理论及其应用相关资料。

3. 分项评估

在收集整理评估所需资料的基础上，评估小组对该项目的以下几个方面进行了分项评估：

（1）项目建设必要性评估

宏观必要性评估：高原医学与青海建设有着密切的关系，如何保证高原开发与建设工作者的健康、安全，对青海的开发与建设意义重大。

微观必要性评估：高原缺氧性疾病在青海疾病谱中所占的比例日渐增大。

（2）市场分析

青海省内医疗卫生服务需求分析：省内中高级党政干部，科教、文化及其他专业工作者，藏区宗教界人士，省内劳模和各行各业先进人物。

青海省外医疗卫生服务需求分析：进出青海高原工作和旅游的人员、高原工作人员。

（3）项目技术评估

高原医学基本理论：高原病的定义、高原病的发病机制、高原病的分类及症状、高原病的治疗。

高原病学的应用性进展：高原病理生理方面，包括对人的认知能力的影响、对劳动能力的影响、低氧致病机理方面。

综上分析，现代高原医学理论已经过验证，高原病的防治应该以预防为主，且已经找到了具体的方法。因此，设计和建立一套西安（青海）疗养保健体系的条件已经具备。

（4）项目投资估算与资金筹措

经测算，该项目固定资产投资为 48 927 万元人民币，其中，土地费用 5 450.15 万元，建筑安装费用 30 226.84 万元，医疗设备、常压和低压氧仓设备、检测设备共 8 750 万元，建设期利息 4 500 万元。项目年需流动资金 1 000 万元人民币。项目开办费为 3 100 万元。所以该项目总投资为 53 027 万元（48 927+

1 000＋3 100）。

资金筹措方案如下：××医院自有资金 16 000 万元，向商业银行贷款 9 000 万元，其余 27 127 万元向国家开发银行申请贷款。

（5）项目财务效益评估

收入和成本费用估算情况见下表。

项目收入和成本费用估算表　　万元

项目	第 1 年	第 2 年	第 3 年	第 4 年	第 5 年	……
收入	45 946	48 257.6	50 838.16	53 656.98	56 757.67	……
成本	35 624.3	37 487.98	39 538.03	41 793.08	44 273.64	……

项目营利能力分析：经测算，项目内含报酬率为 20%，远大于项目借款年利率 6.2%。此外，项目净现值为 97 586.73 万元，大于 0，说明该项目可行。

4. 总评估

综上分析，该项目符合国家产业政策和青海地区发展规划，不仅能为边远地区广大干部职工提供优质的医疗服务，推动青海卫生事业的发展，而且有利于促进青海经济建设。

该项目市场前景广阔，项目技术水平及管理水平在当地具有较强的竞争优势，而且该项目能够带来良好的财务效益。

第 5 节　提供项目报告

学习单元 1　编写创业项目评估报告

学习目标

➢ 了解创业项目评估报告的概念及其构成。

➢ 掌握编写创业项目评估报告定稿的要求。

➢能够编写创业项目评估报告。

一、创业项目评估报告的概念和构成

1. 创业项目评估报告的概念

创业项目评估报告是创业咨询师根据评估的目的与要求，在评估工作完成后，向有关决策方提供项目主要情况和评估结果的报告文件。它是项目评估的最终成果，是项目审批以及项目贷款的重要依据。

2. 创业项目评估报告的内容构成

创业项目评估报告的内容和格式会因项目的行业不同、规模不同、性质不同而各有差异，但大体上都包括以下内容：

形式上，在创业项目评估报告的封面上都要有“某某创业项目评估报告”字样，并注明评估单位名称、评估报告完成日期；在评估报告第一页和第二页上分别写明评估小组人员名单及其分工以及评估报告目录；接下来是评估报告的正文。

评估报告的正文一般来说包括以下内容：

第 1 章　创业项目概况

1.1　创业项目背景分析

1.2　创业项目基本概况

第 2 章　创业项目建设必要性评估

2.1　宏观必要性评估

2.2　微观必要性评估

第 3 章　创业项目市场分析

3.1　市场需求分析

3.2　市场供给分析

3.3　价格预测

第 4 章　创业项目技术评估

4.1　工艺技术方案评估

4.2　设备选择方案评估

4.3　设备采购方案评估

第 5 章　创业项目投资估算与资金筹集评估

5.1　投资估算

5.2　资金筹集评估

第 6 章　创业项目财务效益评估

6.1　收入估算

6.2　成本费用估算

6.3　营利能力分析

第 7 章　创业项目总评估

二、编写创业项目评估报告的要求

创业咨询师在编写创业项目评估报告时，必须按照规定的内容、格式和相应的要求进行撰写。这些要求包括：

1. 创业项目评估报告应如实反映情况

是否如实反映情况取决于评估所依据资料和数据的质量。当调查研究深入细致、分析推理合情合理时，所获数据资料就会比较真实、可靠和充分。依据真实、可靠而又充分的数据资料得到的项目评估报告就会在较高程度上反映真实情况。此外，评估报告还应如实反映评估工作的过程。这包括评估人员的结构、评估起止日期、评估方式与过程、评估过程中遇到的重点问题及解决情况、收集到的资料以及提出的建议，以利于决策方了解评估工作的深度，研究并解决所存在的问题。

创业咨询师在编写创业项目评估报告时，应当实事求是，从整个宏观环境着眼，认真分析研究创业项目对整个社会经济发展的影响，全面论证创业项目的必要性与可行性。

2. 创业项目评估报告的结论应科学可靠

创业咨询师应坚持客观、科学、公正的态度，依据收集到的真实、可靠、充分的数据资料，运用科学恰当的方式和方法，实事求是地评估项目，在此基础上提出科学可靠的评估结论。

3. 创业项目评估报告中提到的建议要切实可行

创业咨询师在针对创业项目本身存在的问题或者创业项目外在的环境提出的建议要有一定的参考价值，应便于实际操作，而不应流于形式，没有实际价值。

4. 对关键问题要重点分析

在项目评估过程中，创业咨询师可能会发现创业项目存在某些关键性问题，这些关键问题的处理和解决是否适当，对创业项目的正常实施与投产运营具有十分重要的影响。因此，创业咨询师应对这些关键性问题加以特别注意，重点分析问题的实质和问题产生的根源，从而提出解决问题的方法，将产生的不利影响尽可能降到最低限度。

5. 进行必要的对比分析

对比分析是鉴别事物异同、优劣的基本方法，创业咨询师在进行项目评估和撰写项目评估报告时应注意对比分析方法的运用，注意纵向和横向的对比分析，以便为决策部门提供决策相关的信息。例如，在对项目工艺方案进行分析选择时，需要对多个方案进行对比分析，多方面多角度地辨别各个方案的优劣，从而作出的评估结论才能更有说服力。

6. 层次清晰、分析透彻、语言简练

创业咨询师在撰写创业项目评估报告时，必须条理清晰、简明扼要，使决策者阅读时一目了然，切忌堆砌材料、数据杂乱。同时，反映问题要客观、公正，分析问题要深入透彻，且要附上必要的计算底表和依据。文字的表述应注意准确、简练、通畅，不应拖沓冗长、词不达意。

7. 责任明确

创业项目评估报告要由项目评估小组负责人签字或盖章，评估报告的撰写人签字或盖章以及项目评估的受托人签字或盖章，以明确受托责任。

评估工作结束，应将创业项目评估报告连同在评估过程中收集整理的资料和计算表等一并存档，作为以后进行创业项目管理的依据和参考，并可为以后受托为同类创业项目进行项目评估提供借鉴。

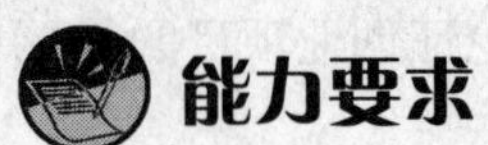

编写创业项目评估报告案例

创业项目评估报告是项目评估工作的最终成果，是项目审批和项目贷款的决策依据。

下面给出一个简约式的项目评估报告，来说明如何编写项目评估报告。

（案例紧接第 4 节学习单元 2）在总评估工作完成后，由张先生带领的项目评估小组撰写了西安（青海）疗养中心的项目评估报告。评估报告正文如下：

第 1 章　创业项目概况

1.1　项目的背景分析（略）

1.2　项目的基本概况

项目名称：西安（青海）疗养中心

西安（青海）疗养中心是基于高原病的预防、医疗、保健为核心的综合性疗养院及医疗保健系统，包括……

项目建设单位（个人）：××医院

第 2 章　创业项目建设必要性评估

2.1　宏观必要性评估

高原医学与青海建设的关系。

2.2　微观必要性评估

青海医药卫生存在的问题。

2.3　必要性评估结论

第 3 章　创业项目市场分析

3.1　青海省内服务需求分析

省内中、高级党政干部；

科教、文化及其他专业工作者；

藏区宗教界人士；

省内劳模和各行各业先进人物。

3.2　青海省外服务需求分析

进出青海高原工作和旅游的人员；

高原团体工作人员。

3.3　市场分析结论

项目的服务对象包括：目前存在的康复客户、目前存在并希望得到服务的客户、潜在待开发的客户。

第 4 章　创业项目技术评估

4.1　高原医学基本理论

高原病的定义；

高原病的发病机制；

高原病的分类与症状；

高原病的治疗。

4.2　高原医学的应用性进展

高原病理生理方面：对人的认知能力的影响、对劳动能力的影响。

低氧致病机理方面。

4.3　项目技术评估结论

现代高原医学理论已经过验证，高原病的防治应该以预防为主，且已经找到了具体的方法。因此，设计和建立一套西安（青海）疗养保健体系在技术上是可行的。

第5章　创业项目投资估算和资金筹集评估

5.1　投资估算

1. 固定资产投资

经测算，该项目固定资产投资为48 927万元人民币，其中，土地费用5 450.15万元，建筑安装费用30 226.84万元，医疗设备、常压和低压氧舱设备、检测设备共8 750万元，建设期利息4 500万元。

2. 流动资金

项目年需流动资金为1 000万元人民币。

3. 开办费

项目开办费估算额为3 100万元人民币。

4. 总投资

总投资＝固定资产投资＋流动资金＋开办费

＝48 927＋1 000＋3 100

＝53 027（万元）

5.2　资金筹集

1. 自有资金

××医院自有资金16 000万元人民币。

2. 自筹

××医院通过商业银行贷款9 000万元人民币。

3. 国家开发银行贷款

××医院向国家开发银行申请贷款27 127万元人民币。

5.3　投资与筹资评估结论

第6章　创业项目财务效益评估

6.1　收入估算

收入合计＝传统医疗收入＋特色医疗收入

第一年收入合计＝23 296＋22 650

＝45 946（万元）

第二年收入合计＝25 625.6＋22 650

＝48 275.6（万元）

第三年收入合计＝28 188.16＋22 650

=50 838.16（万元）

……

6.2　成本费用估算

成本费用合计=传统医疗成本+特色医疗成本

第一年成本费用合计=18 636.8+16 987.5

=35 624.3（万元）

第二年成本费用合计=20 500.48+16 987.5

=37 487.98（万元）

第三年成本费用合计=22 550.53+16 987.5

=39 538.03（万元）

……

6.3　营利能力分析

根据项目预计现金流量表（略），计算得出以下财务营利能力指标：

项目内含报酬率为 20%，远远大于项目借款年利息率 6.2%。

项目净现值为 97 586.73 万元，大于 0。

由于项目内含报酬率大于项目借款年利息率，且项目净现值大于 0，故项目财务上可行，具有较强的营利能力。

6.4　财务效益评估结论

第 7 章　总评估

由以上分析可见，本项目符合国家产业政策和青海地区发展规划。项目的开发不仅为边区广大干部职工提供优质的医疗保健服务，而且有利于推动青海卫生事业的发展，造福边疆人民。建设单位××医院是一家实力雄厚、管理先进的大型企业，在医药卫生行业具有较强的影响力，且拥有成熟的管理经验，具备了建设本项目的能力。

该项目拥有广阔的市场前景，采用的技术及管理软硬件在西安市乃至陕西省都具有较强的竞争优势。项目建设条件良好。项目评估结果表明不仅技术上具有理论支撑，而且项目本身的各项财务指标极为优良，具有良好的社会和经济效益。因此，建议银行贷款给××医院用于该项目建设。

附表（略）

学习单元2 编写商业计划书

学习目标

➢掌握商业计划书的框架结构。

➢掌握商业计划书的内容要求。

➢掌握商业计划书撰写时的注意事项。

➢能够编写商业计划书。

知识要求

创业项目可行性分析报告是商业计划书的雏形，缺少对项目和市场详尽的研究。在成熟的商品社会中，商业计划书就像创业企业的名片，不仅是用来申请风险投资，同时也是整合资源，修补问题，寻找机会，对企业未来商业前景的展望。对创业者来说，商业计划书更像是创业项目未来实施的行动规划。

一、商业计划书的框架结构

商业计划书涵盖的内容一般包括：摘要、公司及其未来、管理层、融资需求及相关描述、风险因素、投资回报与投资退出、营运分析预测、财务报表、财务预测以及有关验证资料。下面简单描述商业计划书的主要框架：

1. 摘要

摘要是对整个计划书的最高度概括。

2. 主体部分

主体部分包括公司（项目）介绍、产业分析、竞争分析、市场营销、企业经营、管理团队、财务规划、企业发展计划、技术来源和风险分析。

3. 附录

附录主要是对主体部分的补充。

商业计划书各个组成部分不是一成不变的，创业者可以根据项目特点，突出表现特定创业项目的某一方面的亮点，以此吸引投资者。下面是商业计划书的一个参考模板。

[公司或项目名称]
商业计划书

[主联系人]：________________

[职　　务]：________________

[电话号码]：________________

[传真号码]：________________

[电子邮件]：________________

[地　　址]：________________

[邮政编码]：________________

保密须知：

本商业计划书属商业机密，所有权属于 [公司或项目名称]。其所涉及的内容和资料只限于投资有限公司的投资者使用。收到本计划书后，________应在7个工作日内予以回复确认立项与否，并遵守以下规定：

1. 若________不希望涉足本计划书所述项目，请按上述地址尽快将本计划书完整退回。

2. 没有取得 [公司或项目名称] 的许可，________不得将本计划书全部或部分地传递给他人。

3. 应该像对待贵公司的机密资料一样的态度对待本计划书所提供的所有机密资料。

本商业计划书所涉及项目投资与管理内容均可具体协商。

申请人/公司（签章）：____________

项目负责人签字：____________

申请日期：________________

一、摘要

二、公司介绍

1. 公司历史沿革

2. 公司宗旨

3. 公司组织及管理（公司位置、组织结构、人员构成和管理模式）

4. 公司历史业绩

5. 公司的外部公共关系

三、管理团队

1. 管理团队：主要管理人员（如总经理及销售、生产、研发、财务等重要部门领导）的资料，包括：姓名、职位、性别、学历、以往业绩、毕业院校、所持有公司股份或期权等重要资料。

2. 管理体制和激励机制：公司组织结构、经营决策程序、运行管理机制、员工激励制度。

3. 外部支持（顾问关系）：公司聘请的法律顾问、投资顾问、会计师事务所等中介机构的名称。

4. 股份分配情况：列表说明重要股东的名称、持股量、股份单价、占总股份的比例等资料。若有自然人、持股会为股东，要详细介绍其背景。

5. 董事会：简略概括一下董事会的背景、组成和董事会成员的简历。

四、产品（服务）

该部分主要介绍风险项目下的核心产品，内容包括：

1. 公司目前所有产品清单及其适用领域，简要介绍主导产品。

2. 风险项目的简要介绍，包括：项目名称、产品方案，产品应用领域等。

3. 产品前期开发研究进展情况和现实物质基础，包括：

____产品开发处于何种阶段；

____产品的创新之处，在国内外领先程度（提供相关证明材料）；

____开发和研究的设备、条件；

____生产线建设程度。

4. 产品的市场优势，包括：

____专利技术；

____产品上市的周期；

____产品自身的影响力或依托单位的品牌形象等。

5. 该产品是否申请过国家有关基金资助？有无最后验收、鉴定的结论，评奖等。

6. 就风险项目而言，详细介绍有关开发资源与条件情况，包括：资金筹措、开发队伍（技术专家、协作开发人员）、设备场地、政府许可、外协外委单位、外部技术专家等资源。

7. 资金筹措到位后，对于上述资源的满足程度。

五、技术来源

该部分详细描述风险项目产品所依赖的关键技术、相关技术的情况。

1. 介绍贵公司近年来主要研究的技术领域和相关的技术成果。

2. 描绘风险项目产品开发、生产业务流程图，包括从原材料到中间试验、到规模生产各阶段的工作流程和业务内容。

3. 简要介绍产品开发、生产所采用的共性技术、专有技术的相关名称，标明上述技术中的关键技术（即限制其他竞争者的技术“瓶颈”）。

4. 具体描述现实的、潜在的国内外竞争单位（科研机构、生产商）的名称，及其产品（或类似功能产品）开发工艺路线、技术状况；贵公司与竞争单位的技术、工艺的判别以及创新之处和显著优点、领先程度与存在的差距（要有相关文献资料支持），导致的产品功效的差异。

5. 专利技术，包括：

____专利技术的获得情况、保护范围和相关证明文件；

____与国内外其他类似专利技术的关系，尤其是否可能造成侵权行为。

6. 相关技术的使用情况（技术间的关系）：若应用的其他非专利技术存在技术共享、协议或授权使用情况，特别列出相关单位和其他共享者的确认使用文件。

7. 风险项目的技术团队情况介绍，包括技术负责人、关键技术骨干的学历、专业、工作背景等情况。

六、市场分析

1. 整个行业的市场需求状况是什么？

2. 产品特定的细分市场，包括回答以下问题：

公司有哪些类型的顾客？

现在及将来有多少顾客？

这些顾客都分布在什么地方？

产品使顾客接收有何障碍？顾客的购买（使用）标准是什么？

公司计划采取什么策略使顾客使用、购买其产品？

3. 市场的定位以及产品的价格。

4. 产品的销售渠道、销售战略和市场计划。

七、竞争分析

1. 国内主要竞争对手情况分析，包括：

____对手的名称、地域分布；

____其目前开发的同类功能产品所处的研发阶段，或产品在市场上的销售情况；

____其未来可能对本项目产品造成的威胁分析。

2. 与国外主要竞争对手产品开发或销售情况相比，贵公司的优势或劣势，包括：

____技术创新性、专利权、工艺水平及领先程度；

____产品价格及生产成本；

____财务方面；

____规模大小及营业额；

____市场促销策略。

八、财务与成本分析

1. 融资需求（含权益资本和债务需要）。

2. 资金使用计划。

3. 预计未来三年产品销量、损益表和资产负债表，并提供预测依据。

九、战略分析

1. 公司战略的拟订。

2. 公司战略的具体实施步骤。

十、公司的核心竞争力

十一、风险分析

1. 技术

2. 市场

3. 政策

4. 管理体制

5. 其他

十二、附件

1. 公司客户名单（目前已有和正在接洽的）。

2. 有关媒体对于产品的介绍、宣传等资料等。

二、商业计划书的内容要求

1. 总体要求

商业计划书的内容要满足一定的要求。总体而言，摘要部分是对整个商业计划书最高度的概括。摘要部分的作用是以最精练的语言、最有吸引力和冲击力的方式突出创业项目的重点和亮点所在。主体部分是整个商业计划书的核心。在主体部分，要详细地展示创业项目的相关信息。主体的功能是最终说服投资者和创业者，使他们充分相信这是一个有价值的好项目，以及项目的管理团队有能力产生最佳的投资回报。附录部分是对主体的补充，完成主体部分言犹未尽的内容。

2. 主体部分内容的具体要求

（1）公司（项目）介绍

明确说明这个公司要做什么；这个公司是一个什么样的公司，未来会成为什么样的公司。这里所提出的一些想法要非常明确，要能吸引阅读者的注意力，但不需要详细地展开，而只需建立一个结构框架，在后面部分逐渐展开即可。

（2）产品或服务

即要说明创业的想法是什么？产品和服务是什么？解决用户的什么问题？站在客户的角度来看，产品的独特性、创新性体现在什么地方？公司的典型客户有哪些？

另外，商业模式的选择也很重要，那如何实现产品或服务的价值，比如从什么途径获得收入？很多互联网公司在这个问题上会受到投资人的质疑和挑战。

（3）行业或市场竞争分析

即要了解目标市场，包括市场规模及成长性，市场分析预测要客观可行；要敢于竞争，要明白只有太细分且没有成长空间的市场才会缺少竞争者。分析竞争要素时，要体现自身的竞争优势和自身的价值定位，并揭示企业胜出的因素。

（4）战略规划

这方面的内容包括产品、人员等规划，对外合作战略和市场营销战略等。投资人需要看到公司在哪些方面有想法，企业未来的走向和目标。

（5）财务预测

这是从量化的角度来看企业过去及未来的经营。在写作这部分内容时要注意：历史财务数据力求真实，预测力求合理，包括假设条件、收入结构、费用结构等；通常准备一份简单的损益表即可，但背后支撑的详细预测报表需要单独准备。要注意的问题是：所有的预期要理性，要考虑外部市场变化因素，还要符合投资人对企业的成长需求。

（6）融资计划

即公司需要多少资金，公司估值如何，公司在什么时候需要这些资金，资金的具体用途等。

（7）管理团队

公司目前由哪些人在负责运营管理，要重点突出管理团队的背景、经历、经验，明星团队和优势互补配合会增加项目的吸引力。

三、商业计划书撰写时的注意事项

商业计划书不是学术论文，它可能面对的是非技术背景但对计划有兴趣的人，因此，一份好的商业计划书应该写得让人明白，避免使用过多的专业词汇，聚焦于特定的策略、目标、计划和行动。商业计划书的篇幅要适当，表达要清楚。撰写商业计划书总的原则是：简明扼要，条理清晰，内容完整，语言通畅易懂，意思表述精确。

下面是一些具体的注意事项以及要避免的一些问题：

1. 具体的注意事项

（1）言简意赅

在有限的篇幅之内把项目说清楚，不能拖泥带水。

（2）实事求是

介绍项目情况时切忌过分夸张，言过其实。新项目尚未真正实施，不能把想象中的理想化的东西当成现实来描写。

（3）篇幅适度

篇幅过短，显得没分量；过长，显得烦琐。如果要表达的内容确实多，可以考虑将细节内容放在附录中。

（4）注意包装

两个层次的包装：从章节、段落的区分上要层次清晰，主次分明；从外表上要装订整齐，制作精美。

（5）针对性强

在递交商业计划书前需要对投资者做一番市场调查，找出与项目最匹配的投资者。

2. 必须避免的一些问题

（1）对产品或服务的前景过分乐观，令人产生不信任感。

（2）数据没有说服力，比如拿出一些与产业标准相距甚远的数据。

（3）导向是产品或服务，而不是市场。

（4）对竞争没有清醒的认识，忽视竞争威胁。

（5）商业计划显得非常不专业，比如缺乏应有的数据、过分简单或冗长。

（6）不是仔细寻求最有可能的投资者，而是乱发材料。

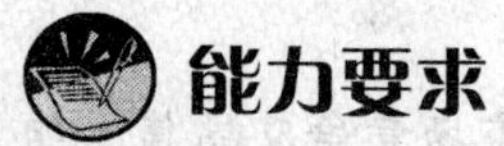

能力要求

编写商业计划书案例

编写一份优秀的商业计划书不是一件简单的事情，重要的商业计划书需要委托专业商务顾问编制。商业计划书的编制要遵循一定的步骤，具体包括前期准备工作、资料收集、初步形成商业计划书，以及商业计划书定稿等。下面以一个具体的案例来说明。

2008 年的一个下午，A 创业咨询服务机构接待了一位前来做商业计划书编写咨询的王女士，王女士经过咨询师的创业项目精选和项目可行性研究咨询后，决定开一家以婚恋为主的心理咨询室，但是，对于如何编写商业计划书，王女士没有相关的经验，所以前来进行商业计划书编写的咨询。赵咨询师接待了王女士，并进行全程的创业项目商业计划书编写咨询服务。

赵咨询师接受委托后立即按照商业计划书编写的相关程序开展了工作。

1. 准备阶段

因为创业计划书的编写涉及的内容较多，因而制定创业计划前必须进行周密安排。主要有如下一些准备工作：

(1) 确定创业计划的目的与宗旨。

(2) 组成创业计划小组。

(3) 制定创业计划编写计划。

(4) 确定创业计划的种类与总体框架。

(5) 制定创业计划编写的日程安排与人员分工。

2. 资料收集阶段

以创业计划总体框架为指导，针对创业目的与宗旨，赵咨询师通过向王女士以及其他渠道搜寻内部与外部资料。包括创业项目所在行业的发展趋势、产品市场信息、产品测试、实验资料、竞争对手信息、同类企业组织机构状况、行业同类企业财务报表等。资料调查可以分为实地调查与收集二手资料两种方法。实地调查可以得到创业所需的一手真实资料，但时间及费用耗费较大；收集二手资料较容易，但可靠性较差。咨询师可根据需要灵活采用资料调查方法。

3. 商业计划书的初步形成

商业计划书初步形成阶段要完成以下几项任务：

(1) 拟订创业执行纲要，主要是创业各项目概要。

(2) 草拟商业计划书。依据创业执行纲要，对创业企业的市场竞争及销售、组织与管理、技术与工艺、财务计划、融资方案以及风险分析等内容进行全面编写，初步形成较为完整的商业计划书。

(3) 修改完善商业计划书。以赵咨询师为首的创业计划小组在这一阶段对创业计划进行广泛调查并征求多方意见，进而提出一份较为满意的商业计划书。

4. 商业计划书定稿

将商业计划书定稿，并印制成正式创业计划文本。在这份正式的计划文本中，正文主要包括如下内容：

(1) 创业项目介绍

该项目是开一家以婚恋为主的心理咨询室，未来的发展是以一种连锁经营的方式在其他城市推广。

(2) 产品或服务

该项目提供一种心理咨询服务，解决客户心理方面特别是婚恋期间的心理问题。从客户的角度来看，这种服务的独特性、针对性很强。

(3) 市场或行业竞争分析

由于现代生活节奏加快，工作压力增大，由此产生的心理问题急需正确处理。市场需求比较大，而且未来的发展良好。从行业竞争来说，人才特别是心理咨询师的能力素质非常重要。谁拥有了优秀的心理咨询师，谁就拥有了这块市场。王女士具有这方面的培训、学习以及工作经验，行业竞争优势明显。

(4) 财务预测

该项目投资不是很大，初期处于市场开拓期，现金来源比较少，开支比较大，流动资金垫付比较多。王女士可以利用以前的老客户，进行口碑营销，不断扩大市场份额。预期的现金流入会不断增大，收益持续提高。

(5) 融资计划

该项目需要前期投资 50 万元人民币，主要来源于家庭积累。

(6) 管理团队

该项目目前由王女士负责，并已经争取到其他几位同事加盟。随着创业团队的壮大，诸多心理咨询师的加入，该咨询室在市场上立足成功的可能性会越来越大。

王女士对该商业计划书非常满意。

下面附录一个简化后的真实商业计划书范例。

XXX生物技术有限公司
商业计划书

［指定联系人］：王先生

［职务］：

［电话号码］：

［电子邮件］：

［地址］：

［国家、城市］：

［邮政编码］：

保密须知：

本商业计划书属商业机密，所有权属于×××生物技术有限公司。其所涉及的内容和资料只限于已签署投资意向的投资者使用。收到本计划书后，收件人应即刻确认，并遵守以下的规定：1）若收件人不希望涉足本计划书所述项目，请按上述地址尽快将本计划书完整退回；2）在没有取得×××生物技术有限公司的书面同意前，收件人不得将本计划书全部或部分予以复制、传递给他人、影印、泄露或散布给他人；3）应该像对待贵公司的机密资料一样的态度对待本计划书所提供的所有机密资料。

本商业计划书不可用做销售报价使用，也不可用做购买时的报价使用。

一、摘要

×××生物技术有限公司属技术开发导向型企业，主要致力于生物菌剂、生物农药、生物有机肥和生物水质净化剂等产品的研制、开发、技术转让、联合生产销售。公司致力于充分发挥科研开发、技术创新能力，不断推进科研成果的产业化，从而实现创造生态文明的宗旨。公司目前的主要产品是生物水质净化剂和×××系列生物肥，都是以高科技为基础的、符合绿色生态的生物产品。

公司拥有一批团结、务实、高效、具有很强开拓精神的领导集体，他们在对科技的理解和把握上，在市场开发、公司管理上，在产品研发、经营销售、公共关系等方面具有高超的知识和丰富的经验，他们的坚强领导确保了公司的长远发展。

公司微生物净水剂项目是国家农业部“948”计划项目，公司共投入研制经费150万元，其中75万元来源于国家无偿提供的科技型中小企业技术创新基金，40万元来源于地方政府无偿提供的配套资金，公司自筹35万元。现阶段该项目已完成室外池塘养殖初试，并已开始后续研发和中试。预计2002年5月中试结束，

2002年7月之前确定产业化建设方案。为了完成中试，实现进一步产业化推广，需要继续投入160万元。目前公司总资产300万元，流动资金60万元，资金缺口100万元需要进行融资。

二、公司介绍

×××生物技术有限公司于2000年2月经大连高新技术产业园区工商行政管理局核准，在大连国家高新技术产业园区注册成立。企业登记类型为有限责任公司，注册资本为50万元。本公司是依托北京大学技术物理系、中科院微生物肥料研究所、大连水产学院养殖系、大连轻工学院生物工程系等科研院所而组建起来的高新技术企业，是集科研、开发、生产经营于一体的实业公司，有国内著名的生物、水产、土肥、化工等方面的专家顾问组为企业的技术后盾，专门从事生物领域高新技术项目的研制开发和生产。公司现有人员36人，其中专业技术人员32人，占员工总数的88.9%。

三、管理团队

公司管理层：×××生物技术有限公司现有管理人员3人，平均年龄40岁，全部为大学文化，其中高级职称者2人，中级职称者1人。总经理于先生现年45岁，主要经历有：服兵役2年，1982年毕业于吉林大学，曾任四平市铁西区政府秘书，四平市红嘴集团总经理助理，自1999年担任公司总经理，具有极强的市场开发能力和管理能力，敬业精神很强。

王先生，男，公司法人代表，工程师，原辽阳水产研究所所长，1982年毕业于大连水产学院水产养殖系，毕业后一直从事水产养殖和水产生态研究工作。1995年辞职到基层创办企业，从事生物领域项目产品的研发工作，并引进北京大学技术物理系的科研成果，成功开发出高效生物有机肥料、高效微生物菌剂和目前正处于中试阶段的生物水质净化剂等项目。其中生物水质净化剂项目是由他和大连水产学院桂××教授共同开发的，1998年正式通过农业部鉴定，并被列入农业部“948”计划。

四、产品和服务

1. 产品介绍

生物水质净化剂是从海泥、土壤中分离出正常的优势菌群成员，并接种于适当的培养基而收获纯菌，然后通过特殊工艺发酵，再加入吸附剂、活化剂、赋形剂和微量元素等，经干燥后而制成活菌制剂，即生物水质净化剂。生物水质净化剂施入水体后，在活性催化剂的作用下，几种有益菌在较短的时间内形成优势菌群，在抑制有害菌群的同时，还能分解水体中的有害物质，如氨氮、硫化氢等，提高溶解氧，从而达到净化水质的目的，并且可以使有益菌在繁殖过程中形成絮凝物为滤食性鱼类提供优质饵料，从而提高水产品的养殖水平，提高品质和产量，并防治鱼虾传染病害的发生。

2. 产品市场优势

生物水质净化剂是公司研究人员在大连水产学院研究成果的基础上开发出的绿色生物制品，本产品具有相当高的科技含量，它主要用于集约化水产养殖中，对水体中代谢产物进行生物净化，改善水质状况，并从根本上解决传统的化学方法和使用抗生素类药物造成水体的污染、水产动物耐药性的产生，以及对人类健康产生严重危害的后果。生物水质净化剂应用实验结果表明，不但水体净化效果好，而且对促进鱼虾生长和预防传染病有特殊功效，对维持自然界生态平衡和微生态平衡具有积极意义。该项目经有关专家论证，认为其成果填补了国内此类研究的空白，其技术已达世界先进水平，具有广阔的开发应用前景。本产品现已获国家专利，并且已经纳入农业部“948”计划项目。

五、技术来源

×××生物技术有限公司同大连水产学院共同研制了用于水质净化的微生态制剂（微生物净水剂）这种以高科技为基础的新产品。该产品的问世和应用，对于水体生态环境污染的治理和促进水产养殖业的发展具有重大的战略意义。本项目是依托大连水产学院的科研成果，同时×××生物技术有限公司是集科研、开发与生产经营于一体的高技术企业，因此在技术成果的转化上有可靠的保证。

科研机构情况：公司的研发机构是技术项目研发中心，从事直接研发的人员有12名，占员工总数的33.3%，同时依托专家组协助工作。

项目技术负责人基本情况：项目技术总顾问是康××教授，为全国知名微生态学专家；项目技术负责人为大连水产学院桂××教授，主要从事微生态研究工作，她所研制的鱼虾生态制剂荣获农业部科技进步三等奖。

六、市场分析

生物水质净化剂主要用于淡水、海水的水产养殖业和生活污水净化，目的是用生物技术来取代化学方法。据农业部1998年的统计数字，我国的水产养殖面积已达608.5万公顷，每年用于净化水体、防治水产养殖动物病害的化学药剂、抗生素制剂大约在20亿元以上，不但造成了水体环境的污染，而且造成了水产养殖业的病害爆发性传染发生，特别是沿海地区虾贝类的生产处于半瘫痪状态，如果采用生物水质净化剂解决，平均每公顷用量150千克，成本为900元，全国年需求量为90万吨。按照生产设计方案，从生产工艺看，中试结束后经最后鉴定论证进行产业化生产，完全可利用现有生产抗生素及化学药品的企业来统一组织生产，避免重复建设造成浪费。另外，辽宁省养虾面积50余万亩，淡水养殖20万亩。但养虾水平很低，由于外部水质环境的不断恶化，养殖虾的产量每亩不足10千克。不彻底改善水产养殖的水环境，水产养殖已经几乎无利可图。×××微生物水质净化剂能有效防治鱼虾贝类等水产动物疾病的发生，使发病率降低20%以上，使养殖鱼类增产10%以上，使对虾的成活率提高10%以上，延长养殖虾生长周期1个月以上，使养殖鱼虾贝类的质量达到野生质量水平。因此×××生物水质净化剂的推出一定会受到养殖业户的欢迎。

若×××微生物净水剂能占有辽宁市场的20%（10万亩），每亩使用10千克，则年需求量即为1 000吨。加之淡水养殖市场占有率为10%，每亩使用10千克，年需求量200吨。另外，吉林、黑龙江、北京、天津、河北等地区每年对公司产品的需求量在300吨以上。因此公司产品的年需求量在1 500吨以上，每年销售1 000吨是有把握的。

七、竞争分析

目前国内净水剂市场，公司的主要对手为“武汉隆华生物技术有限公司”，该公司主要生产“菌王”，在中国南方各省推广使用。其产品主要成分是由多种光合菌复合而成，其主要功能为净化水质、清污增氧、防病、抗病、促进生长。但该产品是液体形式，施用时需同固形物拌和，由于是单一菌群，净水效果不如我公司的复合菌产品效果好。

我公司产品与竞争对手产品相比较，主要的竞争优势有：

1. 复合型多功能净水剂，既能分解代谢产物，又能降低氨、氮、硫化氢含量，同时增氧，促进生长。

2. 复合菌群在水体中一次性施入就能很快形成优势种群，抑制有害菌的生长，起到防病的作用。

3. 我公司产品为粉剂，便于运输和施用，施用次数少。

4. 生物水质净化剂项目所需原材料均为公司自制或者可以在省内获得，有利于降低原材料的购买成本，同时，也确保了在生产过程中原材料的及时、足额供应，从而使得生产流程可以快速、高效运行。

本项目在国内外尚属首创，均没有生产厂家，目前，正处于研发初试阶段，检测检验由大连水产学院负责，中试后将制定产品标准，并配备相应的检验检测设备。

八、财务和成本分析

1. 融资安排

公司拟通过吸收新股东参股的形式融资。公司现有总资产价值 300 万元，是老股东的股东权益；本次融资 100 万元后，公司将把注册资本调整为 400 万元，新股东投资 100 万元占 25%的股权。公司经本次增资后，新老股东共享公司的无形资产所带来的收益。在本次融资 100 万元到位后，一年内，形成年产生物水质净化剂 1 000 吨的生产规模，推广面积达到 10 万亩，通过营销网络，实现销售收入 600 万元；通过与相关上、下游企业（如水产饲料厂）的合作，进一步扩大企业的生产、销售规模，向南方其他区域扩张。本项目进行产业化生产后，计划 2003 年 12 月扩大规模生产，2004 年完成产值 4 800 万元，年净利润为 1 500 万元，上缴税金 300 万元，到 2006 年达到设计生产能力，可完成产值 1.92 亿元，年利润 6 000 万元，上缴税金 1 200 万元。

2. 资金使用计划

目前公司固定资产 300 万元，流动资金 60 万元，资金缺口 100 万元需要进行融资。资金的主要投向如下：

（1）扩大生产能力的设备投入 100 万元。

（2）扩大营销队伍，增加业务员 8～10 名。

（3）建立×××生物技术发展中心 2～3 处，需投入资金 20 万元。

（4）扩大示范点面积 1 万亩，需投入资金 30 万元。

（5）请专家、教授到基层开现场会、办学习班，宣传生态农业、宣传绿色环保、宣传公司产品，需投入 5 万元。

3. 财务预测

财务预测见下表。

财务预测

	2001 年	2002 年	2003 年
一、主营业务收入（万元）	30	160	600
减：主营业务成本（万元）	15	80	300
主营业务税金及附加（万元）	3.3	17.6	66
二、主营业务利润（万元）	6.7	44.8	182
加：其他业务利润（万元）			
减：营业费用（万元）	2	5	10
管理费用（万元）	1	3	6
财务费用（万元）			

续表

	2001年	2002年	2003年
三、营业利润			
加：投资收益			
减：营业外支出			
四、利润总额（万元）	6.7	44.8	182
减：所得税			
五、净利润（万元）	6.7	44.8	182

预测编制基础：本营利预测系根据×××生物技术有限公司2000年度及2001年度上半年会计期间的实际经营业绩为基础，在充分考虑2001年下半年、2002年及2003年国内外同类行业的发展目标及市场的发展趋势、预期市场容量以及下列各项基本假设的前提下，本着谨慎的原则编制的。

九、战略分析

公司的经营方针和发展战略为：依托科研机构，集中专家智慧，开发绿色工程，造福人类社会；内引外联，建设跨国集团，强强合作，寻求更高发展。公司的口号是：利用最小的生命，创造最大的事业。为实现发展方针和目标，公司组建研发中心，并为院校提供中试基地。

针对微生物净水剂用户众多、分布地域广泛的特点，公司采取的渠道策略包括：

（1）在各养殖区建立以当地技术推广站为主的代理商制度。

（2）通过与饵料生产厂商的合作直接将净水剂与饵料联合销售。

（3）建立自己的直销及技术服务队伍，树立品牌形象。

十、风险分析

1. 技术风险

公司是依托大连水产学院的科研成果，项目成果的第一完成单位是大连水产学院养殖系，第一完成人桂××教授是公司的特聘技术顾问。因此在技术成果的转化上有可靠保证。公司所在地在大连使公司实施该项目有着得天独厚的地理位置优势，水资源环境、社会环境和投资环境等优势。在公司自身技术力量和众多专家顾问的共同努力下，足以将项目的技术风险降至最低。

2. 市场风险

从市场预测、市场需求和实际实验效果及将来产业化生产的设计制造工艺、投资数额、生产成本等进行综合分析看，本项目的风险较小。按照产业化设计产量

（中试结束后）为 3 万吨/年，总投资（包括流动资金）为 800 万元人民币，产品的最高成本不超过 3 000 元/吨，出厂价格不低于 6 000 元/吨，通过内部财务收益计算，按照设计能力，第一年达 10%，即年产 3 000 吨，即可获利税 900 万元。按照国家高新技术产业项目税收减免政策规定，投产当年即可收回全部投资。因此该项目的风险较小，而且该项目又是一个可持续发展的最有广阔市场前景的，还是国家重点支持的生物高科技项目，具有较强的抗风险能力。如国家在产业政策上，政府部门在推广应用上再给予一定的扶持，则该项目的风险应该为零。

3. 风险投资退出机制

公司同意在两年以后新股东可进行股权转让，也可由公司回购股权。另外，公司拟在两年后，与上下游合作企业及个人共同发起设立股份有限公司，将公司股权拆细为一元一股，作企业上市的努力。股东可在此过程中在认为适当的时机以股权转让等形式退出。

十一、结论

总之，×××生物技术有限公司开发的生物水质净化剂产品，是以高科技为基础的具有国际先进水平的产品。这些产品的研究、开发直至投入生产、经营和使用，不仅具有显著的经济效益，更重要的是有着巨大的社会效益，符合人们追求绿色食品的需要，也符合我国以高科技手段发展农业的政策，而这些正是公司“利用最小的生命，创造最大的事业”“开辟绿色工程、造福人类社会”等经营理念的集中体现。同时，由于这些产品项目在国内外尚属首创，均没有生产厂家，因此，将具有极其广阔的发展前景。

附录（以下附录文件原件备置于公司）

附录 1　“发明专利申请公布及进入实质审查程序通知书”

附录 2　中华人民共和国肥料临时登记证

附录 3　农业部 2000 年“948”计划项目批复文件复印件

附录 4　“科技型中小企业技术创新基金”无偿资助项目合同

附录 5　科研项目查新报告

附录 6　科学技术成果鉴定证书

（资料来源：成都招聘网，http://www.job1688.com/yyfajh/syjh809120038.htm；江苏省中小企业服务网，http://www.smejs.com/publishfile/25/00005321407204.doc）

第4章 实施培训服务

第1节 培训需求分析

学习单元1 设计培训需求问卷

学习目标

➢能够解释培训需求问卷的概念。

➢能够编写培训需求问卷。

知识要求

一、培训需求问卷的概念

培训需求分析是创业培训周期的第一步，创业咨询师只有在完成调查和评价培训对象需求的基础上，才能进一步为创业者提供咨询和培训服务。在调查培训需求过程中，问卷法是最为常用的方法之一，而好的培训需求问卷是准确高效地实施问卷法的重要保障。

培训需求问卷是指为获得有关的培训信息，将一系列的问题编制在一起的问卷工具。

二、编写培训需求问卷的原则

编写培训需求问卷需要遵循以下原则：

1. 问卷的目的性和针对性要强。只有简练的问卷才能实现调查效果，一张包罗万象的问卷既不现实，也没有办法实施操作。

2. 在问卷的具体问题前面要设计标准话的指导语，清楚地说明调查的目的、意义和答题方式。

3. 问卷要简练，容易回答和填写。一般情况下，一张问卷的问题数量不要超过 25 个。

4. 应该按照先简单后困难，先熟悉后生疏的顺序编排问卷。

5. 问卷的问题最好是开放式问题和封闭式问题相结合，并且要控制开放式问题的数量，不宜过多。

6. 同一类问题应该安排在一起，既便于答题者回答，又利于调查数据的统计。

三、编写培训需求问卷的步骤

培训需求问卷可以以信函、传真或者电子邮件的形式让培训需求的被调查对象填写，也可由调查人员在面谈或电话调查的时候进行填写。但是，无论运用哪种调查方式，一份标准清晰的问卷都是准确获得培训需求信息的基础。所以，要编写出一份好的问卷，就需要遵循以下步骤：

第一步：写一份信息项目清单。这些信息项目是创业咨询师分析培训需求希望了解的。有时可以借助讨论法或头脑风暴法寻找那些需要的信息项目。

第二步：把列出的信息项目转化成具体的问题。

第三步：设计问卷。根据问卷编写原则，组织和编排问题。问卷越简练，就越容易被回答，越容易回答的问卷，就越容易实现调查效果。

第四步：对问卷进行编辑，形成文稿。

第五步：请其他人检查问卷，并且提出意见。检查者既可以是问卷编写的专业人士，也可以是将来的答卷者。

第六步：在小范围内进行问卷模拟测试。测试的对象应该来自将来实际调查的目标群体，这样就可以保证测试结果的有效性。

第七步：根据测试结果，对问卷进行必要的修改，形成最终文稿。

学习单元 2 编写培训需求分析报告

学习目标

➢能够解释培训需求分析报告的概念和构成要素。

➢能够编写培训需求分析报告。

知识要求

一、培训需求分析报告的概念

培训需求分析报告是培训需求分析工作成果的展现和总结。培训需求分析报告将汇总各种培训需求信息以及对信息分析处理的结果，并且提供评价的结论，以最终确定是否需要培训以及如何培训。

二、培训需求分析报告的构成要素

培训需求分析报告的构成要素见表 4—1。

表 4—1　　培训需求分析报告的构成要素

项目	内容
报告提要	• 简明扼要地概括报告的要点
培训需求分析的背景	• 说明实施培训的原因
培训需求分析的目的和性质	• 指明培训需求分析的目的 • 说明本次分析前是否有过类似的培训需求分析活动如果有的话，总结以前需求分析活动的经验，说明曾经发现的缺陷或失误
培训需求分析的实施方法和过程	• 说明培训需求调查和分析使用的方法 • 介绍培训需求调查和分析的实施过程
培训需求分析的结果	• 说明培训需求分析得出的结论
对培训需求分析结果进行解析和评价	• 阐述培训的理由 • 培训参与者需求的满足程度 • 改进培训的措施
附录	• 培训需求调查和分析使用的图表等资料 • 有必要的话，要包括问卷、访谈记录等原始资料

三、培训需求分析报告的表述要求

为了清晰准确地为确定培训目标、设计培训计划提供依据，编写培训需求分析报告要注意以下表述要求：

1. 报告表述条理清晰、逻辑严谨。例如，方法部分和结果部分联系十分紧密，要保证二者的因果关系清楚，前后需要照应，不能牵强附会。

2. 报告表述主次分明、详略得当。例如，需求分析的结果以及对其解释和评价部分就是报告的核心，需要详细地阐述和说明。而在需求分析的实施方法和过程部分，就没有必要长篇累牍地把所有培训需求调查和分析的过程都进行描述，因为这部分内容只是让报告的读者对整个需求分析过程有个大概的了解，从而对分析结论的判断提供依据。

学习单元 3 制定培训方案

学习目标

➢ 能够解释培训方案的概念和作用。

➢ 能够策划出培训方案。

知识要求

一、培训方案的概念

培训方案是指创业咨询师在完成培训需求分析的基础上，提供给客户的书面化的培训建议。

二、培训方案的作用

人们经常将培训方案和培训计划混为一谈，实际上二者是有区别的。培训计划是一个大的概念，培训打算、培训安排、培训设想、培训方案、培训要点等都属于计划的范畴。而培训方案属于培训计划的一种。培训方案作为对近期具体培训工作的预测性安排，具有明显的针对性、即时性、具体性。特别指出的是，培训方案具有可选择性，这是培训方案与培训计划的最大不同之处。

创业咨询师在为客户提供培训服务过程中，当完成培训需求分析的时候，根据培训需求分析的结果，需要为客户提供相应的培训方案供其选择，听取创业者的意见，调整并最终确定培训方案。接下来，就可以依据培训方案制定培训计划。所以，创业咨询师所做的培训方案最大的作用就是为客户提供若干个可供选择的培训建议。

三、培训方案的主要内容

培训是创业咨询师为客户提供咨询服务，实现咨询效果的重要手段和途径。哪种培训最适合客户的需求，最能有效地帮助客户解决问题，需要通过创业咨询师提供的培训方案找到答案。创业咨询师要想策划出理想的培训方案，最为核心的方法就是始终以客户的培训需求为出发点，围绕着咨询服务内容和流程，采取最为高效的培训方式。

首先，要清晰地向客户阐述培训的必要性和重要意义。很多客户对创业咨询师提出的培训方案不认可的原因是，他们不清楚为什么要进行此项培训，不知道他们的培训需求大多数是和创业咨询师提供的咨询服务有关，进行培训根本目的是为了实现咨询服务的效果，培训建议要清楚地指明培训活动是要完成咨询服务中哪些方面的工作。

其次，在培训建议里创业咨询师不仅要指明需要培训的对象，还要向客户展示培训对象目前和理想状态的差距。只有客户认识到了真实差距，才会接受培训方案。

再次，能够向客户说明进行某项培训的成本效益比，这是重要的环节。创业咨询师要记住，客户总是希望咨询师能够替他着想，并且在任何时候都喜欢做收益最大的事情。

学习单元4　培训需求分析案例

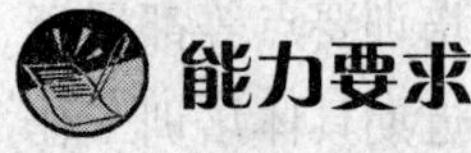

能力要求

为了能够更好地掌握培训需求分析的能力，下面继续沿用《国家职业资格培训教程——创业咨询师（国家职业资格三级）》中的案例，说明如何设计培训需求问卷、编写培训需求分析报告以及制定培训方案。

ZW 创业咨询服务机构是一家主要从事创业咨询的公司。创业咨询服务机构经过几年在创业咨询领域的发展，不但积累了丰富的创业咨询经验，而且也建立起了一个业务能力强、综合素质高的咨询师队伍。特别是在创业培训方面，创业咨询服务机构根据创业者在创业各个时期的不同需求，有针对性地建立起了一个创业培训体系，做到按需培训，并且得到了客户和同行的认可。

张先生是 YZ 服装公司的老板。2002 年张先生从一个只有 3 个人的服装裁剪店起步，经过 6 年辛苦经营，今天的 YZ 服装公司已经是拥有员工 200 人、资产过百万元的小公司了。不过，随着市场竞争越来越激烈，张先生发现自己的公司经营状况大不如前，为此张先生整天都在想下一步公司将怎么办的问题。正在这时，通过朋友的介绍，他了解到 ZW 是一家不错的创业咨询服务机构，所以就到 ZW 创业咨询服务机构希望能够获得帮助。经过 ZW 创业咨询服务机构接待人员的接待咨询和客户服务需求分析，建议张先生选择相关的创业培训课程。在经过张先生认可后，创业咨询服务机构指派创业咨询师李先生作为 YZ 公司培训项目的负责人。李先生建议，首先为张先生以及他的服装公司做一个系统的培训需求分析，张先生同意了李先生的建议。

1. 设计培训需求调查问卷

在开展培训需求调查前，创业咨询师李先生决定为张先生公司的有关市场营销管理人员设计一张调查问卷。

首先，创业咨询师李先生组织咨询项目小组成员进行了一次讨论。通过讨论列出了一份培训问卷所需的信息项目清单。

其次，李先生把清单上的信息项目转化成具体的问题，并且根据问卷的编写原则，将罗列的具体问题组织排序，形成了问卷的初稿。

再次，李先生请创业咨询服务机构资深的创业咨询师检查了问卷，并根据修改建议对问卷进行了调整，形成了一份培训需求调查问卷，见下表。

YZ 服装公司市场营销管理的相关人员培训需求调查问卷样表

为了配合公司××咨询项目工作的需要，近期公司将组织品牌知识的培训。为了更好了解您的培训需求，请您认真填写本问卷，感谢您的合作。

填写说明：

1. 请在符合您的情况的题目前的□内填“√”号。

2. 问卷的表格长度可以根据填写内容自动延长调整。

3. 问卷请以电子邮件形式于____月____日前，发送至（电子邮箱地址）。

4. 如有疑问请联系____________________。

姓名____________

性别____________　年龄____________

部门____________　职位____________

<table>
<tr><td>培训经历</td><td colspan="4">1. 过去一年参加内部管理培训课程的次数
□0 次　□1 次　□2 次　□3 次　□4 次　□4 次以上
2. 过去一年参加外部管理培训课程的次数
□0 次　□1 次　□2 次　□3 次　□4 次　□4 次以上
3. 过去参加管理培训课程的名称是____________</td></tr>
<tr><td>培训方式的要求</td><td colspan="4">1. 培训周期
□1 周以内　□2～3 周　□3～4 周　□4 周以上
2. 培训时间安排
□工作时间　□晚上　□周末
3. 培训单元时间
□45 分钟　□90 分钟　□120 分钟
4. 培训形式
□课堂讲授　□研讨会　□训练营　□其他</td></tr>
<tr><td rowspan="9">品牌知识和技能的评价</td><td rowspan="2">题目</td><td colspan="3">您如何评价自己在这些方面的知识和技能水平？</td></tr>
<tr><td>好</td><td>一般</td><td>差</td></tr>
<tr><td>品牌基础知识</td><td></td><td></td><td></td></tr>
<tr><td>品牌战略</td><td></td><td></td><td></td></tr>
<tr><td>品牌资产</td><td></td><td></td><td></td></tr>
<tr><td>品牌定位</td><td></td><td></td><td></td></tr>
<tr><td>品牌设计</td><td></td><td></td><td></td></tr>
<tr><td>品牌传播与推广</td><td></td><td></td><td></td></tr>
<tr><td>品牌文化</td><td></td><td></td><td></td></tr>
<tr><td>其他培训要求和建议</td><td colspan="4"></td></tr>
</table>

2. 编写培训需求分析报告

利用调查问卷，创业咨询师李先生很顺利地完成了培训需求调查工作，并且根据问卷采集的信息，通过对 YZ 服装公司的组织层面、任务层面、人员层面的分析，发现了 YZ 服装公司的培训需求。

YZ 服装公司正处于一个发展“瓶颈”阶段，面对竞争激烈的服装市场，没有清晰的发展战略，缺少品牌建设，而张先生本人还不具备制定战略的能力。同时，公司市场营销部门的人员也缺乏品牌建设的能力，这也给 YZ 服装公司下一步的发展带来了困难。

接下来李先生根据培训需求分析的结果撰写了一份培训需求分析报告，见下表。

YZ 服装公司市场营销管理的相关人员培训需求分析报告

市场营销管理的相关人员培训需求分析报告

——YZ 服装公司×××咨询项目

报告撰写人：ZW 咨询公司创业咨询师李××

报告日期：××年××月××日

报告提要：（略）

培训需求分析的背景：

YZ 服装公司和 ZW 咨询公司就开展×××咨询项目签订了服务合同。ZW 咨询公司将为 YZ 服装公司提供系统的咨询服务，为此也成立了×××咨询项目工作组，咨询项目工作组通过对 YZ 服装公司详尽地分析诊断，为 YZ 服装公司制定了×××问题解决方案。为了实现×××方案的效果，需要对有关方案的执行人员进行相应的培训工作，因此在开始培训前，需要对培训对象一一进行培训需求的分析工作

培训需求分析的目的：

为了×××咨询项目方案的有效执行，提高方案执行人员的能力，保证×××咨询项目开展，最终推动和促进 YZ 服装公司的发展，需要开展 YZ 服装公司参与市场营销管理的相关人员的培训工作。为了确定清晰准确的培训目标，制定具备针对性和有效性的培训计划，在进行培训工作之前，需要系统地理解和分析培训对象的培训需求

培训需求分析的方法和过程：

1. 本次培训需求分析的对象：YZ 服装公司市场营销管理的相关人员，包括市场营销部门、人力资源部门、生产部门、财务部门等相关的管理人员，共计 45 人

2. 本次培训需求调查的时间：××年××月××日至××年××月××日

3. 本次培训需求调查的方法：问卷调查法、访谈法以及观察法相结合

4. 本次培训需求调查的工具：“YZ 服装公司市场营销管理的相关人员问卷”“YZ 服装公司市场营销管理的相关人员访谈记录表”“YZ 服装公司市场营销管理的相关人员观察记录表”

5. 本次培训需求调查的途径：面对面交流和实名填写问卷

6. 本次培训需求评价的方法：McGehee Thayer 需求评价模型，包括：组织层面、任务层面、人员层面

培训需求分析的结果：

1. 培训需求分析对象的自然情况

（1）培训需求分析对象的性别：75%男性，25%女性。图（略）

（2）培训需求分析对象的年龄：20～30 岁 21%，30～40 岁 63%，40～50 岁 11%，50 岁以上 5%。图（略）

（3）培训需求分析对象的部门分布：市场营销部门 58%，人力资源部门 12%，生产部门 18%，财务部门 8%，其他部门 4%。图（略）

2. 培训需求分析对象的培训经历

续表

(1) 过去一年参加内部管理培训课程的次数：0 次 5%，1 次 55%，2 次 12%，3 次 10%，4 次 10%，4 次以上 8%。图（略）

(2) 过去一年参加外部管理培训课程的次数：0 次 22%，1 次 35%，2 次 18%，3 次 10%，4 次 10%，4 次以上 5%。图（略）

(3) 过去参加过的管理培训课程主要有：团队建设、企业文化、质量管理与质量认证体系、成本控制、员工激励、领导艺术等

3. 培训需求分析对象对培训方式的需求

(1) 培训周期：1 周以内 82%，2～3 周 10%，3～4 周 3%，4 周以上 5%。图（略）

(2) 培训时间安排：工作时间 75%，晚上 15%，周末 10%。图（略）

(3) 培训单元时间：45 分钟 25%，90 分钟 60%，120 分钟 15%。图（略）

(4) 培训形式：课堂讲授 5%，研讨会 15%，训练营 76%，其他 4%。图（略）

4. 培训需求分析对象对知识和技能的需求

题目	您如何评价自己在这些方面的知识和技能水平？		
	好（%）	一般（%）	差（%）
品牌基础知识	58	35	7
品牌战略	8	12	80
品牌资产	4	18	78
品牌定位	6	21	73
品牌设计	8	10	82
品牌传播与推广	10	15	75
品牌文化	6	21	73

对培训需求分析结果的解析和评价：

1. 培训对象

根据分析，本次培训项目的培训对象大多数应该选择 YZ 服装公司的中层管理者，年龄集中为 20～40 岁（占被调查对象的 84%），这些人恰恰是 YZ 服装公司目前和潜在的管理骨干。并且培训对象应该大多数来自市场营销部门，因为他们和品牌建设有着密不可分的关系，同时也是品牌建设的最直接的执行者。不过，生产部门、财务部门以及人力资源部门也对品牌建设的工作起到重要的影响，所以选择这几个部门的部分管理者参加培训也是十分必要的

2. 培训时间

通过调查问卷发现，大多数培训对象都不喜欢占用晚上或者周末的休息时间进行培训活动，所以培训最好能够安排在工作时间，但是要考虑与正常工作冲突的问题。并且培训时间被限定在一周以内，每个培训单元为 45～90 分钟更容易让培训对象接受

3. 培训方式

由于培训对象基本上都有过培训经历，并且整体年龄比较年轻，所以更多人喜欢通过训练营或者研讨等参与性强的方式进行培训学习

4. 培训内容

通过培训需求分析不难发现，大多数的培训对象对品牌的基础知识掌握得还可以，但对于品牌战略、品牌资产、品牌定位、品牌设计、品牌文化以及品牌的传播与推广等专业知识和技能比较欠缺

根据培训需求分析的结果，建议 YZ 服装公司针对以市场营销部门为首的相关部门的管理者开展一次系统的关于品牌建设的培训

附录（略）

3. 制定培训方案

创业咨询师李先生根据 YZ 服装公司培训需求分析的结果以及培训需求分析报告，并且依据客观性原则、针对性原则和参与性原则，为 YZ 服装公司的张先生提供了一份具体的培训方案，见下表。

YZ 服装公司品牌建设培训方案

YZ 服装公司品牌建设培训方案

——YZ 服装公司×××咨询项目

方案撰写人：ZW 咨询公司创业咨询师李××

方案提交日期：××年××月××日

培训方案的背景：

YZ 服装公司和 ZW 咨询公司就开展×××咨询项目签订了服务合同。ZW 咨询公司将为 YZ 服装公司提供系统的咨询服务，为此也成立了×××咨询项目工作组，咨询项目工作组通过对 YZ 服装公司详尽地分析诊断，为 YZ 服装公司制定了×××问题解决方案。为了实现×××方案的效果，需要对有关方案的执行人员进行品牌建设的培训

进行品牌建设培训的目的和作用：

实施×××咨询项目的根本目的是推动和促进 YZ 服装公司的进一步发展，方案的执行人员是咨询方案取得成功的关键。因为再好的咨询方案，如果没有具备执行方案能力的执行者，也只是纸上谈兵，或者只能取得事倍功半的结果。通过 ZW 咨询公司创业咨询师的分析诊断，发现 YZ 服装公司目前最大的问题就是没有一个清晰的发展战略，而要通过×××咨询项目的方案解决这一问题，其中的品牌建设是一个核心问题。通过创业咨询师针对 YZ 服装公司市场营销管理有关人员的培训需求分析，表明 YZ 服装公司从事市场营销管理的有关人员大多数都不具备品牌建设的能力。这会给×××咨询项目的方案的具体实施带来重要的负面影响，也将会直接关系到这个咨询项目执行的效果。所以，对 YZ 服装公司参与市场营销管理的相关人员进行品牌建设的培训是非常重要的

培训建议：

根据培训需求分析的结果，下面将对培训对象、培训时间、培训方式、培训内容以及培训的预算提供参考建议。详细信息可以参考附录中的“YZ 服装公司市场营销管理的有关人员培训需求报告”

1. 培训对象

根据本次培训项目的培训需求分析的结果，建议参与本次培训的人数为 20 人，培训对象主要是公司的中层管理者，构成比例为市场营销部门 70%，生产部门 10%，人力资源部门 8%，财务部门 8%，其他相关部门 4%

2. 培训时间

在保证不影响公司正常工作的前提下，建议进行为期两天的集中培训，每个培训单元在 90 分钟，每天 4 个学习单元，共计 720 分钟的培训时间（不包括培训期间组织的有关的联谊和团队建设活动的时间）

3. 培训方式

续表

培训最好采取度假村或素质拓展营地集中培训的方式，利用讨论、案例分析、情景模拟等参与式的培训方法进行培训，并且在培训学习之余开展联谊或者团队建设等活动。培训师将由ZW公司选择的品牌建设方面的专家承担，并且整个培训的组织和管理工作由ZW咨询公司专业的创业咨询师负责，同时也邀请YZ服装公司人力资源部门的相关人员协助 4. 培训内容 培训课程主要围绕品牌战略、品牌资产、品牌定位、品牌设计、品牌文化以及品牌的传播与推广等品牌建设的相关主题设计 5. 培训预算 初步的培训预算为29 720元。详细科目参考附录“YZ服装公司品牌建设培训预算表”
附录（略）

第2节　制定培训计划

 学习单元1　培训计划的概念与内容

 学习目标

- 了解培训计划的概念。
- 熟悉培训计划的内容。

 知识要求

一、培训计划的概念

培训计划是对一定时间内的培训目标，完成培训任务的措施、办法和实施步骤等按照一定逻辑顺序作出的先导性记录。它是在全面、客观的培训需求分析基础上作出的对培训时间、培训地点、培训者、培训对象、培训方式以及培训内容等的预先系统设定。

创业咨询师首先要明确，创业咨询服务过程中的培训是完成咨询方案的途径、实现咨询效果的手段和增加咨询价值的方法，这就意味着这里的培训计划是为咨询提供服务的，所以创业咨询师所做的培训计划要和咨询服务的流程有机地结合起来，要依据创业咨询的目标和原则制定培训计划，统一目标。

二、培训计划的内容

培训计划主要包括：培训的目的、目标、时间、地点和场所、材料和设备、组织和管理者、培训者、培训对象、培训内容、培训方式和方法、监督和评估以及所需经费等。具体内容见表 4—2。

表 4—2　　培训计划的主要内容

项目	具体内容
培训的目的	解释为什么需要培训
培训的目标	说明培训希望达到什么样的标准和结果
培训时间	选择培训的时机 明确培训持续的时间
培训地点和场所	说明举行培训的地点和场所
培训的材料和设备	列出培训所需的材料和设备清单。例如，材料包括：教材、课程表、评估表格等；设备包括：投影仪、计算机、白板、道具等
培训的组织和管理者	培训工作的组织和管理人员，多数情况是咨询服务客户企业人力资源部门的人员以及咨询公司的相关人员
培训者	实施培训工作的人。在创业咨询过程中，大多数的培训都需要创业咨询师来完成
培训对象	培训目标适用的对象 是员工还是管理者 是部分员工还是全体员工 是新员工还是老员工 是绩效差的员工还是绩效高的员工
培训的内容	阐明具体有哪些培训课程
培训方式和方法	说明培训所使用的方法
培训的监督和评估	培训效果监督和评估方法和工具
培训经费	写明培训需要的具体费用

学习单元2 制定培训目标

学习目标

➢能够解释培训目标的概念和构成要素。

➢能够制定培训目标。

知识要求

一、培训目标的概念和构成要素

1. 培训目标的概念

培训目标就是指通过培训希望达到的标准和结果。培训其实就是要实现知识的获得，态度的改变或加强，技术的获得，工作行为的改进，企业、部门或人员绩效的提高。

2. 培训目标的构成要素

一个完整的培训目标需要包括4个要素，可以简单地用A、B、C、D来表示：

A：Actor，接受培训的对象；

B：Behavior/Performance，行为、行动；

C：Condition，作出行为所需的条件；

D：Degree，要求达到的标准和程度，例如熟练程度、数量、质量等。

例如，当面对客户时（条件），销售人员（对象）能够在3分钟内准确、完整、清楚（标准和程度）地介绍（行为）出产品的基本信息。

表述含糊的目标是没有办法衡量的，而不能衡量的目标也就失去目标的根本作用。所以在表述目标时，尽量避免使用含义过多或者解释模棱两可的词汇，而应选择意思清晰准确的词汇，特别是在动词的使用上。表4—3是建议使用和避免使用的动词。

表4—3　　建议使用和避免使用的动词

建议使用的动词	避免使用的动词
写出、陈述、展示、证明、列举、区分、比较、对照、分类、论证、制定、组织、示范、总结、挑选、解决等	了解、明白、理解、领会、掌握、知道、熟悉、想象、欣赏、考虑等

二、制定培训目标的原则

培训目标的制定是为了指导培训计划、衡量培训效果，所以培训目标必须切合实际。这就要求创业咨询师在制定培训目标时，遵循一些最为基本的原则，如SMART原则。表4—4列出了SMART原则的具体内容。

表4—4 SMART原则及内容

specific	明确的	目标能够用具体的语言清楚地说明
measurable	可衡量的	目标能够比较、测量
achievable	可以达到的	目标通过努力行动可以达到
realistic	现实的	目标不能高不可攀，要符合现实情况和实际工作；目标符合组织和个人投入产出的期望值
time-limited	有时间限定的	目标一定要有明确的时间限定，没有时间限定的目标是没有办法考核的，或者考核的结果是不公正的

三、制定培训目标的步骤

第一步：提出目标的初步构想

创业咨询师要根据培训需求分析的结果，同时参考咨询服务的需求，在课程设计之前先提出培训目标的初步构想，也就是提出通过培训希望得到什么样的结果。但是，培训目标的提出并不是一次性的工作，它也可以随着对培训对象了解程度的不断加深，进行相应的增减或修订。

第二步：确定目标层次

在培训需求分析过程中，经常会发现培训对象有很多的需求，不过由于培训资源不是无限的，所以培训目标不可能包括所有的需求，因此，创业咨询师面对培训目标时，就要分清层次、区别对待。培训目标至少要实现“必须达到”和“应该达到”，只有完成了“必须的”目标，才能考虑“最佳的”目标。培训目标层次见表4—5。

表4—5 培训目标的层次

目标的层次	目标达到的效果
必须达到（must）	培训效果达到基本要求
应该达到（should）	培训效果很好
可以达到（could）	培训效果最佳

第三步：检查目标的可行性

在确定培训目标的层次后，还应根据培训对象的情况、时间等条件，检查培训目标能否实现，并做相应的调整。培训目标一般情况下分为三类：知识目标、技能目标和态度目标。知识目标相对其他目标更容易实现，往往通过有效的传递就能做到。技能目标就需要较多时间，因为培训对象需要通过大量的实践练习才能掌握相关技能。态度目标则需要更多的时间，改变人们的观念并不是一件容易的事。

此外，创业咨询师还要检查目标是否符合对应的咨询工作的需求，因为在咨询过程中的意识培训、咨询工作流程培训、专项技能培训和操作技能培训需要达到的效果和程度的要求是不同的。

学习单元 3　设计培训课程

学习目标

➢ 了解培训课程设计的定义和培训课程构成要素。

➢ 掌握培训课程设计的原理和原则。

➢ 能够设计需要的培训课程。

知识要求

一、培训课程设计的定义

培训课程设计是指规划和预先制定培训课程的结构、基本要素，以及要素的组织形式或安排。这些基本要素包括目标、内容、学习活动及评价过程。

二、培训课程的构成要素

尽管培训课程服务的对象和实现的目标各有不同，但是构成培训课程的基本要素是基本固定的。一般来说，培训课程主要由以下几大要素构成，见表 4—6。

表 4—6　培训课程的构成要素

要素	内容
目标	课程目标指明了学习的方向和学习过程中各个阶段所要达到的标准。课程目标应该是培训目标的子目标，是将培训目标分解并具体化，所以课程目标同样遵循培训目标的制定原则，需要表述规范准确
内容	课程内容的组织主要从培训的知识、技能等内容的范围和顺序两个方面考虑
教材	教材是将学习的内容有机地组合后呈现给学员。教材的来源主要是选择现有成型的、组合改编或自行开发
模式	课程的模式就是指学习活动的安排和教学方法的选择
策略	课程的基本策略是指正确地选择教学程序，从而充分利用教学资源
评价	课程需要接受评估和衡量。设计课程时，就要确定评价的方法和指标
组织	如何组织安排整个课程的教学活动
时间	课程时间的设置和分配
空间	实施课程的场所，包括内部环境和外部环境

三、培训课程设计的原理

创业咨询师要想设计出符合咨询工作需要，能够实现培训目标和计划的培训课程，就要掌握一些基础课程设计原理。现有的大多数课程设计原理都源于西方的教育和企业培训实践。

1. 布鲁纳教学四原则

布鲁纳（Jerome Seymorr Bruner）是美国著名的心理学家和教育家，是结果主义教育流派的代表人之一。布鲁纳认为，教学原则对学员有效地获得知识和技能起到重要的作用，而且教学原则为评价任何一种教学方法和学习方法提供了一个标准。同时，布鲁纳总结的这四条学习原则也为培训课程的设计提供了指导。这四条教学原则如图 4—1 所示。

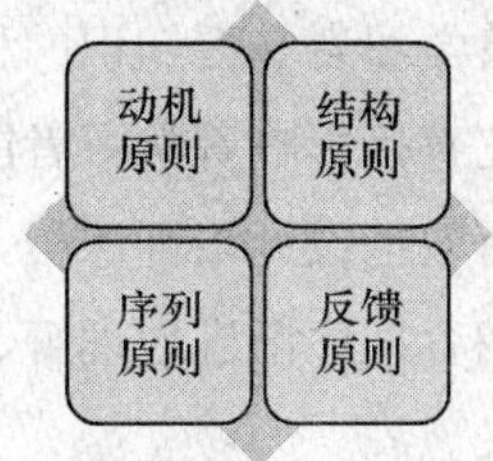

图 4—1　布鲁纳的教学四原则

（1）动机原则

动机原则指学习过程和效果取决于学员对学习的准备状态和心理倾向。布鲁纳认为，人的学习是主动学习，具体表现在两个方面：

1）重视已具备的经验在学习中的作用，认为学习者总是在已有经验基础上，对输入的新信息进行组织和重新组织的。

2）重视学习的内在动机与发展学习者的思维，认为学习的最好动机是对所学对象本身的兴趣，不宜过分重视奖励、竞争等外部刺激。也就是说，促进学习者学习的真正动力是内在动机，在教学过程中应该重视激发学习者的内在动机，唤起对学习的积极性，利用理性和非理性、智力和非智力因素相结合，促成学习者整体协调发展。因此，教学应该根据探索活动的三个方面，即激发、维持和指向，来形成和培养学习者的内部动机，使学习和解决问题的活动积极主动地进行。

创业咨询师在设计培训课程时，就要依据学员兴趣的激发、学员兴趣的维持和学员兴趣的指向原则进行。

(2) 结构原则

结构原则指要选择适当的知识结构，并选择适合学员认知结构的学习方式才能促进学习。布鲁纳认为，任何学科知识都是具有某种框架结构的，以此反映事物之间的联系和规律性。所以，学习知识结构就是学习事物是怎样互相联系，如何变化和发展的。

这也意味着创业咨询师不论培训什么方面的学科内容，都有必要使学员理解所培训的学科内容的基本结构。这是促使学员运用知识的最低要求，它有助于帮助学员解决培训后遇到的实际问题和事件，或者日后培训中类似的问题。需要指出的是，这里所说的基本结构包括该学科的结构和学习态度、方法两个方面。例如，创业咨询师在咨询项目小组成员掌握咨询的某一步骤时，就有必要将咨询的整个流程和这一步骤有机地结合起来，促使咨询项目小组成员更好地掌握培训的步骤和流程。

(3) 序列原则

序列原则指要按最佳程序组织和实施教学内容。布鲁纳认为，教材的序列直接影响着学习者掌握知识的程度。序列，即学习者在某一知识领域所遇到的材料的程序，它直接影响着学习者能否熟练掌握这一知识体系。这一观点，对于创业咨询师合理有效地设计培训课程，特别是正确合理安排培训内容的先后顺序，保证学员对培训内容循序渐进地理解、吸收和掌握，从而保证良好的培训效果，具有重要的指导意义。

在任何特定条件下，安排合理的序列要取决于多种因素。例如，学员的学习能力、学员处理信息的局限性、学员探索活动的特点等。因此，创业咨询师在组织培训内容和进行教学时，就要根据学员过去的学习水平、发展阶段、培训内容和学员的个体差异来确定合理的序列，以利于让学员构建起整体性和层次性的知识结构。此外，还要考虑学员探索活动需要遵循从已知到未知、从具体到抽象、从低级到高级等规律。

创业咨询师在设计培训课程时，不仅需要将合理的教学序列呈现在学员的教学材料上，还要反映在培训的教学大纲上。因为教学程序设计得是否合理，对于培训效果的好坏有着重要的影响。

（4）反馈原则

反馈原则，又称强化原则，指让学员适时了解自己的学习状态和学习成果。布鲁纳认为，反馈原则是教学过程中不可缺少的一种积极评价，通过提供有关的教学信息，了解教学效果，发现问题，从而进行调整和纠正。

在培训活动实施的过程中，创业咨询师必须注意及时反馈。及时反馈的目的是：

1）及时纠错，防止学员对错误知识先入为主和积重难返；

2）及时听取学员意见，了解学员对课程内容和培训师授课的感受以及学习的情绪；

3）创业咨询师可以从学员的反馈信息中吸取经验教训，及时对原有培训过程进行调整，对培训内容再认识、再加工、再提炼和再整合，从而不断激发创造性，发挥最佳的培训效果。

2. 戴尔的“经验之塔”

美国教育技术专家埃德加·戴尔（Edger Dale）在他的《视听教学法》一书中，阐述了录音、广播等视听教学手段在教学中的运用，以及会产生什么样的教学效果等问题，总结出了一系列的视听教学方法，提出了视听教学理论。戴尔把人类获取知识的各种途径和方法概括总结成一个“金字塔”的形式来系统描述，所以又称这一理论为戴尔“经验之塔”理论。

戴尔认为，人类学习主要通过两个途径来获得知识：一个是由自身的直接经验获得；另一个是通过间接经验获得。他提出的“经验之塔”理论把人类学习的经验依据抽象程度的不同分成三类十个层次，如图 4—2 所示，表 4—7 给出了戴尔“经验之塔”的具体内容。

戴尔的“经验之塔”是以一种形象化的方式来说明人的学习经历的获得是以直接参与到用图像代替，再用抽象符号表示的逐步发展过程。依照心理学的概念可作以下划分：金字塔底部（做的经验）可称为实物直观；金字塔的中部（观察的经验）可称为模象直观；金字塔的塔尖（抽象的经验）可称语言直观。

戴尔之所以提出“经验之塔”是为了让人们认识人类的认知途径，根据人类的这种“从简单到复杂，从形象到抽象，形象和抽象相结合的认知规律”，选择合适的学习方法，使自身的认知过程符合这一认知规律，从而达到最佳的学习效果。而

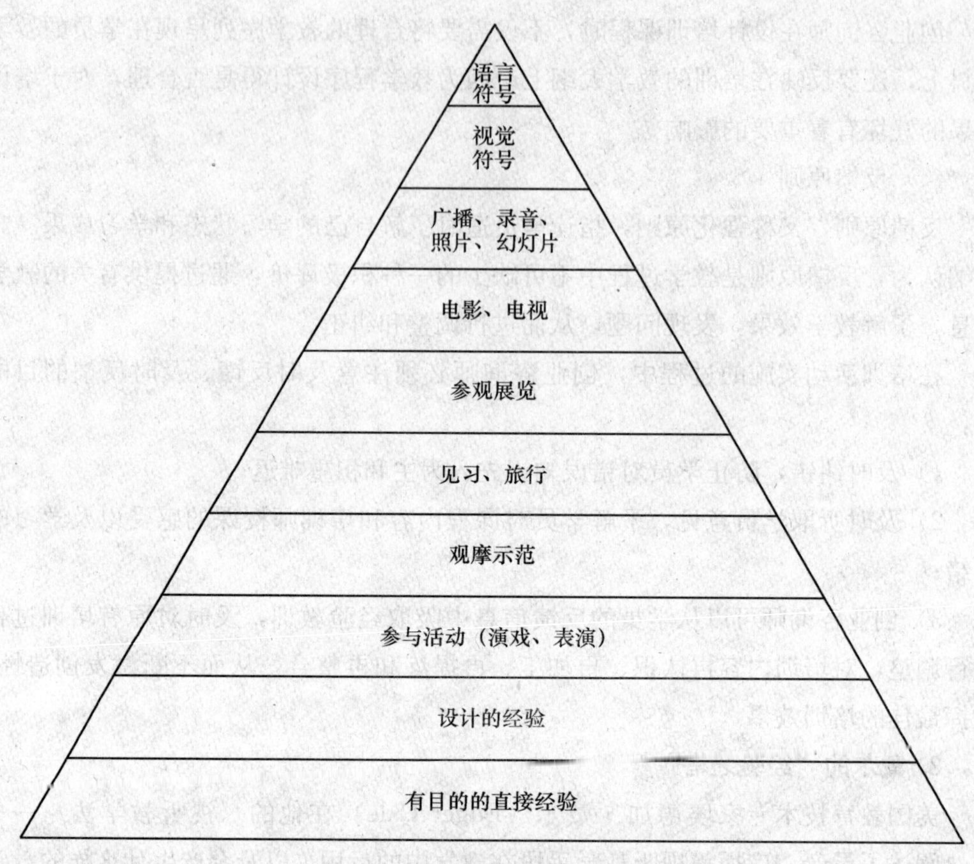

图 4—2　戴尔的“经验之塔”

表 4—7　　　　戴尔“经验之塔”的具体内容

类别	层次	内容
抽象的经验（通过抽象符号的媒体去获得的信息）	语言符号	口头语言和书面语言，是一种纯粹的抽象
	视觉符号	表达一定含义的图形、模拟图形等抽象符号
观察的经验（通过观察事物和载有事物信息的媒体间接地获得事物信息）	广播、录音、照片、幻灯片	介于做的经验与抽象经验之间，既能为学习者提供必要的容易记忆和理解的感性材料，又便于借助其解说对培训者进行提示、根据和总结
	电影、电视	通过屏幕上展示的真实事物的代表，而不是事物本身，获得替代的经验
	参观展览	通过观察了解学习知识
	见习、旅行	看到真实的事物和景象
	观摩示范	通过看别人如何做，获得操作的信息和方法

续表

类别	层次	内容
做的经验（通过亲身对事物的接触与实践去获得信息）	参与活动（演戏、表演）	通过表演、研讨等活动，感受那些在一般情况下无法获得的感情上和观念上的体验
	设计的经验	对“真实的改编”，借助这种改编，使人们对真实事物更容易理解。例如，利用制作模型对原有真实事物进行学习，会取得更好的效果
	有目的的直接经验	最底层是直接的经验，是与真实事物本身直接接触的经验，是最为丰富的具体经验，即通过对事物的看、听、尝、嗅、做取得的经验

创业咨询师在设计课程的时候，就需要根据学员的需求和能力以及培训任务的性质，参照戴尔“经验之塔”选择合适的培训教材和方法。

3. 科尔伯学习风格类型

学习风格是指在学习环境中学员感知信息，并对信息进行加工、处理、储存和提取时所偏好的方式。简而言之，就是学员因个体的不同，采取不同方式学习。这种差异是由于学员不同的心理和生理特征形成的，因此学员对信息的反馈、外部刺激的感知与反应也就各有不同。对于创业咨询师而言，在设计培训课程时，就有必要分析学员的学习风格，从而做到因材施教。美国麻省理工学院的大卫·科尔伯（David Kolb）博士就个人学习倾向问题进行深入研究，最终提出了学习风格理论。

科尔伯的学习风格理论将人的学习和认知过程分成两个维度，以及由两个维度衍生的四种方式。

（1）两个维度

第一个维度是学习者如何感知信息，包括具体的和抽象的感知方式。对于具体感知者来说，学习的最好方式就是具有直接的经验。他们偏爱通过参与活动、实践工作等亲身体验来获取信息。对于抽象感知者而言，学习的最好方式就是分析，他们更愿意通过观察、思考来获取信息。虽然学习者也可能同时运用两种方式获取信息，但是总有其中一种占主导地位。

第二个维度是学习者怎样进行学习，指的是知识和技能在第一次被介绍时个体是如何对其进行处理的。处理的方式包括两种：观察和行动。观察型的学习者认为利用观察的方式更有助于确认和理解信息。而行动型学习者则喜欢把新知识立即使用起来，通过直接的经验感受处理信息。同样，学习者会同时运用两种信息处理方式，但是还是有一种处于主导地位。

（2）四种学习风格

虽然看上去好像具体感知和行动型处理是经常相互联系的，但是学习者其实可以是任何一种感知方式和处理方式的组合，即有四种类型：抽象的感知者/观察型的处理者（理论者）；抽象的感知者/行动型的处理者（实用者）；具体的感知者/观察型的处理者（体验者）；具体的感知者/行动型的处理者（行动者）。这四种类型就构成了科尔伯的学习风格理论，如图 4—3 所示。

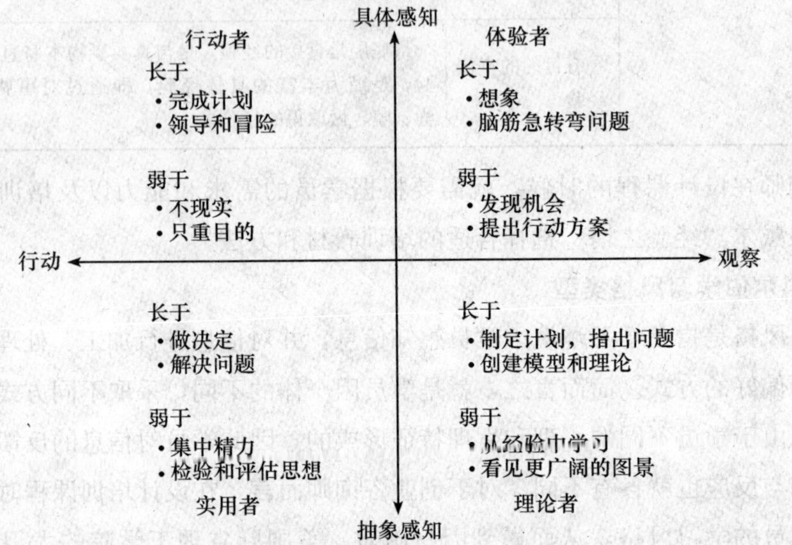

图 4—3　科尔伯学习风格理论

为了更清楚地理解和区分四种不同的学习风格，下面利用一个例子加以说明。

在“学习如何为客户提供咨询”这个问题上，理论者、体验者、实用者和行动者的学习风格如下：

理论者：阅读各种资料，了解咨询的知识和技能。

体验者：仔细地观察其他人员是如何为客户提供咨询服务的。

实用者：找一个资深的业内人士指导自己如何为别人提供咨询服务。

行动者：实际运用所学的咨询知识和技能。

作为创业咨询师要参考培训需求分析的结果，设计和选择符合学员学习风格的培训方法。

4. 成人学习理论

成人学习理论是在满足成人学习这一特定需求的理论基础上发展起来的。由于创业咨询师面对的培训对象几乎都是成人，所以了解和掌握成人学习理论对于设计行之有效的培训课程十分重要。

成人学习理论之父马尔科姆·诺尔斯（Malcolm Knowles）在 1973 年出版了《成人学习者：一个忽视的人群》一书，书中将成人学习理论转换成了实践。马尔科姆提出了成人学习的五种假设，见表 4—8。

表 4—8　　成人学习的五种假设

假设一	成人的学习要知道目的和原因
假设二	成人的学习有进行自我指导的需求
假设三	成人的学习喜欢和自身的经验结合
假设四	成人是带着一定的问题去参与学习的
假设五	成人受到内部和外部的激励而学习

（1）成人的学习要知道目的和原因

成人在投入精力学习新东西之前，必须要知道学习的原因。由于社会的竞争、工作的需要，成人认识到学习的重要性，但是，他们要知道所参加的学习活动的目的是什么。所以，创业咨询师在设计课程时，就要注意到这个问题，因为创业咨询师所做的培训大多数是作为咨询服务的实现手段，所以在培训课程开始之初就要确保参与培训的学员明确，他们所参加的培训活动是为了实现什么目的。最终使创业咨询师与学员达成共识，统一目标。

（2）成人的学习有进行自我指导的需求

成人喜欢按照自己的学习方式和进度，主动地评判自己的学习需求、形成学习目标、选择人文的和物质的学习资源并评价学习结果。这就意味着创业咨询师培训行为的实施并不等同于学员学习行为的发生，创业咨询师必须确定自我指导式学习在咨询和培训过程中的重要性，这样一来，创业咨询师不仅是授课的培训师，也要承担资源专家的角色，帮助学员及客户利用资源进行自我指导式的学习。

（3）成人的学习喜欢和自身的经验结合

成人与儿童在学习方面进行比较，最为显著的特质就是他们具备丰富的经验，而且在学习新东西时，更愿意和自己的原有经验进行比较。但是，成人的经验对于新知识、新技能和新态度学习的影响是把“双刃剑”：从积极方面看，原有的经验可以帮助成人对现有学习内容的理解和掌握；而从消极方面来说，原有经验也可能阻碍进一步的学习。这种阻碍主要表现在如果新学习的内容和方式与学员原有的价值观、判断标准和行为习惯等存在矛盾，那么学员不管所学的新内容是否科学、有价值，心理都会或多或少的有抵触情绪。具体如图 4—4 所示。

创业咨询师既可以借助学员的经验提高他们的学习效率，同时学员之间的经验也能相互利用，取长补短。不过也要注意协调新培训内容和学员原有经验的冲突，

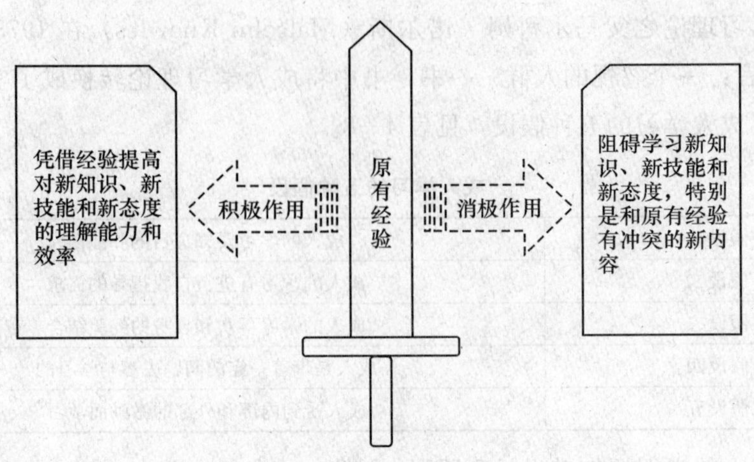

图 4—4　经验是把“双刃剑”

尽可能减少消极影响。

（4）成人是带着一定的问题去参与学习的

成人参加培训的时候，目的性往往都会很强，他们需要通过培训获得方法，提高能力，解决实际工作中面临的问题，所以当他们参加培训的时候，会期待在培训中将自己的想法和问题表达出来，能够得到认可和重视，并且可以解决他们的困惑。所以，创业咨询师需要了解和考虑学员的培训需求，将培训内容与他们的实际工作有机结合在一起，确保培训是实用的、具有可操作性的。

（5）成人受到内部和外部的激励而学习

成人参加学习活动的时候，往往是受到内部和外部的刺激所致。不过相对于薪酬、职位、工作压力等外部影响因素而言，内部的被认可、受尊重、实现自我价值等影响因素更容易成为学员主动学习的动力。设计培训课程的时候，创业咨询师就要尽可能地突出展现培训活动对学员个人的内部激励需求的作用，以促进学员积极参与到培训过程中。

总之，成人学习理论对创业咨询师来说，一个重要的启示就是学员学习的一个基本要求是互动性。需要接受培训的学员已有一定的知识储备，形成了自己的知识结构，而且具有相当丰富的工作经验，这就使得他们能够把理论与实践在高层次上结合起来，善于灵活运用理论，强调知识的可操作性和实践性，以此来指导自己的工作。同时，他们也具有一定的人生阅历，对人和事形成了相对固定的思考模式和见解，这就使得对成人的训练并非易事，需要采用多种形式和方法实现最终的目的。

四、培训课程设计的原则

创业咨询师在设计培训课程时要遵循以下基本原则：

1. 学习目的原则

学习目的原则，即让培训对象清楚地了解学习课程的目的。参加培训课程的学员大多数已经具备了一定的工作经验，其中也不乏经验丰富者，所以只有让他们明确课程目的，知道课程能够如何帮助他们的情况下，才能推动学员学习。创业咨询师要根据成人学习的特点，在课程之初就让培训对象清楚地知道本次培训课程的学习目的，从而促使学员积极主动地参与到课程中，最终取得良好的培训效果。

2. 学习需求原则

学习需求原则，即以满足培训对象的培训学习需求为原则。学习需求原则主要体现在两个方面：一方面，创业咨询师要让学员感觉到培训的必要性和紧迫性，意识到有现实或迫切的学习需求；另一方面，创业咨询师要时刻依据培训需求调查结果，使课程围绕着培训对象的培训需求进行，只有这样才能促使培训课程实现课程目标，并最终实现培训目标。

3. 实际应用原则

实际应用原则，即培训对象更重视学习内容实际应用的效果。如果培训对象已经明确了学习的目的，知道培训的重要性，清楚自身的学习需求，那么他们就会特别关注培训课程的实用性，重视课程的学习成果对于解决实际工作问题和提高工作绩效的作用。

4. 结合经验原则

结合经验原则，即培训对象喜欢将新知识与已有经验结合。成人学习的一个重要特征就是结合自身的经验和原有知识来理解和认识新的事物。创业咨询师如果忽视了培训对象的这一特点，那么设计出的课程就很难被学员接受和认可。

五、培训课程设计的步骤

培训课程的设计步骤主要包括：

1. 分析培训课程

分析培训课程是设计培训课程的前提，是课程调查和研究阶段。创业咨询师要面对的培训对象包括创业者、企业管理人员、企业培训人员、咨询项目小组成员或咨询项目实施人员等，由于培训对象各不相同，所以培训需求也就各不相同。创业咨询师通过分析需要确定三个方面的信息：第一，培训对象当前的能力水平；第二，培训对象通过培训需要达到的能力水平；第三，通过什么样的知识和技能补充能够弥补这种差距。

为了保证科学准确地获取和确认上述信息，创业咨询师可以从培训对象、工作任务和培训环境三个层面进行分析。

（1）培训对象分析

收集有关培训对象工作能力的基本信息，然后与预期的能力标准进行比较，确定培训对象的培训需求。

（2）工作任务分析

根据对培训对象的工作岗位和职责的研究结果，分析和确认从事某项工作的具体内容和完成该工作所需的各种知识、技能和态度，以确定培训课程所需的内容。

（3）培训环境分析

确定开展培训课程的具体条件和环境，选择实施课程的方式。同时，判断实施课程所需保障工作和措施。

2. 确定课程目标

确定课程目标是设计培训课程的重点和难点。课程目标是确定培训课程内容的重要依据，同时也为培训效果的监督评估提供评价指标。课程目标实际是在提前展望培训结果，为培训课程确定方向，科学严谨的课程目标可以有效地指导课程内容的选择。

课程目标指明了学习的方向和学习过程中各个阶段所要达到的标准。课程目标应该是培训目标的子目标，是将培训目标分解并具体化，所以课程目标同样遵循培训目标的制定原则，需要表述规范准确。

3. 设计课程内容

培训课程内容的设计应该是课程设计的核心环节，是整个课程最重要的部分。为了促使课程内容的设计规范严谨，创业咨询师可以借助“培训设计五线谱”模式进行课程设计。“培训设计五线谱”模式根据贯穿整个培训过程的时间线、内容线、方法线、情绪线和辅助线等重要线索，进行有机的结合，最终实现对培训主体的安排和设计。

（1）培训时间线

培训时间线是指培训课程时间推进的线索，明确实施每个阶段课程内容的时间。培训时间的分配和掌控将对培训实际效果产生直接的影响。所以，创业咨询师设计的时间线，要确保每个阶段的培训活动准时开始，按时结束。这就需要不仅能够合理分配各部分内容的时间，而且还需要对培训过程中可能发生的突发事件和问题进行预判。

（2）培训内容线

培训内容线是指以课程的导入顺序为线索，确定每个时段的培训主题和内容。以操作性和实用性为导向，合理地安排和组合培训内容，将对培训效果起到至关重要的作用。

1）内容线的设计原则

创业咨询师在设计内容线时需要遵循以下原则：

①适度性。课程内容适合学员的接受能力，不要超出培训目标和培训需求的范围。

②渐进性。课程内容要做到循序渐进，合理安排各个主题和模块的次序，这样才能符合大多数学员由简到繁、由易到难的学习习惯。

③连续性。强调培训各个环节应该有机结合，相互照应，不能脱节，保持培训内容的流畅和完整。

④逻辑性。尽管需要保持各部分内容的连续性，但是，主题和主题、模块和模块之间的关系不能牵强附会，它们应该是个完整的整体，并且相互间有清晰的逻辑关系，只有这样才能确保培训对象能够准确地接受和理解培训内容。

⑤均衡性。各个培训内容的比重分配得当，各自占有合理的份额，既能突出重点，又不会厚此薄彼。

2）内容线的设计方式

在遵循上述原则基础上，设计内容线的方式主要有两种，即逻辑学方式和心理学方式。

逻辑学方式是根据合乎目标的具体规则与规律来编排内容。即将培训内容设计成：目标是什么，为什么这么做，怎么做等逻辑顺序，具体如图 4—5 所示。

心理学方式即内容的组织应先接触到具体的内容，然后才是抽象的内容，具体如图 4—6 所示。

（3）培训方法线

培训方法线是指在培训过程中传递培训信息的方法和手段，并按照培训的时间顺序排列的线索。创业咨询师通过参考科尔伯的学习风格理论确定学员的学习风格，并以学员的学习风格为中心，选择和应用不同的培训方法。在每个课程主题下、不同的时间段里，可以运用一种方法，也可以几种方法交替或者结合使用。

（4）培训情绪线

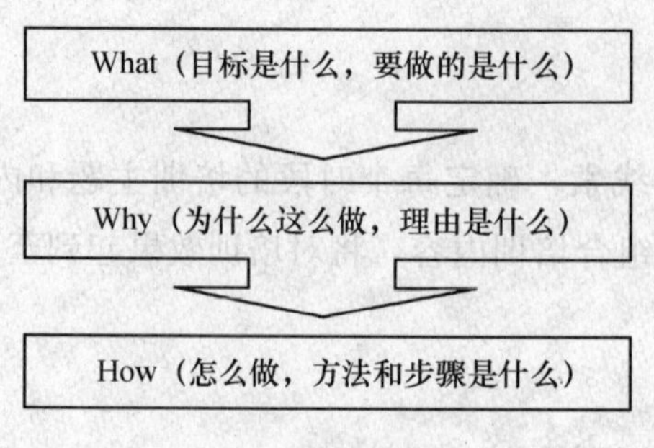

图 4—5　逻辑学方式

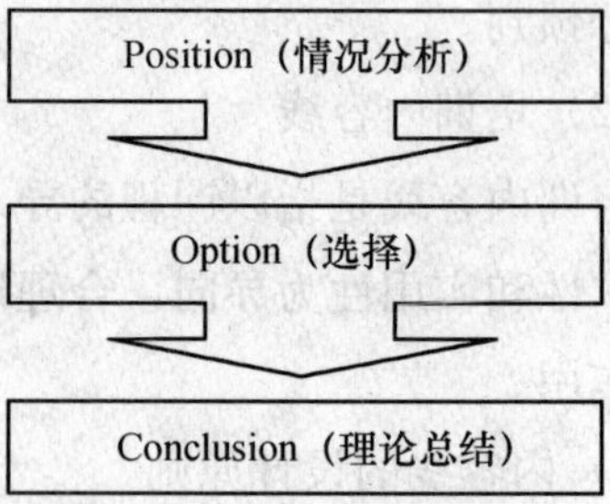

Position（情况分析）

Option（选择）

Conclusion（理论总结）

图 4—6　心理学方式

培训情绪线反映了学员的情绪状态，是学员在培训学习过程中情绪的反应曲线。事实证明，学员的情绪和精神状态对实现培训效果起到重要作用。为了保证学员有良好的心态和饱满的情绪，就需要创业咨询师从两个方面进行准备：一方面，创业咨询师在设计课程阶段，要充分考虑学员的情绪变化，将学员在培训课程每个时间段的情绪反应进行预见性设计；另一方面，创业咨询师还需要在培训过程中，积极有效地调动和掌控学员的情绪。

（5）培训辅助线

培训辅助线是指在课程的不同阶段所需的培训设备、设施和教具。提前设计和准备课程的设备和教具，是培训顺利进行的有力保障。

此外，PowerPoint（多媒体幻灯片，简称 PPT）在培训课程中被广泛使用。创业咨询师如果能够在培训过程中借助一个好的 PPT 展现培训课程，将会很大程度地提高培训效果。而制作出一个好的 PPT 并不容易，需要考虑字体字号的选择、颜色的搭配、图表的应用、声音的利用、动态效果的运用等多方面的因素。

最后，培训辅助线还要明确培训过程中的细节要点，为创业咨询师提供参考。有效地利用这些细节，能够激发创业咨询师和学员的灵感，增加培训的效果。例如，可以利用有趣生动的图片来标明和提醒培训纪律，使学员更容易接受。

学习单元 4　编写培训教案

学习目标

➢ 了解培训教案的概念和构成。

➢能够编写出培训课程所需的培训教案。

知识要求

一、培训教案的概念

培训教案是创业咨询师在备课与进行培训过程中使用的文件材料。培训教案反映创业咨询师对培训课程的设计理念和思路，也是创业咨询师进行培训的行动指南和操作手册。

二、培训教案的构成

培训教案除了要满足具体、条理清晰、逻辑性强、结构合理等基本要求外，创业咨询师还要考虑构成培训教案的要素，具体见表 4—9。

表 4—9　　培训教案的构成要素

要素	说明
课程主题	课程名称
课程目标	学员通过课程学习和掌握什么，达到什么样的程度
培训重点	学员掌握的重要内容
培训难点	对学员特别强调或解释的内容
培训过程	培训的主题部分，包括培训的内容、模式、方法等信息
培训方法	培训中使用的各种方法
培训工具	培训中使用的设备和教具
培训时间	培训各个阶段所需时间的分配情况
培训参考资料	培训过程中以及培训课程后，帮助学员理解课程内容所需的文件、书籍等相关资料

三、培训教案中培训过程的主要内容

培训教案各个要素中，培训过程是最重要的部分，培训过程主要包括开场、主体、结尾三个部分。创业咨询师编写培训过程可以按照这三部分的顺序依次进行，同时还要参照培训课程的设计方式，遵循“培训设计五线谱”模式，把握培训的时间、内容、方法、学员情绪、教学辅助等方面的线索进行编写。

1. 开场

俗话说：“好的开始意味成功了一半。”培训的开场部分也是非常重要的。参加的学员往往急切地需要通过培训开始阶段去检验培训课程是否符合自己对课程的预

期，也就是说，培训的开场将对学员进一步的学习态度和学习效果产生最直接的影响。所以，创业咨询师要想办法在培训之初就获得学员对课程的信任感和参与度。

培训开场可以按照 PIP 公式进行设计：

P——目的（Purpose）：向学员说明参加培训的原因，通过培训可以带来什么样的变化。

I——重要性（Importance）：向学员解释为什么需要努力实现培训目标。让学员清楚如果不达到会有怎样的危害，而达到后又会给学员带来什么样的帮助。培训的必要性和紧迫性是什么。

P——预见（Preview）：向学员展现培训内容、培训结构、培训进程等有关课程的大概信息。这样可使学员对培训课程有一个宏观的整体认识，促使学员更加积极主动地参与培训课程。

表 4—10 列出了一些常用的开场方式，供参考。

表 4—10　常用培训开场的方式

开场方式	说明
开门见山	直截了当地切入课程主题，简洁明了
提问或调查	通过向学员提出问题或者对学员进行一些和培训课程有关的小调查，引出课程主题
讲故事	利用一个哲理性或者幽默的故事作为切入主题的手段，可以提高学员的兴趣
引用实例	俗话说“事实胜于雄辩”，借助实际案例
游戏	通过热身游戏或对课程主题有寓意的游戏开场，容易消除创业咨询师和学员、学员和学员的陌生感与隔阂，调动学员的积极性

2. 主体

主体部分是培训课程的中心内容，相比其他两个部分它占用的时间最长，传递的信息最多。一般情况下，主体内容的编写可以根据课程讲授顺序进行，即先列出课程的第一个要点，再引出各个分论点，然后利用各种论据（案例、数据、成功或失败经验等）论证相应论点，最终讲解清楚第一个要点。以此类推，第二个要点、第三个要点……按照同样的顺序依次进行编排。

3. 结尾

当主体部分完成时，就意味着需要给整个培训课程画上一个完满的句号。结尾部分和开场部分同等重要，开场是对整个培训课程的提纲挈领，那么结尾就要对培训课程起到归纳总结、提高升华的作用。这样可以促使学员对培训内容加深印象，激励学员对培训课程的认可，推动学员将课程内容应用于实际工作。

表 4—11 列出了一些常用的结尾方式，供参考。

表 4—11　　常用培训结尾的方式

结尾方式	说明
重申主题	主题是对培训内容的高度概括，对于主题的重申，可以有效地帮助学员对培训课程加深印象
讲故事	和开场方式一样，故事也可以用于课程的结束，特别是哲理性强且和培训主题契合的故事，往往会给学员带来一种意犹未尽的感觉
名言警句	使用名言警句可以精练培训主题，起到画龙点睛的作用
行动鼓励	鼓励学员积极实践课程内容也是一样常用的结尾方式，因为培训的根本目的是期望学员将所学内容转化成实际价值。行动鼓励的同时，还可以进一步强调未来工作的行动方案、实施要点与注意事项
祝福语	使用美好的祝福语言也是一种常用的、简洁的结尾方式

学习单元 5　制定培训计划案例

能力要求

为了能够更好地掌握制定培训计划的能力，下面继续沿用上一节使用的案例，说明如何确定培训目标，设计培训课程和编写培训教案。

YZ 服装公司的张先生对 ZW 创业咨询服务机构的创业咨询师李先生提交的“YZ 服装公司品牌建设的培训方案”非常满意。接下来，创业咨询师李先生根据培训方案为品牌建设培训制定具体的培训目标以及设计相应的培训课程。

1. 制定培训目标

创业咨询师李先生知道培训目标既是制定培训计划的依据，也是衡量培训效果的重要标准，所以制定出合理准确的培训目标是非常重要的。

（1）提出培训目标初步构想

创业咨询师李先生先明确本次培训是一个有关品牌建设的专项技能培训，提出了一些培训目标的初步构想，例如，希望通过培训使学员能够掌握品牌的基本知识，能够具备建设企业自有品牌的能力等。

（2）确定目标层次

李先生根据培训需求分析的结果以及 YZ 服装公司具备的培训资源，确定目标的层次。李先生认为，由于培训对象来自公司的不同部门，同时通过培训需求分析发现培训对象对品牌知识掌握的情况也不同，所以对于他们来说，完成培训目标应该分层次区别对待。李先生将培训目标分为必须达到和应该达到两个层次。

（3）确定培训目标的可行性

李先生检查了培训目标的可行性。由于培训主要以技能性为主，所以李先生认为实现培训目标是非常实际的。

2. 设计培训课程

确定完培训目标，创业咨询师李先生就开始着手设计相应的培训课程了。

李先生通过对培训对象、工作任务以及培训环境的分析，明确了参加培训的学员大都有市场营销实践经验以及管理培训经历，但是缺乏系统的品牌知识以及建设品牌的能力。如果希望提升 YZ 服装公司相关人员的品牌建设能力，仅仅依靠一次性的培训是解决不了根本问题的，所以需要系统的品牌课程的学习。李先生通过课程分析最终决定将 YZ 服装公司的品牌培训分为三个阶段进行，包括品牌基本观念培训、品牌通用方法培训和品牌特别技能培训，并且要对管理人员和执行人员有针对性地进行培训。

课程分析为创业咨询师李先生确定课程目标提供重要依据。所以李先生很快就将基本观念培训、品牌通用方法培训和品牌特别技能培训三个课程的目标确定下来。例如，基本观念培训的课程目标就是学员通过培训，必须能够描述品牌知识，认识品牌态度，树立品牌意识。

根据课程目标，创业咨询师李先生借助“培训设计的五线谱”模式，把握整个培训过程的内容线、时间线、方法线、情绪线和辅助线等重要线索，安排和设计了培训课程。

3. 编写培训教案

培训教案见下表。

YZ 服装公司品牌基本观念培训教案范例

培训主题：树立品牌基本观念

课程目标：在培训结束时，使学员能够

- 描述品牌知识
- 认识品牌态度
- 树立品牌意识

培训重点：树立品牌意识

培训难点：认识品牌态度

续表

培训流程	时间分配（%）	教学内容	培训方法	培训工具	参考资料
导入	10	1. 通过故事引出培训主题 2. 强调培训的主题和学员工作的关系 3. 介绍培训的主要提纲 4. 说明培训的目标，学员应该通过培训达到的水平	讲授	多媒体投影仪 计算机 白板 彩色卡片	
主体	75	1. 说明课程的机构体系 2. 对每个模块实施培训 3. 对每个知识点实施培训 4. 对于运用每个知识点的能力实施培训 5. 在每个模块结束后对重点内容进行回顾 6. 向学员强调各个模块的逻辑关系	讲授 游戏 讨论 案例分析 角色扮演	多媒体投影仪 白板 彩色卡片 活页挂纸	品牌视频 培训讲义
结尾	15	1. 总结整体的内容结构 2. 回顾和强调培训中的重点内容 3. 说明在实际工作中应用培训 4. 内容需要注意的事项	讲授 游戏	多媒体投影仪 白板 彩色卡片	培训讲义

第 3 节　实 施 培 训

学习单元 1　培训方法的使用

学习目标

➢能够解释培训方法的种类和特点。

➢能够在培训中选择合适的培训方法。

➢能够在培训中使用各种培训方法。

知识要求

一、培训方法的种类和特点

创业咨询师在培训过程中能够使用的培训方法有很多种，下面主要介绍一些常用的、有助于进行咨询项目培训的方法：讲授法、头脑风暴法、讨论法、案例分析法、角色扮演法和游戏法。

1. 讲授法

（1）讲授法的概念

讲授法是创业咨询师主要通过口头语言向学员描绘情况、叙述事实、论证原理和阐明规律的教学方法。

（2）讲授法的作用

讲授式的授课方式是一种集中听众注意力的好方法，对一个新的题目而言，可以通过讲授为学员普遍理解其内容打下基础，并传达出主要的学习要点。

（3）讲授法的使用时机

讲授法主要适用于理论性知识的培训活动，便于向学员介绍和传授某一个单一课题的内容。

（4）讲授法使用注意事项

1）讲授内容要具备科学性和严谨性，这是保证培训课程质量的前提；

2）讲授的逻辑性和系统性要强。由于讲授式培训往往传递的信息和内容较多，如果逻辑性和系统性较差，学员很难全面有效地掌握所要传递的信息，甚至对培训内容产生混乱感；

3）运用讲授法时，创业咨询师的语言表达要清晰准确，并且尽可能地使音量、音调和节奏富于变化，使培训变得生动、富有活力。

2. 头脑风暴法

（1）头脑风暴法的概念

头脑风暴法是一种用于产生各种想法的方法。头脑风暴法能最大限度地发挥学员的想象力，通过创造性思考，分析问题，找出各种不同的方法来解决问题。

（2）头脑风暴法的作用

运用头脑风暴法的目的是列出一张有多种答案的清单，然后讨论每种答案的优缺点，从中选择有价值的答案，使学员在各自的经验基础上进行学习。此外，还教会学员从多个解决方案中进行选择。

（3）头脑风暴法的使用时机

应用头脑风暴法的最佳时机是为问题找出一个实际可行的解决方案。当学员对如何解决某一特定问题有一些想法时，也可以使用头脑风暴法。

（4）头脑风暴法使用注意事项

1）在进行头脑风暴时，重点应该是产生各种想法，而不是讨论这些想法；

2）创业咨询师应该要求那些比较安静的学员提出自己的想法，从而确保每名学员都参与进来；

3）不要进行批判性的评论。对各种想法进行评价应该是随后要做的工作。

3. 讨论法

（1）讨论法的概念

讨论就是创业咨询师和学员、学员和学员之间就某一特定的题目自由交流知识、想法和观点。一般情况下，分为开放式讨论和分组讨论。在开放式讨论当中，创业咨询师辅导和控制讨论进程，每一名学员都参与进来。在分组讨论当中，学员被分成几个小组，每个小组内就题目进行自由讨论。创业咨询师以观察者的身份巡视各个小组的讨论情况，必要时适当提供指导。然后各个小组集中起来，把自己小组的讨论结果向大家汇报，并可以进一步开展开放式讨论。

（2）讨论法的作用

使学员在交流经验的过程中能够发生观念上的改变，从而就某个问题达成共识。

（3）讨论法的使用时机

应用讨论法的最佳时机是分析某一特定的情况，通过与他人交换看法来强化学员的概念和对知识的理解。当学员对所讨论的问题有一定的背景知识时可以使用这种方法。

（4）讨论法使用注意事项

1）学员可能会比较固执，坚持自己的观点和想法，而不是准备改变它们，创业咨询师需要进行有效的引导；

2）创业咨询师需要控制讨论的结构、方向和进程，以避免出现这些问题；

3）学员有时会对讨论感到厌倦，创业咨询师需要控制讨论的时间和次数。

4. 案例分析法

（1）案例分析法的概念

案例分析是对一个事件或特定状况给出比较详细的资料，让学员来评判和理解。学员需要针对案例当中给出的某一特定问题（或多个问题）来分析和诊断原因，还有可能进一步要求学员解决这些问题。使用的案例既可以是虚拟的，也可以是真实的；既可以是发生过的，也可以是正在发生的。但值得注意的是，案例分析法不是像通常所说的“举例说明”那么简单。

（2）案例分析法的作用

案例分析模拟学员在现实的日常生活中可能会遇到的各种情况，因此使学员在实际生活中面对类似的或相关情况时能够做到有备无患。

（3）案例分析法的使用时机

案例分析法最好用来演示如何在学员可能会遇到的实际情况中应用各种知识和技能。

（4）案例分析法使用注意事项

需要强调，在培训当中作出的各项决定与在实际生活当中作出的决定可能会有所不同。同时还要在使用案例分析法前，对案例有深入的了解和分析，准备好应对学员可能会提出的各种异议和问题。

5. 角色扮演法

（1）角色扮演法的概念

角色扮演法是通过戏剧的形式来再现实际生活当中可能会遇到的各种情况。学员被要求在某一特定情况下扮演特定的角色。其目的是练习面对面处理现实中发生的各种情况。在角色扮演结束后往往需要全体学员对表演进行开放式讨论，来了解遇到不同情况应该如何处理。角色扮演一般情况下分为小组角色扮演和公共角色扮演两种形式。

（2）角色扮演法的作用

学员在一种有保障的培训环境下体验接近真实生活的情况，并从其他学员那里获得建议或建设性的批评意见和看法。其他学员也可以从角色扮演中得到一些借鉴和启发。这有助于学员通过练习来更加深入地进行学习，并为在实际生活中正确应对这些问题提供了指导准则。

（3）角色扮演法的使用时机

角色扮演法一般用于展示一个观点或程序，给出处理情况的练习和经历，获得某些学员对别人的行为、活动与态度的反应。

（4）角色扮演法使用注意事项

在使用公共角色扮演时，创业咨询师需要提前和扮演角色的学员沟通，明确角色扮演的目的，介绍剧本并且预演，辅导角色扮演过程，避免发生有些学员在角色扮演的过程中跑题，不能反映出创业咨询师设想的效果。同时，要给做观察工作的学员提出相关问题和要求，保证所有学员都能参与到活动中。

6. 游戏法

（1）游戏法的概念

游戏法是有两个或两个以上的学员，依据共同的规则，以相互合作或竞争的方式完成既定目标的培训方法。

（2）游戏法的作用

游戏可以改变培训现场的气氛，游戏本身的趣味性能够提高学员的好奇心、兴趣及参与意识，启发学员思考，实现寓教于乐。

（3）游戏法使用时机

游戏可以用于需要调整培训气氛和调动学员积极性的时候，帮助学员改善态度、积极思考、调整行为方式。

（4）游戏法使用注意事项

创业咨询师在使用游戏时，要制定明确且完整的游戏规则。没有明确的游戏规则，就无章可循，游戏很难顺利进行。游戏只是一种辅助的培训方法，是为了达到特定培训目标而使用的，一定要记住游戏本身不是目的，是通过游戏使学员对培训内容有更加深刻的认识。所以创业咨询师要根据培训的目标、内容以及学员的年龄、学历等背景情况适当选用游戏；在整个培训过程中，选择适当的时机使用游戏，避免与内容脱节；游戏做完要有结果，学员可能要对过程和结果进行讨论，创业咨询师要进行总结。

创业咨询师需要时刻牢记，培训方法并不意味着创业咨询师可以忘记自己是“专业知识的来源”这一重要责任。创业咨询师应该始终参与到培训过程中，并随时准备回答学员在培训课堂上要求他们澄清的问题。同时，创业咨询师还要时刻提醒自己，培训方法不是培训的主体，它只是有效传递知识和技能的辅助工具，任何培训方法都是为主题和内容服务的。

二、培训方法的选择

尽管培训方法多种多样，但是对于创业咨询师来说难点不是掌握每种方法，而是选择合适正确的方法，并且达到期望的培训效果和培训目标。创业咨询师在选择培训方法时，应该考虑培训目标、培训内容、培训需求、培训对象、培训资源、自身能力和个人培训风格等因素，同时还要比较各种培训方法本身的优缺点和特征。

1. 各种培训方法的优缺点

各种培训方法的优缺点见表 4—12。

表 4—12　　各种培训方法的优缺点

培训方法	优点	缺点
讲授法	1. 传递信息量大 2. 教学内容比较有深度 3. 教学过程容易组织 4. 培训人数一般不受限 5. 对培训的环境和条件要求不高	1. 信息单向传递 2. 互动性差，很难调动学员主动性 3. 学员不能直接体验知识和技能的应用过程 4. 难以因材施教，无法照顾学员的个别化要求 5. 教学激励效果差 6. 对教学内容记忆效果不佳
头脑风暴法	1. 参与程度非常高 2. 培养学员的思维能力 3. 激发学员的创造力	1. 时间难以把握，容易浪费时间 2. 很难控制思维方向 3. 很难确保产生建议的质量
讨论法	1. 激发学员自我表达 2. 提高学员分析解决问题的能力 3. 有利于学员相互学习 4. 有利于知识和经验的交流	1. 学员难以学习到系统的知识 2. 学员坚持自己的观点，可能引发争论 3. 学员在讨论过程中可能会跑题或未能进行有效的讨论
案例分析法	1. 有助于学员在无须承受实际问题所带来的压力的情况下就能够认识问题或特定状况 2. 为学员提供了机会，针对现实当中面临的问题来相互交换想法并形成各种解决方案 3. 案例分析法是理解并应用相关理论的有效途径	1. 在实际生活当中，情况或事件会与案例分析中设定的有所不同，学员可能会对实际生活中的情况产生错误的印象 2. 案例容易受人为因素影响，难以保证客观性 3. 案例的开发和编写要求很高，并且案例的时效性有限 4. 使用时消耗的时间比较长 5. 对创业咨询师的能力要求很高
角色扮演法	1. 角色扮演有助于增强学员的自信心，使他们更有信心面对各种实际情况 2. 有利于参与角色扮演的学员提高个人技能 3. 其他观察的学员可以通过他人的表演看到可能产生的问题，并从中得到借鉴	1. 实际生活当中的情况与角色扮演设定的情况会有所不同。学员可能会对实际生活当中的情况得出错误的印象。他们可能会意识不到在培训课堂上作出的决定与在实际生活中必须现场作出的决定是不同的 2. 学员可能会感到困难，他们的自信心可能会受挫，而不是增强 3. 有些学员在角色扮演的过程中可能会跑题，使整个角色扮演看起来更像滑稽剧，有时可能不够严肃 4. 公共角色扮演时，只有少数学员能够作为演员练习技巧，其他的观察学员注意力不集中，参与不到活动中

续表

培训方法	优点	缺点
游戏法	1. 激发学员的积极性 2. 能够调动培训气氛 3. 能够使学员在轻松愉悦中学习 4. 有时可以提高学员的个人能力与团队精神	1. 有时学员的学习态度不认真 2. 学员只关注游戏本身 3. 游戏传递的信息过于简单 4. 设计一个符合培训内容和目标的游戏不容易

2. 各种培训方法的选择

创业咨询师在分析各种综合因素后，还要有效地利用各种培训方法的特点进行选择。

首先，创业咨询师需要确定培训需求和培训目标是涉及哪个方面或哪几个方面的培训内容。因为不同的培训方法对于不同的培训内容会起到不同程度的教学效果。联合国国际劳工组织根据各种培训方法的效果，将其排序，见表 4—13。这里只列举出创业咨询师常用的几种培训方法。

表 4—13　　培训方法的效果比较

培训内容 培训效果 培训方法	接受知识	转变态度	解决问题	人际关系	学员接受	知识留存
	名次	名次	名次	名次	名次	名次
案例分析法	2	4	1	4	2	2
讨论法	3	3	4	3	1	5
角色扮演法	7	2	3	2	4	4
游戏法	8	1	5	1	6	3
讲授法	5	8	8	8	8	8

其次，创业咨询师根据确定的培训内容，选择培训效果最佳的培训方法。不过每种培训方法在不同内容方面的影响程度是各有不同的，而培训需求也会涉及多个方面的内容，例如，对于咨询项目的实施人员的培训就可能既需要知识的提高，又希望他们态度的转变，所以往往需要几种培训方法的结合才能实现培训目标。

再次，在确定培训方法之后，创业咨询师还需考虑以下问题：

(1) 培训对象是否能够接受所选培训方法，因为不同年龄、不同性别、不同背景和不同层面（如决策者、管理人员、操作人员）的培训对象对各种培训方法的接受程度各异。

(2) 开发和使用所选培训方法的成本以及实施方法所需的资源和条件。

(3) 创业咨询师对所选方法的掌握和熟练程度，是否与自身的授课风格有冲突。

总而言之，培训方法选择的根本目的，就是满足培训需求，利于培训成果转化，实现培训目标。

学习单元 2 视觉教具的使用

学习目标

➢能够说明视觉教具的概念、作用、种类以及优缺点。

➢能够在培训中正确地使用各种培训工具。

知识要求

一、视觉教具的概念

在培训中，仅仅使用参与式培训方法和技巧还不足以达到预期的教学效果，通过生动形象的视觉教具能够传达更为丰富的信息。视觉教具就是指在培训中辅助教学信息传递的教学工具。

二、视觉教具的作用

一项调查显示，人们主要是通过视觉获得外界信息，而其他的听觉、嗅觉、触觉和味觉所获得的信息就要少得多，如图 4—7 所示。

在培训过程中，当学员面对大量的定义、意义、数据等抽象的内容时，无论创业咨询师的表达技巧和培训方法有多么精妙，学员还是很难记住太多的培训内容。所以需要将培训要点视觉化，通过有效和正确地使用视觉教具，可使学员的注意力更加集中，使创业咨询师讲授的内容更具说服力，使其所传递的信息更有效，有助于组织课程，增加课程的多样性，突出讲授要点，帮助强化学员的记忆和理解。

三、视觉教具的种类和优缺点

1. 视觉教具的种类

培训中使用的视觉教具包括：黑/白板、彩色卡片、活页挂纸、图表海报、实

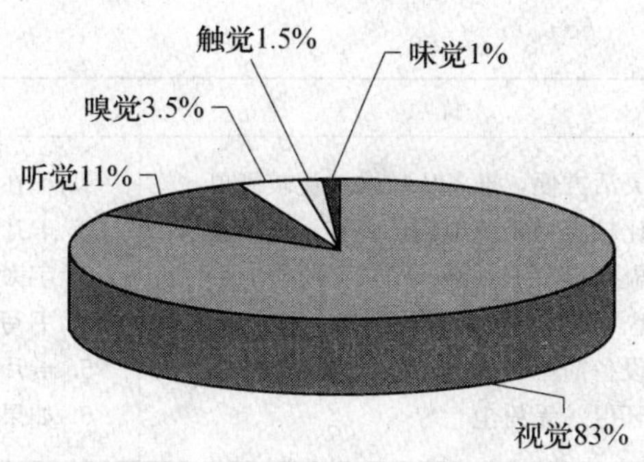

图 4—7　各感觉器官获得信息的比重

物投影仪、多媒体投影仪、VCD/DVD 播放机、实物道具等。

2. 视觉教具的优缺点

视觉教具的优缺点见表 4—14。

表 4—14　　常用视觉教具的优缺点

视觉教具		优点	缺点
多媒体投影仪	幻灯片	1. 直观、效果好，画面制作好，可以提高学员的注意力 2. 节省时间，提高讲课效率 3. 课件可以长期重复使用，也可随时完善 4. 学员对课件中的重要内容可以复制或复印 5. 动画效果较活泼，可以加入图表、画片、照片 6. 环保无粉尘	1. 价格昂贵 2. 需要提前准备和使用技巧 3. 需要电源 4. 需要配合计算机或其他设备使用
	视频短片	1. 将实际生活场景做视觉化的再现 2. 使学员注意力集中 3. 既有图像又有声音	制作困难，成本较高
黑、白板		1. 方便 2. 传统培训的基本功，便于普及，容易接受 3. 经济实惠（可就地取材）、成本低 4. 便于学员同步记笔记，吸引学员注意力 5. 条理清楚 6. 学员演练方便 7. 可灵活运用，便于修改 8. 对周围环境要求不高 9. 可随时做图形、表格	1. 粉尘大、不卫生（黑板） 2. 创业咨询师劳动强度大 3. 费时间 4. 信息量受限制 5. 资料不能保存，不可复制

续表

视觉教具	优点	缺点
彩色卡片	1. 灵活方便，准备比较快、比较简单 2. 比较容易系统地表述内容，便于展示 3. 应用范围广、易分类、分类沟通可随时调整 4. 设备简单 5. 环保、无粉尘	1. 粘在黑、白板上易脱落 2. 卡片易丢失 3. 字太小、距离有限 4. 书写内容少 5. 卡片纸成本略高 6. 如果没有条理会使人产生混乱
活页挂纸	1. 可以事先准备 2. 可以返回前面内容，再次使用 3. 可以保存	1. 信息量小 2. 稳定性差 3. 成本略高
实物道具	1. 方便 2. 容易使用 3. 可以提前准备	学员容易将注意力集中在实物道具上

四、视觉教具的使用要点

视觉教具可增加讲课的多样性并帮助学员理解教学内容，但是，印象深刻的授课的关键并不是把教具作为支柱来用。创业咨询师还要明确学员是否愿意接受使用的视觉教具，视觉教具是否能够有助于教学信息的传递等一系列的问题。为了能够充分发挥视觉教具的作用，创业咨询师必须掌握各种教具的正确使用要点和使用时机。表 4—15 详细介绍了每种视觉教具的使用时机和注意事项。

表 4—15　　视觉教具的使用时机和注意事项

视觉教具		使用时机	注意事项
多媒体投影仪	幻灯片	只要条件具备都可使用，特别是在学员文化程度较高的情况下效果更佳	1. 在课程开始前检查设备 2. 准备紧急情况下（如，停电）的预备方案 3. 幻灯片页数不要过多 4. 写要点，字体、字号大，保证所有学员能够看得到 5. 幻灯片的颜色、图片等不要太多 6. 动画不要太多，幻灯片之间的跳跃不要太大 7. 每一张幻灯片上内容不要过多，言简意赅，文字内容最好不要超过 10 行
多媒体投影仪	视频短片	与培训内容相符、联系紧密，例如培训某一过程或程序时使用	1. 在开始前做一个简要的介绍 2. 在播放结束后分析和提炼要点 3. 不要在播放过程中打断

续表

视觉教具	使用时机	注意事项
黑、白板	1. 缺乏其他视觉教具时 2. 需要学员演练时 3. 创业咨询师强调重点需要补充时 4. 停电时	1. 字号要大，清楚整洁 2. 事先计划好写哪些内容 3. 使用多种颜色（蓝色/黑色） 4. 使用专用白板笔，用毕擦掉 5. 不要对着白板讲话 6. 将白板放在合适的位置，不要遮住白板，确保所有学员都能看得见 7. 尽量不要用繁体字或者使文字支离破碎
卡片	1. 小组介绍时展示要点、观点 2. 总结时展示要点 3. 重要提示	1. 清楚整洁 2. 只记简短明了的要点 3. 使用彩色卡片时不要无序、颜色杂乱，要有逻辑和层次，同一层次只使用一种颜色 4. 字号大，确保所有学员都能看得见 5. 事先准备好卡片 6. 不要把卡片弄乱，卡片要编号
活页挂纸	1. 用于写下题目和目标 2. 想参考前面内容时可以保留并反复观看	1. 用大号字体，字迹工整，不要写得太密、太乱 2. 只写要点 3. 每页最好不要超过 10 行 4. 用各种颜色的不退色记号笔，但是颜色不要过多 5. 事先准备，事先画好草图 6. 使用标签，或在挂图的角上折页

学习单元 3　培训技巧的使用

学习目标

➢能够说明培训技巧的概念、作用和种类。

➢能够在培训中灵活地运用培训技巧。

知识要求

技巧是巧妙的技能，而培训技巧就应该是指创业咨询师在面对培训对象时进行培训授课的巧妙技能。

创业咨询师在熟练掌握各种培训方法，灵活使用视觉教具的基础上，还要具备培训技巧，只有这样才能实现理想的培训效果。

如果将创业咨询师比喻成厨师的话，他所烹饪的原材料就是要向学员传递的各种知识和技能，采用的烹饪方式煎、炒、烹、炸相当于各种培训方法，使用的烹饪工具锅、碗、瓢、盆则是不同的教具，不过在烹饪的原材料相同，采用的烹饪方法相同，烹饪工具也一样的情况下，每位厨师做出的菜肴却是有好有坏，产生差别的原因就是烹饪技巧各不相同。所以创业咨询师要像厨师一样做出色、香、味俱佳的“培训大餐”的话，就需要掌握丰富的培训技巧。

一、培训中语言技巧的应用

尽管培训过程中有很多技巧，但是不可否认的是语言技巧应该是最为重要的，因为不管创业咨询师运用多么高明的方式和方法，使用多么先进的教具进行培训，都离不开语言的表达。

1. 语音表达的技巧

将培训课程的信息通过语言的形式表达出来，然后传递给学员，这应该是创业咨询师进行培训工作的最基本要求。不过同样的话，出自不同人之口，达到的信息传递效果却不尽相同，这时语言声音表达的技巧就起到了重要作用。语音表达的技巧主要包括：音量、音调、节奏、停顿、发音和口头语。

（1）音量

音量是指语言声音的强弱、大小程度，它是语音表达的前提条件，因为如果学员连创业咨询师的声音都听不到，何谈培训的效果。但是，音量也不是越大越好。在保证所有学员都能够听得到的前提下，创业咨询师还要根据课堂的气氛和培训内容来确定音量的大小。例如，陈述性内容的表达，使用中等音量即可（一般为 60 分贝左右），而需要调动学员积极性，提高注意力，表达强烈感情色彩的内容时，使用更大的音量为好（75～80 分贝）。此外，音量的大小还要受创业咨询师与学员的距离、培训场所的大小和环境等因素影响。

（2）音调

音调指的是在语音表达时，语调音阶的变化。通常人们所说的抑扬顿挫就是用来形容音调的。同样一句话，如果使用不同的语调表达，传递的意思也会千差万别。音调运用的核心技巧就是变化。所以创业咨询师在培训过程中，需要根据培训的内容不断变化音调，吸引学员的注意力，增加所要传递信息的感情色彩。

（3）节奏

所谓的节奏，实际上就是指语速的快慢程度。如同音量和音调一样，节奏的变化对于语言表达也是非常重要的。在课程中，如果学员听到的是一个没有节奏变化的声音，那么就会像母亲的摇篮曲一样，很快使人昏昏欲睡。除了保持节奏的变化，一般来说语言的节奏也不宜过快或者过慢，创业咨询师在陈述内容时，每分钟 150 个字就是比较合适的语速，而在强调重点或者调节气氛时就可以变化不同的语速。

（4）停顿

停顿是语言节奏的特殊处理，是一种语言间隔，主要包括：语法停顿、逻辑停顿和心理停顿三种。

1）语法停顿就是按照语法要求进行语言的间隔。最简单的语法停顿形式就是：句号（包括问号、感叹号）＞分号＞冒号＞逗号＞顿号；段落＞层次＞句子。

2）逻辑停顿顾名思义就是根据内容的逻辑关系产生的语言间隔。逻辑停顿往往运用在表达内容之间的因果、并列、递进等的时候，其目的是强调逻辑，提示学员注意某种逻辑的存在。

3）心理停顿不同于语言或者逻辑停顿，而是遵循心理活动的需要。从形式上它和语法停顿、逻辑停顿一样都表现为外部语言的间隔，从实际本质上看，则是创业咨询师“心理语言”的体现和活化。心理停顿可以帮助创业咨询师做到：激发学员情绪，引起情感的共鸣；给学员留有整理思路，体会情感的时间；体现暗示和设想的作用，诱导学员思考；吸引学员注意，诱发学员好奇心，调动学员积极性。

（5）发音

创业咨询师的发音对于想要轻松容易地理解培训内容的学员来说是非常重要的。语言表达的清晰准确是对创业咨询师的基本要求，也是创业咨询师专业素质的体现。所以，创业咨询师在语言表达的过程中，要注意不要“吃掉”字词的音节，而造成发音混淆。如“答案”【da'an】很容易读成“蛋”【dan】。

（6）口头语

很多人都不会注意到语言表达中那些没有意义的字词，如嗯、那么、啊等，不过过多的口头语会扰乱学员的注意力、听课的连贯性，进一步影响培训的效果。没有人敢保证，学员不会在培训过程中，专心致志地去数创业咨询师口中的口头语。

2. 提问的技巧

创业咨询师在培训过程中，利用语言与学员互动的最有效方式莫过于提问，不过提问也是需要技巧的，并不是所有的问题都是学员接受和感兴趣的，这和提问者提出问题的方式和技巧有很大的关系。

（1）问题的类型

1）封闭型问题。问题的答案已经被限定的一种问题类型。主要的作用就是用于澄清问题、梳理思路、控制方向。

2）开放型问题。相对封闭型问题而言开放型问题的答案没有限定，没有统一标准。开放型问题可以引导学员进行讨论；减轻学员压力，创造一种开放的学习气氛；了解学员的想法。

3）整体型问题。整体型问题既可以是封闭式的，也可以是开放式的，是面向全体学员提出的问题，每个人都可以回答。整体型问题的作用在于把回答问题的权利转移给每个人，激发每个学员的参与性，鼓励他们去思考。往往可以用于展开话题，让每个人都有发言的就会；或者用于对某个问题的探讨，可以短时间内获得学员不同的意见和评论。

4）针对型问题。与整体型问题相对的就是针对型问题。针对型问题已经指定回答者。这种问题的缺点就是会排除其他的学员作答，很多人可能会想："谢天谢地，没有叫到我。"不过针对型问题也有它的优点，这类问题可以帮助创业咨询师有选择性地控制提问，鼓励沉默者参与课程，避免积极的学员抢占别人的机会，提醒分神或跑题的学员即时回到培训中。

（2）提问的原则

创业咨询师提问要遵循以下一些基本原则：

1）提出的问题一定要表达清晰准确，不能含糊不清、模棱两可；

2）提出的问题不应该让学员感到受挫或丧失信心；

3）提出的问题是学员可以回答的，并且能够回答的；

4）提出的问题一定要和培训的主题和内容相关；

5）提问不要涉及学员的私人问题或者敏感问题；

6）提问可以借助一些小游戏，以变得生动、有趣。

二、培训中非语言技巧的应用

培训技巧不是仅仅存在于语言方面，阿尔伯特·梅拉比安教授提出信息传递的梅拉比安公式，如图 4—8 所示。梅拉比安教授认为就信息传递的效果而言，7%是文字语言，38%是有声语言，55%是形体语言。这就足以证明，形体语言对于培训的重要性。为了区别于文字语言和有声语言，这里把包括形体语言在内的姿势、手势、目光、表情等统称为非语言。那么创业咨询师在掌握语言技巧的同时，也要掌握非语言技巧。

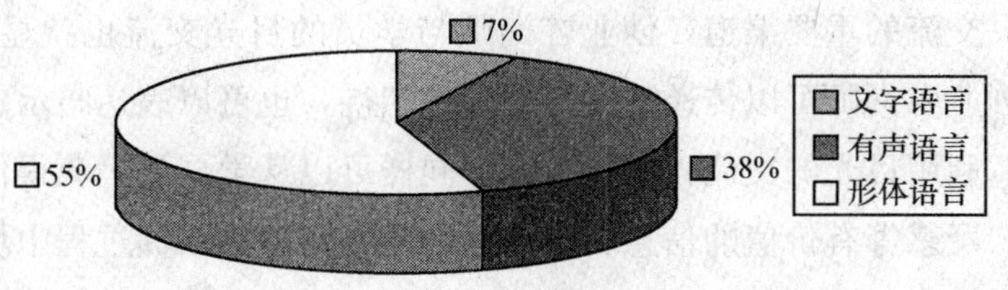

图 4—8　梅拉比安公式

1. 姿势

虽然创业咨询师不一定非要像中国古语里讲的那样“站如松，坐如钟”，但是挺胸抬头，不塌腰驼背应该是创业咨询师在培训中最基本的标准。这样做，既有利于手势、目光等其他非语言技巧的展示，也有助于音量的提升、音调的变化。创业咨询师特别需要注意的是，叉腿、抖动身体、双手背在身后或是插入口袋都是一种不尊重学员的表现。

2. 手势

平时人们常用的手势类型有很多，下面介绍创业咨询师在培训中常用的四种手势。

（1）指示手势

指示手势主要是指创业咨询师指明培训中叙述的人或事物的数量和运动方向的手势。指示手势明显的特点是动作简单明了，表意单一，很好地起到示意性的作用。

（2）象形手势

象形手势是具体模拟人或事物态势和形状的手势。象形手势可以给学员一个具体、直观的印象。例如，创业咨询师在描述某样产品形状时，就可以运用象形手势展示产品的大小。

（3）象征手势

象征手势主要表达抽象的概念。象征手势与象形手势最大的区别就是说表述的都是抽象而具体的事物。例如，创业咨询师在讲述企业的成长阶段，就可以借助象征手势来反映企业由小到大的发展历程，而象形手势则展现不了企业的大小这种概念。

（4）情意手势

情意手势是主要辅助创业咨询师表达内心情感的手势。这种手势可以使创业咨询师所表达的情感更加丰富、强烈和具有感染力。

3. 目光

俗话说：“眼睛是心灵的窗户”，而心灵能够展示人们内心最为丰富和真切的情感，作为心灵交流的重要渠道，创业咨询师与学员的目光交流也就显得十分重要。通过目光，创业咨询师可以传递赞赏、鼓励和期待，也可以表达暗示、制止，甚至责备的信息。利用目光的交流，创业咨询师同样可以从学员那里获得他们对课程的认可、不满、疑惑等有价值的信息。所以，创业咨询师在培训过程中尽可能和每个学员有目光的交流（指在人数不是很多的情况下，如果是 100 人以上的培训，要和每个学员有目光交流是不现实的），但是要注意不能将目光在一个点上集中时间过长，一般情况每次与学员有 3～5 秒钟目光接触比较合适。

4. 表情

常说一个人的面部表情是其心情变化的“晴雨表”，不过这张“晴雨表”在反映一个人内心状况的同时，也会不同程度地影响周围人的情绪。这就要求创业咨询师的表情温和、自然和适度。要知道，往往受到学员欢迎和认可的创业咨询师都具备一个共同特点，就是和蔼可亲、平易近人，而反映和蔼可亲的最佳渠道就是面部表情。此外，面部表情既要结合培训内容的变化，也要配合姿势、手势和目光的运用。

总而言之，创业咨询师在培训过程中，要想通过培训技巧有效地提升培训效果，就要做到两个方面的结合。一方面，既要利用音量、音调、节奏、停顿以及提问等语言技巧的相互配合，也要是姿势、手势、目光和表情等非语言技巧的综合运用；另一方面，在语言和非语言技巧内部结合的基础上，使语言和非语言之间也能够有机结合，相互推动，最终达到最佳的表达效果。

第 4 节　监督评估培训效果

学习单元 1　设计培训监督和评估工具

学习目标

➢ 能够说明设计培训监督和评估工具的原则。

➢ 能够设计培训监督和评估工具。

知识要求

一、设计培训监督和评估工具的原则

监督和评估培训效果的根本目的是确定培训效果，提升培训价值，并且促进培训不断完善，但是，如果使用科学性和严谨性都很差的监督评估的工具，那么也就很难获得真实的信息和有效的评价。所以，在设计监督评估工具时，要遵循以下指导原则：

1. 目标导向原则

创业咨询师在设计监督评估工具时，要自始至终地依据培训目标进行。培训目标是通过培训希望达到的标准和结果，而脱离了这些标准，也就失去了监督评估的实际意义。这就要求创业咨询师在设计监督评估工具时，要先将培训目标分解成若干个子目标，然后再根据这些子目标设计出相应的评估题目。

2. 内容有效原则

通过监督评估工具反映出的内容和信息一定是对最终评价培训效果有实际用处的。如果工具反映的内容不具备进行评价的价值，不仅会造成人力和物力的浪费，增加培训成本，而且还会增加培训信息失真的机会。所以，在设计和选择监督评估工具的时候，创业咨询师要认真考虑衡量工具里每个题目的作用以及它的实效性和操作性，如果某个题目或内容可有可无，那么就坚决地删掉。

3. 客观可靠原则

为了保证监督评估培训效果的真实可靠性，就需要能够提供真实有效的信息，而这些信息则来自于客观可靠的监督评估工具。因此，创业咨询师在设计工具时，不能主观臆断，不能在工具的题目中体现个人的观点或者表现出对某些方面的倾向。反之，这样的题目就很容易误导使用工具的培训对象，最终失去监督评估数据和信息的科学性和客观性。

4. 简明扼要原则

设计的工具要与培训对象的经验和习惯相符，尽可能地使工具格式简单易行、题目简洁明了，这样既能便于培训对象的填写，又能够确保培训对象对题目和内容的正确理解，同时，还能提高工具的填写率和回收率。

二、设计培训监督和评估工具的步骤

培训监督评估工具的设计步骤是一个逻辑过程，如果设计不合理就会直接影响

监督评估的效果。所以设计培训的监督评估工具需要遵循以下步骤：

1. 确定需要的信息

创业咨询师要确定监督评估的内容范围。监督评估培训效果主要考虑的要素是：培训的组织和管理、培训的内容、培训师、学员。

2. 选择问题类型

根据监督评估的目的以及不同的要素，选择不同的问题类型。常用的问题类型包括：

（1）开放型问题

开放型问题不对答案进行限定，为答题者提供自由发挥的空间。

（2）复选型问题

复选型问题提供可选择的一系列项目，答题者可以选择符合自身情况的多个选项。

（3）是非型问题

是非型问题限定问题的答案，仅有"是"或"否"两种情况可供答题者选择。

（4）等级评定问题

等级评定问题提供多个等级的评定项目，由答题者进行选择。最终创业咨询师要根据对监督评估的所需数据的情况，选择单个或多个问题类型组合。

3. 拟订调查问题

根据工具所需的问题类型和所需信息，拟订和编制各种项目问题。表述项目问题应该遵循简单、清楚、容易理解的原则，避免用词含糊不清，表意模棱两可。在拟订问题的时候，创业咨询师还要考虑工具使用对象的能力和水平的因素。此外，问题的数量也是需要注意的问题，问题数量少，可能影响数据采集的全面性；而问题过多，又可能造成问题的回答率不高。一般情况下，例如最常用的监督评估工具——监督评估问卷的问题总数应控制在25个左右。总之，问题数目和类型都以确保信息的信度和效度为基本原则。

4. 编排问题顺序

在拟订问题后，就需要对问题的顺序进行合理安排。如果问题的顺序排列不当，也会影响工具的使用效果。问题的顺序编排主要是依据答题者的习惯，一般规律是由简单到复杂，先安排封闭式的问题，如是非型问题、等级评定型问题、复选型问题，开放型问题通常都是放在工具的最后，而且数量不宜过多。

5. 对工具进行测试

在监督评估工具正式使用之前，还需要进行测试，以检验其实用性。工具测试对象最好来自潜在答题者的群体，这样更能准确地验证工具效果。

6. 编制最终工具

培训监督评估工具测试完毕，要根据测试结果进行相应的调整，以求达到工具的最大效用。

学习单元 2　评估培训效果

学习目标

➢能够解释评估培训效果的要素和层次。

➢能够实施评估培训效果的工作。

知识要求

创业咨询师通过监督培训效果收集培训相关信息，而评估则要根据所获信息评定培训是否实现了预期的培训效果，最终确定培训的价值。所以，评估培训效果尽管是创业培训周期的最后一步，却起到了重要的作用。创业咨询师要首先了解评估培训效果的要素和层次，如图 4—9 所示。

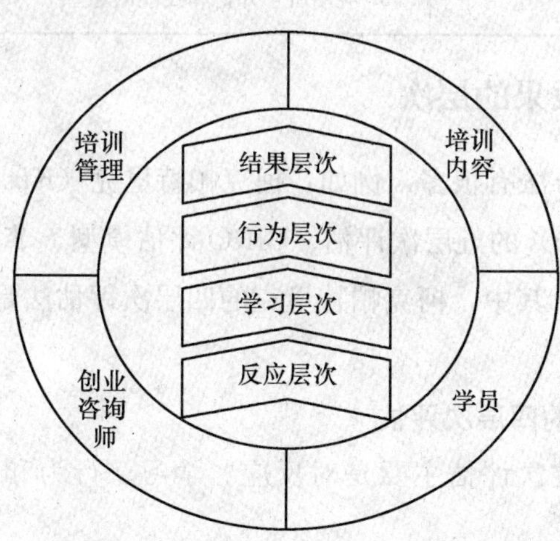

图 4—9　评估培训效果的要素和层次

一、评估培训效果的内容

评估的范围和内容不可能是不受限制的，培训评估需要始终依据制定好的培训目标进行，而评估的主要内容就是四个方面的要素：培训管理、培训内容、创业咨询师（由于在创业咨询过程中，培训的工作主要由创业咨询师本人来做，所以这里选择创业咨询师代替培训师）以及学员。具体见表 4—16。

表 4—16 培训评估的主要要素

要素	评估主体	评估的具体内容
培训管理	创业咨询师、学员、培训管理者	1. 培训的组织是否井然有序 2. 培训的场地、设施、设备以及环境是否满足培训的需要 3. 培训的后勤工作是否保障培训的顺利进行 4. 培训的目标是否合适并且现实
培训内容	创业咨询师、学员的上级、学员	1. 培训内容的实用性，与实际工作的相关程度 2. 培训内容的覆盖范围、难易程度是否合适 3. 培训内容的结构和逻辑是否合理 4. 培训内容的时间分配是否得当
创业咨询师	学员、培训管理者	1. 工作态度 2. 对培训内容的把握和理解 3. 培训的方式和方法 4. 培训的技巧 5 培训工具的使用
学员	创业咨询师、培训管理者	1. 学习的态度和责任心 2. 参与培训的积极性 3. 应用所学知识和技能的愿望

二、评估培训效果的层次

评估培训效果的方法有很多，例如，柯克帕特里克（Kirkpatrick）的四层次评估、考夫曼（Kaufman）的五层次评估、CIRO 评估模型、菲利普斯（Phillips）的 ROI 五级评估框架等。其中，柯克帕特里克的四层次评估法是应用最为广泛的评估模型。

1. 柯克帕特里克的四层次评估

柯克帕特里克四层次评估主要是对反应、学习、行为和结果四个层次进行评估。

第一个层次：反应层次。测量学员对培训项目的反应，即学员对培训的喜欢和满意程度。主要是通过学员的情绪、注意力、认可或不满等信息，结合全体学员的总体反应得出对培训效果的基本评价。反应层面的评估主要包括培训内容、培训师、方法、材料、设施、场地以及环境等方面的评估。

第二个层次：学习层次。主要是评估学员通过培训学习可获得什么知识、技能和态度；培训的内容和方法是否合适；培训的各个环节是否满足和达到了培训的要求。

第三个层次：行为层次。评估学员通过培训，在实际工作过程中的行为改变情况。培训对学员知识、技能和态度的提高和改善是要通过行为的变化体现出来的。与第一个层次和第二个层次不同的是，第三个层次和第四个层次的评估要在培训结束后的一段时间才能进行。这个层次的评估，一是要学员自己进行反思和总结行为的变化；二是通过学员的上、下级和同事等相关人员对其参加培训前后的行为方面的变化进行对比和评价，使评估更具客观性和可靠性。

第四个层次：结果层次。培训效果的最终评价应该是以企业绩效的提高为根本标准。这也是企业对培训需求的根本目的。通过企业利润率的提高、成本的降低、质量的改进、事故率的减少、与顾客关系的改进、生产和服务效率的提高、员工士气提升以及离职率的下降等结果和指标的反应，评价培训目标的完成情况，体现培训的价值。

2. 考夫曼的五层次评估

考夫曼扩展了柯克帕特里克的四层次评估，考夫曼认为培训评估应该覆盖培训的整个过程，并且获得培训前的各种资源是非常重要的。培训所产生的效果不仅给企业带来收益，而且对企业所处的环境以及企业的客户都会产生影响。所以，他认为评估培训效果还应该加上对社会和企业客户的评估。具体见表 4—17。

表 4—17　　考夫曼五层次评估

评估层次	具体内容
培训可行性	培训前人力、财力和物质投入的质量和可获取性
反应	方法、手段和过程的可接受程度和熟练程度
获得	个体和小群体技能和胜任力
应用	企业内个体的效用和小群体效用
企业产出	对企业的贡献和回报
社会产出	社会和客户的反应、结果和回报

3. CIRO 评估模型

CIRO 是 Contextual（情景）、Input（输入）、Reaction（反应）、Outcome（输出）四个英文单词的首字母缩写。CIRO 评估模型是从情景、输入、反应和输出四个层面进行评估。具体见表 4—18。

表 4—18　　CIRO 评估模型

评估层次	实施者	具体内容
情景	培训管理者	获取和使用当前情景的信息来明确培训需求和培训目标，收集企业绩效的信息，评估信息确定培训需求
输入	培训师	获取和使用可能的培训资源确定培训方法
反应	学员	获取和使用学员的反应用于提高培训
输出	企业决策者和管理者	收集和使用培训结果的信息

4. 菲利普斯的 ROI 五级评估框架

菲利普斯在柯克帕特里克原有的四级评估的层次上增加了对投资回报（return on investment）的评估。这也被认为继柯克帕特里克以后对其四级评估模型最有价值的改进。

第一个层次：评估学员对培训的满意程度，包括对课程、培训师、组织管理以及服务等。同时，也要对学员在培训后对于应用所学内容所做的行动计划进行评估。

第二个层次：评估学员在培训前后的变化，即学员通过培训所学的知识、技能和态度的转变。

第三个层次：评估学员将所学内容实际应用的情况。所以这个层面的评估往往需要培训后进一步的跟踪评估。

第四个层次：评估学员在接受培训后，对于企业产生的实际收益。通常可以通过测量产量、质量、成本、时间和顾客满意度等因素来衡量。

第五个层次：评估培训对企业的影响，以及产生这种影响所需的投入。

三、评估培训效果的步骤

评估培训效果是为了最终评价培训是否实现了培训效果，达到培训目标，所以对于创业咨询师来说，掌握评估培训效果的步骤也就十分重要了。

第一步：设定评估目标

评估目标和培训目标是紧密相关的，因为评估培训效果的目的就是衡量培训目标是否实现以及培训目标完成的程度。根据培训评估的意义和作用，培训评估目标主要包括以下几种：

（1）判断培训目标的实现

这种培训评估目标主要是通过对培训结果的评价，来判定是否达到培训的预期。

（2）确定培训投入和产出比

这类培训评估目标要量化培训的成本和收益，用以确认培训的成果。

（3）判定培训管理的水平

主要是明确培训的组织和管理工作的效率，发现不足，为下次的培训提供经验。

（4）确认培训的质量

评估目标要反映出培训的内容、方法、培训师的能力等方面是否达到培训的要求，从而为提高培训质量提供参考依据。

第二步：整理信息和数据

进行培训评估的根本依据是监督培训效果过程中收集来的信息和数据，而这些信息和数据往往是形式多种多样、数量庞大，这样就需要创业咨询师在评估培训效果之前对信息和数据进行分类和整合。可以依据培训评估的内容进行分类和整合，如培训的组织和管理、培训的内容、培训师、学员。

第三步：选择评估层次并且进行评价

创业咨询师在整理完评估所需的信息和数据后就可以选择评估的层次了。大多数情况下，选择柯克帕特里克的四级评估就可以了，不过创业咨询师在评估层次中如果再加上投资回报层次的评估，则可以向客户更加真实地反映出培训的价值。确定好评估的层次后，创业咨询师就可以从评估反应层次开始，依次对学习层次、行为层次、结果层次和投资回报层次进行评估。

第四步：编写培训效果评估报告

评估培训效果的最后一步就是根据评估的结果编写培训效果评估报告。学习单元 3 将详细阐述评估报告的编写方法，此处不做赘述。

学习单元 3　培训效果评估报告的编写

学习目标

➢能够解释培训效果评估报告的内容。

➢能够编写培训效果评估报告。

知识要求

一、培训效果评估报告的概念与构成要素

培训效果评估报告是指创业咨询师反映评估培训效果的过程和结果以及参考建

议的正式文书。培训效果评估报告构成要素见表 4—19。

表 4—19　　培训效果评估报告的构成要素

构成要素	具体内容
前言	说明培训效果评估的背景概况，包括培训项目的性质、评估目的、执行人和机构，以及培训执行的影响因素等
培训过程概述	概述评估的实施过程，特别是要介绍评估方法的选择、数据资料的收集方法，以及评价指标的确定等情况
评估结果	说明评估结果。评估结果和评估过程的阐述要符合逻辑关系
评估结果分析和评价	对评估结果进行分析和评价，并提出参考意见。创业咨询师可以在此部分就培训评估的充分性、培训的改善措施、对与培训相关的咨询工作等问题进行阐述
附录	包括收集和分析数据使用的各种图表、问卷和相关的原始资料，可以为评估报告的使用者提供依据，评价培训效果评估过程使用的方法是否科学，评估结论是否合理

二、培训效果评估报告的格式规范

尽管培训效果评估报告内容各有不同，但是创业咨询师在编写评估报告时，需要遵循以下基本的格式规范，见表 4—20。

表 4—20　　培训效果评估报告格式规范

<table>
<tr><th colspan="2">栏目</th><th>主要内容</th></tr>
<tr><td colspan="2">报告封面</td><td>1. 咨询项目名称
2. 培训效果评估报告名称
3. 评估报告撰写人
4. 报告日期</td></tr>
<tr><td colspan="2">报告扉页</td><td>内容目录</td></tr>
<tr><td rowspan="2">主体内容</td><td>前言</td><td>1. 培训评估性质
2. 培训评估目的
3. 培训评估的时间
4. 评估人员：姓名、职业资格、培训评估中承担的工作</td></tr>
<tr><td>培训评估过程</td><td>主要使用的句式：
1. 通过……途径，进行了……调查
2. 运用……方法
3. 分析……信息
4. 最后得出了……结论</td></tr>
</table>

续表

栏目		主要内容
主体内容	培训评估结果	1. 培训评估结果的陈述 2. 培训评估结果的解释 3. 培训评估结果的分析 4. 培训评估结果的评价 5. 相关的参考建议
附录		图表、问卷和相关的原始资料

三、培训效果评估报告的表述要求

在编写培训效果评估报告的时候，创业咨询师需要注意以下表述要求：

1. 评估报告内容的表述要客观

评估报告是创业咨询师与客户进行决策的重要依据，所以报告的内容要避免主观倾向的影响。特别是对于培训过程的概述和培训效果评估结果的解释、分析的过程，创业咨询师一定要本着尊重客观数据和事实的原则进行表述，因为如果创业咨询师将自己的主观意见体现到这两部分的表述中，将会直接影响到报告使用者的判断。

2. 评估报告的表述要讲究技巧

创业咨询师在评估报告的表述上也要适时地运用一些技巧。例如，一个培训活动的开展，会使管理者、组织者和学员耗费大量精力，所以在论述培训的失败或者不足之处时，措辞要得当，既能将出现的问题表述清楚，又不至于挫伤他们的热情。

3. 评估报告的表述切忌以偏概全

创业咨询师在编写评估报告时，经常就培训评估过程中发现的某个问题进行阐述，犯以偏概全的错误。培训的评估是一个综合性工作：需要通过不同对象获得评估信息，包括培训的管理者、培训组织者、参与学员、培训师、学员的同事和上级等；需要关注不同的评估要素，如培训的管理、培训的内容、培训方式等；需要不同层面的分析和评价，如反应层面、学习层面、行为层面、结果层面以及投资回报层面等。所以报告的表述，要有整体观和系统观，提高报告的说服力。

4. 报告尽可能采取更为直观的表述方式

创业咨询师在选择报告的表述方式时，要尽可能使报告的形式醒目，内容清晰、有条理。特别是各种图表、问卷和相关原始数据的合理运用，既可以提高报告的可读性，又能够体现报告的可信度。

学习单元 4　监督评估培训效果案例

为了能够更好地掌握监督评估培训效果的技能，下面继续沿用前几节使用的案例，说明如何设计培训监督和评估工具，评估培训效果和编写培训效果评估报告。

1. 设计培训监督和评估工具

ZW 创业咨询服务机构创业咨询师李先生完成的关于 YZ 服装公司的培训计划得到了张先生的认可。不过为了使培训计划能够有效实施，李先生还需要为培训设计相关的监督评估工具。下面以培训结束时使用的培训评估问卷为例进行说明。

首先，创业咨询师李先生组织咨询项目小组成员进行了一次讨论。通过讨论确定评估的主要信息，包括培训的组织和管理、培训的内容、培训师、学员。

其次，李先生根据确定的评估信息，选择了问题的类型，将信息转化成具体的问题，并且根据问卷的编写原则，将罗列的具体问题组织排序，形成了问卷的初稿。

再次，李先生请创业咨询服务机构资深的创业咨询师检查了问卷，并根据修改建议对问卷进行了调整，形成了一份培训评估问卷，见下表。

培训评估问卷

为了了解您对本次培训的整体评价，请您将真实的感受填写在本问卷中，以便有效改进和完善培训工作，从而能够为您在今后的培训中提供更优质的培训服务。感谢您的合作！

填写说明：

1. 请在符合您的情况的题目前的□内填“√”号。

2. 问卷的表格长度可以根据填写内容自动延长调整。

基本信息
填表日期：　　年　　月　　日 培训主题： 培训地点： 培训师姓名：
培训的总体评价
您对本次培训的总体评价是怎样的？ □非常满意　□很满意　□比较满意　□一般或说不清　□不满意，原因________。
培训内容

续表

1. 您认为本次培训内容对您的实际工作是否有帮助？ □非常有帮助　□很有帮助　□有一定的帮助　□一般或说不清　□没有帮助，原因__________。 2. 您认为本次培训内容的结构和逻辑是否合理？ □非常合理　□很合理　□比较合理　□一般或说不清　□不合理，原因__________。 3. 您认为本次培训内容的难易程度是怎样的？ □非常简单　□很简单　□一般　□比较难　□很难 4. 您认为本次培训中使用的培训材料是否有价值？ □非常有价值　□很有价值　□有一定的价值　□一般或说不清　□没有价值，原因__________。 5. 您认为本次培训中使用的培训方法是否合理？ □非常合理　□很合理　□比较合理　□一般或说不清　□不合理，原因__________。

培训师（1 非常好，2 很好，3 一般，4 很差，5 非常差）					
1. 专业水平	□1	□2	□3	□4	□5
2. 工作态度	□1	□2	□3	□4	□5
3. 仪态仪表	□1	□2	□3	□4	□5
4. 语言表达	□1	□2	□3	□4	□5
5. 逻辑思维	□1	□2	□3	□4	□5
6. 培训技巧	□1	□2	□3	□4	□5
7. 总体表现	□1	□2	□3	□4	□5

培训组织和管理（1 非常满意，2 很满意，3 比较满意，4 一般，5 不满意）					
1. 您对本次培训的形式是否满意？	□1	□2	□3	□4	□5
2. 您对教室的环境是否满意？	□1	□2	□3	□4	□5
3. 您对本次培训的茶歇、餐饮是否满意？	□1	□2	□3	□4	□5
4. 您对本次培训的住宿条件是否满意？	□1	□2	□3	□4	□5
5. 您对本次培训的课外活动的组织是否满意？	□1	□2	□3	□4	□5
6. 您对本次培训的组织和管理工作是否满意？	□1	□2	□3	□4	□5
您对培训的其他建议：					

2. 评估培训效果和编写培训效果评估报告

在监督和评估培训过程中，创业咨询师李先生主要使用了问卷调查法和测试法，同时他设计的监督评估工具起到了很好的作用，收集了很多有价值的评估信息。

接下来，李先生根据柯克帕特里克的四层次评估法对本次 YZ 服装公司的品牌基本观念的培训进行评估，对本次培训效果评估层次确定为反应层次和学习层次，见下表。

YZ 服装公司品牌基本观念培训效果评估报告

品牌基本观念培训效果评估报告

——YZ 服装公司×××咨询项目

报告撰写人：ZW 创业咨询服务机构创业咨询师李××
报告日期：××年××月××日

报告内容目录：（略）

前言：

YZ 服装公司和 ZW 创业咨询服务机构就开展×××咨询项目签订了服务合同。ZW 创业咨询服务机构将为 YZ 服装公司提供系统的咨询服务，为此也成立了×××咨询项目工作组，咨询项目工作组通过对 YZ 服装公司详尽地分析诊断，为 YZ 服装公司制定了×××问题解决方案。为了×××咨询项目方案的有效执行，提高方案执行人员的能力，保证×××咨询项目开展，最终推动和促进 YZ 服装公司的发展，咨询项目工作组开展了对 YZ 服装公司参与市场营销管理的相关人员的品牌基本观念的培训工作

为了检验培训是否实现了培训目标，并且为进一步的培训工作提供改进和完善的依据，咨询项目工作组对本次培训活动进行了培训效果的评估工作

培训效果监督评估的方法和过程：

本次培训效果监督评估的对象：YZ 服装公司市场营销管理的相关人员，包括市场营销部门、人力资源部门、生产部门、财务部门等相关的管理人员，共计 20 人

本次培训效果监督评估的时间：××年××月××日至××年××月××日

本次培训效果监督的方法：问卷调查法和测试法相结合

本次培训效果监督的工具："YZ 服装公司品牌基本观念培训效果调查问卷""YZ 服装公司品牌基本观念培训前测试表""YZ 服装公司品牌基本观念培训后测试表"

本次培训效果评估的方法：柯克帕特里克评估法，包括反应层面和学习层面（本报告只针对反应层面进行描述）

培训效果监督的结果：

1. 对培训的总体评价

非常满意 65%，很满意 25%，比较满意 10%，一般或说不清 0，不满意 0。图（略）

2. 培训内容的情况

(1) 培训内容与实际工作的关联性

非常有帮助 70%，很有帮助 20%，有一定的帮助 10%，一般或说不清 0，没有帮助 0。图（略）

(2) 培训内容的结构和逻辑的合理性

非常合理 60%，很合理 25%，比较合理 10%，一般或说不清 5%，不合理 0。图（略）

(3) 培训内容的难易程度

非常简单 20%，很简单 20%，一般 50%，比较难 10%，很难 0。图（略）

(4) 培训中使用的培训材料认可度

非常有价值 10%，很有价值 30%，有一定的价值 25%，一般或说不清 25%，没有价值 10%。图（略）

(5) 培训中使用的培训方法的合理性

非常合理 45%，很合理 25%，比较合理 25%，一般或说不清 5%，不合理 0。图（略）

续表

3. 培训师的情况

评估项目	优秀（%）	良好（%）	一般（%）	很差（%）	非常差（%）
专业水平	70	30	0	0	0
工作态度	85	15	0	0	0
仪态仪表	80	15	5	0	0
语言表达	75	15	10	0	0
逻辑思维	65	25	10	0	0
培训技巧	35	45	20	0	0
总体表现	70	25	5	0	0

4. 培训组织和管理的情况

评估项目	非常满意（%）	很满意（%）	比较满意（%）	一般（%）	不满意（%）
培训形式	55	35	10	0	0
教室环境	25	40	20	15	0
茶歇和餐饮	5	20	45	20	10
住宿条件	65	25	10	0	0
课外活动	10	35	45	10	0
组织管理	35	30	25	10	0
总体表现	65	25	10	0	0

对培训效果评估结果的解析和评价：

1. 培训内容

培训内容方面评估的结果是令人满意的。通过评估发现大多数学员认为本次培训的内容与实际工作联系紧密，有90%的学员认为培训内容对他们的工作非常或者很有帮助，其余10%的学员认为有一定的帮助。学员中有85%的人认为培训内容的结构和逻辑是非常合理或者很合理的，只有5%的人认为不合理(但没有注明不合理的原因)。培训内容的难易程度比较适中，略微简单。有40%的学员认为简单。不过有10%的学员认为内容比较难，分析的结果是有部分学员来自非市场营销部门，并且在本次培训之前没有培训经历。培训中使用的培训方法合理，有95%的学员选择了比较合理、很合理和非常合理的选项。培训中使用的培训材料有待改进，有25%的学员认为培训材料一般，并且有10%的学员认为培训材料是没有价值的，通过分析发现，这部分学员反映培训材料缺乏生动的能够和实际工作结合在一起的案例来说明品牌知识，没能有效地帮助学员理解培训内容

2. 培训师

培训师的总体表现很好，95%的学员认为培训师的表现在良好以上。培训师在专业水平、工作态度、仪态仪表和语言表达方面都表现出色，有70%以上的学员认为培训师在这些方面的表现是优秀的。逻辑思维能力方面尚可，有60%以上的学员认为优秀。培训师在培训技巧方面需要调整，有45%的学员认为是良好，不过有20%的学员认为一般

3. 培训组织和管理

培训组织和管理方面总体表现良好，60%以上学员认为非常满意和很满意，不过也有10%的学员选择了一般。通过分析发现，培训形式和住宿条件方面都得到了学员的认可，选择非常满意和很满意的占总数

续表

的 80%以上。在教室环境方面，有 15%的学员认为一般，调查的结果是有部分学员对教室的温度不太适应，他们认为教室温度有点低。在课外活动方面，10%的学员认为一般，这部分学员认为培训期间学员之间沟通交流的机会不是很多，应该有更多的课外活动提供交流的平台。茶歇和餐饮方面学员的意见比较集中，有 20%的学员认为一般，10%的学员认为比较差。主要问题在于两个方面：一方面是学员对就餐的形式不满意，早餐是桌餐的形式，很多学员要等其他的人到齐才能开始就餐，浪费时间。另一方面，学员认为茶歇产品品种单一 4. 培训的总体情况 培训的总体情况很好，有 65%学员非常满意，25%的学员很满意，比较满意的学员占 10%。不过在培训材料、课外活动和餐饮方面也存在着不足之处，需要进一步的改进和完善 5. 改进建议 （1）丰富培训材料中的案例内容，更多采集和运用 YZ 服装公司的内部案例，强调案例和培训内容的关联性 （2）在接下来的培训中，适当地提高培训内容深度和难度 （3）建议培训师提高培训技巧的运用能力，在培训过程中灵活使用 （4）培训前征求学员对餐饮的需求，根据实际情况灵活调整就餐形式。丰富茶歇产品的品种，增加咖啡、水果和糕点等 （5）增加培训外的交流活动，创造更多利于学员相互交流的机会
附录（略）

第 5 章

方案执行服务

第 1 节　指导方案执行

学习单元 1　拟订方案执行细则和操作计划

学习目标

- 了解方案执行细则和操作计划的意义和作用。
- 熟知方案执行细则和操作计划的构成要素。
- 明确执行细则和操作计划的拟订原则。
- 熟记拟订方案执行细则和操作计划时的注意事项。

知识要求

一、方案执行细则和操作计划的意义和作用

创业咨询师在指导客户进行方案执行的时候首先要拟订方案执行细则和操作计划。方案执行细则指的是对执行方案的方法、重点、控制节点、注意事项的详细要

求，包括总则、基本原则、注意事项。操作计划是指对执行方案的开始与终止时间、任务内容、执行人、资源分配、工作流程等作出的明确安排。由于客户与创业咨询师的知识、教育、环境、经验等背景有很多不同，对创业方案执行的理解也会有很多不同，所以在执行之前双方统一思想、统一执行语言、明确共同遵循的执行细则是非常必要的；由于创业方案在执行过程当中会面临众多不确定性因素的制约与干扰，所以创业咨询师在指导方案执行之前一定要先制定方案操作计划，这对方案的成功实施具有决定性意义。方案执行细则和方案操作计划对方案执行的重要作用主要表现在以下几个方面：

1. 方案执行细则和操作计划对项目执行起指导作用

在项目执行前，创业咨询师如果提前制定了执行细则与操作计划，会对执行团队在后期的实际执行起到指导与指南作用，使整个方案始终处于受控状态，并确保项目目标的最终达成。

2. 方案执行细则和操作计划对项目流程起梳理作用

在项目执行前，创业咨询师如果提前制定了执行细则与操作计划，实际上等于创业咨询师提前在思想上对项目的执行进行了全面的梳理，可以使执行者对所掌握的人、财、物、流充分了解，确保在时间和资源等受限的条件下达成方案预计目标，并使得后期的实际执行过程更具有条理性。

二、方案执行细则和操作计划的构成要素

1. 方案执行细则的构成要素

（1）总则

总则指方案执行细则总体遵循的原则。

（2）基本原则

基本原则是为执行团队在实际执行过程中提供正确的指导性资料或情况，确保方案始终朝着预计的方向、目标发展，使整个方案始终处于受控状态。基本原则应包括：

1）关键点控制。即在项目执行过中，创业咨询师为达到项目目标对运作过程中关键事件节点的把握与控制。关键点应包括关键点的达成标志（关键事件、情形）、执行人员、预计完成时间等。

2）标准。即衡量执行情况、执行程度、具体要求等方面是否达成的准则。

（3）注意事项

创业咨询师为确保在时间和资源等条件约束的情况下实现创业方案的预计目

标，必须科学预测并确定在未来的项目执行过程中可能出现的问题以及需要特别关注的情况。

2. 操作计划的构成要素

（1）目的

创业咨询师在制定操作计划时，应表明每项具体操作计划所要达成的最终目标。明确目的的作用在于可以方便项目实施后期执行团队了解为什么要实施这样的一个操作，从而更好地理解创业咨询师在前期制定方案阶段的意图，以便最终达成创业目标。

（2）目标与任务

目标与任务即每项具体操作动作所要达到的状态、情况、目的，在具体执行过程中每个执行人员所承担的责任、将起到的作用。

（3）指标

指标即操作计划中具体可量化、规定必须要达到的目标，如销售金额、毛利率、招募人数等。

（4）时间

时间指每项具体操作动作的一个时间安排，即某一行动、过程、情况可以持续多久的一个时间；也可以是在某一时间段内具体要完成哪些工作。

（5）流程

操作计划应具有一个完整的流程示意图，以方便后期执行团队了解创业进程的全貌、时间节点、工作流程、人员安排、达成目标等。

（6）资源（人、财、物、流）

资源指在创业过程中创业者的各项资源该如何调配，包括筹备阶段人员的需求、资金上的准备、创业所需要的物品、信息与情报的沟通情况等，以方便后期能够更好地进行准备。

三、方案执行细则和操作计划的拟订原则

1. 重点突出原则

在方案执行细则和操作计划中对于重点的执行环节、要求等要着重说明，确保执行团队在实际执行过程中分清工作重点、明确工作方向。

2. 明确原则

创业咨询师对于方案执行细则和操作计划的内容、目的、指标要进行明确、清晰的表达。所谓明确就是要用具体的语言清楚地说明要达成的行为标准。明确的目

标几乎是所有成功团队的一致特点。很多团队不成功的重要原因之一就是目标定得模棱两可，或没有将目标有效地传达给相关成员。

为使执行团队可以准确理解方案意图，达成方案要求，创业咨询师在编制方案执行细则和操作计划时要注意：目标设置要有项目、衡量标准、达成措施、完成期限以及资源要求，使考核人能够很清晰地看到部门或科室月计划要做哪些事情，计划完成到什么程度。

3. **可衡量原则**

创业咨询师在拟订方案执行细则和操作计划时要明确所提出的要求、目标、任务的实际达成情况是怎样的，确定什么样的方式方法可以对达成情况进行判定。

具体来说，可衡量性就是指目标应该是明确的，而不是模糊的。应该有一组明确的数据作为衡量是否达成目标的依据。如果制定的目标没有办法衡量，就无法判断这个目标是否实现。

创业咨询师在编制执行方案细则和操作计划时，要对目标的衡量标准遵循“能量化的量化，不能量化的质化”的原则，使制定人与考核人有一个统一的、标准的、清晰的、可度量的标尺，杜绝在目标设置中使用概念模糊、无法衡量的描述。

4. **具体原则**

创业咨询师在拟订方案执行细则和操作计划时要做到尽可能详尽、具体、全面，以使其具有更强的指导意义。

5. **可达成原则**

创业咨询师在拟订方案执行细则和操作计划时所提出的目标、任务、要求等在逻辑上应是合理的，即依据正常的逻辑分析，该执行细则和操作计划是执行团队在工作中可以完成的。

6. **贴近实际原则**

创业咨询师在编制方案时要尽可能地贴近实际工作情况，目标的设定在现实条件下是可行的、可操作的。在现实当中比较容易出现的两种情形是：

一方面，创业咨询师乐观地估计了当前形势，低估了达成目标所需要的条件，这些条件包括人力资源、硬件条件、技术条件、系统信息条件、团队环境因素等，以致下达了一个高于实际能力的指标。

另一方面，创业咨询师可能花了大量的时间、资源，甚至人力成本，最后却发现之前确定的目标根本没有多大的实际意义。

创业咨询师在拟订执行方案细则和操作计划时，必须让各位成员参与到部门工作目标的制定中去，使个人目标与组织目标达成认识一致、目标一致，既要有组织自上而下的工作目标的协调，也要有员工自下而上的工作目标的参与。

7. 时间限定原则

因为项目执行具有很强的时间性，所以，创业咨询师在拟订具体的方案执行细则和操作计划时要对于项目各关键节点进行严格的时间限定，以整体保证项目的有效达成。例如，执行团队需要在 2009 年 1 月 1 日之前完成某事，2009 年 1 月 1 日就是一个确定的时间限制。没有时间限制的目标就会没有办法考核，或带来考核的不公。由于创业咨询师与后期的执行团队对目标轻重缓急的认识程度可能存在不同，不同的认识将有可能使基于创业目的而拟订的方案执行细则和操作计划无法按照前期的规划达成。这种没有明确的时间限定的方式也会带来后期执行的困难。

总之，创业咨询师在拟订创业项目方案执行细则和操作计划时必须符合上述原则。拟订的过程也是对项目整体推行、运营先期的工作掌控能力提升的过程，完成执行方案和操作计划的过程也就是对自己现代化管理能力历练和实践的过程。

能力要求

拟订项目方案执行细则和操作计划案例

林先生为白酒行业的资深人士，最近准备与人合伙开办一家白酒企业，为使自己的白酒企业能够创办成功，林先生特别邀请了在快销品行业同样具有资深经验的××创业咨询服务机构，进行创业咨询。

××创业咨询服务机构的陈先生接受了林先生的委托，带领顾问团队在具体考察了当前国内的白酒市场后，为林先生拟订了项目执行方案，获得了客户的高度认可。

目前该项目将进行广东省的实操阶段，陈先生拟订的该白酒项目的执行方案细则和操作计划的具体内容如下：

一、方案执行细则

1. 总则

（1）尊重事实，了解资源，以市场为导向。

（2）计划要有可操作性，详细到具体执行步骤。

（3）关注细节与关键节点。

2. 基本原则

方案执行细则的关键点如下：

(1) 各地利用一个月时间完成市场调研工作，了解本地白酒市场的主营产品、价位、口感等具体情况。

(2) 根据前期调研结果，完成各城市经销商设定工作，锁定具体经销商。

(3) 进行销售团队的成员招聘、培训工作。

(4) 销售团队组建完成后进入终端铺货、市场推广阶段。

根据此项目特点，顾问团队总结出以下衡量方案执行情况、程度的标准：

(1) 市场调研覆盖率。市场调研结果是指导方案执行的重要参考资料，因此保证市场调研的覆盖率可以保证调研结果的真实性、可参考性。

(2) 经销商评估等级。根据经销商的综合实力为经销商定级，是锁定经销商的依据。

(3) 销售人员配比。根据销售人员的工作资历、背景以及组建销售团队的成本预算等，合理配比销售人力。

(4) 终端铺货率。为了解产品对目标市场的覆盖程度，需要随机抽查终端的铺货情况，衡量终端铺货率，同时也将终端铺货率作为评估销售人员绩效的指导指标之一。

3. 注意事项

(1) 针对市场的调研工作要尽量收集第一手资料，避免从可信度低的渠道收集资料。

(2) 在选取经销商时要注意考察其综合条件，包括其拥有渠道的广度和深度、其目前经销产品品类、经销商的实力及资信等。

(3) 销售人员的招聘要考虑市场推广的实际需要，人员的搭配要合理，要考虑投入产出比，既要选择一些拥有行业经验，熟悉当地渠道的成熟业务人员，也要在非关键岗位选择一些人力成本较低的销售人员。

(4) 销售团队的管理要注重过程管理，对销售人员的销售活动进行评估和总结。

二、操作计划

1. 目的

5 月 31 日前用×××人销售、65 个工作日，完成广州市及深圳市市场铺货。

2. 目标与任务

广州市、深圳市 3—5 月终端铺货目标与任务见下表：

广州市、深圳市 3—5 月终端铺货目标及任务　　　　箱

	3月	4月	5月	总计
广州市	×××	×××	×××	×××
深圳市	×××	×××	×××	×××
合计	×××	×××	×××	×××

3. 渠道促销预算与销量指标：广州市、深圳市（见下表）

广州市渠道促销预算与销量指标

渠道促销名称	预计促销店数	预计金额	销售额
买赠促销	×××	×××	×××
返利促销	×××	×××	×××
合计	×××	×××	×××

深圳市渠道促销预算与销量指标

渠道促销名称	预计促销店数	预计金额	销售额
买赠促销	×××	×××	×××
返利促销	×××	×××	×××
合计	×××	×××	×××

4. 时间及流程

2—5 月工作进度表如下：

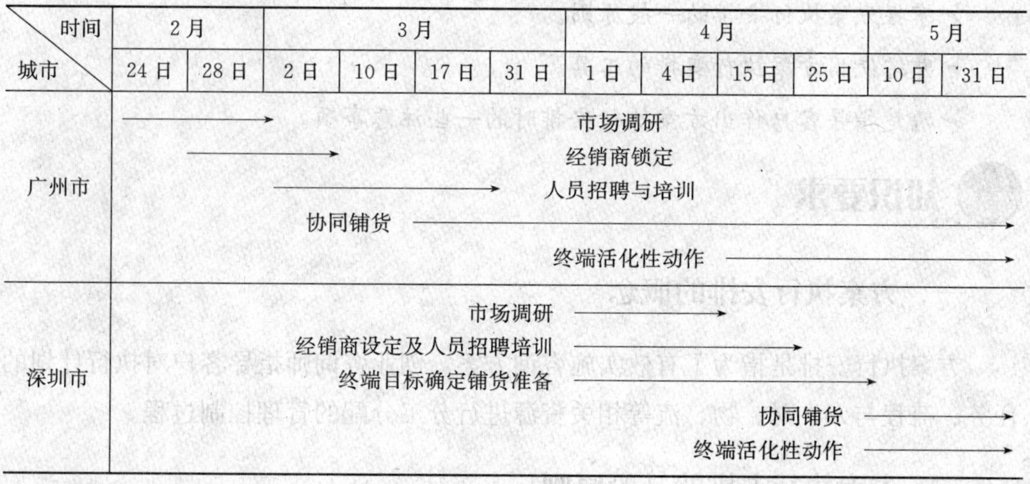

时间／城市	2月		3月				4月				5月	
	24日	28日	2日	10日	17日	31日	1日	4日	15日	25日	10日	31日
广州市	市场调研 经销商锁定 人员招聘与培训 协同铺货 终端活化性动作											
深圳市	市场调研 经销商设定及人员招聘培训 终端目标确定铺货准备 协同铺货 终端活化性动作											

5. 资源

人力引入及组织架构如下：

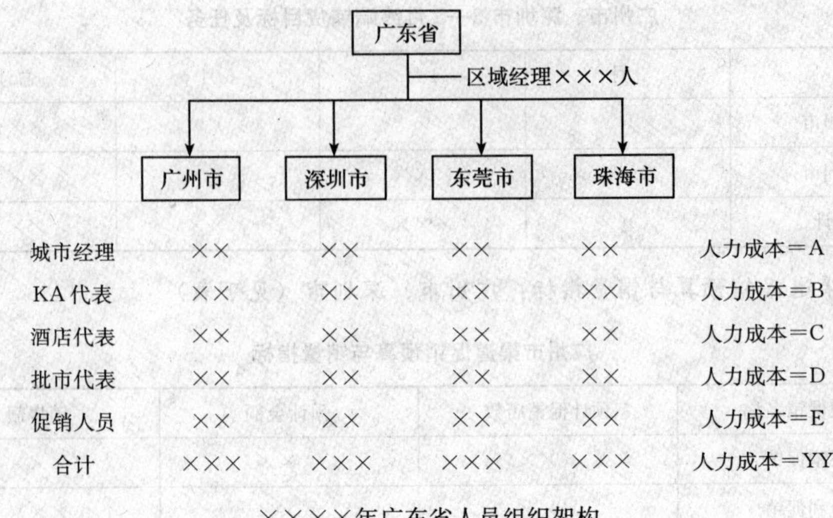

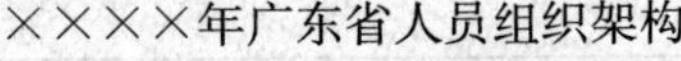
××××年广东省人员组织架构

学习单元 2　指导客户作出方案执行安排

学习目标

- 明确方案执行安排的概念。
- 掌握方案执行安排的一般原则。
- 熟练使用方案执行安排的工具。
- 清楚指导客户作出方案执行安排时的一些注意事项。

知识要求

一、方案执行安排的概念

方案执行安排是指为了有效实施咨询方案，创业咨询师指导客户对执行计划的任务、流程与人、财、物、流等相关资源进行分工分配的管理控制过程。

二、方案执行安排的一般原则

创业咨询师在指导客户作出方案执行安排过程中，要注意遵循以下几个原则：

1. 要保障执行与计划的一致性原则

创业咨询师要及时与客户沟通，了解客户的执行能力与资源，并让客户充分理解咨询方案，以便有效地对计划进行统筹。

2. 要考虑到方案的可行性，方案执行工作要落实到个人

方案制定要细致，每项工作要落实到具体的执行人，要考虑执行人的能力，做到适才适所，以方便后期执行团队的介入、操作，以便将工作具体落实下去。

3. 要考虑方案计划的周密性

后期执行团队要作方案分解，让不同的执行人去贯彻执行。在这个过程中，创业咨询师要时刻了解方案的执行情况和遇到的障碍，通过自己或相关部门的协调排除障碍，从而确保方案执行。否则方案的执行可能会滞后，更有甚者可能会不了了之。

4. 要考虑资源配置的合理性

企业的人才、物流往往是有限的、不充分的，这个时候就需要创业咨询师就目前有限的各项资源做到合理、统一的分配与调剂。

5. 充分考虑时间因素

时间往往与成本、利润、创业项目今后发展等都具有相关性，为确保创业项目的最终达成，创业咨询师在指导客户作出方案执行安排上要充分考虑各个环节的时间因素。在方案执行过程中，最忌讳的是项目无限制地延期下去。“一鼓作气，再而衰，三而竭”，最后导致项目组成员对项目丧失信心，使得项目失败。

因此，创业咨询师在指导客户作出方案执行安排时一定要充分考虑时间因素，避免悬而未决、久拖不办的情况产生。

三、方案执行安排的工具

1. PERT 与 CPM

PERT（Program Evaluation and Review Technique，计划评审技术）是20世纪50年代末美国海军部开发北极星潜艇系统时为协调3 000多个承包商和研究机构而开发的，其理论基础是假设项目持续时间以及整个项目完成时间是随机的，且服从某种概率分布。运用PERT理论可以估计整个项目在某个时间内完成的概率。

CPM（Critical Path Method，关键路径法）是用于确定项目进度网络中各种逻辑网络路线上进度安排灵活性大小（时差大小），进而确定项目总持续时间最短的一种网络分析技术。从规定的开始日期开始，利用正向计算，计算最早开始和完成日期。从规定的完成日期（通常是正向计算得到的最早完成日期）开始，利用反向计算，计算最迟开始和完成时间。

PERT 没有日期标示，所以通过 PERT 无法了解项目活动的准确执行时间。但是，PERT 所展示的项目活动依赖关系更容易把握。PERT 对于单项活动工时采用多种时间估计，允许出现时差。PERT 充分考虑项目执行过程中的各种不确定因素，对工作时间进行估计（按照假定的概率分布）。

（1）活动时间估计

PERT 对各个项目活动的完成时间按以下三种不同情况进行估计：

1）乐观时间（Optimistic Time）——任何事情都进展顺利的情况下，完成某项工作的时间。

2）最可能时间（Most Likely Time）——正常情况下，完成某项工作的时间。

3）悲观时间（Pessimistic Time）——最不利的情况下，完成某项工作的时间。

如果乐观时间以 O 来代表，悲观时间以 P 来代表，最可能时间以 M 来代表，期望时间以 T 来代表，对应于 PERT 网络，则期望时间的计算公式为：$T=(O+4M+P)/6$

例如：

A. 项目单一环节的时间估算

某一工作在正常情况下的工作时间是 12 天，在最有利情况下的工作时间是 8 天，在最不利情况下的工作时间是 15 天，那么该工作的期望时间是多少？

$$T=(8+4\times 12+15)/6=11.83(\text{天})$$

B. 整体项目的完成时间估算

整体项目的完成时间估算见表 5—1。

表 5—1　　整体项目完成时间估算表　　周

活动	代码	乐观估计时间/O	最大可能时间/M	悲观估计时间/P	均值 $T=(O+4M+P)/6$
市场调研	A	3	3.5	4.5	3.5
技术洽谈	B	2	3.5	8	4
技术引入	C	2	3	4	3
技术培训	D	6	9	18	10
小型试产	E	4	5.5	10	6
前期推广	F	1	4.5	5	4
意向谈单	G	4	4	10	5
小批量生产	H	5	6.5	11	7

续表

活动	代码	乐观估计时间/O	最大可能时间/M	悲观估计时间/P	均值 $T=(O+4M+P)/6$
市场反馈	I	5	8	17	9
问题排除	J	3	7.5	9	7
全国推广	K	6	9	18	10
大批量生产	L	4	5.5	10	6

（2）项目周期估算

PERT：认为整个项目的完成时间是各个活动完成时间之和，且服从正态分布。

CPM：对于一个项目而言，只有项目网络中最长的或耗时最多的活动完成之后，项目才能结束，这条最长的活动路线就叫关键路径（Critical Path），组成关键路径的活动称为关键活动。其通常做法是：

1）将项目中的各项活动视为有一个时间属性的节点，从项目起点到终点进行排列。

2）用有方向的线段标出各节点的紧前活动和紧后活动的关系，使之成为一个有方向的网络图。

3）用正推法和逆推法计算出各个活动的最早开始时间、最晚开始时间、最早完工时间和最迟完工时间，并计算出各个活动的时差。

4）所有时差为零的活动所组成的路线，即为关键路径。

5）识别出准关键路径，为网络优化提供约束条件。

综上所述，在项目方案的执行安排上，如果是大型项目，其工期估算和进度控制非常复杂，往往需要将 CPM 和 PERT 结合使用，用 CPM 求出关键路径，再对关键路径上的各个活动用 PERT 估算完成期望时间和方差，最后得出项目在某一时间段内完成的概率。另外，PERT 表明，任何项目都有不可压缩的最小周期，这是客观规律，千万不能不顾客观规律而对用户盲目承诺，否则必然会受到客观规律的惩罚。

2. 横道图（甘特图）

横道图又叫甘特图（Gantt Chart），它是以图示的方式通过活动列表和时间刻度形象地表示出任何特定项目的活动顺序与持续时间。甘特图是在第一次世界大战时期发明的，以亨利·L. 甘特先生的名字命名，它制定了一个完整的用条形图表示进度的标志系统。由于甘特图形象简单，因此在简单、短期的创业项目执行方案的安排中，甘特图得到了最广泛的运用。

甘特图包含以下三个含义：

（1）以图形或表格的形式显示活动。

（2）现在是一种通用的显示进度的方法。

（3）构造时应包括实际天数和持续时间，并且不要将周末和节假日算在进度之内。

甘特图具有简单、醒目和便于编制等特点，在企业管理工作中被广泛应用。甘特图按反映的内容不同，可分为计划图表、负荷图表、机器闲置图表、人员闲置图表和进度表五种形式。管理者由此可极为便利地弄清一项任务（项目）还剩下哪些工作要做，并可评估工作是提前还是滞后，抑或正常进行。

3. 里程碑计划

编制里程碑计划对执行方案目标和范围的管理很重要，能够给后期执行团队提供如何执行创业方案方面的指导。

编制里程碑计划要由执行方案的关键管理者和关键项目联系人召开项目启动专题会议共同讨论和制定，并不是由创业咨询师或咨询公司中的一个或者少数几个人拍脑袋来确定，里程碑目标一定要明确，要与客户及其他相关人员进行沟通、协调。通过这种集体参与的方式编制里程碑计划比创业咨询师独自制定里程碑计划并要求后期执行团队要好得多，它可以使里程碑计划获得更大范围的支持。一般编制里程碑计划会议的参会人数不应超过6人，人太多了不利于意见的统一。

编制里程碑计划的具体步骤一般如下：

（1）认可最终的里程碑

创业咨询师、客户及其他参会人员要一致认可最终的里程碑，并取得共识。这项工作在准备项目定义报告时就应完成。

（2）集体讨论所有可能的里程碑

创业咨询师和与会成员通过头脑风暴法，把与会人员的观点一一记录在活动挂图上，以便选择最终的里程碑。

（3）审核备选里程碑

在所有备选里程碑中，有的里程碑是另一个里程碑的一部分；有的则是活动，不能算是里程碑，但这些活动有助于人们明确认识一些里程碑。在整理这些里程碑之间的关系时，应该记录下创业咨询师自身的判断，尤其是判定那些具有包含关系的里程碑时。

（4）对各结果路径进行实验

把结果路径写在白板上，把每个里程碑各写在一片“便事帖”上，按照它们的发生顺序进行适当调整和改变。

(5) 用连线表示里程碑之间的逻辑关系

用连线表示里程碑之间的逻辑关系是从项目最终产品开始，用倒推法画出它们的逻辑关系。这个步骤有可能会促使创业咨询师重新考虑里程碑的定义，也有可能是添加新的里程碑或合并里程碑，甚至会改变结果路径的定义。

(6) 最终里程碑计划确定

最终里程碑计划确定之后，提供给项目重要干系人审核和批准，然后把确定的里程碑用图表的方式张贴在创业方案执行管理办公室，以便能时时把握。

经过以上 6 个步骤，创业咨询师就可以确定执行方案安排中最终的里程碑了。将它挑选出来并纳入计划，创业项目方案执行安排的里程碑计划编制工作就完成了。

以上是编制里程碑计划常用的步骤，但是由于项目具有唯一性和独特性特点，创业咨询师在实践中不要拘泥于形式，灵活运用即可。

4. 挣值分析法

挣值分析法（Earned Value）又称偏差分析法，是一种分析目标实施与目标期望之间差异的方法。挣值分析法的优点是能同时判断项目预算和进度计划的执行情况，以预算和费用来衡量工程的进度。

(1) 挣值分析法的三个基本参数包括：

1）计划工作量的预算费用（BCWS—Budgeted Cost for Work Scheduled），也称 PV（计划成本）。

2）已完成工作量的实际费用（ACWP—Actual Cost for Work Performed），也称 AC（实际成本）。

3）已完成工作量的预算成本（BCWP—Budgeted Cost for Work Performed），也称 EV（挣值，Earned Value）。

(2) 挣值分析法的四个评价指标包括：

1）进度偏差（SV—Schedule Variance）

SV＝BCWP－BCWS

当 SV 为正值时，表示进度提前。

当 SV 为负值时，表示进度延期。

2）费用偏差（CV—Cost Variance）

CV＝BCWP－ACWP

当CV为正值时，表示实际消耗人工（费用）低于预算值，即有节余或效率高。

当CV为负值时，表示执行效果不佳，即实际消耗人工（或费用）超过预算值即超支。

当CV等于零时，表示实际消耗人工（或费用）等于预算值。

3）费用执行指标（CPI—Cost Performed Index）

CPI＝BCWP/ACWP

当CPI＞1，表示低于预算，即实际费用低于预算费用。

当CPI＜1，表示超出预算，即实际费用高于预算费用。

当CPI＝1，表示实际费用与预算费用吻合。

4）进度执行指标（SPI—Schedule Performed Index）

SPI＝BCWP/BCWS

当SPI＞1，表示进度提前，即实际进度比计划进度快。

当SPI＜1，表示进度延误，即实际进度比计划进度慢。

当SPI＝1，表示实际进度等于计划进度。

四、指导客户作出方案执行安排时的注意事项

（1）监督保证措施

科学的方案执行安排应从上到下各环节环环相扣，责、权、利明确，只有监督才能使各个环节少出错误，以保证后期执行团队顺利开展执行工作。

（2）防范措施

事物在其发展过程中有许多不确定的因素，只有根据经验或成功案例进行全面预测，发现隐患，防微杜渐，才能把损失控制在最小限度内，从而推动整体执行方案的开展。

（3）评估措施

方案执行安排中的每一步都应有一定的评估手段以及反馈设施，从而可总结经验，发现问题，及时更正，以保证执行方案的整体运营质量，提高执行方案的成功率。

能力要求

指导客户作出方案执行安排案例

创业咨询师在指导客户作出方案执行安排时，首先要掌握方案执行安排的一般程序，如图 5—1 所示。

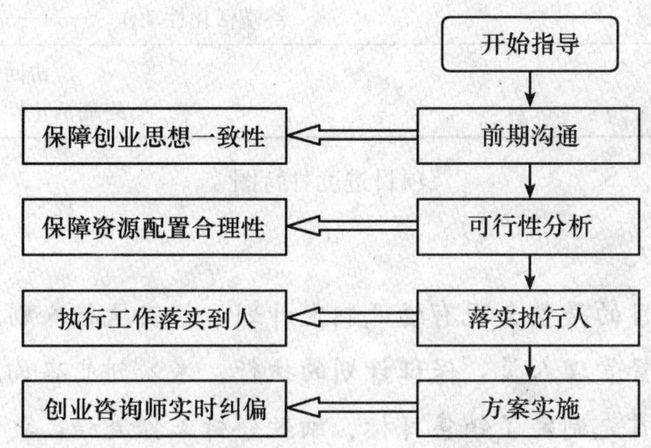

图 5—1　方案执行安排程序

下面结合案例说明创业咨询师将如何指导客户作出方案执行安排。

上一个学习单元提到××创业咨询服务机构接受了林先生的白酒企业的创业咨询项目，并拟订了广州省 2—5 月该白酒项目的执行方案细则和操作计划。

随后××创业咨询服务机构的陈先生带领咨询师团队开始指导该白酒企业进行广东省深圳市 5 月的终端铺货执行安排。

一、前期沟通

为保证创业咨询团队与××白酒企业双方对广州市及深圳市终端铺货的安排达成共识，双方前期进行了专门的沟通，并对铺货计划中的关键节点又一次通过书面形式加以明确。

二、可行性分析

双方达成共识之后，创业咨询团队着手整合××白酒企业的现有资源，并就关键资源的配置问题进行可行性分析。这里主要分析销售人力的配置，以此预估广州市及深圳市终端铺货的时间安排。

对项目的时间估计，创业咨询团队采用 PERT 法：如果广州市场推广的销售人力在规定日期前 3 个工作日以上提前培训合格并 100%上岗，则铺货预计周期为

8周；如果在规定日期培训合格并100%上岗，则铺货预计周期为10周；如果在规定日期培训合格80%并上岗，则铺货预计周期为12周。所以期望时间＝（8＋12＋10×4）/6＝10周；同理，计算出深圳市场推广的期望时间为4周。生成项目进度甘特图如下所示：

时间 / 城市	2月		3月				4月				5月	
	24日	28日	2日	10日	17日	31日	1日	4日	15日	25日	10日	31日
广州市	协同铺货 → 终端活化性动作 →											
深圳市	协同铺货 → 终端活化性动作 →											

项目进度甘特图

三、落实执行人

可行性分析的目的是整合现有资源制定计划，落实执行人则就项目流程的节点问题安排适当的监督管理人员，保证计划的执行。××创业咨询服务机构的陈先生带领创业咨询团队首先制定了销售目标、细致分析工作流程，之后又安排了相应的项目执行人员和负责人。

以深圳市场推广4周的总项目期望时间为例，列出分解后各个具体推广活动应用PEET法计算出的时间安排以及费用预算，并且将工作落实到人，明确相关负责人。

四、方案实施

即使有严密的计划和优秀的实施人员为保障，方案在实施的过程当中总会出现与计划相左的情况，创业咨询师在此时要承担流程控制的角色，对项目进行实时纠偏，详见下表。

时间	销售目标	执行人	工作流程	费用预算	项目负责人	修改
第1周	（1）铺货达×家店，每店铺货达到×× （2）广播广告与报纸广告支持	（1）KA代表 （2）酒店代表 （3）城市经理	（1）销售人员与城市经理确认铺货店的位置、名称（1个工作日） （2）进货沟通（1个工作日） （3）送货，由商业代表与厂家人员共同完成（1个工作日） （4）广告宣传开始	RMB：×××元	（1）区域经理 （2）城市经理 职责：组织管理日常工作 沟通：与厂家联络及时调整工作进度	

续表

时间	销售目标	执行人	工作流程	费用预算	项目负责人	修改
第2周	（1）扩大铺货店×家，平均每家× （2）批发×× （3）报纸广告与广播广告支持 （4）促销	（1）城市经理 （2）KA 代表 （3）酒店代表 （4）批发代表	（1）深圳市内产品分销客户拜访铺货店的增加与完善（约 4 个工作日） （2）广告宣传展开，促销人员培训（1 个工作日） （3）确定分销商的订货量（1 个工作日） （4）促销展开（周六、周日）	RMB：××元	（1）区域经理 （2）城市经理 职责：组织管理日常工作 沟通：与厂家联络及时调整工作进度	
第3周	（1）销售总目标 （2）报纸广告与广播广告支持 （3）SP 促销	（1）城市经理 （2）销售代表	（1）确定经销商补货数量（1 个工作日） （2）补货送货（1 个工作日） （3）拜访省内客户（约 3 个工作日） （4）SP 促销开展（周六、周日）	RMB：××元	（1）销售代表 （2）城市经理	
第4周	（1）销售总目标 （2）媒体广告支持 （3）SP 促销	（1）销售代表 （2）城市经理	（1）继续铺货（估计 4 个工作日完成） （2）送货（预计 1 个工作日） （3）促销展开（周六、周日）	RMB：××元		

备注：1. 首月销售总额为××。
2. 预计 KA 铺店总数××家，批发××家，酒店××家。
3. 误差范围 15%。
4. 项目执行人数：8 人；项目执行人：城市经理、销售代表。

学习单元3 培训客户的执行人员

学习目标

➢了解方案执行中的培训需求。

➢清楚方案执行中培训所起的作用。

知识要求

一、方案执行中的培训需求

创业咨询师在方案执行中要考虑到执行者的认知不同，需求各异。为保障方案顺利实施，应满足执行者不同的培训需求。方案执行中的培训需求主要有以下三点：

1. 端正态度需求

由于方案的执行者素质、观念不同，所以在方案实施前要让执行者了解为什么做、标准是什么，以避免观念误解与行为上的抵制。

2. 强化技能需求

方案执行中的某些环节或流程需要执行者具备某种经验技术与特定能力，执行者有时并不完全具备这种技术与能力，此时创业咨询师就要为执行者提供关于技能的培训，以便方案能被有效执行。

3. 专业知识学习需求

在方案执行过程中，可能会涉及一些专有名词或新知识，而对于这些内容执行者可能并没有掌握，这很容易引起执行者在执行上的偏差，所以创业咨询师需要提供一些与执行方案相关的知识培训。

二、方案执行中培训所起的作用

1. 统一思想

方案执行中所提供的态度培训可以让执行者统一目标，这为方案顺利实施起到了统一思想的作用。

2. 提高执行者的执业能力

方案执行中的技能培训有助于执行者提高工作技能，从而提高其执业技能，这为方案的实施起到了保障作用。

3. 改善方案执行的质量

方案执行中有关知识的培训有助于执行者对方案执行标准有清晰的认识，从而对方案执行质量更加关注。

学习单元 4　在客户企业现场指导执行

- 掌握创业咨询师现场指导原则。
- 熟悉现场指导的工作职责和范围。
- 熟识现场指导和监控的方式。
- 熟练使用现场指导和监控的工具。
- 明晰现场指导的常见问题及其对策。

一、创业咨询师现场指导原则

现场指导是创业咨询师帮助客户执行解决方案的重要工作之一，创业咨询师应经常到客户企业实施咨询方案的场所进行现场指导。

创业咨询师进行现场指导时，应遵循以下原则：

1. 按照商定的工作内容行事

创业咨询师在到达企业现场进行指导工作前，应该就双方服务协议中约定由创业咨询师提供的服务内容跟客户进行再次确认，对目前创业咨询师的工作重点达成共识，如有必要，应形成书面文档记录，以备查询之用。按照与客户达成共识的指导工作重点，创业咨询师为解决方案的实施提供指导。指导过程中，创业咨询师很可能会在企业现场发现与商定的工作内容无关的其他经营问题。对于这些经营问题，创业咨询师可以提醒客户相关负责人引起注意，但应恪守专业精神，不随意对协议以外的事项发表意见。

创业咨询师在客户现场工作时，客户可能会要求创业咨询师就协议工作以外的事项或问题提供专家意见。这时，创业咨询师应特别谨慎。通常，创业咨询服务机构为客户提供的解决方案、执行细则和操作计划等，都是广泛深入调研之后的产出，其中的意见、行动建议等会比较正确。创业咨询师在现场如被问及与商定的工作内容无关的事项，很可能缺乏调研准备，故所发表的意见容易出现偏差，甚至误导客户。

另外，创业咨询师在客户现场有可能接触或了解到一些比较敏感但与创业咨询任务无关的事项，如人事或员工报酬等，创业咨询师所发表的意见有可能会造成或加剧一些矛盾，而对创业咨询任务却没有帮助。

2. 不代替客户作决定

创业咨询师在客户现场的工作职能是就解决方案的实施提供意见和建议，其工作是向客户针对解决方案的实施细节提出专业分析，陈述其中的利弊并给出推荐客户应采取的行动，但创业咨询师应牢记，客户才是整个方案实施的主体，采取行动的决定应让客户自己作出。

创业咨询师切忌由于自身专业知识和经验超过与之接触的客户人员，而采用决定式的口吻与客户决策人员讨论问题，这样做可能会引起客户方人员的反感。有时，客户方的执行人员会鼓励或请求创业咨询师为他们作决定，创业咨询师应委婉地拒绝，因为代替客户作决策违背创业咨询师的角色定位和职责协议。

3. 保持沟通，培养互信

方案的成功实施，需要创业咨询师的指导，同时执行人员的积极配合也十分重要。客户如果是初次购买创业咨询服务和接触创业咨询师，容易出现两种倾向：一是过于依赖创业咨询师，二是对创业咨询师疑虑重重。

过于依赖创业咨询师的客户，往往对创业咨询师言听计从，自己不分析、不自主决策。这时，创业咨询师要避免得意忘形，应积极了解客户的想法，并根据执行反馈的客观信息，尽量结合客户的意向，提供指导意见。否则，执行中如出现失误或偏差，这种过于依赖的客户会把责任全部推给创业咨询师。

对创业咨询师比较疑虑的客户，往往担心创业咨询师的介入使一些事情失控，或使企业的一些机密曝光，或担心问题得不到真正的解决。对于这种客户或客户企业的执行人员，创业咨询师应特别注重与其经常沟通，消除他们的抵触情绪，逐渐建立起互信关系，以保障方案和计划的顺利执行。

4. 与主要服务对象合作，以保障效果

创业咨询师的现场咨询任务，经常会涉及客户企业的不止一人。创业咨询师的主要服务对象不一定是客户企业的老板或决定购买企业咨询服务的主管。在很多情况下，创业咨询服务的主要对象是客户企业对执行的结果承担责任者或负责执行任务者。创业咨询师的服务目标是帮助客户企业完成方案的执行和实现企业的目标，因此创业咨询师在现场咨询时，应注意主要与客户企业的主要服务对象合作，以保障现场指导的效果。

创业咨询师的职责虽然是指导工作，但工作任务的完成需要双方的合作和共同努力。因此，创业咨询师应当将主要服务对象视为自己的合作共事者，应当注意在界定问题、选用工作方法、确定工作程序等方面与合作企业取得一致。

5. 一切着眼于实现解决方案的目标

创业咨询师提供指导意见和行动建议时应当注意，在分析和诊断问题，以及针对问题策划解决措施的过程中，创业咨询师应当主要关注咨询方案或解决方案的目标，而不是造成问题的成因。因为创业咨询服务的目的是帮助解决问题和实现客户的目标，而不是查究问题的责任归属。

二、现场指导的工作职责和范围

创业咨询师的现场指导工作范围，通常应在与客户的服务协议中明确约定。一般来说，客户需要创业咨询师现场指导的工作包括：

1. 把关执行质量

创业咨询师在客户经营现场进行指导的首要职责，应当是协助客户企业的相关负责人把好执行工作的质量关，确保执行工作严格按照既定方案、执行细则和操作计划的规定进行。

在进行质量把关时，创业咨询师的工作范围包括解读执行工作的目标、评估标准、细则和操作规定，培训相关执行人员掌握执行工作的要领，就执行结果与执行人员沟通，纠正执行人员的工作错误或偏差，检验执行工作的效果等。

2. 掌控执行进度

定期和经常地检查执行工作的进度，是创业咨询师现场指导的一项重要职责。与三级创业咨询师的现场督导执行进度相比，二级创业咨询师的现场指导更加关注执行的质量和必要的调整。

方案执行过程中，有可能会出现实际执行进度与预定的时间表不相符的情况。创业咨询师有责任对客户提出调整时间表的建议，并在客户了解并同意调整时间表之后出具经过验证的调整方案。另外，创业咨询师要协助客户企业按照方案调整时间表，确保总体的执行进度不受影响，或至少执行工作的目标和效益不会因时间的调整而受到影响。

3. 保障执行效益

虽然方案执行效益的最终责任在于客户本身，但作为方案制定者，创业咨询服务机构对方案应取得的效益同样负有责任，因此，创业咨询服务的部分报酬或报酬尾款往往会与方案的执行效益挂钩。

创业咨询师通常是创业咨询服务机构派驻客户现场的项目负责人，其有责任竭尽全力协助客户顺利执行解决方案，帮助客户克服和解决在方案执行中遇到的困难和问题，以保障执行工作能够实现方案的效益目标。

4. 观察、发现和诊断问题

由于受专业知识、能力或认识水平的局限，客户往往会依赖创业咨询师为其发现和诊断执行问题。

创业咨询师应当利用在企业现场的便利，注意观察和发现执行问题产生的迹象。一旦出现可能的执行问题，应及时进行必要的分析和诊断，并及时向客户企业及创业咨询服务机构报告。

5. 提供专家意见和行动建议

创业咨询师是在客户经营现场指导执行的专家，对于执行中的问题、错误、必要的调整和变化等，都有义务及时提供专家意见和行动建议。

创业咨询师提交给客户的指导意见和建议，应当充分体现创业咨询师及创业咨询服务机构的专业知识和专家经验。因此，创业咨询师在必要时可随时从自己的机构获取团队、技术和其他专家的支持。

三、现场指导和监控的方式和工具

创业咨询师现场指导的方式和工具，须符合创业咨询师的身份和职责定位。

1. 现场指导的方式

（1）教导和培训

为了帮助客户顺利和无误地执行解决方案，对客户企业的执行人员进行教导和培训，是创业咨询师现场指导的主要方式之一。关于这种培训，本节学习单元 3 作了较详细的说明。

（2）口头或书面的意见和建议

直接提供专业意见和建议，是创业咨询师现场指导的主要方式之一，也是创业咨询师现场指导工作的主要职责之一。一般来说，涉及方案执行的操作程序或细节的问题，创业咨询师更多会以口头的形式对执行人员进行指导。口头指导的内容可以是帮助执行人员梳理思路，可以是启发式的提问，也可以是对以往工作内容的回顾、总结，具体要视所涉及的问题而定。当在执行过程中遇到问题，需要对实施方案进行较大的调整时，创业咨询师对方案的调整经过论证，证明其可行性后，需要向客户企业提供书面的论证材料，征求客户企业的意见并最终形成书面文档与论证材料一并归入实施纪要中备档。

（3）示范或操作较难的工作

有时客户出于自身原因，希望创业咨询师在方案执行过程中仅仅是提供现场技术支持，示范或操作一些较难的工作，这样的示范一般无法通过阅读相关资料来掌握，也很难通过第三人转述来掌握，必须由创业咨询师对执行人员进行面对面的传授。例如，应用 IT 软件分析执行数据（解释每一个涉及的数据的含义，解释分析软件生成的图表，指明其中的关键数据等），绘制一些专业的图表（如专业的流程图或进度表）等。

2. 实施指导的常用工具

创业咨询师现场指导时应常备的工具包括笔记本电脑、分析软件、规范的企业文案模板、企业应用图表模板等。

笔记本电脑是创业咨询师在现场指导方案实施的一个常见必备工具，配置上一般需要满足运行 Office 2003、SPSSV11.5 以上版本的文本、图表处理软件。如果有必要，还应安装上专业的数据分析工具。

分析软件包括但不限于 Excel 2003 企业用户版、SPSSV11.5、数据库处理软件等。

企业文案模板和应用图表按照各个客户所处行业不同，选取专门的模板库。

四、现场指导的常见问题及其对策

方案在执行过程中，常常会偏离预定的执行计划，如果偏离的执行问题得不到及时处理或解决，方案执行的效果有可能大打折扣，甚至有可能导致方案执行夭折。

在客户现场指导执行的创业咨询师，应当及时捕捉问题的迹象，抓住问题出现的苗头，尽量将问题解决在萌芽状态。

以下是导致方案执行不顺的常见问题及其对策：

1. 客户企业中方案执行人手或其他资源不足

创业咨询服务机构根据客户的需求而拟订的解决方案是为解决客户的某项重大问题或进行某项变革或为实现客户企业的利益目标而策划的。方案应尽量针对客户的现有资源来设计，但不会也不应该受客户现有资源的局限。因此，方案付诸实施往往意味着客户应补充人力或其他资源。

如果客户企业的补充资源难以到位，则势必影响到方案的顺利执行。这时，现场指导的创业咨询师应着重催促客户企业补充资源，同时也可积极探索能够使资源补充减少的替代办法。

2. 客户的行动受短期利益驱使，偏离解决方案的目标，背离企业的根本利益

创业咨询服务机构的解决方案是根据客户企业的长远利益而提出的。客户在方案制定阶段因看到企业的远景规划，可能不会反对和提出异议。但在实施阶段，因改变一些现行的做法可能给企业带来“阵痛”或减少收入，这又会促使客户改变想法，仍延续过去的短期行为，以致方案执行难以顺利进行。

创业咨询师在现场指导时的对策，应是坚持解决方案的目标和操作计划，并针对客户的短期错误行为提出进一步的分析说明，促使客户回到解决方案所设想的谋求长远利益的行动上。

3. 来自解决方案所涉人员的阻力，客户不愿作出大的变革

有时候，解决方案的执行可能触及客户企业一些人的既得利益，他们在方案执行时可能会想方设法维持原状或设置障碍，使方案执行受阻。

出现这种情况，通常是因为客户企业的既得利益者没有参与解决方案制定时的商讨或缺乏决策权。创业咨询师在现场指导时，应当积极为客户企业的决策者出谋划策，帮助化解矛盾，但应注意避免置身于客户企业内部的矛盾冲突之外。

4. 解决方案中所设想的执行条件发生了变化

解决方案在进入实施阶段后，原设想的执行条件很可能会发生变化，例如，关键的执行人员离开了客户企业，客户企业的收入大幅减少导致原定的执行经费减少，客户企业业务订单大幅增加以致客户暂时无暇执行方案，客户企业内部或外部市场出现突发事件等。

面对这种情况，创业咨询师有责任及时向创业咨询服务机构报告，并结合客户企业现有的执行条件，对解决方案的执行计划作出适当的调整，并酌情请求创业咨询服务机构为调整执行计划提供必要的支持。

特别提示

非常见的特殊问题出现后，创业咨询师如果没有指导的把握，不应立刻发表意见。可以先采集信息和进行适当的调研，与其他专家探讨和会诊之后再提供咨询意见。

能力要求

在客户企业现场指导执行案例

创业咨询师在客户企业现场指导执行时需要完成的主要工作内容包括：与客户商定现场指导的具体内容，发现现场执行中的错误和问题，纠正执行中的错误和偏差，提出指导意见和行动建议，完成现场指导日志和工作报告。

以下用案例说明创业咨询师现场指导工作的能力要求。

某工程服务公司（甲公司）投资兴建了一个特色地砖生产厂。为了尽快打开产品市场，工厂招聘和组建了一支 6 人的销售团队。忙了 3 个月，销售经理和业务员整天都在跑业务，但产品还是没有卖出去。眼看着工厂每个月亏损七八万元，甲公司总经理向某创业咨询服务机构（乙机构）寻求帮助。经过调研和分析，乙机构作出诊断，甲公司的问题主要在于：销售人员的素质不佳；未建立有效的销售渠道；销售提成和奖罚制度不合理。针对这些问题，乙机构策划和提交了一个完整的解决方案，其行动建议包括：改组销售团队；在进行公关销售的同时，尽快建设产品代理经销渠道；制定新的销售提成和奖罚制度等。

根据双方的协议，该解决方案主要由甲公司人员执行和完成。但为了有效执行该方案，乙机构需派创业咨询师 A 到工厂现场指导执行。项目执行期为 6 个月。

1. 与客户商定现场指导的具体内容

创业咨询师 A 进驻甲公司地砖生产厂后，首先与甲公司的总经理、负责公司销售的副总经理以及公司的人事经理商讨项目执行的具体事项，双方商定：成立项目执行小组，成员包括负责销售的副总、人事经理、工厂销售部经理、公司秘书，以及创业咨询师 A。确定每位成员的具体工作事项，例如，销售部经理负责拟订方案执行计划；人事经理负责对销售人员进行测评后，制定绩效考核制度；公司秘书负责执笔编写工作等。然后，创业咨询师又集体或分别与执行小组成员开会，商定了各项工作任务的执行时间表以及其他有关人员的任务分配。创业咨询师A到场指导的时间定为每周一和周四，具体工作内容包括：出席工厂的相关会议，检查各项任务执行的结果，提出修改或指导意见，指导和培训甲公司执行人员等。

2. 发现现场执行中的错误和问题

创业咨询师A在进驻甲公司一个月后，通过阅读业务月报表发现销售团队的业绩状况虽然较项目实施前有所改变，但是远未达到预期的目标。随即，创业咨询师A与项目小组成员——甲公司人事经理沟通了发现的问题，经由人事经理反映，甲公司实施的新的销售提成和奖罚制度根本没有兑现，所以销售团队人心浮动，没有干劲。

3. 纠正执行中的错误和偏差

创业咨询师A与人事经理商议，将情况汇报给甲公司总经理，并建议召开员工大会，甲公司总经理对新制度没有兑现的情况并不清楚，经过调查，是具体销售主管对新制度实施的不作为导致制度无法落实。甲公司总经理立即应创业咨询师A的建议，召开了员工大会，重申制度的重要性，并明确了落实新制度的负责人、检查办法等细节。随后甲公司对之前没有落实的销售奖金进行了补发，对违规人员进行处理。

4. 提出指导意见和行动建议

创业咨询师A在员工大会后与甲公司项目小组成员总结得失，提出指导意见：客户即甲公司的高层包括总经理及销售副总要对咨询方案的实施进行分段跟踪，每一个阶段都要有具体的负责人，有完成时限，有衡量实施效果的标准，对实施进度要以月为单位进行评估。增加反馈制度。甲公司项目小组成员通过决议，成立项目实施进度评估小组，由总经理亲自兼任小组组长，为加强对项目实施效果评估的准确度，甲公司设立反馈信箱，任何甲公司员工都可以直接将意见以书面形式不记名地投送给项目小组成员。

5. 完成现场指导日志和工作报告

通过帮助甲公司处理执行过程中发现的问题，一方面使甲公司加强了组织架构中沟通的顺畅度；另一方面，甲公司通过与咨询师A的合作，积累了与第三方指导人员的合作经验。为了将宝贵的经验完整地保留下来，作为今后处理类似工作的参考，创业咨询师A随后完成了对此次现场执行的指导日志（见下表）。

<table>
<tr><td colspan="2">指导日志</td><td colspan="3">填表日期：2007 年 4 月 30 日</td></tr>
<tr><td colspan="2">合作对象</td><td>某工程公司</td><td>填表人</td><td>创业咨询师 A</td></tr>
<tr><td colspan="5">工作小结</td></tr>
<tr><td colspan="2">时间</td><td colspan="3">2007 年××月××日至××月××日</td></tr>
<tr><td rowspan="2">工作记录</td><td colspan="4">主要工作内容（要点）</td></tr>
<tr><td colspan="4">1. 成立项目执行小组，成员包括负责销售的副总、人事经理、工厂销售部经理、公司秘书，以及创业咨询师 A
2. 每位成员的具体工作事项：
（1）各部门、岗位《工作流程图》的编制，各部门确认、修改，最后确定
（2）《岗位说明书》编制，各部门员工确认、修改，最后确定（组织各部门大会，确认《岗位说明书》的内容及目的、作用）
（3）员工（正式员工、试用期员工、离职员工）信息录入、备档的工作，达到信息管理微机化
（4）各项表格式管理的说明、执行与监督
（5）定期、不定期地与各部门员工进行沟通
（6）定期与公司负责人进行各项事宜的沟通交流</td></tr>
<tr><td rowspan="2">问题分析与对策</td><td colspan="4">创业咨询师在工作中发现的问题
（对问题的描述、产生问题的原因、相关责任岗位及解决方案）</td></tr>
<tr><td colspan="4">1. 负责销售监督的相关人员没能做出公平、公正的评判；部分新员工进厂时，没有按人才招聘的正常程序进行。建议今后的复试工作应综合其他各方面的评定和多渠道的了解，通过其他渠道进厂的人员应及时向人力资源部门说明
2. 各部门之间的工作应及时衔接，并随时跟踪，确定是否完成或未完成的原因，提出解决的办法</td></tr>
</table>

第 2 节　绩效评价

学习单元 1　编制执行情况记录工具

学习目标

➢ 掌握执行情况记录工具的类别。

➢清楚且可熟练操作执行情况记录工具的编制方法。

➢明晰编制执行记录工具的主要注意事项。

知识要求

一、执行情况记录工具的类别

创业咨询师在指导客户执行方案的过程中应该掌握的记录工具主要有数据记录类、文字记录类、多媒体记录类。创业咨询师针对不同的需要，选择不同的记录工具，必要时可采用多种工具进行记录。此部分内容在三级创业咨询师教材中已经详细阐述，故在此不详细说明。

二、执行情况记录工具的编制方法

创业咨询师在选择执行情况记录工具时主要选择数据记录类工具与文字记录类工具，其编制方法主要是流程记录法。

创业方案进度计划的控制是方案执行成功的保证，应做到严格要求、层层落实、适时调整。进度控制主要解决的问题是克服拖期，而流程记录法则是针对这一问题常用的一种方法。

流程记录法是针对牵涉到几个不同工作站或地点的流动关系，借以发掘出可改善的地方的方法，是“制程分析”最基本、最重要的技术，也是降低“隐藏成本”，分析、解决问题的最有力的工具。

1. 流程记录法的特点

流程记录法可以清楚地标示所有的如加工、搬运、检验、迟延等事项，并据以分析研究，设法减少各种事物的次数与所需时间及距离。降低“隐藏成本”的情况由此可以显示出来。流程记录法可以去除不必要的手续与流程，降低制造成本，提高工作效率。

2. 流程记录法的范围

（1）工作必须经历一个以上不同地点的动作才能完成。

（2）工作必须经由一个以上的人员来完成。

3. 流程记录法的作用

（1）用于记载现行工作的过程。

（2）依照对过程的记录，寻求需要改善的地方。

（3）用于比较改善前后的差异情形。

4. 流程法的步骤

（1）选择

在日常工作中选取需要研究的工作。如：

1）经济考虑

A. 改善最需要改善的工作。

B. 改善需要由浅入深，由粗到细。

C. 改善后的经济价值及对整个作业的影响应很大。

D. 改善可先改生产“瓶颈”及搬运距离。

2）技术考虑

A. 改善技术上可行性高的工作。

B. 改善后可以放大现行技术优点的工作。

3）人的反应。寻求大家都有意愿改善的工作。

（2）记录

以直接观察法记录现行方法的全部有关事实。如：

1）作业分析。考虑操作是否受设计方面的影响，加工条件是否可以改变（合并动作等）。

2）搬运分析。搬运重量、距离、时间，其间涉及厂房空间及布置、机器排列、运输方法及工具等。

3）检验分析。通常须考虑制成品的功能要求、精确度要求，检出良品时，其检验价值如何。

4）储存分析。此部分往往发生是因为材料或零件未到货，或者下一步加工机器不胜重荷，须暂时等待所致，因此应对各种控制作重点考虑。

5）等待分析。迟延为浪费，理应降至最低限度。此部分涉及人员调配控制及闲余能量分析的问题，应考虑人为或设备改进部分。

（3）分析

用最合适的技术，严格而有系统地分析已记录的事实。

1）分析时依动作的优先顺序进行

A. 准备动作，做动作前的动作都是准备动作。

B. 做的动作，程序中对工作目的最有价值、最有贡献的动作。

C. 拿开动作，做的动作之后放下、移开清理的动作。

2）分析用的五大疑问

A. 完成了什么？——是否必要？为什么？

B. 何地做？——为何需要在此处做？有无其他更合适的地方？

C. 何时做？——为何需要在此时做？有无其他更合适的时间？

D. 谁人做？——为何需由此人做？有无其他更合适的人员？

E. 如何做？——为何需要如此做？有无其他更合适的方法？

3）分析注意事项

A. 首先分析做的动作，以打入问题的中心。

B. 必须依据有系统的五大疑问，依次认真发问，以便获得完整的改善意见。

C. 记录所有的改善意见。

（4）建立

在分析中所获得的意见，发展成为最实用、经济而有效的新方法。

1）建立改善的方向。将分析中的意见，划分入不同的小组，每小组定出标题，以此为方向。

2）建立新方法的四大要点

A. 剔除——剔除不必要的动作，是改善的最高原则：凡经完成了什么、是否必要及为什么等问题，不能有满意答复者，即非必要，予以剔除（首先针对方向进行分析淘汰，再对选定的方向，检讨其每一意见，进行淘汰）。

B. 合并——合并必要的动作，节省办事手续：凡确实无法剔除而属必要的，适于合并。

C. 排列——排列必要的动作，工作成线办事有序：经过剔除、合并后，所剩必要意见，依何人、何处及何时进行排列。

D. 简化——简化必要的动作，节省人力、时间、设备：对必要的工作，用简单的方法及设备完成。

（5）实施

采取步骤实施新方法，并使之标准化。

1）在适当的时机提出建议。

2）说服并训练相关人员共同实施改进。

3）照顾各相关人员利益。

（6）维持

以正规而经常的检查，维持标准的执行。

1）时常检查。

2）注意结果。

3）保证新工人接受正确的工作方法训练后再工作。

三、编制执行情况记录工具的注意事项

1. 方便，实用

编制执行情况记录工具时要突出重点，方便应用，避免太复杂。

2. 定量与定性相结合

编制执行情况记录工具时既要记录客观的数据信息又要记录主观的执行感受。

3. 过程与结果相结合

编制执行情况记录工具时的注意既要有描述性的过程信息又要有明确的执行结果。

4. 注意工具的时间性与阶段性

编制执行情况记录工具时注意记录工具可能会因时间与执行阶段的改变而改变，而不要一种工具记录所有的执行情况。

能力要求

编制执行情况记录工具案例

林老板准备开办一家健身中心，经过与创业咨询师咨询后，决定将此健身中心定位为高端客户健身、休闲、交友及商务洽谈的休闲会所。该健身会所将采取会员制服务，为增加会员数量，特招聘了一批销售人员，林老板请创业咨询师帮助设计一些记录销售情况的工具，以便了解这些销售人员的实际工作情况，并对销售人员进行绩效评估。编制记录工具的基本流程如下：

一、根据需要记录的执行情况选择记录形式

由于此次林老板的健身中心需要记录的是销售情况，提供记录人为销售人员，所以选择数据记录和文字记录相结合的记录形式。

二、评估流程记录法的适用性

由于记录的销售情况包含一个以上的动作，提供记录人在一个以上，所以选用了流程记录法。

三、记录工具编制实施

1. 创业咨询师根据健身会所过去的财务销售数据，运用流程记录法的特点，对销售人员每日的客户拜访活动进行等待分析，帮助业务人员增加拜访效率。具体方法如下：

首先通过分析得到客观数据包括业务人员拜访一个客户的平均用时，在规定用时内与客户沟通效率最高的问题汇总，会所目标客户最集中的拜访路线等。其次通过等待分析，得到业务人员在拜访客户过程中最能提升效率的活动包括限定拜访时间及明确沟通问题清单，拜访前规划拜访路线。

由此创业咨询师在资深销售人员参与的情况下，辅导健身会所销售部门编制了一份“业务日报”。

“业务日报”的内容主要包括业务人员日常拜访客户的基础数据（日期、业务员姓名、拜访客户名称及地址、客户方联系人及其职务、客户电话及传真），包括提效评估数据（拜访时长、路线、谈话要点及访谈纪要等）。“业务日报”采用数据记录和文字记录相结合的记录形式，采用制式表格以方便业务人员填写，对于文字记录部分尽量采用封闭式选项由业务人员选取，对于开放式问题则限定业务人员提问范围。由此得到健身会所销售“业务日报”。

“业务日报”要求所有销售人员在每日填写。业务员通过“业务日报”进行数据和文字方面的每日销售情况汇总，销售主管通过此报表了解销售人员的当日销售流程，便于对销售情况进行把控，对销售人员进行针对性的辅导，“业务日报”见下表。

业务日报

<table>
<tr><td>日期</td><td colspan="2">××年××月××日</td><td>业务员</td><td>××</td><td>拜访客户时间</td><td colspan="2">—</td></tr>
<tr><td>路线</td><td colspan="7">×地——×地</td></tr>
<tr><td>拜访单位</td><td colspan="4">××公司</td><td>地址</td><td colspan="2"></td></tr>
<tr><td>联系人</td><td>×××</td><td>职务</td><td></td><td>电话</td><td></td><td>传真</td><td></td></tr>
</table>

谈话要点：
1. 公司目前的保健、激励措施有哪些？________
2. 是否有意向尝试引导员工进行健康的生活方式？是□　否□
3. 以前鼓励、引导员工进行过哪些体育活动？________
4. 目前是否有合作意向？是□　否□

<table>
<tr><td>预期内容</td><td>了解客户需求，寻求合作机会</td><td>沟通地点</td><td></td></tr>
<tr><td>预期购买意向</td><td></td><td>预期购买时间</td><td></td></tr>
<tr><td>下次拜访时间</td><td>××年××月×日×时</td><td>拜访形式</td><td>电话拜访□　信函□　短信□
预约面见□　电邮□　其他□</td></tr>
<tr><td>下次拜访主要目的</td><td colspan="3">提交意向提案，确定合作</td></tr>
</table>

续表

谈话纪要	1.××××　　2.×××× 3.××××　　4.××××
同期竞争	1. 主要竞争对手 2. 运用 SWOT 分析竞争方与我公司的情况 3. 确定给予客户的提案内容

2. 为更好促进业务的发展，创业咨询师使用关键路径法（见第 1 节学习单元二）对于销售人员一周的销售工作进行掌控、促进，另外设计了销售人员“销售周报表”（见下表）。

销售周报表

时间	指标	预约次数	面谈次数	体验卷销售（张）	银卡销售（张）	金卡销售（张）
周一	目标					
	实际					
周二	目标					
	实际					
周三	目标					
	实际					
周四	目标					
	实际					
周五	目标					
	实际					
总计	目标					
	实际					

学习单元 2　编写客户执行绩效评价报告

学习目标

➢熟识客户执行绩效评价报告的要素。

➢熟练运用客户执行绩效评价报告的格式。

➢明晰编写客户执行绩效评价报告的注意事项。

知识要求

一、客户执行绩效评价报告的格式和要素

为保持良好的沟通与互动，提升方案执行绩效，创业咨询师在服务期内需要定期对客户的执行绩效进行阶段性评价，需要在服务期末对客户进行整体执行绩效评价，并编写客户执行绩效评价报告。

客户执行绩效评价报告应包括以下四大要素：

第一，基本信息。如时间段、编报日期、编报人等。

第二，执行目标。依据项目计划，列出执行进度、质量和效益方面要实现的目标。

第三，绩效评价结果及分析。列出能够科学、客观、综合反映执行情况的绩效评价指标，并进行绩效分析，找出影响每个指标的因素，并对各指标进行综合评价。

第四，同比环比的差异分析。与往年进行同期比较分析，与本年度其他月份进行环比分析，分析原因，找出提升方法及途径。

执行绩效报告示例见表 5—2。

表 5—2　　执行绩效报告

<table>
<tr><td>时间段</td><td>/ / — / /</td><td>编报日期</td><td></td><td>编报人</td><td></td></tr>
<tr><td colspan="6">目标</td></tr>
<tr><td colspan="6"></td></tr>
<tr><td colspan="6">执行活动</td></tr>
<tr><td colspan="6">1.
2.
3.
……</td></tr>
<tr><td colspan="6">执行绩效
注：绩效指标说明</td></tr>
</table>

绩效指标	绩效	绩效指标	绩效
指标 1		指标 2	
指标 3		指标 4	
……		……	

续表

综合评价及分析
同比环比差异分析
流程控制

二、编写客户执行绩效评价报告的注意事项

1. 具体明确，避免笼统

报告应就具体问题的具体方面，反映执行绩效情况，避免空泛而使得绩效分析及改进无从下手。

2. 突出重点，防止报告内容无主次

一个好的绩效评价报告应能够抓住起关键作用的执行工作，以及执行过程中起到关键作用的环节或者方面。

能力要求

编写客户执行绩效评价报告案例

张总经理刚刚开创一家软件公司，请创业咨询师王顾问、李顾问为其提供人力资源管理咨询服务，希望就此将人力资源管理系统导入公司，并培养内部人力资源人才，主要模块有岗位职责描述、员工招聘、新员工入职培训、薪酬体系设计、绩效考核体系设计四大模块。现公司已有一名人力资源助理小刘，与创业咨询服务机构成立了联合小组，制定了项目计划，并明确了各自的职责及工作范围。王顾问按照计划对小刘进行了系列培训，并在实际实施过程中进行指导。项目进行两个月后，王顾问需要向张总经理提交小刘的执行绩效评价报告。

在这一个月的时间里，每周王顾问都要了解小刘的具体工作计划及工作开展情况，对小刘进行专业知识培训后，对其掌握情况进行考核，对其知识运用情况进行

考核，就其过程进行观察，每发现问题便给予指导，采用多种方式评价其工作绩效，然后撰写出了绩效评价报告（见下表）。

绩效评价报告

时间段	2008/2/1—2008/3/1	编报日期	2008/3/1	编报人	王××
目标					
1. 通过培训使小刘掌握岗位职责描述、员工招聘、员工培训、薪酬体系、绩效考核体系知识，并通过实践学习如何运用这些知识 2. 描述销售部各岗位的职责及工作流程，撰写岗位职责说明书 3. 设计销售部的薪酬及绩效管理体系 4. 设计新入职销售人员的培训课程体系 5. 招聘2名销售专员					

执行绩效

注：绩效指标说明　1分=极差，2分=差，3分=一般，4分=良好，5分=优秀

绩效指标	绩效	绩效指标	绩效
学习能力强	3分	具有一定的文字撰写功底	5分
能够设计出科学的、适用的人力资源管理体系	2分	能够为其他部门招聘合适人选	3分

综合评价及分析

小刘的四项考核指标的平均分数为3.25分，介于一般和良好之间。其在招聘及成果文件撰写方面表现很好，在人力资源管理系统设计方面存在发展空间。主要是由于其人力资源基础知识薄弱，工作经验积累不足，对新知识消化吸收需要一定的时间，更需要在实际工作中不断应用，不断提升。

学习单元3　制定执行绩效的评价指标和工具

学习目标

- ➢熟练运用执行绩效的常用评价指标和工具。
- ➢熟识执行绩效评价指标和工具的制定方法。
- ➢明晰制定评价指标和工具的注意事项。

知识要求

一、执行绩效的常用评价指标工具

1. 绩效评价指标

绩效评价指标（有时也被称为关键绩效指标）是用来对各项企业目标进行定量或定性考核的指标。其常用的指标包括：

（1）财务方面的常用指标

1）与主营业务销售收入相关的财务指标如图 5—2 所示。

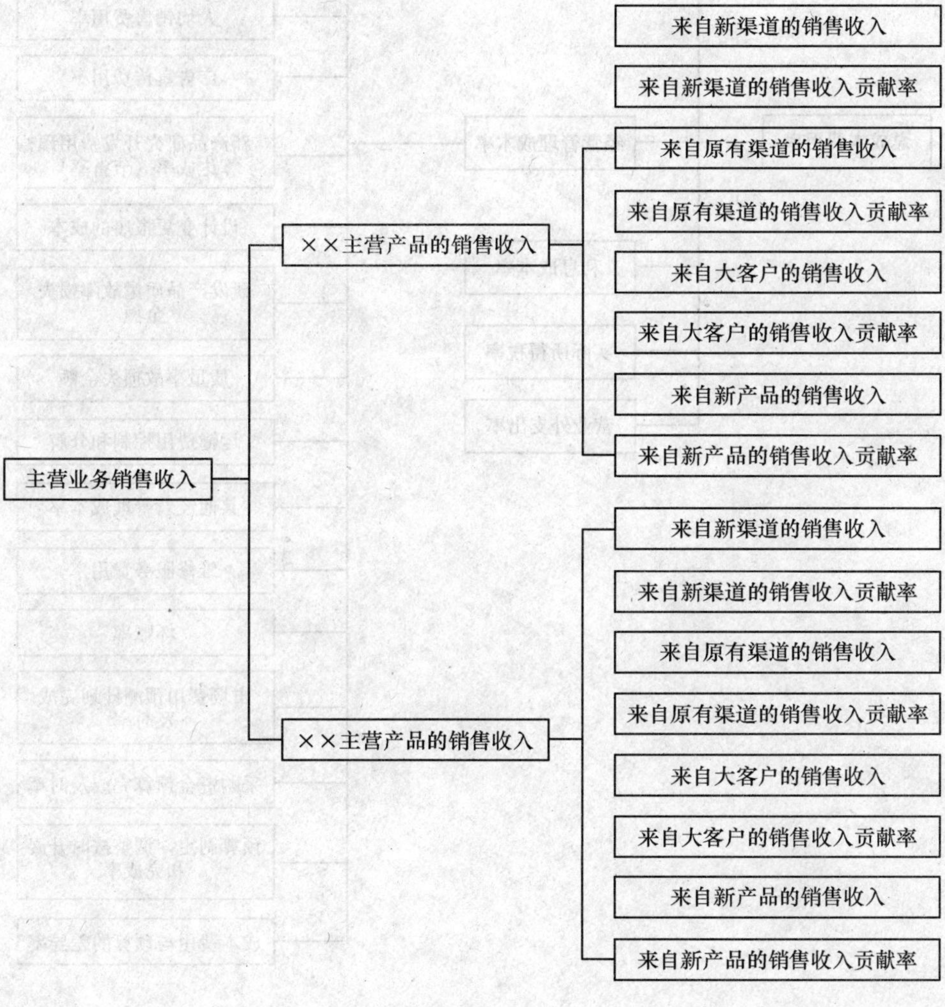

- 主营业务销售收入
  - ××主营产品的销售收入
    - 来自新渠道的销售收入
    - 来自新渠道的销售收入贡献率
    - 来自原有渠道的销售收入
    - 来自原有渠道的销售收入贡献率
    - 来自大客户的销售收入
    - 来自大客户的销售收入贡献率
    - 来自新产品的销售收入
    - 来自新产品的销售收入贡献率
  - ××主营产品的销售收入
    - 来自新渠道的销售收入
    - 来自新渠道的销售收入贡献率
    - 来自原有渠道的销售收入
    - 来自原有渠道的销售收入贡献率
    - 来自大客户的销售收入
    - 来自大客户的销售收入贡献率
    - 来自新产品的销售收入
    - 来自新产品的销售收入贡献率

图 5—2　与主营业务销售收入相关的指标

2）成本费用率指标如图 5—3 所示。

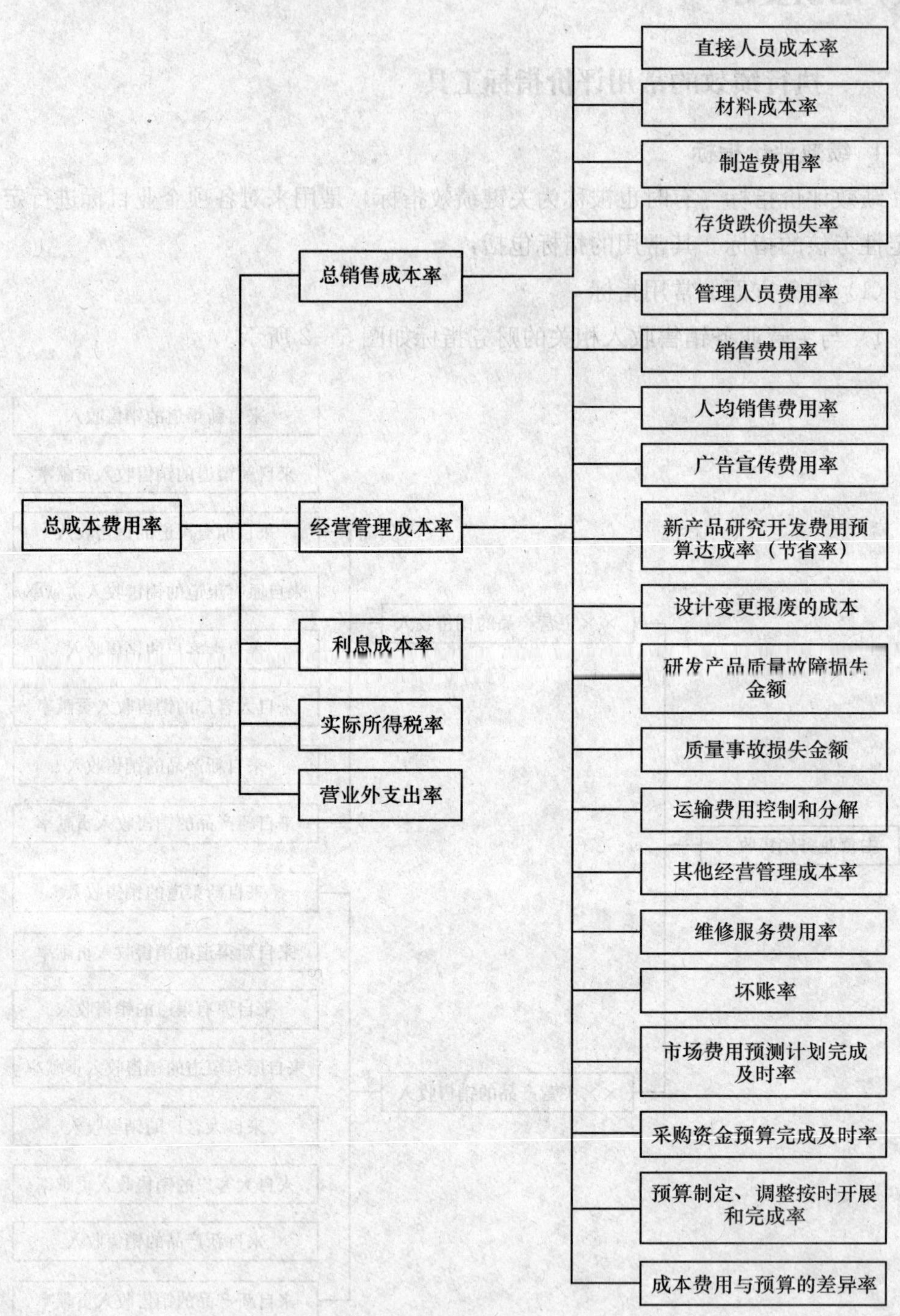

图 5—3　成本费用率指标

3）与资产收益相关的财务指标如图 5—4 所示。

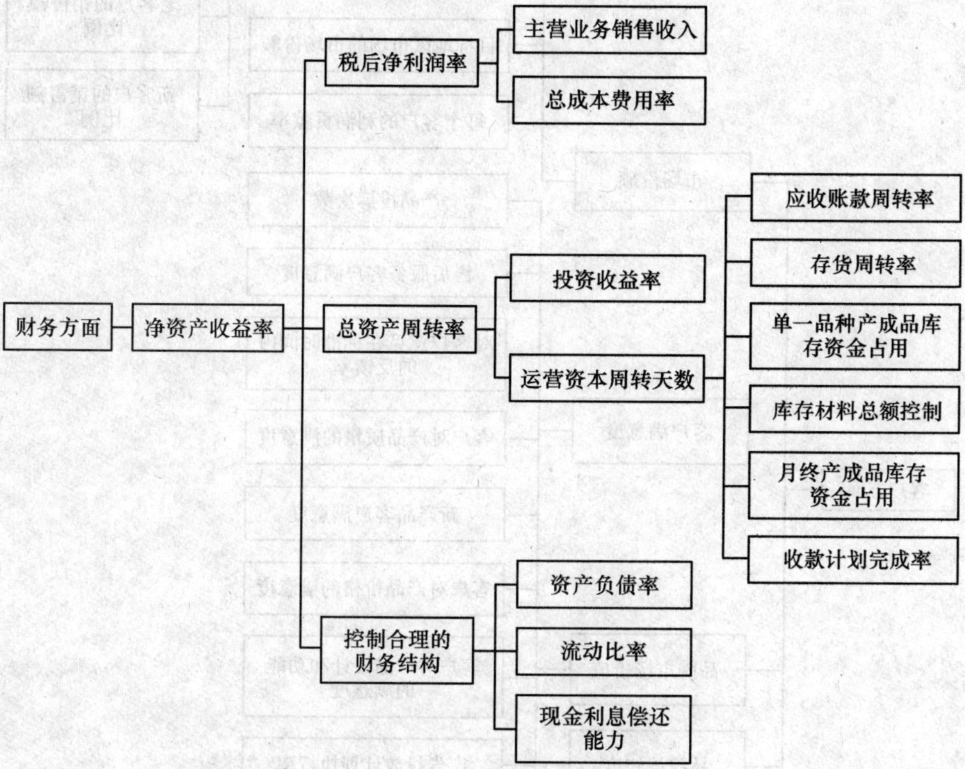

- 财务方面
  - 净资产收益率
    - 税后净利润率
      - 主营业务销售收入
      - 总成本费用率
    - 总资产周转率
      - 投资收益率
      - 运营资本周转天数
        - 应收账款周转率
        - 存货周转率
        - 单一品种产成品库存资金占用
        - 库存材料总额控制
        - 月终产成品库存资金占用
        - 收款计划完成率
    - 控制合理的财务结构
      - 资产负债率
      - 流动比率
      - 现金利息偿还能力

图 5—4　与资产收益相关的财务指标

（2）客户方面的常用指标

客户方面的常用指标如图 5—5 所示。

（3）内部运营方面的常用指标

内部运营方面的常用指标如图 5—6 所示。

（4）学习和成长方面的常用指标

学习和成长方面的常用指标如图 5—7 所示。

2. 绩效评价指标的常用工具

（1）绩效评价表

自我评价表

A. 项目信息。提供项目名称、客户名称、项目经理以及项目发起人姓名等关于项目的一般信息（见表 5—3）。

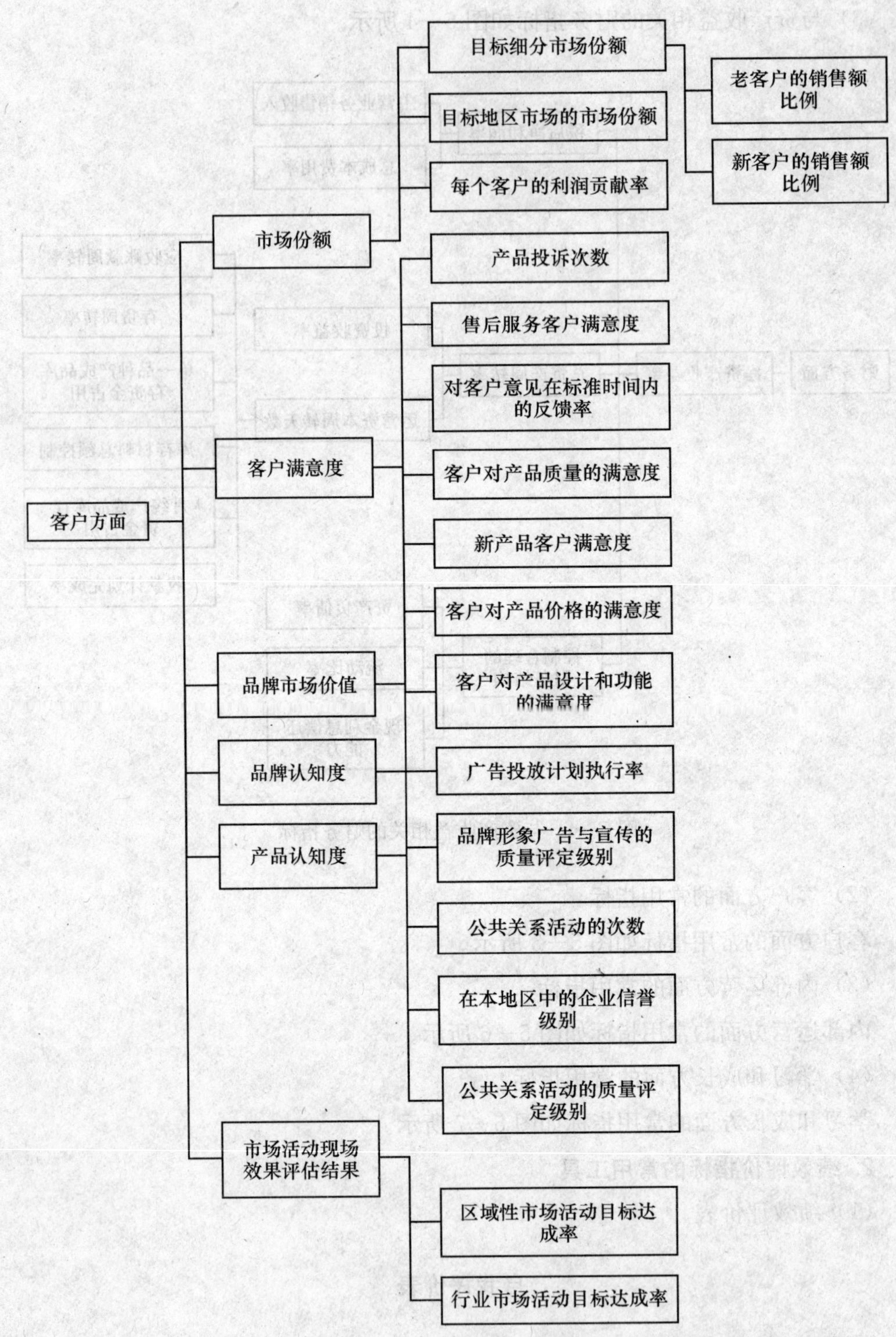

图 5—5　客户方面的常用指标

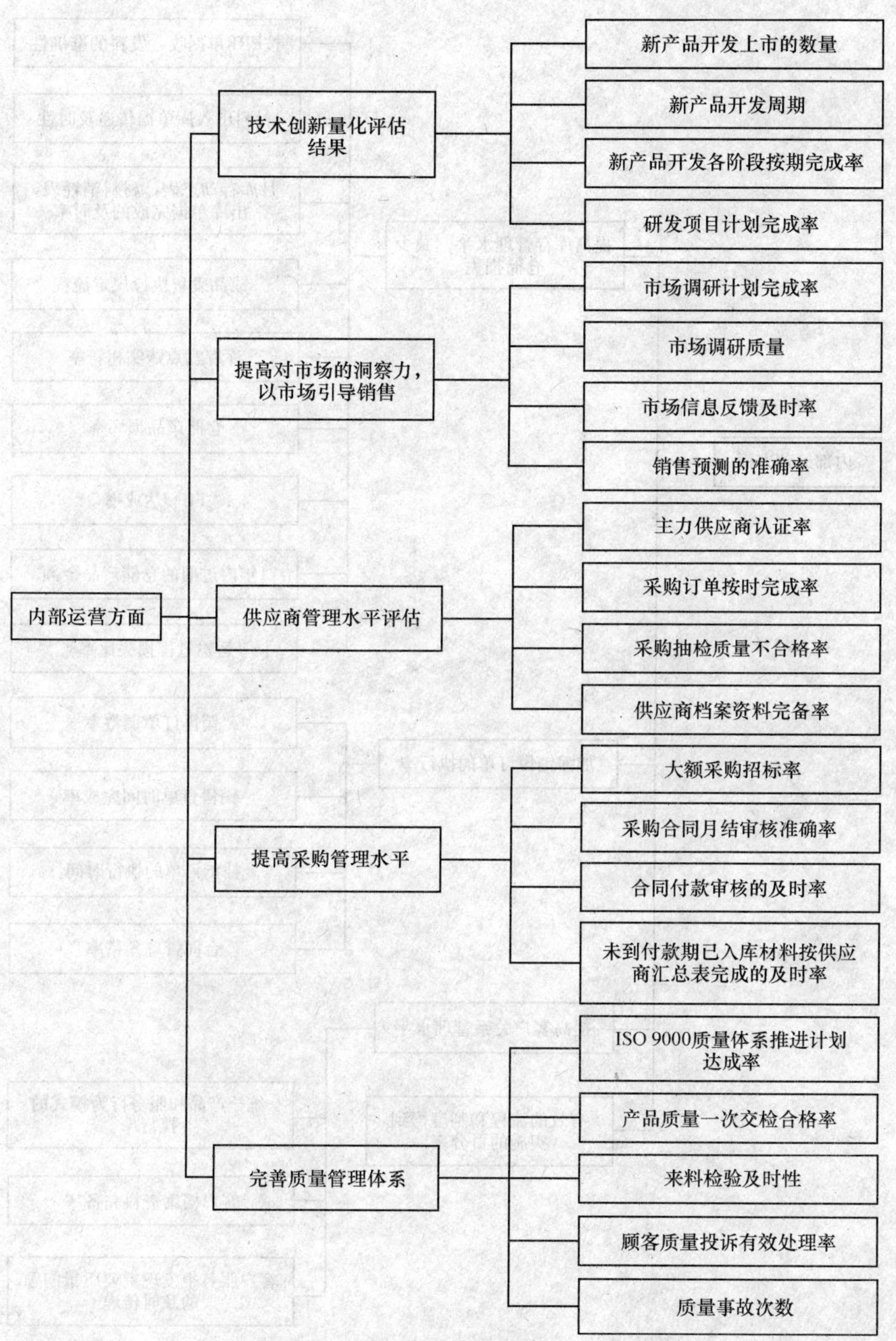
内部运营方面
技术创新量化评估结果
新产品开发上市的数量
新产品开发周期
新产品开发各阶段按期完成率
研发项目计划完成率
提高对市场的洞察力，以市场引导销售
市场调研计划完成率
市场调研质量
市场信息反馈及时率
销售预测的准确率
供应商管理水平评估
主力供应商认证率
采购订单按时完成率
采购抽检质量不合格率
供应商档案资料完备率
提高采购管理水平
大额采购招标率
采购合同月结审核准确率
合同付款审核的及时率
未到付款期已入库材料按供应商汇总表完成的及时率
完善质量管理体系
ISO 9000质量体系推进计划达成率
产品质量一次交检合格率
来料检验及时性
顾客质量投诉有效处理率
质量事故次数

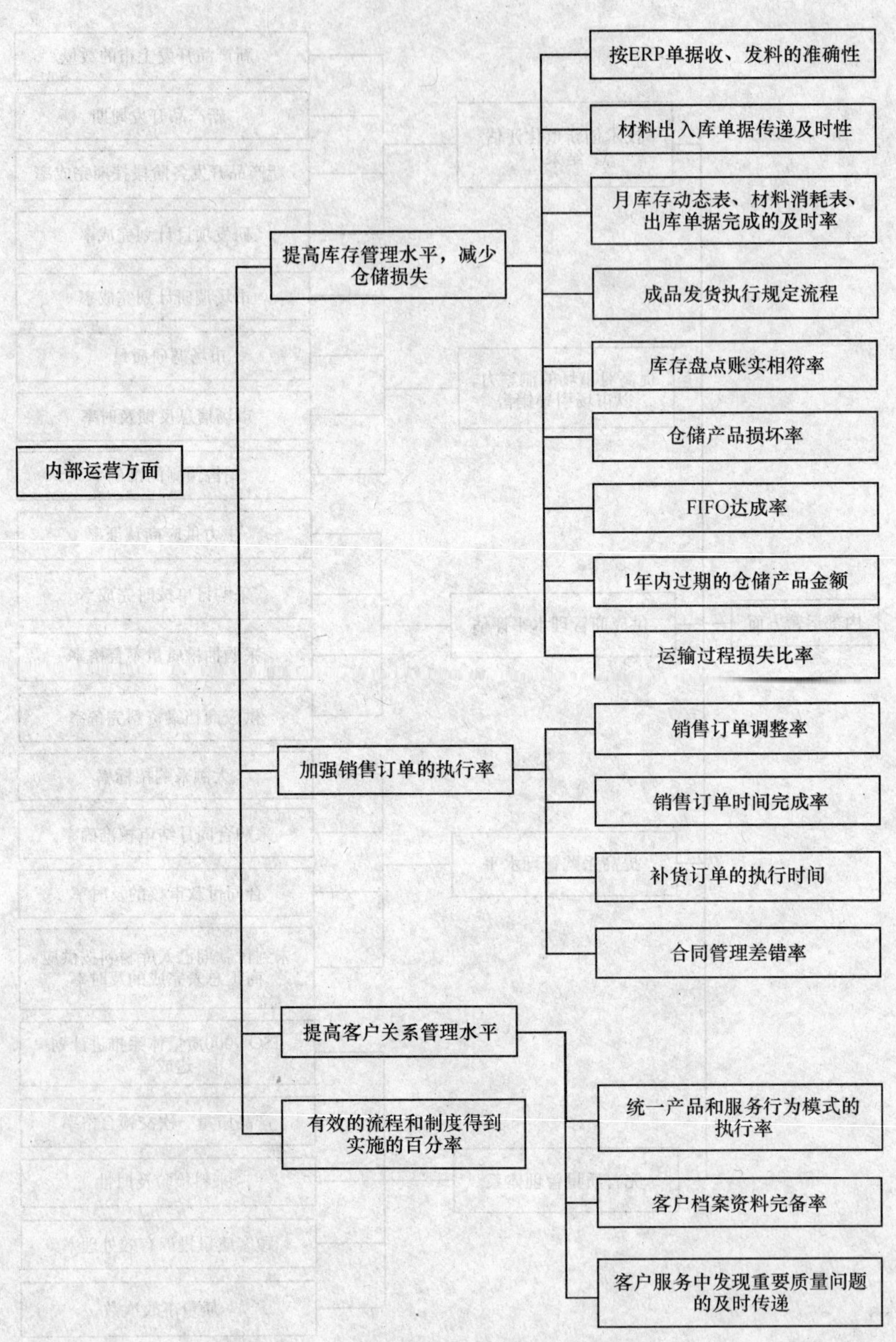
内部运营方面
提高库存管理水平，减少仓储损失
按ERP单据收、发料的准确性
材料出入库单据传递及时性
月库存动态表、材料消耗表、出库单据完成的及时率
成品发货执行规定流程
库存盘点账实相符率
仓储产品损坏率
FIFO达成率
1年内过期的仓储产品金额
运输过程损失比率
加强销售订单的执行率
销售订单调整率
销售订单时间完成率
补货订单的执行时间
合同管理差错率
提高客户关系管理水平
统一产品和服务行为模式的执行率
客户档案资料完备率
客户服务中发现重要质量问题的及时传递
有效的流程和制度得到实施的百分率

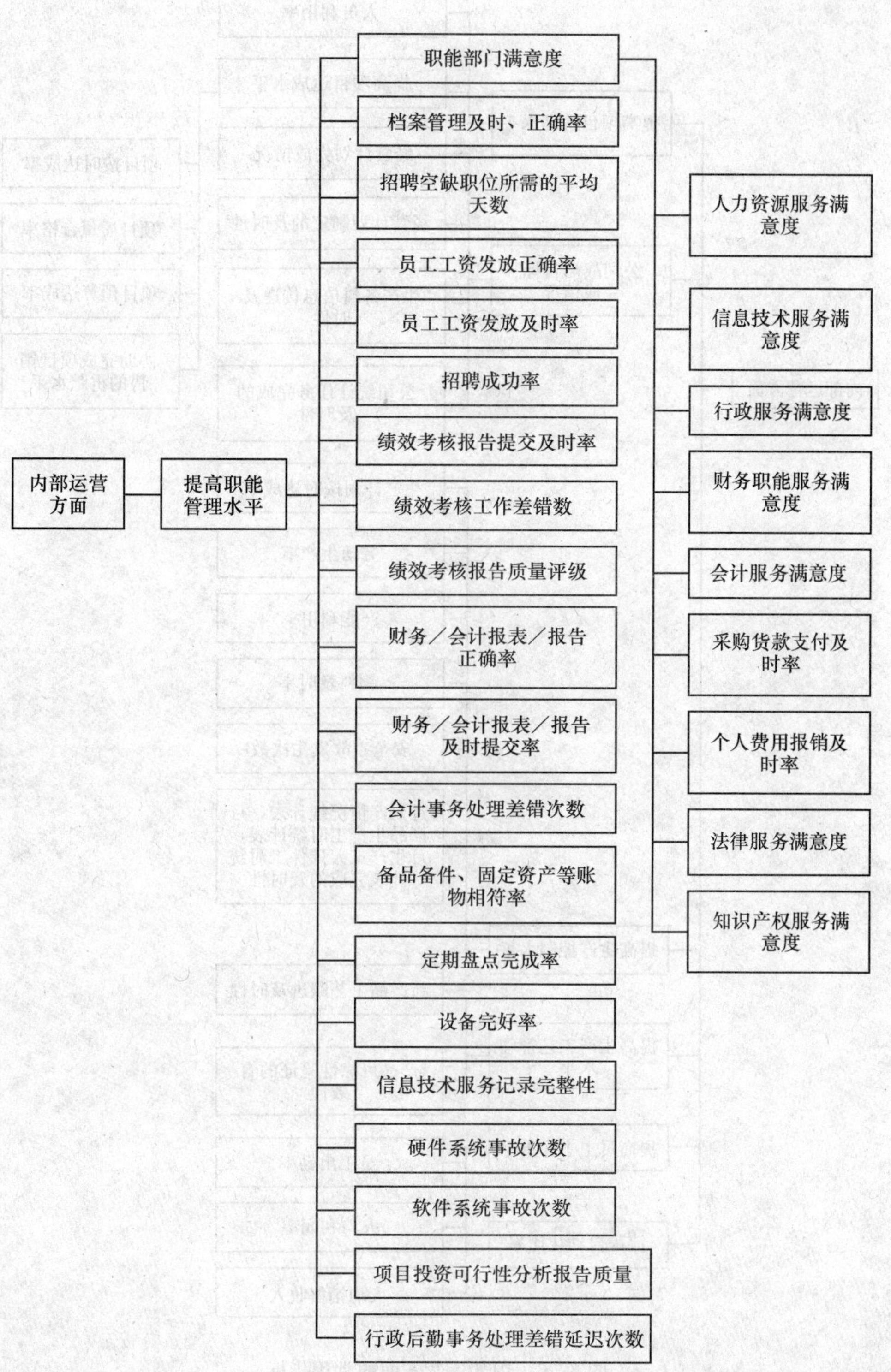

内部运营方面
提高职能管理水平
职能部门满意度
档案管理及时、正确率
招聘空缺职位所需的平均天数
员工工资发放正确率
员工工资发放及时率
招聘成功率
绩效考核报告提交及时率
绩效考核工作差错数
绩效考核报告质量评级
财务／会计报表／报告正确率
财务／会计报表／报告及时提交率
会计事务处理差错次数
备品备件、固定资产等账物相符率
定期盘点完成率
设备完好率
信息技术服务记录完整性
硬件系统事故次数
软件系统事故次数
项目投资可行性分析报告质量
行政后勤事务处理差错延迟次数
人力资源服务满意度
信息技术服务满意度
行政服务满意度
财务职能服务满意度
会计服务满意度
采购货款支付及时率
个人费用报销及时率
法律服务满意度
知识产权服务满意度

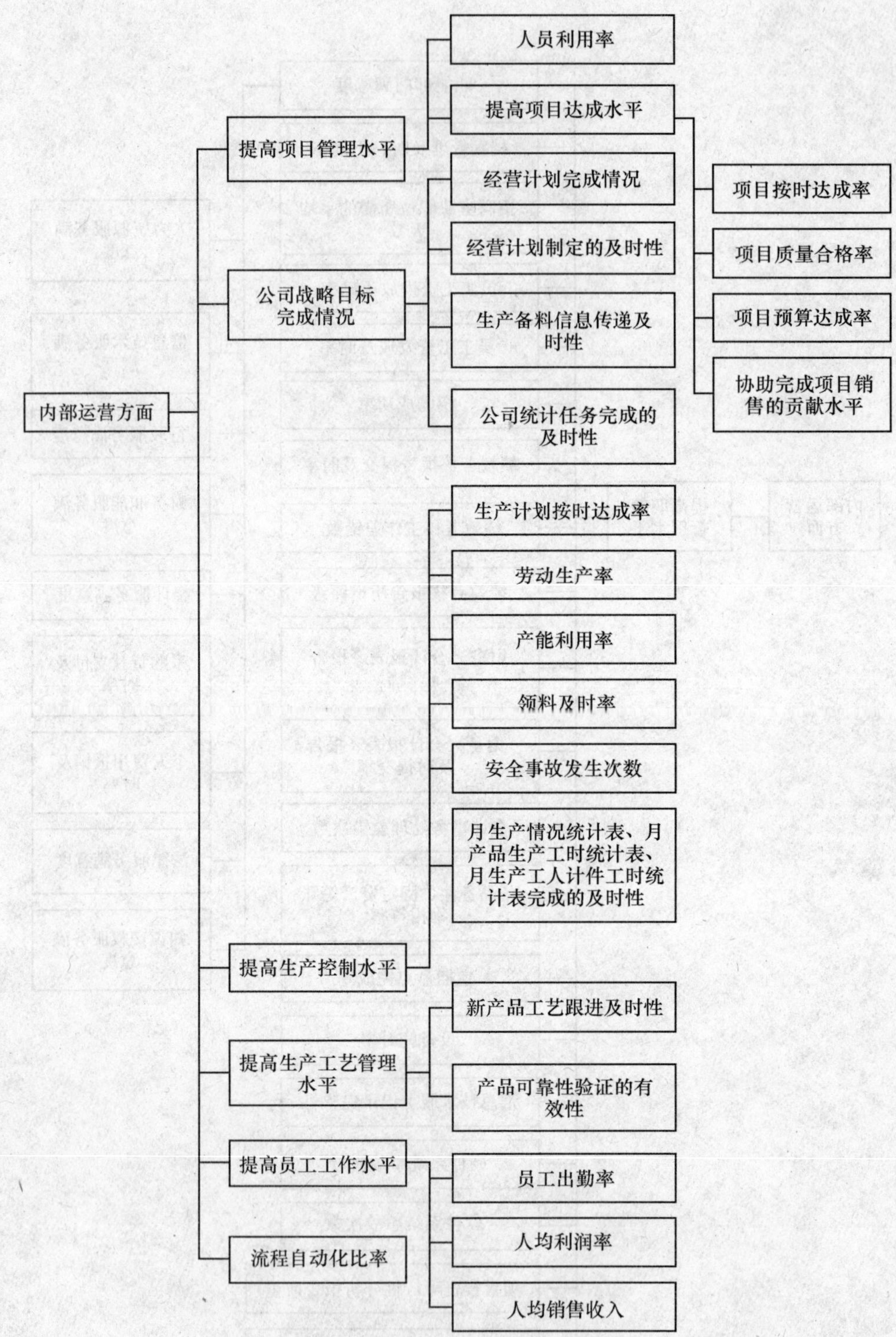

图 5—6　内部运营方面的常用指标

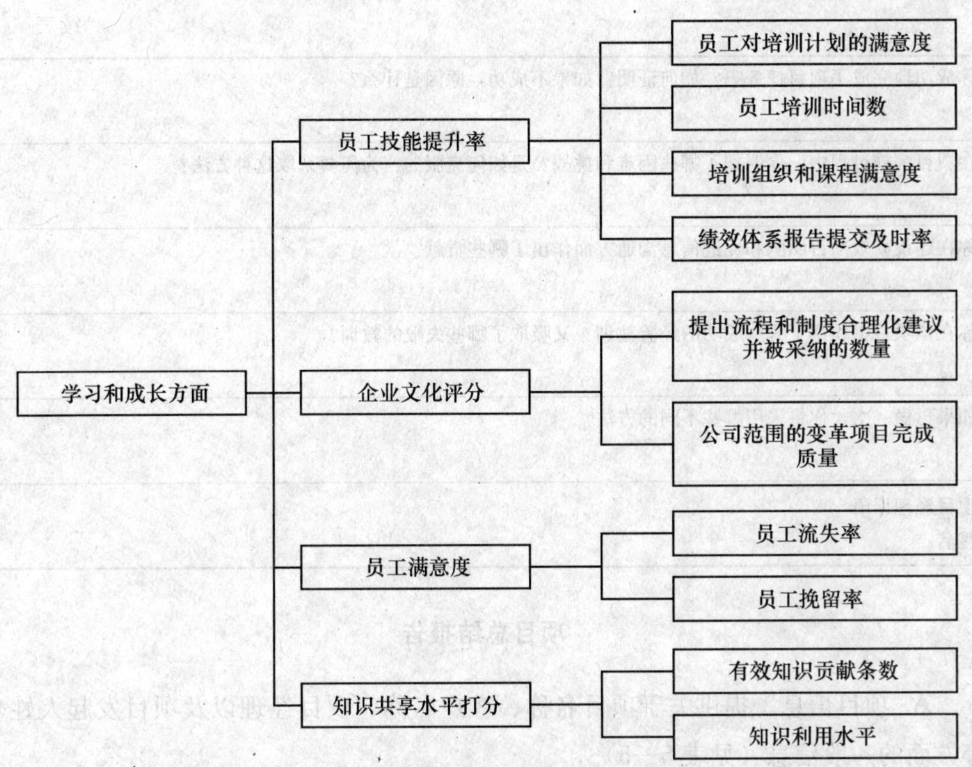

图 5—7　学习和成长方面的常用指标

表 5—3　　　　项目信息

项目名称：		客户名称：	
项目经理：		自我评价人：	
项目发起人：		日期：	

B. 角色与职责。提供自我评价人在项目中的角色、职责等方面的信息。

你在项目中的角色是什么？负责的主要任务有哪些？

C. 自我评价。提供自我评价人在完成任务、达到工作标准、团队建设、经验教训等方面的信息（见表 5—4）。

表 5—4　　　　自我评价

你对自己的总体评价并说明理由	□很满意	□满意	□不满意
你对自己负责工作如下目标的评价：			
进度：　□　低于标准	□　达到标准	□　高于标准	
成本：　□　低于标准	□　达到标准	□　高于标准	
质量性能：　□　低于标准	□　达到标准	□　高于标准	

续表

你成功地完成了项目任务吗？如何证明？如果不成功，原因是什么？
在项目实施过程中，你遇到了哪些困难和挑战？是如何克服的？为何要采取这种方法？
你在建设高效项目团队和促进信息沟通方面作出了哪些贡献？
你在该项目中积累了哪些成功的经验教训？又吸取了哪些失败的教训？
如果再做一次，你将采用哪些不同的方法？
项目经理评语 签名：

项目总结报告

A. 项目信息。提供关于项目名称、客户名称、项目经理以及项目发起人姓名等方面的一般信息（见表5—5）。

表5—5　　项目信息

项目名称：		客户名称：	
项目经理：		报告起草人：	
项目发起人：		日期：	

B. 项目背景与要求。提供有关项目背景、目标、项目方案等方面的信息。

C. 项目总结。从完成项目的进度、成本、质量、团队管理、客户关系等方面进行评价（见表5—6）。

表5—6　　项目总结

完成了项目的哪些交付结果？	没有完成的工作是哪些？原因是什么？
对项目的总体评价	
进度方面评价： 项目实际进展情况与计划进度如何？ 哪些方面的工作本来应多花些时间？ 在进度上发生了哪些变化？ 我们用到了哪些进度控制方法？	

续表

成本方面评价： 项目实际成本与计划预算相比如何？ 哪些方面的工作本来应多花些资金？ 预算怎样才能做得更准确些？
质量方面评价： 项目的质量符合客户的具体要求吗？ 在质量方面发生了哪些问题？是如何处理的？ 客户对项目的质量要求发生了哪些变更？ 客户对项目的最终移交成果是否满意？ 以后如何更好地理解客户的质量要求？
人员管理与团队建设方面评价： 小组成员是否理解他们的角色？ 是否存在有人工作分配负担过重或过轻的情况？ 成员之间的协作情况如何？角色分配是否合适？ 运用的激励方式、领导方式、监督方法是否有效？ 小组成员在哪些方面得到了锻炼与成长？
沟通交流方面评价： 小组成员对项目的目标、客户要求是否有充分的了解？ 成员是否迅速地交流自己遇到的问题？ 有没有利益相关者在交流沟通中被忽略？ 今后的项目在交流沟通上可作哪些改进？
技术与方法评价： 该项目运用了哪些新技术？它们如何促使项目的成功？ 项目跟踪与控制的方法是否发挥了作用？ 什么样的改进可能有用？
客户关系评价： 项目运用了哪些客户关系管理的方法？其效果如何？ 客户的反馈与抱怨是如何被管理的？ 采取了哪些增强客户满意度的措施？
合同管理评审： 合同前期招标、谈判方面积累了哪些成功的做法？ 合同履行过程中的冲突是如何得到处理的？ 在与合同方打交道方面积累了哪些经验？ 合同方的职能履行得如何？如何改进？
经验教训： 该项目有哪些成功的经验？又有哪些失败的教训？ 如果有机会重新做这个项目，应该怎样去做？
发起人意见： 签名： 日期：

（2）绩效评价软件

为使投资者和经营者及时了解经营成果和经营状况，知晓企业竞争能力和资源实力，有条件的公司应建立绩效评价体系或引入绩效评价软件。这类软件是应用企业的资产负债表、损益表和现金流量表以及必要的统计数据，通过计算若干个企业绩效指标，经过归纳总结，分析企业的获利能力、运营能力、发展能力和贡献能力，反映企业经营绩效水平，发现企业需关注的问题。如通过杜邦财务分析软件，企业可以探索解决上述问题的途径。

二、执行绩效评价指标和工具的制定方法

1. 执行绩效评价指标的制定方法

（1）预测法

预测法是指创业咨询师以客户过去的企业绩效模式进行分析，进而预测未来事件发展的方法。一般来说，创业咨询师可以根据对财务类和非财务类数据的分析来预测未来绩效。例如，创业咨询师如果收集到了近些年来客户企业在“年业绩增长率”和“年新品上架率”等方面的可靠数据，就可以利用这些数据推测客户企业未来在这两个方面的绩效情况。

利用预测法为绩效评价指标确定达标标准的主要优点是，这种预测是基于事实基础上的——因此，这种预测往往是相当可靠的，所制定的达标标准通常也更加现实。而利用预测法为绩效评价指标确定达标标准的主要缺点，则是这种方法暗含了“企业将一如既往地发展下去”这样的假设，或者至少是系统环境将保持稳定的假设。但市场环境、政治环境、人力资源等方面往往是变化着的，所以仅仅依靠预测法确定达标标准有其不可避免的局限性。

创业咨询师为了弥补预测法的这个缺点，可以选择为每个绩效评价指标设定各种可能的情况，并预测一个“期望的情况”和一个“保守的情况”。然后介于两种情况确定每个评价指标的达标标准所在区间，使绩效指标的设定更趋于合理化。

（2）标杆法

标杆法是指创业咨询师在同类型企业中，找到另外一个做得更好的企业或部门（外部标杆）或自身组织内部的一个经常做得更好的部门（内部标杆）作为榜样，对这个企业或部门的成就、做法和过程进行系统的研究。由于标杆法关注的是仿效对象的绩效，所以有时也将标杆法称为“最佳实践法”。

创业咨询师应了解标杆法作为一种绩效评价的方法，也不可避免地存在优点和缺点。使用标杆作为自己企业绩效评价指标达标标准的主要优点在于：标杆法使企

业有足够的余地实现战略延伸；就内部标杆而言，创业咨询师完全是根据企业内部的最佳做法力求重组人与各个过程；而就外部标杆而言，创业咨询师力求达到并超过同行业标准，或者在一定的情况下，成为行业“领头羊”。而更应该明确的是，使用标杆法作为绩效评价指标的达标标准的主要缺点在于这些标杆所确立的标准可能难以实现。其结果是，不仅达标标准本身，而且整个绩效评价指标最终都会“跑题”。此外，寻找相关信息也非常困难，特别是当今涉及企业绩效中那些与人和过程有关的敏感问题时就更加困难。最后，要知道，企业竞争对手不会躺在功劳簿上睡大觉，被视为标杆的企业是会不断前进的，如果客户企业只是跟随着行业“领头羊”前进，那么不久就会发现客户企业永远都落在标杆企业的后面。

在实践中，为了给客户的企业绩效制定达标标准，创业咨询师最好综合运用预测法和标杆法，具体可参照以下步骤来制定执行绩效的评价指标：

1）回顾企业过去的绩效状况。首先，创业咨询师要依据此前列出的绩效评价指标清单，参考财务报表、年报和其他内部报告来评价企业过去在这些方面的绩效情况。如果这些信息没有被记录在案，可以请部门负责人来收集有关信息。如果信息不准确，只是一些有根据的推测，那么可以利用这些信息来形成一个粗略的趋势分析。

2）推测企业未来的绩效。根据趋势分析的结果，推测企业未来在 3 种情况下的绩效，这 3 种情况就是“期望的情况”“正常的情况”和“保守的情况”。这里要确保期望的情况和保守的情况都是在符合现实的假设基础上作出的，在进行预测时可以将正常的情况作为出发点，然后对预测进行调整。

3）树立自己企业绩效的标杆。创业咨询师要把企业过去的绩效与相应的本地同行业标杆企业的绩效进行对比。如果发现无法找到本行业标杆企业在所选定的绩效评价指标上的数据，创业咨询师可以选择参考直接竞争对手作为标杆。如果创业咨询师也无法获得关于竞争对手的信息，那么创业咨询师可以参考内部标杆，即企业在每个绩效评价指标上曾经达到的最佳结果。客户企业的绩效和本地同行企业最佳实践之间的差距表明了客户企业为了达到甚至超过本地竞争对手而最终需要缩短的“绩效差距”。

4）为客户企业制定既切合实际又雄心勃勃的达标标准。根据对绩效差距的分析，制定出绩效达标标准，让这些达标标准落在“期望的情况”下确定的上限和“正常的情况”下确定的下限之间。如果在可预见的将来不能在这个达标标准的区间之内消除绩效差距，创业咨询师可以重新审查一下“期望的情况”下作出的假设，或者增加追赶竞争对手所需的时间，或者两种方式并用。在审查这些参考变量时，既要保持雄心也要切合实际——不要被过于乐观的达标标准冲昏了头脑，而且要时刻关注保守的情况，用它提醒自己可能会发生什么事情。

2. 执行绩效评价工具的制定方法

（1）经验法。经验法是指对于一些较难甚至无法直接获得的信息，寻找一些间接的度量方法或指标。这往往是一些创业咨询师较多使用、客户比较熟悉但又无法量化的一些指标。

（2）数据统计法。数据统计法是指在绩效评估中对客户记录的数据运用表格、图表等工具进行收集整理。

（3）结果导向法。这里介绍两种常用的可用于结果导向法的绩效考核工具：

1）KPI 绩效管理。即企业关键绩效指标（Key Performance Indicator，KPI），是通过对组织内部流程的输入端、输出端的关键参数进行设置、取样、计算、分析，衡量流程绩效的一种目标式量化管理指标，它是把企业的战略目标分解为可操作的工作目标的工具，是企业绩效管理的基础。KPI 可以使部门主管明确部门的主要责任，并以此为基础，明确部门人员的业绩衡量指标。建立明确的切实可行的 KPI 体系，是做好绩效管理的关键。关键绩效指标是用于衡量工作人员工作绩效表现的量化指标，是绩效计划的重要组成部分。

2）EVA 经济增加值。经济附加值（Economic Value Added，EVA）又称经济增加值，是美国思腾思特咨询公司（Stern Stewart & Co.）于 1982 年提出并实施的一套以经济增加值理念为基础的财务管理系统、决策机制及激励报酬制度。它是基于税后营业净利润和产生这些利润所需资本投入总成本的一种企业绩效财务评价方法。公司每年创造的经济增加值等于税后净营业利润与全部资本成本之间的差额。其中资本成本包括债务资本的成本，也包括股本资本的成本。目前，一些世界著名跨国公司大都使用 EVA 指标评价企业业绩。

EVA 等于税后经营利润减去债务和股本成本，是所有成本被扣除后的剩余收入（residual income）。EVA 是对真正“经济”利润的评价，或者说是表示净营运利润与投资者用同样资本投资其他风险相近的有价证券的最低回报相比，超出或低于后者的量值。

（4）综合法。综合法常用的绩效执行工具是 BSC 平衡计分卡。平衡计分卡（The Balanced Score Card，BSC），是绩效管理中的一种新思路，适用于对部门的团队考核。BSC 被《哈佛商业评论》评为 75 年来最具影响力的管理工具之一，它打破了传统的单一使用财务指标衡量业绩的方法。而是在财务指标的基础上加入了未来驱动因素，即客户因素、内部经营管理过程和员工的学习成长。

三、制定评价指标和工具的注意事项

1. 可重复性

创业咨询师在选用某个绩效评价指标时，应清楚在今后某个时间段内这个绩效评价指标必须能够重复其相关数据的收集和分析过程，而且重复后得到的结果必须能够保持一致。否则，就不可能随着时间的推移来跟踪绩效情况并评价企业在实现各项目标方面取得的进展。

2. 控制绩效评价指标的数量

根据经验，创业咨询师应当给逐渐成形的战略图中列出的每一项目标都确定至少 1 个相应的绩效评价指标，但是与每个目标配合的绩效评价指标的总数不要超过 3 个。这就是说，一家有 10～20 个目标的企业，应该跟踪记录 10～30 个绩效评价指标。

3. 考虑各种绩效评价指标之间的因果关系

创业咨询师在制定执行绩效的评价指标和工具时应着重选择那些与企业目标之间存在相关联系的绩效评价指标。例如，像“企业年人均培训时间”这样的绩效评价指标所跟踪的工作有利于企业（将来）绩效的提高，属于一个领先指标；而为了评价这项在员工培训方面的投入所达到的效果，可以结合另外一个跟踪了解“年新品上架率”的领先指标来评价企业绩效。此外，可以将“客情维护时间”这样的领先指标与“顾客满意度”或者“顾客关系的平均维持时间”这样的滞后指标结合在一起使用。还可以考虑在两个滞后指标之间建立因果关系，例如把评价企业经营效率的指标（如“管理费用与费用总额之比”）与评价企业利润的指标（如“税后利润”）结合起来使用。

4. 重视各种比率

在众多用数字表示的绩效评价指标中，比率相对而言往往比绝对数据有说服力，因为比率让创业咨询师能够根据情况来具体分析客户企业在各个方面的绩效。比率通常也比指数更为客户所喜爱，因为比率更容易计算和理解（明晰性）。但是，在某些情况下，使用绝对数是十分有意义的，因为这种数字很容易被掌握，并且能够传递十分有力的信息。此外，如果客户企业在某个方面的绩效情况十分复杂，没有一个单一绝对数或比率能够反映出这个绩效的全部情况时，采用一个指数作为该绩效的评价指标也是有意义的。

5. 利用好各种财务和非财务数据

创业咨询师要利用好财务类和非财务类两种数据来跟踪评价企业绩效。创业咨询师可以建立纯粹的财务指标体系来跟踪企业在财务方面的绩效，纯粹的非财务指标体系来跟踪企业与人和过程有关的其他绩效。但是，除此之外，创业咨询师还应特别注意运用建立在财务和非财务数据基础上的混合指标，这些指标能够评估企业在人和过程方面的投入和企业最低要求之间的因果关系。例如，“人均报酬”这样的绩效评价指标能够评估合理付酬对员工工作积极性的影响。

能力要求

关于制定执行绩效的评价指标和工具案例

制定执行绩效的评价指标和工具按照以下基本程序进行，如图 5—8 所示。

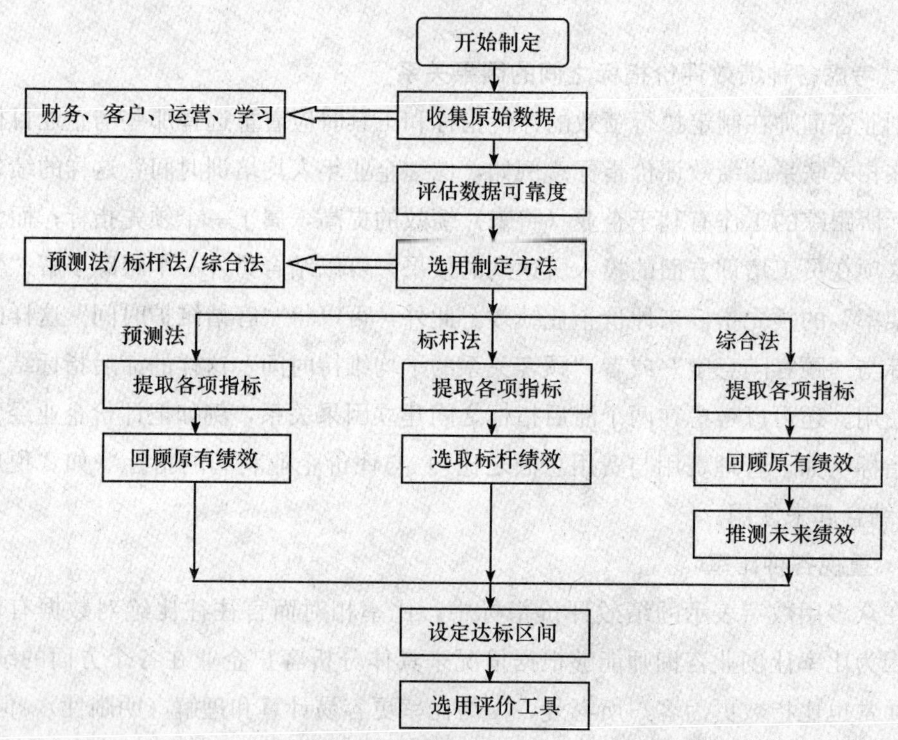

图 5—8　制定执行绩效的评价指标和工具的基本程序

××企业是有着 6 年历史的食品加工企业，创业初期是典型的老板抓单作坊生产的方式。随着企业逐步做大，企业员工人数越来越多，部门设置逐渐齐备，企业形象和文化建设也略具雏形。企业老板林先生虽然对企业的未来发展充满信心，但是涉及自身利益的时候，矛盾也有尖锐化的趋势，这令林先生十分苦恼，为此他找到了××创业咨询服务机构，希望创业咨询服务机构能够就公司如何制定执行绩效评价指标提供帮助。

××创业咨询服务机构接到××企业的咨询需求后，按照如下工作程序对××企业进行了制定执行绩效指标的辅导：

一、数据收集及评估

这一步是围绕咨询项目充分地了解和掌握客户管理的现状，运用收集的数据和资料证明问题确实存在和对经营的影响程度。在调查过程中，切忌简单听取客户领导或职工的意见就臆断，要调查客户实际存在的客观事实，包括各种现象、员工行为、各种记录和统计汇总以及管理制度等。

××创业咨询公司派出在企业绩效考核领域有着丰富工作经验的赵顾问为××企业提供咨询服务。赵顾问首先针对该公司出现的问题收集了运营方面的相关数据薪酬、奖罚、激励工资等，并对数据的准确性进行评估。总结得出××企业在绩效评估方面存在以下几个问题：

1. 没有明确的薪酬制度。新员工入职采取协议工资的方式，和老板谈判的能力决定了其工资的多少，他们在刚开始时对自己的工资还是比较满意的，但是看到别人的工资比自己的高之后就心理不平衡了，产生了互相攀比的现象。

2. 早期创业团队面临能力“瓶颈”，守成有余创新不足，而新人的成长空间又受到限制，暂时还没有形成对立面，所以团队的配合效率比较低下。

3. 人力资源体系如何实施缺乏具体的操作型思路和措施。人力资本价值的衡量方式缺乏，仅在生产部门有一些不全面的考核方法。

4. 薪酬体系与考核体系基本上对员工没有激励作用，对企业贡献多少取决于员工的自觉性，对员工的回报依赖老板对员工的主观评价。

二、选用制定方法

赵顾问在经过调查研究得出结论之后认为××企业的问题其实是比较有代表性的。小企业在建立之初，生存必然放在第一位，企业和团队成员的威胁都在外部市场，内部事务比较简单，自主协调的效率远远高于流程运作的效率，管理靠的是情治而非法治。伴随企业成长的过程，内外事务越来越复杂，这就要求部门设置和分工必须越来越科学、系统，但是一直以来，员工已经习惯了在制度外行事，尽管都支持规范管理，但是涉及具体事件的时候，还是不自觉地抵触。

员工对变革的习惯阻力其实是一个次要原因，毕竟大家都希望企业越来越好，也都理解“大河流水小河满”的道理，只要在观念宣导上加强一下力度，不难解决。关键是作为一名管理者必须认识到不能够再以带领老团队的方式带领新团队，新员工对企业文化的理解和忠诚度都有一个认同的过程，而且新老员工对个人生活和职业发展两方面的需求都需要进一步磨合。

另外，鉴于××企业以往没有明确的薪酬制度，不适合选用预测法制定执行绩效相关指标及方法。因此选择采用标杆法提取各项指标。

经上述分析，创业咨询师认为企业从小到大的过程，实际上也是制度化逐步完善的过程，不可能一下子做到位，也没有必要一下子做到位，否则必然是揠苗助长。通过建设一套相对完善的绩效考核体系，从制度层面先理顺员工的基本利益分配，进而实现促进业绩的提升的目的。在此基础上，根据企业发展的程度不断充实其他的配套制度和企业文化，这种螺旋式交替上升的管理方式才是中小企业比较适合的道路。

三、选定达标区间

达标区间的选定至关重要，主要可以以公司以往的业绩或行业标准作为选定区间的参考依据，结合公司现有的资源及未来的预测，准确选定达标区间。

鉴于××企业这样的情况，赵顾问认为确定的原则是不可能将所有的问题一下子都解决掉，应该有步骤分阶段，一步一个脚印稳步实施。以建立健全基础制度为主要目标，赵顾问在做好岗位价值分析的基础上，统一设计了薪酬体系。

1. 传统意义上的行政人员采取以职能制为主的薪酬体系，采取经验法确定岗位绩效薪酬制度。

2. 生产车间的岗位薪酬总体上沿用原有的计件工资体系，个别系数进行调整。

3. 市场部的薪酬体系采取业务提成制。

4. 对某些特殊人员（如总经理或某些稀缺人才）可依据市场行情并结合工作业绩，适时采取特殊激励政策。

薪酬体系只涉及报酬体系中的经济类报酬中的直接部分，经济类中的间接部分可由××企业根据《劳动法》及地方相关政策并结合公司实际情况予以制定实施，非经济类的报酬不在本体系范围内。

从中可以看出，一套薪酬体系分成行政、生产、营销三大块，显然增加了平衡的难度，而且职能工资制也仅仅作为参照的标准之一，而不具备统一模式的效力。但是这样的过渡性方案：一是考虑了企业的历史，用起来比较简单；二是行政、生产、营销等各方面都能够广泛接受，习惯阻力小；三是为企业未来进一步整合预留了空间和制度接口，在条件合适的时候稍作修正就可以合并成一套完善的体系。

四、选用评价工具

评价工具的选用要与考核体系的设计特点和要素及薪酬体系保持同步，因为×

×企业的薪酬体系分成三块，所以其考核体系也相应地分成三个部分。

生产部门沿用的计件工资方式是员工和企业都普遍接受的，同时也是事实上的薪酬/考核的复合体，一般的企业这方面存在的问题比较少，做好调查进行微调即可。

在××企业营销部门的考核是最简单的，按照既定的销售政策进行测算结合KPI考核方法就得出了完全量化的指标。对于销售政策有问题的企业来说，采用什么绩效考核方式都没有用。一般情况下只要考核了销售额、利润率、回款额这三项，剩下的基本上就是调整提成比例的问题了。

对行政部门的考核是比较难以确定的，这是由于行政工作难以量化，考核容易流于形式，但是不考核又不行。这方面××企业面临的问题和其他企业是一样的，经过多方面的调研，决定采取以下评价考核方式：

1. 实行季度考核

确定关键业绩指标（KPI）：得分比例60%；本季度主要（重点）工作：得分比例40%。每季度开始的第一天确定本季度主要工作：先由被考核人提出再由考核人确认后纳入考核。

2. 各部门主管对本部门员工的考核

在每季度最后一周的星期一进行。首先由员工填写“自我评价”一栏，并当天把考评表交给部门主管。星期二由部门主管填写“上级意见”一栏。具体考核标准参考“部门人员关键业绩指标”。

3. 总经理对部门主管的考核

在每季度最后一周的星期一进行。首先由部门主管填写“自我评价”一栏，并当天把考评表交给总经理。关键业绩指标考评的数据由对应的考核部门和人员提供，企管部收集和整理，星期三由总经理填写“上级意见”一栏。

4. 成绩分布

考核结果分为优秀、良好、一般、尚可、较差五个档次，对应的分值采用相对比较法（即各下属职员相互比较）得出结果，考核成绩必须为强制分布。

5. 绩效恳谈

各部门主管对职员的绩效恳谈在星期三进行，总经理对部门主管的绩效恳谈在星期四进行。

绩效恳谈时，上级单独找每一位下级进行谈话，以告知考核结果，同时针对下级任务达成的结果提出意见和期望，并就改进措施取得一致（若不能取得一致，则以上级的意见为主）。

考核结果在绩效恳谈结束后（最迟星期五）由部门负责人在本部门范围内公布，部门负责人的考核结果在月末例会上公布。结果同时上报总经理、人力资源部、财务部等相关部门。

6. 对考核结果的申诉

一般员工若对考核结果有疑问，可向人力资源部提出正式书面申诉，由人力资源部在两周内作出书面答复。部门负责人如对考核结果有疑问，可向总经理提出正式书面申诉，由经理办公会研究，在两周内作出书面答复。

书面答复为最后结果。

第3节 完善方案

学习单元1 就执行中的问题提出改进建议

学习目标

- 了解方案执行问题的概念。
- 了解方案本身不足问题的类型。
- 了解方案修改的范围。
- 掌握提出方案修改建议的方式。
- 掌握提出方案修改建议的注意事项。

知识要求

一、方案执行中暴露的方案本身的不足

1. 方案执行问题的概念

三级创业咨询师教程第5章第2节学习单元3中讨论了客户方案执行中的常见

问题及其成因。实际上，这些客户方案执行的问题只是在方案执行过程中可能暴露的其中一类执行问题，即客户在执行一项计划或解决方案的过程中所出现的与原定计划或方案不相符，偏离原定的操作要求、方法、指标或时间表的各种情形。简而言之，这类问题是客户企业存在的执行不足或执行偏离的问题。

方案执行中也可能暴露出另一类问题，也就是在客户实施解决方案、执行细则和操作计划的过程中所显现出的方案、细则或计划本身的不足、欠缺或与执行企业的环境条件不相适应的问题。这类问题是创业咨询服务机构和创业咨询师最初在设计和编写方案时，以及在编写或协助客户编写执行细则或操作计划时考虑不周或未曾预料的问题。

无论是客户企业的执行不足问题，还是方案或计划本身的欠缺问题，都会使原方案或计划的目标难以实现，问题严重的可能导致原方案或计划“流产或夭折”。创业咨询师的职责之一就是发现和分析这些方案执行的问题，提出改进建议，并修改和完善原定的解决方案、执行细则和操作计划。

2. 方案执行问题的类别

三级创业咨询师教程第 5 章第 2 节学习单元 3 里介绍了客户执行不足的常见问题主要有五大类，即资源及其配置问题、运营机制问题、策略和方法问题、人员素质问题以及培训和指导问题。三级创业咨询师教程对这些问题都做了详细的说明，在此不再重复。

方案本身的不足问题主要表现在以下方面：

（1）对问题诊断不准或不够全面

创业咨询师在制定解决方案时，掌握信息不够充分，对问题的诊断不够准确和全面，仅反映客户企业高层管理者的观点，未真实反映执行层面的重大问题和中低层人员的想法，导致方案执行没有效果。

（2）脱离企业的实际能力

方案更多地关注企业的理想目标，忽视企业的实际可行目标；更多地考虑企业想达到什么目标，而不是企业能够达到什么目标，导致方案目标难以实现。

（3）未充分考虑方案变革的不利影响

方案设计时仅关注企业的长远利益和企业老板的关注点，未充分考虑到方案变革打破现状后可能损及某些人的既得利益，导致方案的执行受到抵制。

另外，方案未考虑到执行人员的心理承受力，当方案执行不顺利和遇到种种困难时，执行人员对困难很可能采取回避的方式，导致方案难以执行下去。

（4）执行细则和操作计划过于粗放

方案全面宏观，但执行细则及操作计划不够微观细致。例如，只有工作事项或工作任务的列述，缺乏绩效指标和完成期限；只列出任务的人员分工，但未说明每位人员的具体职责和权限范围，等等。这种粗放的执行细则和操作计划必然造成很多执行中的扯皮和困扰，导致方案计划难以落实。

（5）缺乏应变的灵活性

方案的顺利执行，有赖于方案设计时所预测的条件不发生变化。但在企业现实运营中，方案变革所需的条件往往会发生变化，如果方案，尤其是执行细则和操作计划缺乏应变的灵活性，就必须对原定方案、执行细则和操作计划进行修改，否则方案执行必然搁浅。

（6）不适应企业的执行环境

方案的执行要求，必须与客户企业的组织文化、运营机制和其他与执行有关的环境条件相一致。在制定方案及其执行细则和操作计划时，如果对企业的执行环境条件了解不充分，那么所拟订出的方案执行的内容和要求就可能与企业的现有执行条件相矛盾，导致方案难以执行下去。例如，客户企业的决策方式和过程、信息在企业内部的流通和共享、企业老板在执行中的参与或干预程度等，都是对方案执行有着重要影响的环境条件，只有与这种执行条件一致或适应这种环境，方案才可能得到有效和顺利执行。

二、方案执行问题的定性分析

创业咨询师及时发现和确定方案执行问题的属性，对于改进方案执行以期有效实现方案的设计目标至关重要。为此，创业咨询师需要透过执行问题的表面现象，分析问题的成因和对方案执行的影响，并据此拟订改进执行的行动措施。

在对执行问题进行定性分析时，创业咨询师要明确区分哪些是造成执行问题的客户方原因，哪些是方案本身的原因，只有这样，才能有针对性地提出改进方案的有效建议。

对执行问题的定性分析，有助于创业咨询师判定哪些问题可以通过修改方案来解决，而哪些问题又是难以靠方案的改进去纠正的。也就是说，通过对执行问题的定性分析可以明确方案改进的范围和内容。

三、方案修改的范围

方案执行问题的成因和属性确定之后，创业咨询师需要考虑如何修改方案及其执行细则和操作计划，以解决这些妨碍方案执行的问题。理论上讲，这些问题的解决应该都是方案修改的内容，但实际上，并非所有的执行问题都是方案修改所能解决的。表 5—7 具体列述了方案修改容易解决和不易解决的问题。

表 5—7　　方案修改的范围

执行问题		方案修改能否解决问题	说明
客户方的原因或执行不当的问题	资源及其配置不足或不合理	不一定	执行中所暴露的客户企业的资金、人员或技术和设备的不足问题通常不易解决；资源配置不合理的问题，可以通过方案修改加以解决
	运营机制不支持方案执行	不易	运营机制与方案执行不协调的矛盾，属于客户企业的系统性问题，靠修改方案来解决问题可能不易
	执行的策略和方法不当	可以	执行策略或方法不当所造成的执行问题可以通过方案修改来加以纠正
	执行人员素质未达要求	不一定	如果现有人员经过培训能够达到执行要求，则这类执行问题可以解决；如果需要更换执行人员，那么问题的解决就取决于客户企业的决心、资源以及找到合适人选的运气
	对执行人员的培训和指导不力	可以	这种培训和指导是两方面的，企业自身的以及由创业咨询师提供的，但都可以通过方案修改得到提高，从而改善执行绩效
方案本身的欠缺	对问题诊断不准或不够全面	可以	通过进一步的调研和分析诊断，修正原方案对问题诊断的偏差，并适当调整方案执行细则和操作计划，可以提高方案执行绩效
	脱离企业的实际能力	可以	原方案拟订时调研不深入导致对客户企业的实际能力认识不足，通过修改方案可以解决此类问题
	未充分考虑方案变革的不利影响	不一定	要改变客户企业内抵制方案变革的既得利益者可能不容易，对于“避困难就简易”的执行人员，通过改进培训、指导和执行监督，可以提高执行绩效
	执行细则和操作计划过于粗放	可以	对于缺乏细节的执行细则和操作计划，完全可以通过修改方案、执行细则和操作计划来完善
	缺乏应变的灵活性	不一定	如果方案执行所需的条件发生了难以弥补的重大改变（如关键人员、资金或市场条件的变化），则仅靠修改方案并不能保证达到原定方案的预期目标
	不适应企业的执行环境	不一定	客户企业的执行环境往往涉及企业的整体或全系统的问题，方案执行的改进难以期望企业方作出重大调整，但方案的修改可能意味着修正原方案的目标

从上表可以看出，出现执行问题后，创业咨询师能够通过方案修改来解决的问题往往是创业咨询师及创业咨询服务机构能够把握的问题，或者说是不需要客户企业对其原有的企业系统、资源或机制进行重大调整的问题，因此针对这些执行问题来修订原方案及其执行细则和操作计划，对创业咨询师来说就是比较可行的方案修改的选择范围。

四、提出方案修改建议的方式

方案的修改必须与客户企业协商一致再进行。创业咨询师有必要与客户企业的方案负责人员商讨方案修改建议的可行性，以确定方案修改行动的内容。为此，创业咨询师应当选择适当的方式及早向客户企业人员提出方案修改的建议。

提出方案修改建议的常用方式包括：

1. 口头建议

这是最常见的非正式建议方式。有时创业咨询师在提交书面建议之前，往往也会先向客户企业口头提出建议，并口头商讨改进的内容。创业咨询师在斟酌考虑建议内容时或对内容还不十分有把握时，尤其适合以口头方式提出，以利于客户方探讨和确定。

2. 建议函文

这是用书面函文表达建议内容的方式，其逻辑条理性和表达的准确性都比口头建议要好，书面的建议内容也便于双方有效地商讨。建议函文可以是正式的建议函，也可以是备忘性的便函。正式的建议函文应当在创业咨询师派出机构的信笺纸上打印，但即使是建议便函也应当有创业咨询师的署名和签名。

3. 书面报告

书面报告是指创业咨询师在指导方案执行过程中在所提交的例行或非例行的报告里，提出关于解决方案、执行细则和操作计划的改进意见。

4. 专项建议书

如果问题比较严重和比较多，需要比较全面和系统地分析问题并提出改进建议，那么专门提交一份建议书就是比较合理的选择。

五、提出方案修改建议的注意事项

方案执行出现问题，是客户和创业咨询师都不愿意看到的，因为任何调整和修改都意味着增加工作量和加大方案执行的代价。这时双方可能出现相互埋怨甚至指责，从而可能产生更大的执行障碍。因此，创业咨询师在提出修改建议时应当注意以下事项，以确保关于方案修改的讨论能够有效进行。

1. 客观诚信地对待问题

对于出现的执行问题，创业咨询师应当客观负责地分析和说明，尤其对于方案本身的不足问题，应当勇于承认。事实上，几乎所有的执行问题都可以归咎于客户和方案本身这两方面的不足，区别就在于从哪个角度看问题。因此，创业咨询师在与客户讨论改进行动时，既有必要指出客户方面的不足，同时也应从方案本身的角度来检讨方案的缺陷，以客观诚信的态度取得客户对改进意见的谅解和认同。

2. 用事实说话

创业咨询师在提出改进建议时，应多采用经双方认可或确认的执行信息记录、执行问题报告或其他材料或客户企业熟悉并认同的情况来说明执行所遇到的问题和改进建议，避免在没有任何佐证材料的情况下空谈自己的见解。

3. 替客户着想

如前面所述，执行障碍如果涉及客户企业的整体或系统问题，客户企业难以短期内作出调整，或者因为成本太高而不愿作出调整，因此创业咨询师应当充分理解和体谅客户的难处，通过沟通了解客户在修改方案方面的困难，尽量不提客户可能难以做到的改进行动。

4. 先与客户企业的负责人达成一致

在创业企业里，负责人往往直接决定企业的一切重大事项。如果要就原定方案提出调整或修改建议，创业咨询师首先应当沟通的对象通常是企业的负责人，而不是改进措施可能涉及的其他经理或相关人员。先与客户企业的负责人取得意见一致，有利于改进措施的有效形成和顺利实施。另外，为了确保所提建议的说服力，创业咨询师有时候有必要先与其他相关人员探讨改进行动的可行性。

学习单元 2　完善解决方案、执行细则和操作计划

➢明确对解决方案、执行细则和操作计划进行完善的意义。

➢掌握完善解决方案、执行细则和操作计划时的指导原则。

➢掌握完善解决方案、执行细则和操作计划的注意事项。

知识要求

一、对解决方案、执行细则和操作计划进行完善的意义

在指导方案执行的过程中，针对执行中出现的问题，对原定的解决方案及其执行细则和操作计划进行修改和完善，是创业咨询师的一项重要职责，其意义在于以下几点：

1. 纠正偏差，改善方案的不足

方案本身的不足和客户执行的偏差通常是不可避免的。修改和完善方案，既可以纠正执行中的偏差，又可能改善和弥补方案的不足，是执行问题出现之后创业咨询师应当进行的方案优化工作。因此，修改和完善方案是方案执行的一项必要工作。

2. 调整方案，以适应执行环境条件的变化

无论是客户企业的方案执行条件发生变化，还是企业外围的经营环境发生变化以致方案执行遇到阻碍，都要求对创业咨询师原方案进行修改和调整。实际上在企业经营中，这种变化经常发生，因此适时地调整原方案也就在所难免。

3. 改进方案的执行，超越原定的方案目标

方案的执行有时会发掘出企业的潜力，这时，适当地调高原定的方案目标，可以让客户企业获得超值的方案回报。

4. 调整或降低原定的方案目标，以符合客户的实际情况

当方案的执行证明原方案的实施有些超出企业的实际能力，那么修改方案或降低原方案目标，往往成为客户和创业咨询师的明智选择。

二、完善解决方案、执行细则和操作计划的指导原则

创业咨询师就执行中的问题向客户提出改进建议之后，需要着手修改解决方案，并修改或指导客户企业人员修改执行细则和操作计划，为此，创业咨询师应当尽量遵循以下原则，以确保修改完善后的解决方案、执行细则和操作计划有效可行。

1. 目标不变原则

任何修改和完善都不应偏离解决方案的原定目标，除非有必要对原目标进行调整。在实践中，有的客户比较随意，执行出了问题就可能对原项目的目标产生怀疑，创业咨询师应抵制这种随意更改原方案目标的意图，否则，改变原定目标可能

意味着推倒原方案，这对服务双方都是很大的资源浪费。只有当发现原方案制定过程中对问题的诊断存在重大失误时，才应酌情考虑修正原方案目标。

2. 解决问题原则

改进和完善的努力和措施首先要解决执行中出现的问题。因此应当围绕解决这些问题来修改原方案、执行细则和操作计划。只有解决了执行偏差或方案不足的问题，才能更好地实现原方案的目标。

3. 现实可行原则

所设计的改进行动必须更加符合企业的执行条件和环境，因此应当更容易得到有效执行。

4. 成本不增原则

改进行动的成本，如人力、物力和资金方面的成本，应当尽量保持在原方案的预算之内，这样会比较容易贯彻落实。如果执行的障碍问题是因客户企业的资源不足所造成，则应当尽量降低方案执行的成本。如果客户要求增加开支预算，以使执行条件升级，创业咨询师应当积极考虑。

5. 按期完成原则

原定的方案执行期限应当尽量保持不变，因为执行期限的延长往往会增加双方的执行成本，而执行期限的缩短通常意味着减少执行的工作任务，这可能不利于方案目标的实现。只有在十分必要的情况下，才应考虑修改执行期限。同样，修改执行期限的要求通常应当由客户提出。

6. 客户满意原则

改进方案的措施应当让客户对解决方案更有信心；整个修改完善的过程，应当在沟通、透明及和谐的气氛下进行；修改后的解决方案、执行细则和操作计划，应当得到客户的充分认可，使客户感到满意。

三、完善解决方案、执行细则和操作计划的注意事项

1. 不求理想，但求可行

相对于客户来说，创业咨询师的知识和信息掌握较多，编写和修改方案的经验也比较丰富，因此在实际完善方案的过程中，很可能会往最理想或最佳绩效的方向努力，就像艺术家总想拿出自己最好的作品那样，但追求理想的修改也很容易误入脱离企业现实的歧途。

创业咨询师应当特别注意的是，拟订的改进行动首先必须可行，其次才可以追求方式和绩效方面的最佳。在策划最佳改进方案时，千万不要忽略其可行性。要做

到这一点，就应当处处站在客户的角度考虑改进，考虑的重点是执行操作，即怎样解决问题和达到方案目标，而不是达到什么样的完美绩效。

2. 积极主导，保持掌控

在创业型企业里，人才通常比较缺乏。出现了执行问题，客户企业的执行人员要么束手无策，要么各自忙自己原来的工作，方案的执行就可能被搁置。这时，创业咨询师应当积极努力推动改进工作，尤其通过与客户企业的负责人或方案执行的最高负责人积极对话，掌控整个项目的执行进度和必要的改进工作。

在指导方案执行过程中，当执行遇到障碍以致停滞不前时，一些创业咨询师也可能把自己的工作重点放在其他项目上，被动地等待客户企业的积极改进努力，这是不可取的，因为如果项目不能按期完成或达不成方案目标，创业咨询师及其服务机构的信誉一定会受损，严重的会造成方案项目夭折。

学习单元 3　完善方案案例

创业咨询师对解决方案、执行细则和操作计划进行完善的工作分为两步进行，第一步是提出改进建议，第二步为修改解决方案、执行细则和操作计划。第一步的主要工作内容包括：汇集有关执行问题的信息和报告，分析和判断问题的性质，构思有效的改进行动，与客户探讨方案修改的范围和内容，提出方案修改的建议。第二步的主要工作内容为：与客户商定如何修改方案，修改解决方案，修改或指导客户企业人员修改执行细则和操作计划。

以下通过案例分别说明这两步工作的能力要求。

北京民营企业 XW 公司主要从事化妆品和户外广告业务。经过几年的创业和积累，公司有了一定的规模，年营业额达 5 000 万元，公司员工近 50 人，另有兼职业务员数十人。为了进一步发展，公司华总经理希望在汽车修理领域开拓新的业务市场。为此，XW 公司请 FXR 创业咨询服务机构为其策划了一项企业发展的方案计划，并聘请 FXR 公司的二级创业咨询师 M 和三级创业咨询师 T 为该计划的实施提供指导服务。

根据该方案，XW 公司应在项目的第一年里完成以下任务和指标：寻找和选定汽车修理厂的经营场地；招聘人员和组建经营队伍；准备和完成业务宣传资料的制作；建立营销渠道；开发大客户；半年实现盈亏平衡，此后利润逐月递增，至年底月经营纯利达到 5 万～8 万元等，以实现公司多元化经营的增长目标。

为执行上述方案计划，XW 公司组成了方案执行小组，成员包括：曾在汽车修理厂工作过若干年的 XW 公司总经理助理万某、公司打算着力培养的年轻业务员钱某和张某，以及公司的人事经理和行政经理，其中万某、钱某和张某专职从事方案执行工作。在创业咨询师 T 和 M 的指导和帮助下，万某、钱某和张某在项目启动前的两周之内完成了方案执行细则和操作计划，并得到方案执行小组其他成员以及公司华总经理的认可。

在项目执行的头 3 个月里，方案执行小组基本完成了汽车修理厂经营场地的选址、装修、设备进厂、人员招聘到位、经营队伍组建等项任务。在接下来的 3 个月里，项目执行不顺的问题逐渐显现：招聘的销售人员留不住，原 XW 公司的业务员不愿做此新业务；修车技师准备辞职跳槽；宣传资料迟迟出不来；营销渠道建设没有进展；大客户开发成效甚微，上门的顾客非常少等。眼看着汽车修理厂的业务难以开展起来，每月的各种费用开销都造成数万元的亏损，创业咨询师和 XW 公司的老板都非常焦虑，他们多次召集执行小组成员开会，研究如何改进方案的执行。

下面仅就该汽车修理厂的初创营销努力，说明创业咨询师在完善解决方案、执行细则和操作计划方面的主要工作。

一、就执行问题提出改进建议

1. 汇集有关执行问题的信息和报告

虽然在指导方案执行的过程中，创业咨询师 M 对执行的情况和问题有了一定的了解，但为了准确有效地提出改进建议，还是有必要全面回顾和检视执行的记录情况。他向客户方调取了营销方面的执行信息记录，如业务员的工作分派单、业务员拜会潜在客户的安排和洽谈记录或报告等，同时汇集初创营销开展以来的几个月里他本人及创业咨询师 T 与执行人员有关营销问题的讨论记录、例行的简报和月总结报告等资料，并对所有信息进行梳理，以从这些信息中看到营销执行的真实情况。

2. 分析和判断执行问题的性质

经过分析判断，创业咨询师 M 认为，XW 公司新建汽车修理厂在初创营销上遇到的困难属于以下几方面的执行问题：

(1) 资源及其配置不足

由于资金投入有限，如只进了两套汽车修理设备和非常有限的工具，修理厂的规模和服务水平，难以和正规的 4S 修理车间相比；原计划招聘一名有丰富经验的营销经理，但因提供的工资待遇不高，没能招聘到位。

（2）策略和方法不当

业务人员基本上仍采用 XW 公司推销化妆品和户外广告的方式进行上门推销，以致效果不佳。

（3）运营机制问题

绩效管理机制不妥，对业务人员的绩效考核仍沿用 XW 公司的现行做法，没有针对汽车修理业务进行调整，提成和奖励仍主要与销售额挂钩，导致业务人员的绩效难以体现，很多业务员因收入前景不明而打算离职不干。

（4）人员素质不达标

汽车修理厂的业务员队伍主要由 XW 公司的原业务员组成，他们对汽车修理业务不熟；新招进的几位业务员，也都没做过汽车修理业务的市场推广。多数业务员都只有实物产品推销经验，没有服务产品推销和渠道建设营销的经验。

（5）培训和指导不够

XW 公司没有组织关于汽车修理业务的营销培训，对业务员和管理人员也未进行任何岗前培训和指导。

（6）原方案的客户定位不准

原方案将主要客户确定为拥有 10 辆汽车以上的企事业单位和 XW 公司的原有客户。通过推销后发现，这些单位和客户都有自己固定的维修点。

（7）脱离企业的实际能力

原定的半年实现收支平衡，此后利润逐月递增，至年底月经营纯利达到 5～8 万元的赢利目标，显然与新建汽车修理厂的实际能力不符。

（8）未充分考虑变革的不利影响

XW 公司的原业务人员和管理人员对新增的汽车修理业务缺乏经验和信心不足，对硬性摊派的业务任务和指标有抵触情绪。

3. 构思有效的改进行动

为了能够与客户有效交流，创业咨询师进行了进一步的调研，并针对上述问题构思出改进行动如下：

（1）资源及其配置问题

继续招聘一名有丰富经验的营销经理，适当提高工资待遇。鉴于有足够的车间场地，酌情增进两套汽车修理设备和必要的工具，改善汽修厂的硬件设施形象。

（2）策略和方法问题

业务推广和营销的策略调整为汽车保险服务、保险理赔服务、车友俱乐部、

VIP 贵宾积分奖励、夜间和周末特别优惠计划、单位客户按月账期结算等。

(3) 运营机制问题

针对汽车修理业务调整绩效管理机制，加强为上门顾客服务的业务洽谈人员，使内外勤业务员的提成和奖励都与销售额挂钩，但更多的是与市场开拓的非销售业绩挂钩，同时又与汽车修理厂的整体销售业绩挂钩。

(4) 人员素质问题

减少外勤业务员的人数，精选少数有服务产品推销和渠道建设营销经验的业务员。

(5) 培训和指导问题

组织专家对业务人员进行关于服务顾客和开拓市场的培训，明确岗位职责和工作流程，对营销管理人员也加强培训和指导。

(6) 客户定位问题

将主要客户确定为汽车修理厂周边半径 6 公里范围内的企事业单位和个人车主，尤其是大众系列汽车和现代系列汽车的拥有者，以及 XW 公司的原有客户。

(7) 企业的能力问题

赢利目标改为：九至十个月实现盈亏平衡；此后利润逐月递增，至年底月经营纯利达到 3 万～5 万元的赢利目标。

(8) 变革的不利影响问题

将硬性摊派业务任务和指标改为各人根据公司的计划自领任务和自报指标，再由公司核定执行。

4. 与客户探讨方案修改的范围和内容

创业咨询师 M 根据自己的构思与 XW 公司的华总经理进行了沟通，除了增进设备需要适当延后执行，华总经理对其他改进意见给予了充分肯定和支持。然后创业咨询师 M 和 T 与汽车修理厂的相关人员一起探讨了上述改进行动的可行性，并大致确定了改进行动的具体工作内容。

5. 提出方案修改的建议

考虑到这是一年期的汽修厂项目在期中进行的重大检查与调整，尤其是所涉及的问题和意见比较多，创业咨询师 M 选择以专项建议书的方式提交对各项执行不顺问题的全面分析和改进建议。

二、修改解决方案、执行细则和操作计划

1. 与客户商定如何修改方案

修改方案包括修改和完善原定的解决方案、执行细则和操作计划。在与客户商定了改进执行的行动内容后，创业咨询师 M 与 XW 公司汽修厂负责方案执行的万某商讨如何把改进意见纳入原解决方案以及执行细则和操作计划。

2. 修改解决方案

根据与万某的商定意见，创业咨询师 M 将上述改进意见书作为原解决方案的修正内容，并作为方案的附件。

3. 修改或指导客户企业人员修改执行细则和操作计划

创业咨询师 M 指导原执行细则和操作计划的执笔人张某，根据方案的改进意见，单独草拟了关于方案改进行动的执行细则和操作计划，经与万某讨论并请华总经理过目确定后，形成原执行细则和操作计划的补充附件。

至此，创业咨询师 M 完成了帮助和指导客户企业完善解决方案、执行细则和操作计划的全部工作。

第 4 节　文 案 服 务

学习单元 1　策划和构思企业文案

学习目标

➢认知企业文案策划和构思的概念。

➢掌握企业文案策划和构思的原则。

➢了解企业文案策划和构思的注意事项。

➢能够策划和构思企业文案。

知识要求

一、企业文案策划和构思的概念

如《创业咨询师（国家职业资格三级）》教程所述，为客户代写企业文书是创业咨询师经常要提供的一项服务，而且大件企业文书往往需要多人协作完成。虽然三级创业咨询师可以草拟文书的初稿，但根据客户的需求和用途，策划企业文书的形式和构思企业文书的框架内容，却是二级创业咨询师责无旁贷的工作。

策划和构思企业文案的工作，实际上就是根据客户的需求并尽量按照客户的要求，选择用何种企业文书来满足客户的用途需要，并为选定的企业文书策划和构思结构框架、内容要素、主旨思想、篇幅格式、表述风格等。

二、企业文案策划和构思的原则

企业文案策划和构思的原则，是文案策划和构思工作规律的体现，掌握并遵循这种工作规律是确保产出高质量文书的关键。《创业咨询师（国家职业资格三级）》教程里介绍的关于代写企业文书的指导原则，即反映客户意图原则、展示专业水平原则和讲究实用性原则，是二级创业咨询师在策划和构思企业文案时同样应当参照的原则，此外二级创业咨询师策划和构思企业文案的一般原则还包括以下几项：

1. 框架纲要原则

创业咨询师在策划和构思企业文案阶段，主要应关注的是文案的框架和内容要素。在确定文书的主旨思想之后，应当编列出文书的纲要目录，然后在目录标题下细化出文书的内容要素。

构思和编写框架纲要时，应注意确保内容的逻辑条理清晰，内容要素的语言表达准确，主旨和要点突出等。

2. 读者视角原则

通常，创业咨询师代客户编写的企业文书是根据客户的要求编写的，内容表述往往是以客户的语气进行，表述的目的也是从客户的立场出发，但是，在策划和构思企业文案时，又必须牢牢围绕文书的对象即文书读者的关注点来策划文书的亮点、卖点或诉求点，必须针对文书读者的利益和兴趣来构思文书的内容要素，否则，文书的实用价值会受到影响，客户的文书目的难以达成。也就是说，要从文书读者的视角来策划文书的内容要素，力求使内容能够达到以下目标：引起读者注意，唤起读者兴趣，激发读者欲望，促使读者采取行动。

3. 用数据说话原则

创业咨询师在代客户编写的多数文书里，都需要提供自己的分析和结论意见。为此，创业咨询师应当亲自或通过助理进行必要的调研，取得相关的权威数据来支持自己的分析和意见。这在各种计划书和方案、各种报告或宣传推广文案里都非常重要。至于用什么数据更为有效，创业咨询师在策划时先要有一个构思，以便开展调研来获取数据。

4. **实例说明原则**

举出具体实例来说明，非常有利于提高文书内容的说服力。这种实例的策划和构思，最好在文书内容要素的构思时就进行，这样在草拟文书时比较容易与构思内容要素时的思路保持吻合。

5. **灵活调整原则**

确定文书内容要素时，不必照搬范本或范例，也不必受常用格式的束缚，而应根据客户的实际情况作出适当调整。例如，在策划商业计划书的内容要素时，如果企业的产品是一种仍处于开发中的新产品，则产品的研发、生产和市场开拓等都必然是商业计划书的重点内容之一；如果企业销售的产品已得到市场认可并占有一定的市场份额，商业计划的目的是实现市场扩张，而且暂时不需要产品的升级换代，那么关于产品研发和生产的内容在商业计划书里就可以忽略不谈。

6. **篇幅适当原则**

随着人们现代工作和生活节奏的加快，任何文书的篇幅都不应过长。或者可以说，在能够表述清楚的前提下，企业文书的篇幅应当尽量简短。

因此，创业咨询师在为客户策划和构思企业文案的框架和内容要素时，对各部分内容的篇幅应当作出限定，以免文书越写越长，浪费资源。

7. **规范合法原则**

创业咨询师在尽量满足客户需求的同时，要确保自己策划的文案符合行业规范，所构思的内容不违法。

三、企业文案策划和构思工作的注意事项

1. **把客户利益放在首位**

客户来找创业咨询师寻求协助时，有时只知道自己要做某项创业工作，可能需要某种文书，但不清楚什么样的文书最能满足他的需求。这时，创业咨询师需要通过与客户的交流，使客户的目的明晰化，然后根据客户的实际需求为客户推荐一项最能有效实现客户目的的文书形式。

在服务实践中，受利益的驱使，向客户推荐不是最有效，但服务费较高的文书形式，是创业咨询师不可取的行为，因为这样有可能损害创业咨询师的信誉，从而伤害创业咨询师的长远利益。

2. **走访客户，取得第一手资料**

人们通常习惯于坐在安静和舒适的办公室里策划和构思企业文案，但是为创业

客户代写文案的工作，在条件许可的情况下，经常需要创业咨询师走访创业客户的办事现场或经营场所，以获取企业文书所需的第一手资料。在很多时候，仅凭客户所介绍的情况或提供的资料，往往不能反映客户情况的全貌，走访现场通常有助于创业咨询师的全面认识和准确分析判断，这样策划出的企业文书能够更贴近客户的实际情况。

学习单元 2　编写企业文案产出

学习目标

- 了解企业文案产出的概念。
- 熟悉各种企业文案产出的一般要求。
- 熟知企业文案模板和范本的作用及其设计。
- 能够设计和编写各种企业文案模板和范本。
- 能够安排和指导助理人员编写企业文案的初稿。
- 能够高效和高质量地完成企业文案产出。

知识要求

一、企业文案产出的概念

企业文案产出是指创业咨询师根据客户的需求和为帮助客户解决创业问题、经过策划和调研而编写完成的、可交付客户并供客户用于企业创办和经营管理的实用文书。

在以上定义里，企业文案就是企业文书，所谓产出是相对于投入而言的。创业咨询服务机构和创业咨询师所从事的是创业咨询服务产品的生产工作，就文书编写服务来说，创业咨询服务机构或创业咨询师个人在完成文书过程中所做的策划、调研和编写工作是该项服务生产的投入，其产品就是文案产出，即交付客户的实用文书。

因此，本学习单元所述的企业文案，主要是受客户委托需要完成和交付客户的文书，其中既包括客户专门委托创业咨询服务机构编写的文书，也包括创业咨询服务机构在执行创业咨询项目时伴随项目服务的需要或作为项目服务的产出之一而向客户提交的企业文书。然而，创业咨询服务机构因本身的运营和管理需要而编写的各种文书，如各种内部的报告或项目执行计划等，虽然在编写方式和格式上可能与交付客户的文书有许多类似之处，但不属于本学习单元所讨论的企业文案范畴。

二、编写企业文案产出的一般要求

《创业咨询师（国家职业资格三级）》教程已介绍了客户所需文书的常见类型，以及创业咨询师在草拟文书工作中的指导原则和注意事项。本学习单元将主要就完成企业文案产出的各项投入、流程和分工、体例和格式以及编写期限等，说明编写文案产出的一般要求。

1. 企业文案编写工作的投入要求

企业文案编写工作是一项创造性劳动，也是文书产出的创作过程。显然，有产出就必须要有投入。要产出一份高质量的企业文案，就必须要有充足和高质量的投入保障。企业文案产出所需要的投入主要包括人员投入、信息投入、模板或范本投入以及时间投入。高效和高质量的投入应当是已经积累完成和预先准备好的投入，它们能够高效地适用于企业文书的创作过程，就相当于实物产品的零部件能够被高效地用于产品的组装生产一样。

（1）人员投入

人员投入是指参与企业文案编写的人员，通常包括二级创业咨询师、三级创业咨询师和信息调研员，必要时需要文书所涉领域的专家参与。为了保证在接获客户订单后及时和高质量地完成文案产出，创业咨询服务机构应当具备编写各种文案的熟练人员。

（2）信息投入

信息投入是指用于企业文案中的信息资料，例如一些权威报告的调研数据和分析意见、政府主管机关的统计数据、相关领域的专家或学者的评论或建议，以及行业协会等权威机构的相关资料等。

（3）模板或范本投入

模板或范本投入是指编写企业文案时采用或借鉴的模板或范本。

（4）时间投入

时间投入是指创业咨询师用于完成企业文案产出所需花费的时间。时间投入不是越多越好。一份文案的创作是没有止境的，因此时间投入要有限度，其衡量尺度往往是委托客户的服务费多少，以及创业咨询师的服务计价标准。

2. 企业文案编写工作的流程和分工协作要求

一份企业文案的编写工作，如果按照流程细分的话，通常可以划分为以下的具体步骤和工作：研究文案目的，确定主旨思想、体例、格式、表述风格，选择模板或范本和参考文书，草拟目录或纲要，与客户方沟通，资料准备，制作图表，草拟初稿，与客户方交换意见，研讨修改，初稿修改，终审定稿，以及产出提交前的修饰等。

为了高效和高质量地完成一份企业文案尤其是大件企业文案的编写，创业咨询师应当与助理人员分工协作。表 5—8 所反映的是多数大件企业文案的分工协作安排。

表 5—8　　企业文案编写工作的常见分工安排

具体工作	分工执行的人员	备注
研究文案目的 确定主旨思想、体例、格式、表述风格等 草拟目录或纲要 与客户企业沟通或交换意见 研讨修改	三级创业咨询师和二级创业咨询师共同完成	
选择模板和参考文书 资料准备	信息调研员	如果没有现成的，应通过资料搜寻努力找到参考模板或类似文书
制作图表 草拟初稿 初稿修改 产出提交前的修饰	三级创业咨询师	
终审定稿	二级创业咨询师	

3. 企业文案的体例和格式要求

客户需要创业咨询师代为编写的文书都非常讲究实用目的。或者说，这些文书的内容和实用性是首要考虑，而体例和格式则不是特别重要。在实践中，各种企业文书的体例和格式似乎也没有非常统一的要求。创业咨询师在考虑体例和格式的选择时，应当着眼于实现客户文书的目的和意图，为此，可以有多种形式的体例和格式。

4. 企业文案的编写期限要求

企业文案的编写期限通常取决于文案的类型、篇幅的大小、内容的复杂程度以及完成文案所需的人力和时间投入。实际上，后三者是彼此相关的。篇幅大的文案，往往内容更加复杂，所需投入的人力和时间就更多。

通常，创业咨询服务机构完成一份客户委托文案的工作，需要一至三周的时间。例如，各种计划书、运营方案、策划方案、调研报告等。这些文书通常都需要在信息收集和调研分析之后才能开始编写。另外，这种大件文书的编写往往需要多次的探讨、交流和沟通，以及一段时间的反复酝酿，才能做到使文书的内容、判断或结论等比较合理、完善、成熟和准确。

有些文书则可以大体照搬范本的内容，例如一些规范的合同、手册、规章制度等。这些文书如果不涉及大量的信息采集，通常可在一周、几天甚至一天之内完成。

创业咨询师在与客户商定文案编写期限时，在不影响客户使用的情况下，应当尽量给自己留有几天斟酌、推敲或修改的时间，以确保文书质量。

三、企业文案模板和范本的作用及设计

企业文案模板和范本是创业咨询师为了应对大量企业文案工作需要而事先编写好的企业文书在格式和内容上的标准样式或样本。模板主要从格式、体例、篇幅和内容纲要等方面预先设定企业文书的规范要求和框架，范本则是把某一类企业文书的共性内容预先编写成该类企业文书的标准样本。

1. 企业文案模板和范本的作用

（1）有利于企业文案的规范化和标准化

企业文案的模板和范本可以规范企业文案的格式、内容、篇幅、表述语言等。

（2）有助于企业文案的基础建设和不断改善质量

企业文案的模板和范本可以将某一类文案的共性内容预先设计和编写好，方便使用，也有利于不断改编和完善该类企业文案。

（3）便于集中精力编写个性化内容，提高完成客户文案委托任务的效率

企业文案的模板和范本可以有助于创业咨询师高效率地完成客户的文案编写工作，便于创业咨询师集中精力表述每份文案的个性内容。

2. 设计企业文案模板和范本的方法

设计企业文案的模板可以按照以下程序进行：

（1）确定一种文案的内容结构。

（2）确定每一构成部分的内容要素。

（3）编写每一构成部分的规范要求。

（4）以图表或纲目表述的形式完成模板的编写。

一类文书的范本通常可以从企业咨询公司已经编写的该类文书中选择，并适当加以改编。也可以按照客户的潜在需求，预先设计和编写出客户可能需要的各种文书，作为参考范本。

四、编写企业文案产出的注意事项

1. 注重企业文案的基础建设工作

无论是就客户的专门委托而言，还是从为客户提供创业咨询服务时需提交的文案产出来说，为客户编写企业文案都是创业咨询师的主要工作之一。要确保及时和高效地向客户提交令其满意的企业文案，创业咨询师必须注重企业文案的基础建设工作。

首先，创业咨询师自己要经常练习编写企业文案工作的技能，确保自己能够随时高效地投入到各种企业文案的编写工作中。同时，创业咨询师还可以在日常工作中有计划地安排和训练助理人员熟悉各种企业文案编写工作的要求和方法，使咨询服务机构的人员在企业文案服务方面处于高效待命状态。

其次，创业咨询师应当不断地设计、编写、积累和完善各种常用的企业文案模板和范本。

另外，收集和储备好编写常见企业文案所需的信息投入，也是高效完成和提交高质量的企业文案产出的重要保障。

2. 与客户保持沟通，确保文案产出与客户的期望值一致

创业咨询师在开始编写文案之前，往往会就文案的使用目的、表述形式、内容的结构和要素等与客户沟通达成一致。尽管如此，由于思维方式的不同、理解上的偏差和信息的不对称等，产出的文案与客户期望看到的文案很可能还会不一样。为确保文案产出与客户的期望值一致，创业咨询师需要与客户保持沟通，例如在文书的纲要确定时、初稿完成时以及在文书的修改过程中，应与客户进行适当讨论和确认，尤其是编写大件文案产出时更应如此。

3. 注意为客户保密和做好保密安排

创业咨询师为客户编写文案，是双方合同约定的一种代理工作或服务的一部分。因此，创业咨询师对在代理工作中或服务过程中所接触到的客户信息，尤其是涉及企业运营或个人隐私的机密信息，应履行被委托人或代理人的保密义务，并尽量控制信息触及的范围，与创业咨询服务机构一道，做好保密安排。

4. 做好文案产出提交前的修饰工作

提交客户的企业文案，代表着创业咨询服务机构和创业咨询师的专业服务形

象。所以，企业文案产出的外在形象也非常重要，为此，创业咨询师在企业文案定稿后，还应做好产出提交客户之前的修饰工作，具体应注意以下几点：

（1）精心排版。

（2）选用优质的纸张打印。

（3）设计和配上封面和封底。

（4）装订成专业和精美的文书。

编写企业文案产出案例

创业咨询师编写企业文案产出的工作主要包括：根据客户的不同目的和需求设计不同文书的模板和范本，确定客户所需文书的个性化内容，结合模板或范本安排助理人员完成文书初稿，完成文书的定稿，审核文书产出的提交稿。

以下用一个案例来说明创业咨询师的文案编写工作要求。

1. 设计不同文书的模板和范本

创业咨询师FB在FR创业咨询服务机构任职已有两年。他根据初创企业的推广宣传需求，编写完成了企业宣传册和产品介绍书等企业文书的不同模板和范本。以下是企业宣传册内容和结构的一种参考模板和范本：

企业宣传册内容和结构参考模板之一

一、开头

表述内容：企业名称、企业性质、规模、地理位置、知名度等。

表述语言：简要，直白。

表述意图：突出企业的最具优势的亮点。

篇幅：一个自然段，3～5行，或200字以内。

其他：最好配备企业的全景图片。

二、详细内容

表述内容：企业的优质产品和服务、生产或服务的流程和环境、企业资质、企业文化和价值观念、高素质人才、有利的资源或优势等。

表述语言：具体但扼要，着重于目标客户所关注的方面。

表述意图：全面介绍企业的各个亮点，努力达到目标客户的期望值。

篇幅：若干自然段，每段 3～5 行，总体篇幅视需要而定。

其他：适当的地方配上相关的图片。

三、结尾

表述内容（酌情选择）：行业的发展趋势、企业的发展未来、市场的发展前景、企业的特色（与其他竞争对手相区别）、核心价值、核心优势等。

表述语言：简短，好记；可推出广告语。

表述意图：突出最希望客户记住的企业特色。

篇幅：1～5 行。字数尽量少。

其他：酌情配上相关的图片。

企业宣传册内容和结构参考范例之一
FG 口腔企业宣传册

北京 FG 口腔门诊是一批致力高端口腔服务的专业人士斥巨资而倾心建造的口腔专业医疗机构，位于北京市中关村西区繁华的苏州街，紧邻地铁十号线苏州街站，交通十分便捷。

北京 FG 口腔门诊的服务宗旨是依靠国际尖端的口腔医疗设备、高水准的口腔医务人员和优雅温馨的诊疗环境，为各界尊贵人士提供国际化和现代化标准的口腔医疗服务。

北京 FG 口腔门诊拥有从国外引进的尖端口腔医疗设备：德国卡瓦牙科综合诊疗椅，意大利优尔达顶级消毒锅，法国赛特力数字成像设备，以及美国和日本的数字光导内窥镜。FG 口腔采用电子化诊疗操作流程及管理系统，与国际最先进的口腔医疗体系紧密接轨。

北京 FG 口腔门诊的医师团队由众多毕业于国内外名校的口腔医师和专家组成，具备精湛的口腔医疗技术和丰富的临床经验。FG 口腔门诊的护理人员均为口腔专业毕业，并有多年口腔护理经验，完全达到医护 4 级操作的要求。FG 口腔还特别聘有国内外若干高级医疗顾问，以确保高水准的口腔医疗服务。

北京 FG 口腔门诊采用时尚的环保装饰，为患者营造了一个优雅、温馨、舒适的诊疗环境。FG 口腔的诊疗空间相互独立，为确保患者的隐私和防止交叉感染提供了安全和宽松的就诊氛围。

北京 FG 口腔门诊内分设预约咨询前台、候诊厅、诊疗室、特诊室、医患沟通区、消毒室、X 光室、医务管理室等。可以提供口腔内科、口腔外科、牙周修复、正畸、种植、口腔美容、口腔儿科等全面口腔医疗服务。

北京FG口腔门诊推崇以人为本的服务理念。“FG”两字源于英文“figure”，意思是知名和高尚人士，体现了FG人致力为尊贵人士提供国际化高标准服务的决心。FG标志的中央是用“心”的形状变异成的洁白牙齿，展示FG人全心全意呵护及美化牙齿的服务。FG标志的外沿是钻石的外型，喻示FG人的服务标准和服务品质如同钻石般优良、珍贵和持久。

服务特色：

1. 预约式服务；

2. 全程导诊式服务；

3. 医师首诊负责式服务；

4. 医师护士4级操作式服务。

广告语：FG口腔，钻石服务。

2. 确定客户所需文书的个性化内容

2007年6月，创业者刘先生来到FR创业咨询服务机构寻求创业服务。经过面谈咨询，创业咨询师FB了解到，刘先生想从事儿童益智游乐中心项目的市场拓展工作。创业咨询师FB确认，刘先生需要一份企业宣传册。

创业咨询师FB与刘先生就儿童益智游乐中心企业宣传册的内容结构、内容要素、表现形式等进行了沟通，并安排助理人员根据企业宣传册模板的要求全面地采集了该项目的相关信息。通过分析，创业咨询师FB确定，儿童益智游乐中心企业宣传册主要应着重于以下个性化内容进行宣传描述：

企业名称：××市童缘益智游乐中心。

地理位置：位于当地最大的购物中心内。

企业的最大亮点：提供的益智游乐项目从美国引进，是由美国儿童智力开发教育专家××所倡导和发明的先进益智项目。

优质的产品：选用的益智游戏机和玩具均由知名品牌厂家生产。

高素质人才：当地知名的儿童教育专家定期坐场提供咨询和指导。

市场的发展前景：儿童益智游乐项目在该市才刚刚起步，市场潜力看好。

3. 按照模板或范本安排助理人员完成文书初稿

创业咨询师FB安排三级创业咨询师HY根据该项目的个性化内容和模板的要求，草拟儿童益智游乐项目的企业宣传册初稿，并要求HY事先收集一下行业发展前景及业内竞争对手的相关信息，同时与客户保持沟通，确保对客户的要求和宣传册期望值了解无误。

4. 完成文书的定稿工作

创业咨询师 FB 在 HY 所完成的企业宣传册的初稿基础上，与客户刘先生进行了一次沟通和确认，然后完成了该企业宣传册的修改和定稿。

5. 审核文书产出的提交稿

按照服务程序，FR 公司的平面设计和排版人员将已经定稿的儿童益智游乐中心企业宣传册的文字内容与客户提供的图片一起，做了精心的图文排版。经创业咨询师 FB 审核之后，客服人员向客户刘先生提交了该企业宣传册的电子版，以便其送交印刷商印制。

第 5 节　代　办　工　作

学习单元 1　为客户代办工作

➢了解为客户代办工作的概念和意义。

➢掌握客户经常需要代劳的工作类别。

➢熟知为客户代办工作的指导原则。

➢掌握为客户代办工作的方式。

➢了解为客户代办工作的注意事项。

➢能够为客户执行经营管理中的专业工作。

一、为客户代办工作的概念和意义

1. 为客户代办工作的概念

为客户代办工作是指创业咨询服务机构和创业咨询师在客户的委托下代理客户

执行创业开办和企业经营管理中的具体工作任务。这些工作本来应该是由创业者客户在创业中自己完成的，但由于能力和时间有限或人手不足，客户企业往往会委托创业咨询服务机构和创业咨询师替他们完成这些工作。

创业咨询与企业管理咨询的最大差别就在于两者的服务对象不同，创业咨询的服务对象主要为创业者个人、初创企业的老板，以及部门和人员不够完备的成长中的中小企业；而企业管理咨询则主要为比较成熟的中大型企业服务。显然，企业开办和经营中有很多专业性工作需要具备足够知识、良好工作能力和丰富工作经验的人才去做，这种人才在成熟的中大型企业里可能并不少见，但很多创业者个人却不具备这些知识和能力，初创企业甚至成长中的中小企业也常常缺乏这种人才，因此委托创业咨询服务机构和创业咨询师代他们完成所需的工作就经常成为他们的务实选择。

2. 为客户代办工作的意义

创业咨询服务机构和创业咨询师为创业客户代办工作的意义有以下几点：

（1）为客户解决创业中的实际难题

创业咨询师为客户代办的工作通常都是客户自己无法或难以完成的，例如一些企业文案的编写工作或项目考察工作，如果没有创业咨询师的代劳，客户的创业很可能因此停滞不前。这时，为客户代办工作也就是为客户解决实际创业中的难题。

（2）提高解决方案的效果

创业咨询服务机构和创业咨询师为客户提供的解决方案中很可能包含创业者本人或创业型小企业的员工都难以完成的工作，例如创业型企业的员工培训和绩效管理，然而，做好这些工作是实现解决方案的变革目标乃至改善创业企业的经营所必不可少的，因此为了达成解决方案的预期效果，客户往往会请创业咨询师代为完成这些工作。

（3）为客户节省时间和费用成本

在创办企业过程中，有些工作客户自己能够做但却无时间顾及，例如一些高科技项目的研发人员或在职人员创业时，往往把企业开办注册、选址、场地设计和装修，甚至人员招聘等工作委托一家创业咨询服务机构代办，以节省自己的时间成本以便把时间放在更能体现自身价值的工作上；另外这样做企业还可以节省开办费用，因为与找不同的服务机构代办不同工作相比，委托一家创业咨询服务机构代办各项工作，可以因量多而享受折扣，同时那些服务健全的创业咨询服务机构具备训练有素的代办人员，他们懂得怎样降低成本，并在一些外包服务方面可以获得团购优惠。

在创业咨询服务机构接受客户的上述代办工作委托后，创业咨询师不一定要亲自为客户执行那些事务性的代办工作，但这些工作的设计、目标策划、质量把关，甚至进度掌控等方面，则必须要有创业咨询师的工作投入。

（4）降低客户的创业风险

创业咨询师为创业者客户代办工作，属专人做专事。创业咨询师为客户承办的工作，都是创业咨询师经过专门研究和做过多遍因此比较熟悉和擅长的工作。与客户相比，创业咨询师在这些工作中出错的概率较低，可以把工作做得更好。

显然，客户请创业咨询师代为完成这些工作，有助于降低因自己可能出错而造成的风险，从而提高自己的创业成功率。

二、客户经常需要代办的工作类别

客户经常需要创业咨询服务机构和创业咨询师代办的工作类别见表 5—9。

表 5—9　　客户需要代办的常见工作

工作类别	任务/目标	代办原因	创业咨询师的代办程度	举例说明
代写文案	完成所需文书	客户知识和能力有限；时间和人才有限	编写及审核部分或全部文稿	商业计划书（详见三级教程第 5 章第 3 节）
代理考察	考察真伪性或可行性	客户专业知识、能力和经验有限；外地客户节省成本	从事部分或全部考察工作	对某些项目、产品、技术、品牌、机构等的考察
代理谈判	租赁、收购、加盟、融资等签约前的谈判	客户相信创业咨询师的知识、经验和谈判水平	通常全部代表客户谈判	收购现有企业，加盟某连锁企业，项目融资
人事代理	人员的招聘、档案管理和绩效考核	客户的经验、能力、时间或人力有限	部分或全部代理	人手不足的初创企业的人事工作
公关代理	进行公关努力，争取客户所需的项目支持	客户相信创业咨询师的身份、经验、水平和资源	部分或全部代办	与有关企业建立业务合作关系
人员培训	员工岗前培训；对在职员工的其他内训	客户知识、能力或人才有限	全部代办	对初创企业营销团队的营销培训和指导
VI 及其应用	完成 VI 设计和制作	客户时间、能力或水平有限	主要策划和指导设计图案及负责释义	新办企业的全套 VI 设计和制作
经营许可申办	经营许可申办指导	客户需要节省时间和精力	主要负责指导，其他工作由服务机构完成	工商营业执照申办，尤其前置审批项目的申办

续表

工作类别	任务/目标	代办原因	创业咨询师的代办程度	举例说明
经营选址	选择零售经营场地	客户知识、能力或经验有限	经营场地选址评估；商圈调研	商铺、商摊或专柜的选址
场地装饰/卖场布置	完成场地装饰和卖场布置	客户的经验和水平有限；想节省时间和精力	主要负责指导设计，其他由服务机构完成	商品或服务零售企业的卖场装饰
网站建设	完成网站的设计和制作	客户能力有限；节省时间和精力	负责策划或指导设计框架和页面内容	企业网站或经营性网站的建设

三、为客户代办工作的指导原则

1. 受托代理原则

在代办工作中，创业者客户是委托方，创业咨询服务机构和创业咨询师是受托方，委托方与受托方是主体与代理的关系，即委托人是决策人，代理人是执行者。因此，在所有代办工作中，创业咨询师应当牢记自己的受托代理身份，必须严格按照客户的指示和要求行事，客户对工作的最终结果负责，创业咨询师对因本人的知识和能力水平所造成的质量好坏和执行中的失误等承担责任。

受托代理原则还意味着不能包办代替或越俎代庖。创业咨询师在代办工作中，尤其在代表客户与任何其他方面打交道时，应当严格遵守与客户的约定，在客户授权范围内行事，自觉地抵制任何越权的利益诱惑。

2. 专业和客观原则

客户寻求创业咨询师的代办服务，是因为创业咨询师的专业价值。因此，在代办工作中，创业咨询师要遵循代办工作本身的专业要求，应当避免不顾专业要求而一味地服从客户的任何指令。代办工作的专业要求包括合理合法地为客户完成代办工作，对于非法的工作指令应当拒绝。

代办工作的客观原则要求创业咨询师必须明辨是非，尊重事实，应避免不顾事实地帮助客户达到目的。

实际上，在代办工作中坚持专业和客观的原则，有利于维护创业咨询师本人的正面形象，也有助于维持与客户的长久稳定关系。

3. 客户利益最大化原则

一旦接受了代办委托，创业咨询师应当自始至终站在客户的立场，通过代办工作来实现客户利益的最大化，尤其要避免借代办工作中饱私囊的行为，同时应自觉地抵制第三方的收买诱惑。

4. 节省成本原则

有的客户喜欢单独支付服务费，对代办工作过程中的直接成本，如差旅和住宿费等给予实报实销。对于这种实报实销的直接成本，创业咨询师应当为客户尽量节省，以提高代办工作的成本效益。

5. 保守秘密原则

创业咨询师在代办工作中，很可能接触到一些关键性机密，如收购价格、客户的谈判底牌等，这些机密如果被竞争对手获取，很可能给客户造成重大损失。因此，在代办工作中保守商业机密不仅是创业咨询师的职业道德，也是法律的要求。否则，如果创业咨询师泄密甚至利用掌握的机密来串通第三方牟利的话，则必然要承担民事甚至刑事责任。

四、为客户代办工作的方式

为客户代办工作的方式基本上也就是创业咨询师提供服务的各种方式，主要包括调研、考察、洽谈、谈判、策划和编写文案、现场指导、培训等。

创业咨询师的代办工作与服务工作没有太大的差别，因为它们的价值和作用对客户来说都是一样的。在客户来看，无论是服务还是代办，创业咨询师所做的都是专业人员、专家、老师或顾问的工作，也是客户不容易完成的某些高难工作，即需要一定的企业创办知识、经验和水平的工作。因此，创业咨询师为客户代办工作的方式，也就是通常的服务方式。

五、为客户代办工作的注意事项

1. 书面约定

代办工作开始之前，创业咨询师应在服务协议中与客户约定双方的责任、分工、客户授权的权限范围、工作期限、工作方式等。

服务协议签署后，涉及权限、责任等问题的细节讨论和调整变更等，尽量以书面方式记录，并由双方签字确认。有关工作过程和产出结果的重要具体事项和要求，如果服务协议和其他文件里没有明确写明，也可以在执行中书面写出来，并由双方签字确认。

2. 尽量让客户参与

只要可行，尽量让客户参与创业咨询师的代办工作，这对于减少可能的服务纠纷非常必要。同时，创业咨询师与客户一起从事代办工作，有利于经常沟通和商讨，以减少与客户的认识分歧，实现客户利益的最大化。

3. 商量行事

在执行代办工作的过程中，创业咨询师始终要牢记，客户给自己的授权有限，任何比较重要的事情和决策，都必须与客户商量后行事，即使是在客户给自己的授权范围以内的事，只要事情重要，都应当与客户事先协商，以真正体现客户的意图，达成客户所要的成果。这样，客户与创业咨询师在对目标和结果的期望值上不会有太大的差距，最终的结果容易实现较好的客户满意度。

4. 保留原始文件和记录

在代办过程中，创业咨询师要注意保留原始文件和记录，例如代理考察和谈判时获取的资料和面谈或谈判的书面记录，以方便客户查证，也便于工作后期的研究和调整。

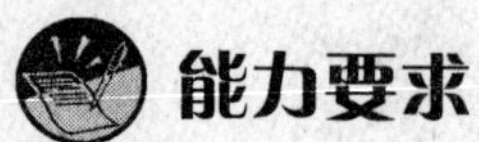

能力要求

为客户代办工作案例

创业咨询师为客户代办工作的主要步骤和内容包括：明确代办工作的目标，协议约定代办工作的责任、期限和分工，作出代办工作的时间和人员安排，执行代办工作任务；完成代办工作执行报告。

下面用案例具体说明创业咨询师应该如何为客户代办工作。

创业者小吴想收购一家快餐小吃店，从广告上发现了一家价格适中、地理位置不错的餐馆正在出售。经过与出售方的几次沟通，小吴基本上确定了收购这家餐馆的意向。但他是第一次创业，没有经验，怕上当吃亏，故找到FXR创业咨询服务机构，希望请该机构的创业咨询师A代理他与出售餐馆的老板洽谈，以确保自己取得最佳的收购交易。

1. 明确代办工作的目标

创业咨询师A通过与小吴面谈，确定了为他代理洽谈收购餐馆项目的工作目标，即考察和确认该餐馆出售的真实性；检视餐馆的租赁合同及证照文件，排除可能的欺诈风险；按照比餐馆老板向小吴的报价低10%～20%的价格，帮助小吴谈成收购交易并签署收购合同。

2. 协议约定代办工作的责任、期限和分工创业咨询师 A 与小吴进一步商定，他将与小吴一起进行以下工作：考察该餐馆的经营状况；与餐馆老板谈判收购事宜；以及检查餐馆的所有相关证照及文件。创业咨询师 A 将始终以小吴的顾问和谈判代表的身份与餐馆出售方接触和洽谈；谈成的合同及其相关文件由小吴本人签署；如果转让方不能提供合同稿，创业咨询师 A 将代拟双方的转让合同。该项代办工作的期限为三周，如有可能尽量提前达成交易。于是，FXR 创业咨询服务机构将上述内容写入服务协议，并与小吴签署了该服务协议。

3. 作出代办工作的时间和人员安排

协议签署后，代办工作立即启动。创业咨询师 A 对该项工作作出以下安排见下表。

××餐馆收购项目服务工作安排

任务	内容	执行人	完成期限	说明
背景调研	本城市该区域的同类餐馆经营状况、食客人流情况，以及其他餐馆出让的行情	三级创业咨询师 C；信息调研员 B	工作启动后三天之内	提交内容概要供谈判参考
考察	××餐馆的经营状况	创业咨询师 A	基础调研后三天时间	客户小吴参与
谈判	与餐馆老板谈判收购事宜，检查餐馆的所有相关证照及文件	创业咨询师 A	考察后一周之内	客户小吴参与，根据谈判进程调整时间
草拟合同	双方的转让合同	三级创业咨询师 C；创业咨询师 A	交易条款谈妥后三天时间	一天之内完成初稿供双方讨论；另一天之内完成修改
执行报告	工作总结（成绩和不足）	创业咨询师 A	客户签署收购合同后两天之内	与客户小吴口头总结；内部工作总结会议，整理工作总结纪要

4. 执行代办工作任务

根据服务协议和上述服务安排，创业咨询师 A 首先和小吴一起考察了××餐馆的经营状况。由于附近有一家商场和超市以及若干办公楼和居民小区，快餐店的日营业额总体不错，但周围同等档次的餐馆还有三家，较高档的餐馆也有两家。××快餐店的餐饮品种不够多，就餐环境装修及家具等不如另两家同类餐馆，这些在一定程度上影响了经营业绩。

在与××餐馆老板李某初次接触时发现，他非常坚持自己的报价，但又比较急于出手。创业咨询师A检查相关文件时发现，餐馆场地的租约里规定，租户变更须取得业主的同意，另外租期仅剩下一年多一点。如果小吴接手该餐馆，则必须确定能与业主办好租户变更及租期延续手续。

经过10天的多次谈判，创业咨询师A根据××餐馆的上述不足、餐馆急于出售以及小吴可随时交付收购款等情况，终于把转让价格从30万元砍至22万元，降幅多于26%；创业咨询师A还与李某约定，转让合同签署后三天之内，小吴只需支付首付款1.5万元，即可接手餐馆。第二笔款13.5万元将在办完所有移交手续之后一周之内支付，尾款7万元作为经营业绩保障金，将在小吴完全接手经营三个月后结清。这样，创业咨询师A为小吴节省了8万元的收购款，并通过上述保障安排，把收购该餐馆的风险降到了最低。

由于出售方李某不能提供转让合同草案，FXR公司很快在一天之内提供了草拟的合同。经过一天的讨论和修改，小吴和李某非常满意地签署了该转让合同。

5. 完成代办工作执行报告

由于小吴自始至终一直参与谈判过程并得到了令他十分满意的交易合同，所以创业咨询师A仅与小吴口头进行了一次代办工作的总结交流。同时，他主持进行了一次FXR公司该项代办工作的内部总结会议。

学习单元2　提交代办工作执行情况报告

学习目标

- 掌握代办工作执行报告的规范。
- 了解报告代办工作执行情况的注意事项。
- 能够有效完成和提交代办工作执行报告。

知识要求

一、代办工作执行报告的规范

作为客户的代理人，创业咨询师通常在完成代办工作后应该向客户报告代办工作的完成情况。不过在实践中，这种执行报告可以有多种形式或格式，委托方客户需要的是了解工作的进展，同时确定代理人在代办服务过程中是否达到了委托方的代办工作要求和期望值，并且客户最重视的还是看到令人满意的工作成果，因此对创业咨询师代办工作执行报告的规范要求，就是满足委托人客户的这些需求。

就代办工作执行报告的规范来说，创业咨询师的代办工作可以分为两大类，一类是需要提交比较正式或书面的执行情况报告的，另一类是不需要正式提交执行情况报告的，下面分别说明这两类代办工作的报告要求。

1. 需要提交执行情况报告的代办工作

这类代办工作主要包括代理考察、代理谈判、公关代理、人事代理等。这些代办工作的特点是，它们本身通常没有明显的产出物，代办服务的成果主要体现在代办服务的过程中和代办工作最终取得的无形结果里。因此，客户需要比较具体的执行情况报告来了解和认知代办工作的成果。

对于这类代办工作，创业咨询师通常应当提交书面的报告，如考察报告、谈判纪要、公关代理执行报告等。人事代理方面，创业咨询师往往需要提交招聘代理工作报告、招聘面试简报等。不过因为人事代理工作会有一定的实际产出物，如应聘者的简历、面试记录或测评评分等，这时的执行报告经常可以口头完成。另外，代办工作中取得的原始资料和工作记录等，也可酌情一并提交。

然而，即使在这类代办工作里，如果客户参与了代办工作的全程或大部分过程，那么代办工作执行报告的负担往往可以减轻甚至可以免除，因为客户对代办工作的知情需求已得到充分满足，这时他所需要的可能是创业咨询师的专家分析和意见，如果这些意见在客户参与代办工作的过程中已经不断地向客户提供了，则代办工作结束后，正式提交执行报告的要求也可以免除或减轻。

2. 不需提交执行情况报告的代办工作

许多代办工作在结束时，客户能够看到或得到代办服务的实际产出物，因此提交执行报告也就没有必要。这类代办工作通常包括代写文案、人员培训、VI 及企业形象策划、经营许可申办、经营场地选址和装饰等。

对于这类代办工作，创业咨询师虽然不需提交正式的执行情况报告，但在代办工作过程中，创业咨询师往往需要与客户保持经常沟通，并不时地向客户口头报告代办工作的进展情况，同时可以酌情取得一些双方对工作事项、客户意图或其他与代办相关内容予以确认的书面凭据，作为执行情况的记录资料的一部分。

二、报告代办工作执行情况的注意事项

1. 充分满足客户的知情权

对于客户没有参与的重要工作内容，应当尽量在执行报告里介绍和说明。

2. 用5W方式检验执行报告的内容

执行报告的内容应当包含以下五大要素：工作执行人和对象是谁（Who）；工作做了什么（What）；什么时间进行的（When）；在什么地方完成的工作（Where）；为什么要那样做（Why）。

3. 着重提出解读和分析意见及专家建议

创业咨询师应当在执行报告里重点说明自己对事情的解读或对问题的分析，并根据客户的需要提出自己的行动建议。这对于客户没有参与的代办工作尤其重要。

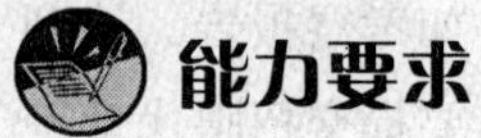

能力要求

提交代办工作执行情况报告案例

创业咨询师提交代办执行报告的工作内容包括：与客户商定代办工作执行情况报告的要求，整理代办工作的原始资料，完成和提交代办工作执行报告。以下通过案例说明提交代办工作执行情况报告的能力要求。

某省的创业者王××想加盟一家国际品牌的皮鞋专卖店，经过自己的信息收集，他锁定意大利MS皮鞋专卖店作为重点考虑的加盟项目。由于投资额较高，自己对国外情况不了解，王××希望请FR创业咨询服务机构代他进行选项考察，以帮助他降低创业风险。

按照FR创业咨询服务机构的安排，创业咨询师D执行了该项代理选项考察任务。经过两周的考察时间，创业咨询师顺利地完成了对MS皮鞋专卖连锁机构的考察。期间，他与王××一起走访过一家MS皮鞋专卖机构的加盟店。

1. 与客户商定代办工作执行情况报告的要求

考察结束后，创业咨询师D与小王商定，执行情况报告主要应包含以下内容：MS皮鞋专卖机构的国外背景，品牌的真实性，国内招商总部（盟主）的资质以及与国外机构的关系，以及加盟该机构的风险评估。

2. 整理代办工作的原始资料

创业咨询师D对FR创业咨询服务机构对MS公司的背景调研中所获取的资料

进行了整理。

3. 完成和提交代办工作执行报告

创业咨询师 D 按照服务协议以及客户对执行情况报告的内容要求，完成并提交了代办工作执行情况报告如下：

FR 创业咨询服务机构客户服务工作执行情况报告

——对 MS 皮鞋专卖连锁机构的考察

2006 年×月×日

受创业者王××委托，2006 年×月×日至×月×日，FR 创业咨询服务机构创业咨询师 D 就王××拟加盟 MS 皮鞋专卖连锁机构（以下简称 MS 机构）一事对 MS 机构进行了考察，现将考察执行情况报告如下。

一、考察工作过程

对 MS 机构的考察工作是分为以下几步进行和完成的。

1. 考察 MS 机构总部

MS 机构总部位于北京朝阳区××大街××号××××大厦××室。2006 年×月×日，创业咨询师 D 和创业咨询助理 L 以创业者的身份来到 MS 机构总部，受到了该机构招商顾问邓小姐的热情接待。

邓小姐介绍了 MS 机构的海外背景，在中国的发展状况，以及对创业者的加盟要求和加盟投资的回报预测等，并提供了一份印刷精美的加盟手册。创业咨询师 D 重点就加盟一家 MS 皮鞋专卖标准店的条件要求了解了相关的情况。

2. 调研及核实初步获得的信息

在创业咨询师 D 的指导和安排下，FR 创业咨询服务机构的信息调研员 H 和创业咨询助理 L 对 MS 皮鞋专卖机构的品牌、其国外背景、国内招商机构的资质，以及该机构的加盟条件等进行了调研核实，其结果将在下面提供。

3. 考察 MS 机构的某加盟店

2006 年×月×日星期六，创业咨询师 D 与创业者王××一起，考察了 MS 皮鞋专卖机构的加盟商之一——位于王××所在省份 A 城市的一家 MS 皮鞋专卖标准店。由于 MS 机构的事先通知，他们受到了加盟专卖店店主的接待。根据他们的询问，店主介绍了该店平时和节假日的顾客人流、顾客购买 MS 皮鞋的消费特点、每月的销售额、日流水、店面的月维持开支等情况。创业咨询师 D 还特别了解了 MS 机构总部对加盟店的售后支持情况。创业咨询师 D 与王××在店里停留约 2 小时，然后在周边又考察了该地段的商业人流情况。

4. 再次访问MS机构总部

2006年×月×日，创业咨询师D和创业咨询助理L再次来到MS机构总部，他们进一步询问了MS机构总部对加盟商的培训和支持情况，并要求查阅了MS机构的国外背景资料、该机构中国招商总部的资质证明材料，以及该机构格式化的加盟合同等。

二、所获信息及分析

以下就所获得的信息分析如下：

1. MS皮鞋专卖机构的国外背景

MS机构总部人员及MS机构的招商资料都声称MS皮鞋是意大利的著名品牌，却不能提供该意大利生产厂商的地址和网址，也没有电话或其他联系方式。他们唯一提供的证明材料是一份授权北京某公司在中国开展该品牌特许加盟业务的授权书，其文字为英文，而不是意大利文，并且英文的表述语句明显是中文的译文，其中有两处语法错误和3个单词拼写出错。

考虑后认为，如果MS真是意大利的著名品牌，其在中国的招商机构应该很乐意地公布该品牌厂商在意大利的地址、电话和电邮，尤其是它的网址，以方便中国的消费者查询和查验，这是国外著名品牌的通常做法。授权书上的蹩脚英文也说明该授权书不是出自意大利的著名品牌厂商。

2. 品牌的真实性

对于意大利MS品牌是否为著名品牌的问题，无法核查。MS中国机构未能提供有效的证明材料，信息调研也没有查到有关该品牌的任何相关信息。考察后对该品牌是否存在感到怀疑。

3. 国内招商总部（盟主）的资质以及与国外机构的关系

能够证明MS机构中国招商总部的资质以及它与国外品牌关系的材料，只有以上提及的那份授权书。除此之外，就是MS机构自己印制的宣传册和加盟手册里的声称。通常，国外的著名品牌如果在中国设立了招商机构或其他分支机构，它一定会在自己的网站上公告，并公示其中国机构的地址和联系方式。

4. 加盟MS机构的风险评估

MS皮鞋如果不是意大利的著名品牌，对专卖店的销售影响不大。因为，该品牌的皮鞋目前在国内市场上的销售价格多为300～500元/双，属中档价位。该档价位的皮鞋品种多，竞争激烈，标上所谓的意大利名牌，有利于销售。该档消费水平的消费者一般都不会深究品牌的正宗性或真实性，多数人只要认可款式和面质就会购买。

MS 机构对加盟专卖标准店的要求包括：交付 3 万元品牌权益金，店铺面积 30 平方米以上，首批进货每平方米 3 800 元等。按王××打算开店的 B 城市好地段的租金水平计算，王××开一家 MS 皮鞋标准专卖店至少要投入 25 万～30 万元的启动资金。如果在 6～8 个月的亏损期里销售不如预期，则还需要追加一定的后续周转资金。根据对 B 城市消费水平和 MS 专卖店的销售预测，并参照所考察的 A 城加盟店的销售流水判断，王××要收回投资，至少得六年以上。

在这六年时间里，MS 机构的稳定性、其供货的质量保障、皮鞋市场的价格波动，以及特别是品牌皮鞋折扣店的抢占市场等，都会对王××经营 MS 皮鞋专卖店构成挑战和风险。

三、考察结论和意见

根据以上分析，我们得出以下结论和意见：

1. 所谓“MS 皮鞋是意大利著名品牌”的说法没有事实依据。但是，这对现行价位的 MS 皮鞋销售没有太大的影响。

2. MS 机构中国总部只是一家利用特许加盟方式发展业务的中国公司，它本身不是优质皮鞋的生产厂家，也没有悠久的发展历史，因此难以保障所谓的品牌支持、经营支援和长期稳定的供货。

3. 加盟 MS 专卖店的投资额较高，需至少六年收回投资，经营风险较高。

4. 鉴于王××是首次创业，建议王先生选择投资额较低（如 15 万元以内）、回收期较短（2～3 年）的创业项目。

第6章

后续服务

第1节 评估咨询服务效果

学习单元1 评估咨询服务

学习目标

- 掌握评估咨询服务质量的内容。
- 掌握评估客户效益的方法。
- 掌握收集评估咨询服务资料的方法。
- 掌握客户满意度调查问卷的编制方法。
- 能够开展咨询服务评估。

知识要求

一、评估咨询服务质量

评估咨询服务质量侧重从创业咨询师和客户人员的态度、行为角度评价咨询服务中创业咨询师的工作态度、工作能力、行为表现，以及咨询服务对客户人员的态度和行为的影响。

1. 服务质量评估方案

服务质量评估方案是进行服务质量评估的指导性文件，它详细规划了服务质量评估的工作内容和工作步骤。服务质量评估方案首先是帮助创业咨询师解决以下问题：

（1）参与服务质量评估的人员

服务质量评估主要由高层管理人员、参与咨询服务人员、未参与咨询服务人员，有时也会有部分客户人员参与。

（2）服务质量评估的对象

服务质量评估的对象要从两个方面分析：客户的选择和评估的范围。所选择的客户是创业咨询师曾提供服务的创业企业；而评估的范围则是考虑所针对的服务内容，可能是对整个咨询服务进行评估，也可能是对某一部分服务进行评估。

（3）服务质量评估的标准

服务评估方案中所确立的评估的标准要反映服务质量评估的目的。所建立的指标体系要能够使服务评估人员从定性和定量两个方面形成评估意见。

（4）服务质量评估的过程

服务质量评估方案还要对整个服务质量评估的过程进行总体上的规划，指导评估有序、按时地完成。后面将结合案例说明服务质量评估的过程。

2. 服务质量评估指标

构建一套科学合理的服务质量评估指标体系，为客观、公正的评估服务质量奠定了基础，使创业咨询服务机构能够从定性、定量两个角度全面、准确地对整个服务的质量进行评估。因此，开发一套适合于创业咨询师的服务质量评估指标体系成为咨询公司开展创业咨询活动的一项重要内容。

各个创业咨询服务机构都有自己的服务质量评估体系，在本书中，通过介绍一种常用的服务质量评估体系的构建方法，结合创业咨询的特点，创建了一套简易的服务质量评估体系。

（1）四层次评估体系

美国学者柯克帕特里克在 1959 年提出了四层评估体系，其将评估领域分为四个层次：反映层评估、学习层评估、行为层评估和结果层评估，如图 6—1 所示。

反映层评估是用来了解客户对咨询师的总体感觉，包括其对咨询项目的印象和满意度。反映层评估并不考虑客户的学习效果和投资效果，而旨在了解客户对咨询的态度。通过反馈来有针对性地提高客户在咨询项目中的积极性，这也是取得良好咨询效果的重要保证。

学习层评估包括咨询前评估和咨询后评估两部分。通过比较咨询前后评估结果的差异，得以衡量咨询给客户带来的知识、技能。学习层评估不考虑知识、技能等给客户带来的效益。如果咨询周期较长，创业咨询师可以在咨询的全过程中分阶段进行评估，从而使创业咨询师能够及时了解咨询的结果和进程。

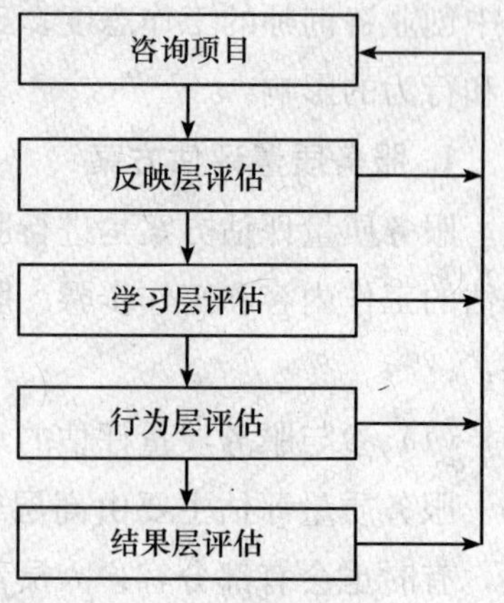

图 6—1　四层评估体系

行为层评估是用来了解客户和员工的行为变化，因此其分析的是咨询对实际工作带来的影响，因此是学习层的延伸和深化。咨询工作中，不管是提供培训或解决方案，还是改革制度，都需要通过影响员工的行为来传导到企业的绩效上。通过行为层评估，创业咨询师可以更直接、快速地看到咨询的效果，进而预测咨询给客户带来的影响。另外，在这一过程中，创业咨询师也可以及早发现问题，调整咨询方案，不断提高咨询质量。

结果层评估是衡量咨询给客户带来的效益，通过收入、成本、收益率等的改进来直接反映咨询的收益和成本。当然，在咨询中，结果层评估往往存在较大的难度，例如，如何分辨其他因素带来的经济效果的影响，以及对于人力资源等经济效果的量化问题。这部分内容将在评估客户效益部分说明。

四层次评估体系是一个连续的过程，随着评估层次的提高，涉及的内容逐步深化，评估的难度也逐渐增加。同时，各个评估部分又与咨询项目保持着密切的联系。四层次评估体系可以通过图 6—1 所示的过程来反映。

（2）应用四层次评估体系

通过四层次评估可以确定服务质量评估体系的逻辑框架和过程，但要确定服务质量评估体系，一定要从评估的可操作性、科学性、客观性入手，通过定性和定量相结合，并以定量为主确定具体的评估内容和标准。在实际评估体系中往往需要建立多级评估指标体系，逐级细化，汇总分析。

在实际工作中，服务质量评估体系分为三个层级便基本能够满足需要，如果评估比较复杂，则应当增加层级。注意在确定服务质量评估体系的层级时要慎重分析，一方面不能因为工作内容繁多而盲目减少评估指标的层级，否则将造成评估过于粗糙，不能反映许多细节性问题。另一方面，也不能过分追求评估的准确性而增加许多无谓的层次，造成服务质量评估成本增加，而评估效果却没有同比例增加。表 6—1 列举了三个层级的咨询服务质量评估体系。

表 6—1　　三个层级的咨询服务质量评估体系

一级指标	二级指标	三级指标
反映层评估	咨询内容及适用程度	包括 4 个三级指标
	创业咨询师的胜任能力	包括 3 个三级指标
	创业咨询师与客户的关系	包括 2 个三级指标
学习层评估	员工的专业知识	包括 2 个三级指标
	员工的工作态度	包括多个三级指标
	组织文化氛围	包括多个三级指标
行为层评估	员工的技能	包括 3 个三级指标
	员工的行为	包括 4 个三级指标
	组织的行为表现	包括多个三级指标
结果层评估	直接效益	包括多个三级指标
	无形效益	包括多个三级指标

二、评估客户效益

1. 直接效益和无形效益

客户实施解决方案的效益可以分为直接效益和无形效益。其中直接效益通常可以定量确定，如利润的提高。无形效益则表现为某一方面性质的改变，无形效益也可以通过改善客户的经营管理来间接促进直接效益的提高。

（1）直接效益

在市场经济体系中，作为商业独立体的企业必须持续赢利以保证企业的稳定运转和经营规模的不断扩大。因此，直接效益的评估是评估客户实施解决方案效益的核心内容。

评价直接效益最常用的方法是成本效益法，以这种方法为指导所确立的直接效益的评估内容可以分为成本评估、效益评估和成本效益的比较。当然，在实际的咨询服务中，因为咨询服务的内容存在区别，直接效益的评估也可能集中于其中的一项或两项。成本评估主要是分析成本的构成、数额、前后各期成本的变化；效益评估则主要分析收入来源、收入数额、收入结构、前后各期的变化。成本效益的比较是对直接效益的最终评价，通过比较，创业咨询师可以获得客户实施解决方案所获得的净收益。

（2）无形效益

无形效益不能直接反映收入的提高，成本的降低，或利润的增加，但无形效益却可以间接地持续推动直接效益的提高，而且在咨询服务中有许多工作的目的就是要提高无形效益。

在大多数咨询服务中，无形效益主要包括管理能力的提高，管理模式的规范化，业务流程的改进，决策科学化程度的提高等。

2. 确定评估的范围

评估客户实施解决方案所取得的效益时，创业咨询师经常遇到的一个评价难题就是如何确定评估的范围。确定评估的范围关键是要分析客户哪些收益是客户实施解决方案所带来的效果。确定评估的范围又会影响到评估指标体系的选择和评估的质量。例如，如果确定的评估范围较大，所选择的评估指标体系层次便会更多，指标数量更多。评估范围太大也会造成评估中涉及了较多的咨询服务以外的因素，最后的评估结果很有可能对创业咨询师是不利的。相反，如果确定的评估范围较窄，则评估的结果可能过于笼统，难以让人信服。

创业咨询师确定咨询服务的范围时，要重点考虑咨询服务的目的、咨询服务的工作内容，然后将客户效益划分为直接效益和无形效益两部分。从直接效益入手，创业咨询师以咨询服务的目的和工作内容为依据建立一套评估指标体系，然后将各指标分解、细化，使其能够更具有操作性，更容易获得评估所需的信息。这是创业咨询师常用的方法。从无形效益入手，确定评估的范围难度较大，一方面无形收益收集的内容较多，企业管理中的任何方面向优秀的质变都可以划为无形效益范畴，另一方面就是无形效益的评估要想准确还必须借助于数量化的指标反映，但事实上很多无形效益都很难有合适的指标评价，如良好的企业文化。从无形效益入手评估客户效益关键还是要找准评价的对象，然后以文字描述形式，对客户的表现进行定性的判断。

如果客户效益的评估结果会影响到咨询服务的收费，创业咨询师对于客户提出的不合理的评估内容，应当积极与客户协商，要敢于维护自己的利益。即使评估结果与咨询服务收费没有关系，创业咨询师也要考虑承担一些不合理的评估内容可能造成的评估成本。针对减少评估范围的事项，一般情况下，创业咨询师不应擅自减少合理的评估内容。

3. 客户效益评估指标选择的原则

不同的咨询服务内容，客户收益评估指标是不同的。每个创业咨询服务机构，针对不同的咨询服务内容都会制定一套客户效益评估指标体系。但对于创业咨询师，通常遇到的情况比较复杂，许多客户效益评估指标体系都需要在实际工作中逐步建立，因此掌握客户效益指标选择的原则便具有重要的意义。

（1）系统性

类似于服务质量评估指标，客户效益评估指标也要体现系统性。创业咨询师不能期望通过少数几个评估指标反映客户效益的全貌，而是要构建一个系统化的指标体系，将各个指标逐层分解，最终使分解后的指标能够贴近实际工作，能够准确地反映实际情况。

建立系统的指标体系的另一个重要目的是要避免评估工作的重复。事实上，如果创业咨询师能够实现建立一套科学、系统的评估指标，其开展客户效益的评估工作也将有条不紊地高效完成。

（2）可行性

创业咨询师选择客户效益指标是实际工作的需要，最终要在工作中投入使用。因此，客户效益评估指标的可行性也就成为最基本的要求。创业咨询师必须做好以下几点：

1）评价指标所需要的资料必须容易获得。

2）各项指标必须容易计算，各项数据要标准化、规范化。

3）能够对客户效益评估的结果进行检验。

（3）可比性

客户收益评估指标的可比性包含两方面含义：一方面是同一企业在不同时期的比较；另一方面是同一时期不同企业之间的比较。要实现第一项要求，客户收益评估指标必须具有稳定性，即在各时期客户收益评估指标的内涵和外延方面都必须保持稳定。因此，要求创业咨询师在选择收益评估指标时要考虑客户先前所采用的评估指标。实现同一时期不同企业之间的横向比较，着重于评估指标的通用性，分析客户所在行业常用的收益评估指标，或者寻找不同企业评估指标的共同点，并以此来构建评估指标体系。

三、获取评估咨询服务质量的信息

创业咨询师在选择获取客户效益信息的方法时，要兼顾考虑直接效益和无形效益。因为，不同信息对评估直接效益和无形效益的作用是不一样的。

1. 从客户处调研获得

评估客户实施解决方案所获得的效益通常是客户要求提供的一项咨询服务内容。如此，创业咨询师便可以获得客户的支持。创业咨询师可以深入客户的有关部门，利用观察、访谈、测试等方式获得客户的一些资料。当然，通过这些方式创业咨询师主要获得无形收益方面的资料。事实上，创业咨询师在深入客户调查的过程中，基本可以对客户实施解决方案的效益形成大体的初步判断。只不过这些初步判断更多的是从定性的角度做出的，要准确地分析客户的效益，还需要其他资料的支持。

从客户处调研获得不能局限于咨询服务结束后，在咨询服务过程中，创业咨询师就应当注意收集有关资料，尤其是一些过后便很难获得的客户变革的各个阶段的资料。

2. 要求客户提供相关资料

除非创业咨询师能够获得客户的极大信任，否则对于一些涉及商业秘密的资料，客户不愿意提供给创业咨询师。但是这并不意味着创业咨询师不需要向客户要求其提供相关资料。创业咨询师在要求客户提供相关资料的时候，要讲究策略和方式，例如签订保密协议，或只在客户的监督下阅读。创业咨询师如果赢得客户的更多信任，使客户相信秘密是不会泄露的，创业咨询师就可能接触到一些更详细、更准确的资料。

3. 客户对外公布的资料

信息透明度比较高、管理规范的客户，经常会向社会公众或投资者公布一些运行情况的资料。创业咨询师只要了解这些信息的流通渠道，就能轻松获得信息。但是创业咨询师在处理这些资料的过程中，一定要获得其他资料的旁证，因为这些资料在发布和传递过程中，可能因为某些原因已被人为修饰过。

4. 其他途径

除了上述三种比较常用的获取客户资料的渠道外，创业咨询师还可以通过向供应商、分销商、消费者询问等方式获得客户的相关资料。采取这些渠道可以从侧面反映客户的一些情况，但其存在的一个问题就是成本往往比较高，因此，创业咨询师在分析是否选用这些途径的时候要认真分析其必要性。

四、客户满意度调查问卷

客户满意度调查问卷是咨询服务评估中的常用工具。客户满意反映的是客户的一种心理状态，通过客户对产品或服务的心理感知与期望比较形成。因此客户满意度调查问卷可以很好地从客户角度分析咨询服务的质量。

设计客户满意度调查问卷关键是建立客户满意度指标体系。建立测量客户满意度的指标体系应当从客户的期望和客户对服务的满意度两个方面入手。

1. 建立满意度评估指标体系的原则

建立客户满意度评估指标体系，必须遵循以下几条原则：

（1）所选择的指标体系必须是客户认为重要的

根据客户需求确定评估指标体系是建立客户满意度指标体系的最基本要求，创业咨询师在选择客户满意度指标体系时要准确把握客户的需求，选择客户认为重要的指标。

（2）评估指标必须是可测量的

客户满意度评估的结果通常是一个量化的值，因此建立的客户满意度指标体系必须是可以进行统计、计算和分析的。

（3）考虑竞争者的满意度指标体系

建立客户满意度评估指标体系还应当考虑到与竞争者的满意度指标体系进行比较。

2. 建立满意度评估指标体系

类似于服务质量满意度指标体系，客户满意度指标体系是一个多层次的结构。在这里，将客户满意度体系分为三个层次：第一层次，顾客满意度指数是总的评估目标。客户期望、客户对服务的感知、客户满意度、客户抱怨为第二层次。根据具体咨询项目的情况，将第二层次的指标进行细化，分解为更具体的指标，即为第三层次。在实际客户满意度评估中，第三层次的指标通常表现在满意度调查问卷上，见表 6—2。

表 6—2　　第三层次的指标在满意度调查问卷上的表现

第一层次指标	第二层次指标	第三层次指标
顾客满意度指数	客户期望	对咨询服务的总体期望
		对咨询服务满足客户需求程度的期望
		对咨询服务连续性的期望
	客户对服务的感知	对咨询服务质量的总体评价
		对咨询服务满足需求程度的评价
		对咨询服务连续性的预期的评价
	客户满意度	总体满意度
		感知与期望的比较
	客户抱怨	客户抱怨
		客户投诉情况
		客户对投诉回复的评价

客户满意度指标体系的建立，主要是第三层次指标的确立。

将客户满意度的评估指标体系汇总，则可以得出客户满意度问卷。下例是某创业咨询服务机构的客户满意度评估问卷，其中每一项评估内容都已将其列为评估指标的汇总科目。

例：某创业咨询服务机构客户满意度调查问卷

尊敬的客户：

您好！我机构为了不断提高对您咨询服务的质量，特进行满意度调查，劳驾您回答下列问题，见下表。您的任何意见将成为我机构的宝贵财富，并将成为我们改进服务的依据。谢谢您的支持！

1. 对创业咨询师的满意度	很满意	满意	一般	不满意	非常不满意
1.1　相关专业知识					
1.2　沟通能力					
1.3　对您的需求的理解能力					
1.4　服务的及时性					
1.5　服务的有效性					
2. 对服务的满意度					
2.1　对服务方案的满意度					
2.2　对方案执行过程的满意度					
2.3　对服务结果的满意度					
2.4　对服务收费的满意度					
3. 您对抱怨处理的满意度					
3.1　处理的速度					
3.2　服务人员的态度					
3.3　处理的质量					
4. 整体满意度					
4.1　您对××机构的总体满意度是多少					
4.2　与其他创业咨询服务机构相比，您对××机构创业咨询师的满意度是多少					
4.3　与其他创业咨询服务机构相比，您对××机构服务的满意度是多少					
5. 您认为××机构在哪些方面需要改进？					

您所在的公司名称：

您所在的部门：

您的所有回答，我们都将为您保密！谢谢您的合作！

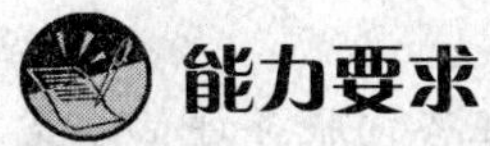

能力要求

评估咨询服务案例

评估咨询服务的工作步骤主要包括：拟订咨询服务评估方案，建立咨询服务评估指标体系，收集咨询服务评估信息，分析服务质量，分析客户效益，撰写咨询服务评估报告。下面结合案例说明咨询服务评估的工作步骤。

C 公司是新创业的制造企业，由于其产品深受市场的欢迎，销售量在创立之初便创下了连续 3 个季度销量翻番的良好业绩。但随着销量的提高，C 公司发现销售部门出现了较多的问题。于是 C 公司聘请 T 创业咨询服务机构作为顾问，协助其对销售部门进行全方位的改进。经过近一年的合作，T 创业咨询服务机构已经基本完成了先前咨询服务协议确定的全部工作内容。按照 T 创业咨询服务机构的规定，在创业咨询师撤出客户之前，要对整个咨询服务进行评估。现在，T 创业咨询服务机构派业务经理李某主持此次咨询服务的评估工作。

李某找到此次咨询服务的项目负责人王某，向其询问了服务的一些情况。按照老规矩，李某希望王某从项目组中选出几名创业咨询师参与服务评估，以随时解答有关咨询服务的问题。随后，李某向机构申请调用几名现在没有咨询任务的人员参与评估。这样咨询服务评估小组的所有人员便都确定下来，下面是咨询服务评估小组的工作步骤：

1. 拟订咨询服务评估方案

评估小组的所有人员共同对本次咨询服务评估展开了讨论，参与咨询服务项目的人员首先介绍了客户的基本情况、咨询服务的大体情况，并对其他人员提出的问题作了详细解答。根据 T 创业咨询服务机构的计划，咨询服务评估主要针对咨询服务质量和客户的效益进行调查、评估。评估小组在拟订的咨询服务评估方案中确立如下事项：

（1）评估方法

因为本次咨询服务评估主要针对咨询服务质量和客户效益，评估小组认为只要获得创业咨询师开展工作的有关资料，结合对客户员工的问卷调查，就可以实现对咨询服务质量的评价。获得 C 公司的财务和企业运行状况的数据，加以计算分析，再辅之以对 C 公司运行的观察，便可以对 T 创业咨询服务机构对 C 公司的效益的贡献作出评价。

（2）评估过程的控制

为了保证评估工作的顺利进行，提高评估质量，评估小组在咨询服务评估方案中约定了一系列规定，以对整个评估过程进行控制。主要包括每个阶段工作的起止时间，评估资料的提交要求，问卷的发放和收集的要求，问卷处理的要求等。

（3）问卷调查的对象

问卷调查的对象主要是C公司销售部门的员工。另外，评估小组还计划抽取C公司的部分客户进行简短的电话访问，但此项工作在评估方案中未确定下来，需要得到机构和C公司的同意。

（4）问卷分析

收集回来的问卷将统一交给有问卷分析经验的刘某。刘某将按照评估方案的要求和T创业咨询服务机构问卷分析方法对此次评估问卷进行最终分析，分析结果要在限定期限内交给评估小组。

2. 建立咨询服务评估指标体系

评估小组认为咨询服务人员的工作态度、工作能力和咨询服务中的行为将直接影响到咨询服务的效果，因此评估咨询服务质量可以以这三个方面作为服务质量评估的三个大指标，然后分解成几个具体的行为，据此编制问卷就可以实现对服务质量的评估。下面是评估小组服务质量评估指标：

第一层次指标	第二层次指标
创业咨询师的工作态度	对客户咨询的耐心程度
	工作的积极程度
	与其他创业咨询师的合作
创业咨询师的工作能力	对客户问题的解答情况
	对咨询过程中问题的分析情况
	咨询服务中新知识的掌握情况
	对咨询服务目标的理解能力
创业咨询师的工作行为	与客户人员的沟通情况
	与客户的关系
	对客户抱怨的处理情况

评估小组邀请C公司的人员参加了经济效益指标体系的建立。双方在确立过程中所采用的方法就是将确立的咨询服务目标分解，通过分解出的指标来综合反映上一层的情况。下面是双方所确立的销售部门的效益评价的一部分。

（1）收入变动分析

选用的指标：

6—11 月的销售收入，上年同期的销售收入，行业同期销售收入的变动百分比。

评价方法：

销售收入变动百分率＝（本年 6－11 月销售收入－上年同期的销售收入）÷上年同期的销售收入。

将本期销售收入变动百分率与行业同期销售收入变动百分率进行比较，如果前者高于后者，则说明 C 公司的销售状况有所改善，而且差值越大，则销售收入的改善越明显。

（2）销售成本分析

选用的指标：

内部产品转移价格，销售辅助费用。

评价方法：

内部产品转移价格是由 C 公司内部的生产和销售两部分人员确定的。

销售成本＝内部产品转移价格×销售量＋销售辅助费用，销售辅助费用是完成销售任务所发生的所有必需费用。

将本期销售成本与上年同期的销售成本进行比较，将本期销售辅助费用与上年同期的销售辅助费用进行比较，分析前后两期销售成本和销售辅助费用的变化。

（3）应收账款分析

选用的指标：

应收账款月平均持有额，坏账金额，信用授权额度。

评价方法：

应收账款月平均持有额＝$\sum$（各月应收账款平均持有额）÷6

坏账金额＝各笔应收账款可能发生的坏账的金额之和

比较本期和去年同期应收账款月平均持有额、坏账金额、授权信用额度。分析前后各期是否因为销售收入增加而导致信用放松。

（4）运行效率分析

选用的指标：

从订单接收到提交给仓库的时间，从收到订单到组织生产的时间。

评价方法：

创业咨询师随机抽取订单，跟踪订单的处理，计算从接收订单到最终生产和发货的时间。计算订单在每个岗位或人员处停留的时间。停留的时间越长，则认为效率越低。

3. 收集咨询服务评估信息

收集资料是依据各项指标的要求来确定的。创业咨询师在收集资料过程中通常采用调用资料、外部资料分析、调查问卷三种方法。同时应C公司的要求，创业咨询师对收集到的资料要承担保密责任，除经过允许外，不得将获得的资料作为他用。以下是收集评估咨询服务资料的方法。

(1) 调用资料

为评估创业咨询师的服务行为，评估小组找到负责咨询项目的王某，希望他能提供本次咨询服务的尽可能多的书面资料。在征得了公司方面的同意后，双方同意可以由评估成员查阅咨询服务的书面资料。

评估销售部门效益时需要调用会计部门的记录，王某向C公司方面表示，“这些资料涉及贵公司的商业机密，我们不便查阅，希望会计部门将评估所需要的数据汇总告知，希望会计主管能够对所提供的数据的准确性提供承诺。”

(2) 外部资料分析

外部资料分析主要由创业咨询师来完成。为了更快、更省地完成这项工作，咨询项目组负责人王某向创业咨询服务机构市场研究部门提请协助，这样对于诸如市场发展状况和C公司的客户信用情况的资料，便可以比较容易获得。

(3) 调查问卷

评估小组根据咨询服务质量评估指标体系编制了服务质量调查问卷，评估人员在评估过程中会适时将问卷发放给C公司销售部门的员工回答。

创业咨询师获取了C公司销售人员的订单处理流程，即接收订单——→批准赊销信用——→发货。按照事先规定，创业咨询师在测算订单处理时间时，要填制调查表，记录各处理过程所用时间。下面是咨询小组在测算过程中所采用的表格。

流程	工作内容	起止时间
接收订单	接收客户订单，检查库存情况，库存允许则生成销售订单	起始时间：接收客户订单 结束时间：生成销售订单
批准赊销信用	销售经理核查客户的信用额度，在信用额度内则发出同意销售指令；如果超过销售信用额度，则向上级申请，确定是否销售	起始时间：接收销售订单 结束时间：开出发货凭证
发货	会计部门开出销售发票，发票与发货凭证共同提交给仓库，由库存管理部门核查凭证是否充分，确定是否发货	起始时间：会计部门接收发货凭证 结束时间：发出货物

在收集评估资料的过程中，评估小组还对各成员的工作提出了几点要求，包括：

(1) 每个成员要在5个工作日内完成所分配的任务，并整理和提交每日的调查问卷和访谈报告；

(2) 评估人员在进行问卷调查和访谈时要争得客户同意，不能妨碍其日常工作；

(3) 负责问卷回收工作的人员要对各个部门的问卷回收情况做详细记录，对于回收数量不符合要求或问卷质量低的部门，要与其领导协商确认是否重新调查。

(4) 与C公司有关的涉及商业秘密的资料，未经允许不得带离指定地点。

4. 分析服务质量

分析服务质量的人员首先对问卷质量进行评价，剔除质量不符合要求的问卷。

分析人员首先要将问卷的回答数量化，根据常规做法将“非常满意”确定为5分，“满意”为4分，“一般”为3分，“不满意”为2分，“非常不满意”为1分。经过这一步处理后，分析人员从两个方面对问卷进行分析：将问卷结果输入数据分析软件，检验问卷的信度和效度；计算每一部分的评分，评价咨询服务各部分的服务满意度。

咨询小组的资料不能随便调出，李某决定请几位有经验的创业咨询师查阅咨询小组的工作资料。他们在查阅过程中要现场做好记录，并对当天查阅的情况进行初步评价。在形成了最终的评价意见后，李某将意见传达给咨询负责人王某，听取他对该评估结果的看法。对于不同的意见，咨询小组要做出解释，评估人员可以重新查阅资料，进行评价。

5. 分析客户效益

参与评估的人员边收集资料边实施评价。咨询小组首先找了几名熟悉会计知识的人员计算各个评估指标。指标计算完，将各个指标填入咨询小组制定的数据表格中，交给王某和C公司代表。至此，评估的基础工作已经完成，创业咨询师接下来的工作就是从整体上对C公司的效益进行评价。为了提高评价质量，王某想决定组织几名有经验的咨询师进行此项工作，为此他向T机构提交申请，另外调来三名有经验的咨询师。

咨询师所进行的效益评估遵循由点到面的原则，即先就各个指标所反映的问题进行评述，然后将各部门的指标综合起来，分析该部门的运行情况，最后将各部门的运行情况综合起来，评价客户的效益。评价任何一个方面都是主要通过与C公司去年同期情况比较完成的。

销售收入（万元）			
2004 年 6 月	960	2003 年 6 月	802
2004 年 7 月	1 020	2003 年 7 月	850
2004 年 8 月	980	2003 年 8 月	820
2004 年 9 月	1 102	2003 年 9 月	866
2004 年 10 月	1 202	2003 年 10 月	920
2004 年 11 月	1 120	2003 年 11 月	892

销售成本（万元）

	转移成本	辅助费用		转移成本	辅助费用
2004 年 6 月	720	32	2003 年 6 月	682	37
2004 年 7 月	760	36	2003 年 7 月	702	41
2004 年 8 月	710	34	2003 年 8 月	692	40
2004 年 9 月	786	35	2003 年 9 月	710	39
2004 年 10 月	835	40	2003 年 10 月	726	45
2004 年 11 月	792	38	2003 年 11 月	718	42

应收账款与坏账（万元）

	应收账款	坏账		应收账款	坏账
2004 年 6 月	102.6	2.1	2003 年 6 月	120.8	2.8
2004 年 7 月	110.8	1.8	2003 年 7 月	128.6	3.2
2004 年 8 月	98.0	1.5	2003 年 8 月	110.2	2.8
2004 年 9 月	103.5	1.9	2003 年 9 月	122.8	3.8
2004 年 10 月	112.2	2.6	2003 年 10 月	136.0	4.0
2004 年 11 月	105.6	2.2	2003 年 11 月	130.8	3.2

6—11 月份销售收入变动百分比＝［（960＋1 020＋980＋1 102＋1 202＋1 120）－（802＋850＋820＋866＋920＋892）］/（802＋850＋820＋866＋920＋892）＝（6 384－5 150）/5 150＝23.96％

行业 6—11 月份销售收入增长 15％，C 公司销售收入增长高于行业平均水平。

2004 年 6—11 月份销售费用＝720＋32＋760＋36＋710＋34＋786＋35＋835＋40＋792＋38＝4 818（万元）

2004 年 6—11 月份销售辅助费用＝32＋36＋34＋35＋40＋38＝215（万元）

2003 年 6—11 月份销售费用＝682＋37＋702＋41＋692＋40＋710＋39＋726＋45＋718＋42＝4 474（万元）

2003 年 6—11 月份销售辅助费用＝37＋41＋40＋39＋45＋42＝244（万元）

6—11 月份销售费用变动百分比＝（4 818－4 474）/4 474＝7.69％

6—11 月份销售辅助费用变动百分比＝（215－244）/244＝－11.89％

6—11 月份销售费用仅增长 7.69％，远低于销售收入增长；销售辅助费用降低了 11.89％。

2004 年 6—11 月份应收账款平均持有额＝（102.6＋110.8＋98＋103.5＋112.2＋105.6）/6＝105.45（万元）

2003 年 6—11 月份应收账款平均持有额＝（120.8＋128.6＋110.2＋122.8＋136＋130.8）/6＝124.87（万元）

2004 年 6—11 月份坏账总额＝2.1＋1.8＋1.5＋1.9＋2.6＋2.2＝12.1（万元）

2003 年 6—11 月份坏账总额＝2.8＋3.2＋2.8＋3.8＋4.0＋3.2＝19.8（万元）

6—11 月份应收账款持有额下降百分比＝（105.45－124.87）/124.87＝－15.55％

6—11 月份坏账减少了＝19.8－12.1＝7.7（万元）

6—11 月份应收账款下降 15.55％，低于销售收入增长百分比，说明在销售收入增长同时，应收账款也得到了控制。

6. 撰写咨询服务评估报告

在总结上述评估结果后，评估小组集体对各部分的评估结果进行了讨论，听取了有关人员对各部分的意见。在对各部分评估结果形成最终意见后，评估小组开始依此为依据，撰写咨询服务评估报告。

学习单元 2　编写服务效果评估报告

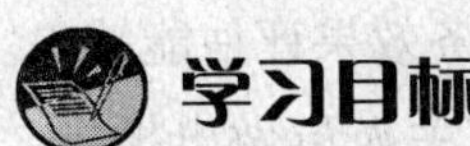

学习目标

- 掌握服务效果评估报告的构成要素。
- 掌握服务效果评估报告的编写格式。
- 掌握服务效果评估报告的表述要求。

知识要求

一、服务效果评估报告的构成要素

服务效果评估报告是对咨询服务的结果进行评估，确定咨询服务目标的实现情况，并为咨询服务提出改进建议的书面资料。服务效果评估报告是在服务质量评估、客户满意度评估和客户实施解决方案所获得的收益的评估的基础上编制的，因此本节中前三项评估是生成服务效果评估报告的基础，评估工作质量的好坏也将影响到服务效果评估报告的水平高低。

不同的咨询项目、咨询内容，服务效果评估报告的构成要素也存在差别，一般来说，大多数服务效果评估报告包括以下五个要素：

1. 咨询服务的目标

服务效果评估报告首先要明确咨询服务的目标。明确咨询服务的目标可为服务效果评估提供一个比较标准，也是选择服务效果评估方法和工具的重要依据。

在咨询服务效果评估中，咨询服务的目标通常比较容易确认。创业咨询师可以通过以下途径获得咨询服务目标的内容：咨询协议中通常会规定咨询服务的目标；与客户讨论过程中可以获得客户期望的咨询服务效果；在咨询诊断过程中形成的目标规划，并得到客户的赞同。

2. 咨询服务的评估方法和工具

咨询服务效果评估的方法和工具一定要与评估的目的、咨询服务的目标、咨询服务的实际情况相衔接，所选择的评估方法和工具要体现可行性、科学性、客观性。

咨询服务的评估方法和工具主要包括问卷调查、访谈、观察，这些方法和工具在三级教材中已经做出说明，这里不再详述。另外，如果咨询服务效果评估能够得到客户的鼎力支持，咨询服务的评估过程中还可以要求客户的有关人员做出报告，但要提醒创业咨询师，即使利用了客户有关人员的报告，创业咨询师仍然要进行适当调查，以确认报告的准确性。

3. 咨询服务目标的实现情况

通过一系列评估方法和工具，创业咨询师将获得的情况与咨询服务的目标进行比较便可以获得咨询服务目标的实现情况。

说明咨询服务目标的实现情况时，要逐项说明各个目标的实现情况。为了说明咨询服务目标的实现情况，创业咨询师在服务评估报告中需要说明提供咨询服务之前的情况、数据等，通过比较说明客户绩效的改善情况。

在咨询服务报告中，咨询服务人员也可以简要说明开展咨询服务所采取的主要工作内容，因为评估咨询服务时，咨询服务所采取的工作本身也应当作为一项重要的评估内容。通过提供所采取的主要工作内容，即使在报告中未对该工作内容做出评价，咨询服务评估报告的使用者也可以自行对咨询服务的工作做出评价。处理这部分内容时，报告撰写者可以全部在咨询服务实现情况中说明工作内容，也可以在实现情况部分简要说明，详细的工作内容作为附件。

4. 改进建议

改进建议是咨询服务效果评估报告必须说明的部分。服务效果评估的目的不只是为评价创业咨询师的工作情况，更是为发现咨询服务中的问题，改善咨询服务，这一点在长期咨询服务中尤其重要。

服务报告撰写者可以从两个方面提出改进建议：针对咨询服务中存在的问题或未实现的目标，提出补充性方案；发掘新的具有创新性的建议。当然后者在许多方面可能存在较大的风险，所以更多的改进建议是以前者为目的提出的。

5. 附件

咨询服务效果评估报告的其他内容可以以附件形式附在服务评估报告的后面，以待备查。具体哪些资料可以作为附件是由各咨询服务项目的具体情况和服务评估报告的需要决定的。

二、服务效果评估报告的格式规范

每个咨询公司对于服务效果评估报告均有相应的格式规范要求，创业咨询师在撰写咨询服务效果评估报告时应认真阅读相关要求，按照要求调整页面布局。本章仅提供服务效果评估报告的各构成要素所应涉及的内容，页面布局则要根据工作中的实际要求来调整（见表6—3）。

三、服务效果评估报告的表述要求

在本学习单元中，服务效果评估报告表述要求分为两个部分：内容要求；行文要求，即对书面布局的要求。

1. 内容要求

内容要求是针对在表述时要注意的问题，分为评估目标、评估的方法和工具、服务目标的实现情况、改进建议四个方面。

（1）评估目标

表 6—3　　服务效果评估报告的格式规范

评估报告书封面	1. 表明咨询服务效果评估报告 2. 咨询项目名称 3. 咨询项目服务负责人姓名 4. 服务评估报告日期
评估报告书扉页	1. 咨询服务项目委托人 2. 咨询服务的起止日期 3. 咨询公司签章 4. 项目委托人签章 5. 创业咨询师：姓名、职业资格、咨询服务中承担的工作
咨询服务目标	必要时对各目标作简单说明
咨询服务的评估方法和工具	1. 说明创业咨询服务所选择的评估方法和工具 2. 利用该评估方法和工具时所开展的工作内容说明
咨询服务目标的实现情况	1. 各目标的实现情况 2. 对服务目标实现情况的复审 3. 复审人员签字
改进建议	1. 改进建议 2. 说明各建议的实施方案
附件	1. 附件目录 2. 各附件的复印件及有关人员的签字

表述评估目标时一定要体现以客户为中心的思想，表述的内容要与咨询服务协议的表述相一致。服务效果评估报告中列出的评估目标应当是得到客户肯定的。

（2）评估的方法和工具

在说明评估的方法和工具时，要尽量简要说明评估的过程。对选用的方法和工具，在实现时要对其有效性进行评价，收集完资料，在分析之前还要对其根据实施情况再评价一次。两次的评估结果都要说明。

（3）服务目标的实现情况

服务目标的实现情况要根据评估的目标逐项进行分析。对任何一项目标完成情况的判断都要有充分的数据和资料证实，得出的结论要与资料显示的相一致。在说明时要尽量避免使用“我们认为”等表明创业咨询师判断的词语，这可能影响到服务评估报告的可信度。

（4）改进建议

改进建议要有针对点，尤其注意不能以一种不负责任的态度随便提出几条改进建议。创业咨询师在提出改进建议时，可以提供支持性的证据说明该建议的可行性。

2. 行文要求

行文要求是对书面布局的要求。以下三点应特别注意：

（1）层次清晰，逻辑清楚

对一些较复杂的论点要尽量层层展开，在书写时要让读者很容易了解各层次。而且，书写时也要按照一定的逻辑展开，让人读完会自然得出后面的结论。

（2）书面格式符合要求

撰写服务评估报告时不要添加标注，不要将服务报告写成论述的格式。组织语句时也要尽量使用短句，保持语言的简洁、易懂。

（3）排版要规范

服务评估报告的排版要遵照一定的规范，不宜过于花哨。创业咨询师在排版时最应避免排版混乱，格式自始至终不统一。

服务效果评估报告范例

服务效果评估报告是创业咨询师在咨询服务评估工作结束后完成的书面报告，具体格式在前文已有论述。下面是某咨询公司的一份咨询服务效果评估报告：

咨询服务评估报告

咨询项目名称：C 公司生产—销售流程改进咨询

咨询服务评估负责人：王××　李××

咨询服务评估日期：200×年 6 月

T 创业咨询服务机构

咨询服务项目委托人：C公司

咨询服务起止时间：200×年9月—200×年6月

咨询公司签章：

项目委托人签章：

创业咨询师：刘××、赵××、马××、王××、李××

一、咨询服务要求

我们的咨询服务目标是根据咨询服务合同（编号000××）和C公司方面的补充要求确定的，详细的咨询服务目标已经得到C公司和T创业咨询服务机构的认可。T创业咨询服务机构在咨询服务中要协助C公司实现以下目标：

1. T创业咨询服务机构协助C公司完成生产—销售流程的工作流程图，T创业咨询服务机构要按要求提供其他创业咨询师对新工作流程的评估报告。

2. T创业咨询服务机构向C公司提供必需的员工培训，培训课程需要得到C公司的认可。

3. T创业咨询服务机构协助C公司完成新工作流程制度的制定。

4. 新生产—销售流程要达到一系列指标要求（详见附件1）。

5. T创业咨询服务机构要在新流程运行6个月后完成最新流程的评估工作，达到合同要求方可申请结束咨询。

二、咨询服务的评估方法

咨询服务的评估内容包括服务质量和客户效益两个方面，该评估内容得到C公司的认可。针对不同的评估内容，我们采取了适当的评估方法。

1. 评估服务质量

在评估创业咨询师的服务质量时，我们主要关注创业咨询师的工作态度、工作能力和工作行为三个方面。为此我们采取问卷的方式。问卷是由王××编制，在问卷前的测试显示，问卷对测定创业咨询师的服务质量具有较高的可信度。问卷由专人负责发放和回收，整个问卷调查的过程得到了有效的控制。因此，我们相信创业咨询师服务调查问卷为我们评估咨询服务质量提供了有力的依据。

2. 客户效益

评估客户的效益，我们关注有形效益和无形效益两个方面。根据不同的评估对象，我们采取了不同的评估方法。

评估C公司的有形效益时，我们采取了T创业咨询服务机构现有的收益评估指标体系，并得到了C公司会计部门的支持，他们向我们提供了C公司去年和本年的企业财务数据。我们聘请了熟悉财务知识的专家对C公司的财务状况和运行状况进行了数据计算、评价，生成的分析报告见附件2。为了分析C公司新的生产—销售流程的运行状况，我们派专人定点观察销售订单的处理流程和生产入库流程，并将各步骤的运行时间详细记录在册。

评估C公司的无形效益时，我们主要采取了观察和访谈的方式。在观察和访谈过程中，我们关注于C公司员工的工作态度和工作满意度、C公司客户对新服务流程的态度。在取得C公司的同意和支持后，我们对部分员工进行了问卷调查和简短访谈，问题已经提前确定。另外，我们通过电话、邮件等方式和C公司客户进行了简短沟通，获取他们对C公司新服务流程的评价。在此期间，我们和C公司共同组织了对新流程的考试，所有C公司的有关管理人员和重要岗位的员工都参加了考试。

我们相信我们所采取的评估方法和评估流程，为我们取得评估资料，作出评估结论提供了有力的支持。

三、咨询服务目标的实现情况

为了达成咨询服务的目标，我们实施了以下策略和工作，结果证明这些策略和工作都积极地推进了咨询服务目标的实现：

1. C公司的单位产品生产时间平均缩短20%，抽样的产品次品率也出现明显的下降。

2. C公司库存水平较以前下降约20%，缺货率下降30%。调查显示分销商的满意度得到较大提高。

3. 订单处理时间缩短15%，订单处理步骤减少3步，处理准确性也有所提高。

4. 按照与C公司生产部门的测算，8月份将完成的生产设备改造将使生产能力提高20%，而初步估计，新流程可以承受生产能力提高30%。

5. C公司新建立的连接生产、销售、库存的计算机网络近6个月运行稳定，未出现数据错误和连接问题。

6. 通过观察C公司生产—销售流程处理时间，数据显示C公司的生产—销售流程处理速度明显加快，处理时间减少了30%。

7. 在C公司新工作流程的考试中，C公司所有参加考试的人员都通过了考试，可以初步断定C公司的有关人员已经基本熟悉了新工作流程。

8. C公司新工作流程制度已经全面建立起来，新制度已经经过员工匿名评价，评价显示，新制度为员工广泛接受。

上述数据已经得到C公司的认可，通过对这些数据的综合分析，我们有理由认为此次咨询服务的目标已基本实现。

另外根据T创业咨询服务机构的要求，我们评估了创业咨询师的服务质量，问卷调查显示，C公司对创业咨询师的工作给予了充分肯定，认为T创业咨询服务机构的创业咨询师在咨询服务过程中保持了较高的执业操守，体现了较高的工作能力，并且与客户保持了良好的合作关系。

审核人员：马××

四、改进建议

经过咨询服务评估，我们认为虽然各目标已经基本实现，但在C公司的生产—销售流程中仍有部分工作可以继续改进。这些可改进的工作内容包括：

1. 将企业的销售部门和生产部门彻底分开，完善公司内部生产各步骤的成本核算。

2. 公司销售人员的奖励体系需要改进。

3. C公司需建立销售预测机制，鼓励客户存货调节销售。

五、附件内容

1. 咨询服务合同

2. 服务质量评估问卷

3. C公司财务及运行状况分析报告

4. C公司员工和客户调查分析总结

5. T创业咨询服务机构服务质量问卷分析结果

第 2 节　提供后续服务

学习单元 1　结束咨询服务

学习目标

- 掌握结束咨询服务的时间。
- 掌握咨询服务最终报告的格式和要求。
- 能够提交最终报告。

知识要求

一、结束咨询服务的时间

结束咨询服务是咨询服务的最后一个阶段。在每项咨询服务中，当咨询服务的任务或目的实现后，或者客户不再需要创业咨询师时，创业咨询师应当考虑结束咨询项目。

结束咨询服务的时间通常难以确定，而且结束咨询服务涉及较多工作和协调内容，因此往往需要客户与创业咨询师协商确定。但创业咨询师应当具有判断结束咨询服务的基本判断标准，并在合理的时候向客户提出结束咨询服务的建议。下面是创业咨询师在判断结束咨询服务的时间时应当考虑的几个因素：

1. 咨询服务目的的实现情况

咨询服务目的的实现情况是创业咨询师考虑结束咨询时首先要考虑的因素。在分析这一因素时，创业咨询师必须秉着为客户负责的态度，客观、全面地评价咨询服务目的的实现情况。咨询服务目的的实现情况主要包括两种：已按要求实现了咨询服务的目的；预期无法实现咨询服务的目的。

（1）已按要求实现了咨询服务的目的

当创业咨询师或客户通过评估、验收确认咨询服务的目的已经实现，创业咨询师应和客户协商确认咨询服务结束的时间。

（2）预期无法实现咨询服务的目的

预期无法实现咨询服务的目的侧重创业咨询师自身因素对咨询服务的影响。创业咨询师在咨询服务的过程中发现因为自身的因素导致无法实现咨询服务的目的，例如创业咨询师急于另一项咨询项目或者其无法胜任现在的工作，则应当与客户及时沟通，协商确定解决办法。此时，客户可能根据咨询服务的协议规定解除咨询服务项目合同，则合同解除的日期即为咨询服务的结束日期。

2. 客户对咨询服务的需求情况

客户对咨询服务的需求情况与咨询服务目的的实现情况相互联系，当咨询服务的目的实现时，往往意味着客户对咨询服务的需求减少，甚至不再需要创业咨询师的服务。当客户对咨询服务没有需求的时候，咨询服务将宣告结束，创业咨询师应当提前准备咨询服务结束的有关事项。

有一点应提醒创业咨询师注意，创业咨询师应当意识到，客户可能无法确定结束咨询服务项目的时间，尤其是创业咨询师为客户绩效的改进作出了明显贡献，或者在咨询服务过程中参与了较多决策，使得客户逐渐形成了对创业咨询师的依赖，在很多情况下会寻求创业咨询师的帮助。在这种情况下，创业咨询师应当慎重考虑，客观评价咨询服务继续存在的必要性，毕竟创业咨询师在大多数情况下是客户的临时帮手，而不是客户的永久合伙人。

3. 继续开展咨询服务的可行性

分析开展咨询服务的可行性着重于分析客观因素或客户的因素对咨询服务的继续开展所造成的影响。如果创业咨询师分析、讨论认为一些客观因素已经导致咨询服务无法继续进行，创业咨询师应当向客户提议采取必要的措施保证咨询服务的顺利进行，或者考虑结束咨询服务。下列各项可能是创业咨询师在咨询服务中遇到的影响咨询服务可行性的因素：

（1）客户提供的预算不足以完成咨询服务的目的。

（2）咨询服务的目标不明确，在提供咨询服务的过程中发现了新问题。

（3）咨询服务的内容过于复杂，客户执行的可能性较小。

（4）外部环境发生变化，现有的咨询服务会适得其反。

4. 咨询服务协议的规定

当咨询服务的周期较长时，客户与创业咨询师会在咨询服务协议中增加咨询服务的时间规定，协议规定的时间即为咨询服务结束的时间。在这种情况下，创业咨询师应当在咨询服务结束前的一段时间提醒客户咨询服务将到期，建议其延长咨询服务的时间或寻找其他创业咨询师接替其工作。

二、咨询服务结束的工作内容

咨询服务结束工作主要是向客户移交服务成果或工作，最终是要为创业咨询师撤出客户做准备。

1. 组织有关人员进行咨询服务成果验收

咨询服务成果验收是确认咨询服务的任务或目的是否已经实现，评价咨询服务的成果，并需生成咨询服务的验收报告的一系列活动。咨询服务成果验收报告与创业咨询师的咨询报告是不同的，咨询服务成果验收报告是针对服务的成果所作的客观评价，通常是由创业咨询师和客户，或者聘请专业第三方来完成的。咨询报告则是由创业咨询师根据咨询服务的情况所完成的一种总结性报告。

咨询服务结束时的服务成果验收首先应做好确认验收时间、验收人员、验收依据等前期准备工作。具体的验收工作流程如图 6—2 所示。

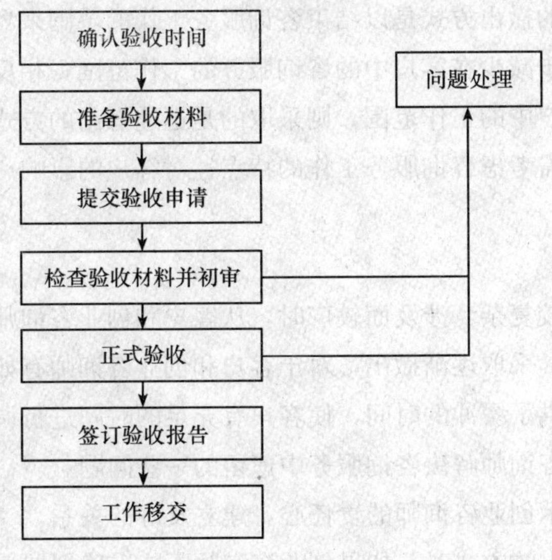

图 6—2　验收工作流程

2. 与客户办理有关事项的交接

当咨询服务成果验收合格后，创业咨询师便应当开始撤出客户。但是在许多咨询服务中，创业咨询师在客户中也承担了某些职能，因此在撤出客户之前，创业咨询师必须提前向客户说明撤出的时间，并要求其在创业咨询师撤出之前派有关人员完成有关工作的移交。顺利完成工作移交是一项成功咨询服务的必要组成部分，也是创业咨询师对客户负责的一种表现。

办理工作移交时需要完成的几项工作内容包括确定移交的时间，编制移交工作清单，提交工作移交报告，撤出。有些时候，创业咨询师在移交工作后，客户会希望创业咨询师在必要时对该工作提供必要的咨询，一般情况下，创业咨询师应当同意。

3. 编制咨询服务总结报告

咨询服务总结报告是创业咨询师在对某一个客户提供咨询服务后，向创业咨询服务机构提交的关于咨询服务情况的书面资料。咨询服务总结报告是对整个咨询项目的一个总结式的书面资料，它不同于诊断报告和咨询方案报告，编制咨询服务总结报告应在提供咨询服务后，对咨询服务的执行情况和执行结果进行总结式的评述，并对咨询服务中存在的问题提出改进建议。具体的咨询服务总结报告的编制要求将在后面的内容中说明。

三、结束咨询服务的撤出方式

结束咨询服务的撤出方式是以结束咨询服务工作的范围来划分。逐渐撤出的方式是创业咨询师逐步减少在客户中的咨询服务的工作范围；相反，当创业咨询师短期内迅速减少在客户中的工作范围，则采取的是迅速撤出的方式。创业咨询师在选择撤出方式的时候需考虑咨询服务工作的特点、对客户的影响、与客户的关系等因素。

1. 逐渐撤出

当咨询项目比较复杂，涉及面较广时，从客户和创业咨询师的角度来看，逐渐撤出是最好的选择。采取逐渐撤出，对于客户和创业咨询师有如下好处：

（1）为客户提供了缓冲的时间，使客户有充足的时间进行调整。

（2）便于创业咨询师解决咨询服务中遗留的一些问题。

（3）向客户展示创业咨询师的责任心，建立友好的关系。

但采取逐渐撤出的方式时，如果创业咨询师不能准确把握最终撤出的时间，往往造成咨询停留的时间超出客户的需求。另外，创业咨询师可能陷入客户的其他问题的“旋涡”之中，导致创业咨询师与客户纠缠不清。

2. 迅速撤出

当咨询项目较简单时，创业咨询师可以在咨询服务结束时迅速撤出。采取迅速撤出，对创业咨询师和客户有如下好处：

（1）有利于客户减少对创业咨询师的依赖，更多承担自行决策。

（2）创业咨询师可以较快地从以前的咨询项目中抽身，开始新的咨询服务。

（3）防止创业咨询师因长时间停留而陷入客户的其他问题中。

创业咨询师在采取迅速撤出时，必须注意迅速撤出可能对咨询服务效果产生不利影响。而且，如果创业咨询师在咨询服务中参与了较多的决策，迅速撤出还可能对客户造成不利的冲击，进而影响与客户的关系。

四、结束咨询服务时应注意的问题

结束咨询是整个咨询服务的重要组成部分。但在实践中，一些创业咨询师往往忽略结束咨询的重要性，认为咨询服务马上就要结束了，于是在结束咨询服务的过程中从思想上就产生了懈怠。下面是创业咨询师在结束咨询时应当注意的问题：

1. 结束咨询服务应体现专业性

咨询服务具有很强的专业性，在咨询服务过程中，仅以专业的方式提供咨询服务是不够的，结束咨询也应当体现专业性。创业咨询师在选择结束咨询的时间和方式，以及其他约定时，都应使客户与创业咨询师都满意。咨询公司为了保证结束咨询服务也能体现良好的专业性，可以在咨询服务的业务流程中规定结束咨询服务所必需的工作内容，严格规定创业咨询师与客户的协商沟通。

2. 结束咨询服务时要注意与客户保持良好的关系

有些创业咨询师认为咨询项目结束了，以后便与客户没有什么联系，于是可能采取一些导致客户不满意的行为，例如对某些事项自作主张，未与客户进行必要的协商，或者急于结束咨询工作，而草草了结一些事项。

如果咨询服务在一种不友好或混乱的气氛下结束，可能导致客户对咨询服务产生怀疑，这将影响客户继续执行咨询服务的积极性，以及客户以后继续向该公司咨询的可能性。理想的咨询状态应当是双方都满意，客户确信获得了良好的咨询服务，并愿意继续寻求咨询；创业咨询师应感觉得到了信任和尊重，并高兴再次为该客户提供咨询。

3. 结束咨询服务的工作要清楚，处理要利落

创业咨询师在结束咨询服务时，首先必须明确表明哪些工作在什么时间结束。要结束的工作要明确标明，并通知相关人员提前做好准备；未结束的工作要备案，并要由专人负责该项工作。确定了结束时间，创业咨询师要严格按时间进度规划工作，不能因为一两项工作就导致整项工作延迟。

结束咨询服务的工作处理要利落，不要拖泥带水，即创业咨询师该结束的工作要彻底撤出，该移交的服务结果要完全移交，对于需要继续提供服务的工作要备案，并设专人负责。不允许咨询项目组撤出后，有部分创业咨询师未经创业咨询服务机构的同意还在擅自以创业咨询服务机构的名义继续服务。

4. 避免咨询服务停留的时间超过客户的需要

在一些咨询项目中，创业咨询师可能因为某些原因而使咨询服务停留的时间超过了客户的需求。虽然从某种角度看，这样也是对客户负责的一种表现，但许多咨询师认为停留时间超过需求是违反行业习惯的，并且会损害创业咨询师的形象。一般情况下，创业咨询师应当自行把握咨询服务的进度，确定咨询服务结束的时间，尽量避免客户向创业咨询师提示结束咨询服务。尤其在客户提出结束咨询服务的要求时，创业咨询师不应过多停留，要及时与客户协调，必要时结束咨询服务，毕竟客户是咨询服务的委托方，其应当具有是否继续提供咨询服务的最终决策权。

五、咨询服务总结报告

一套比较完善的咨询服务管理系统应当要求创业咨询师在完成咨询服务后提交咨询服务总结报告。咨询服务总结报告通常由咨询服务项目组负责人完成，其内容相对创业咨询师向客户提供的报告较简单。咨询服务总结报告的具体要求包括如下内容：

1. 咨询服务总结报告的构成要素

咨询服务总结报告会因为咨询服务的内容和范围的不同而异，但大多数咨询服务总结报告应当包括以下要素：

（1）咨询项目组成员

咨询服务总结报告的开头首先应当点名参与咨询服务的项目组成员，明确其各自的分工。

（2）咨询服务目的

咨询服务的目的是创业咨询师开展咨询服务的出发点和落脚点，其一切行为的首要目的是要保证咨询服务满足客户的需求。在咨询服务总结报告开始部分确定咨询的目的，为后来的咨询服务评价提供了最基本的判断依据。

在撰写咨询服务的目的时一定要明确、突出，存在多个目的时，要体现一定的逻辑性和层次性。最重要的是咨询服务的目的一定要依据客户的需求。

（3）咨询服务方案简述

在咨询服务过程中，创业咨询师往往需要向客户提交咨询服务方案书，这是咨询服务中的重要资料，因此创业咨询师在编制咨询服务总结报告时应当简述咨询服务方案的重点内容，或者将服务咨询方案作为附带材料。

（4）咨询服务工作情况

影响咨询服务结果最重要的两个因素是咨询服务的工作情况和咨询服务方案的质量。咨询服务的工作情况是客户能获得的对创业咨询师最直观的感觉。在咨询服务总结报告中表述咨询服务的工作情况，一定要站在客户的角度观察、分析，并要说明咨询服务的各阶段安排，以及各个阶段服务的主要活动。

（5）咨询服务结果

咨询服务结果通常可以与咨询服务的工作情况结合来写，即在叙述各个阶段服务的主要活动后，便直接对该阶段的服务效果进行评述。咨询服务效果也可以单独说明，但无论采取哪种方式，咨询服务总结报告撰写者都不要忘记对咨询服务的总体结果进行说明。

（6）咨询服务评价

在服务质量评估阶段已经执行了相关的评估工作，并编制了服务质量评估报告。因此，咨询服务总结报告的这部分内容可以参考服务质量评估报告编写。但是，咨询服务总结报告的撰写者可以不局限于此，可以拓展评估的范围，例如增加对创业咨询师工作的评价，从创业咨询师独立工作，以及与客户合作两个方面进行评价。但无论对咨询服务哪些方面进行评价，评价都一定要中肯。

（7）咨询服务的改进建议

通过对整个咨询服务项目的回顾、分析，创业咨询师可能发现许多潜在的问题，以及咨询服务中的一些可改进之处。创业咨询师应当在咨询服务总结报告中提出对该项咨询服务的改进建议。即使这些改进建议可能不被采纳，但是如果能够在咨询服务总结报告中说明，便可利于以后类似咨询项目的改进。

在说明咨询服务的改进建议时，要注意与咨询项目的实际情况相联系，避免夸夸其谈，咨询服务建议不切实际。

2. 咨询服务总结报告的编写格式

咨询服务总结报告一般是作为创业咨询服务机构内部资料保存，其格式要求没有其他报告严格。创业咨询师编写咨询服务总结报告要侧重将重点内容说明清楚，表 6—4 是一般咨询服务总结报告的编写格式。

3. 咨询服务总结报告的表述要求

咨询服务总结报告的水平高低主要取决于前期咨询工作的好坏，也与表述的水平高低有关系。为保证咨询服务报告的质量，在表述中应注意以下几点：

（1）主题明确，关键问题突出

表 6—4　　一般咨询服务总结报告的编写格式

咨询服务总结报告封面	1. 咨询项目名称 2. 总结报告撰写者姓名 3. 咨询项目参与人员 4. 报告日期
咨询服务概括	1. 客户的基本情况 2. 咨询服务的目的 3. 咨询项目的范围
咨询服务方案简述	1. 问题诊断过程 2. 将咨询服务方案的重点内容作简要叙述
咨询服务的工作情况	1. 咨询服务的工作安排 2. 咨询服务各阶段的主要活动
咨询服务结果	1. 说明各阶段咨询服务的结果 2. 咨询服务的总体结果
咨询服务评价	1. 创业咨询师工作的评价 2. 咨询服务成果的评价
咨询服务的改进建议	根据上述内容所暴露出来的问题提出改进建议，或提出创新性的工作建议

咨询服务总结报告一定要主题明确，关键问题突出。其中主题明确就是在咨询服务总结报告中提出的问题和解决问题的方案必须明确，不能给人似是而非的感觉。

关键问题突出强调在咨询工作和撰写咨询服务总结报告时一定要将关键问题归纳出来，挖掘出来，要通过解决关键性的问题来实现整个局面的突破。否则，整个咨询工作将陷入解决烦琐的表面问题，咨询服务缺乏建设性。

（2）表述要具有逻辑性

好的咨询服务总结报告必须有严谨的逻辑性，应当让报告使用者有一种自然而然、顺理成章的感觉。要使报告具有严谨的逻辑性，应在管理诊断和文字表述上下足工夫。

良好的管理诊断能为咨询服务报告提供强有力的支持。如果报告能提供真实情况，一方面可以避免较多的主观成分，给人以信服的感觉，另一方面又可以体现咨询服务人员的工作质量，增加报告使用者对创业咨询师的信任。

文字表述上应注意段与段、句与句的衔接，论述时层次分明，论述有力。

（3）客观

编制咨询服务总结报告的重要目的之一是要对整个咨询服务作全面的评价。在编制的过程中，尊重事实、保持客观的态度是非常重要的。在实际工作中，可能部分创业咨询师对于咨询服务过程中出现的问题，如诊断错误、与客户发生矛盾等，进行了隐瞒，以美化自己的工作业绩。其实，创业咨询师在编制咨询服务总结报告时必须明确一点，工作业绩绝不是一份报告就能衡量的，咨询服务总结报告的目的不在于揭示问题，对不称职的创业咨询师进行惩罚，而是要在总结的基础上不断改善自己的工作业绩，向客户提供更优秀的服务。

（4）注意表现形式

咨询服务总结报告的表现形式也将影响其质量和规范性。创业咨询师在撰写咨询服务总结报告时，行文要尽量条款化，尽量采用简短的句子来表示。同时，为了使表现形式更加清晰，还可尽量使用图表等形式。

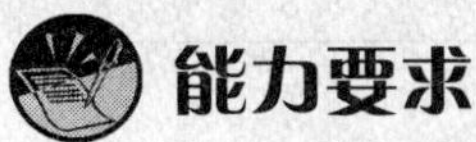

能力要求

结束咨询服务案例

结束咨询服务的主要工作内容包括：协商结束咨询，办理咨询项目验收，向客户提交咨询项目资料，人员撤出。下面结合一个案例说明结束咨询服务的工作内容。

T 创业咨询服务机构 200×年向 C 公司提供了改造生产—销售流程的咨询服务。经过 6 个月的工作后，咨询项目小组成员向负责人王某提出了结束咨询的建议，他们认为：C 企业的生产—销售流程改造已经基本完成，近期的工作评估结果也显示，C 企业的运作状况良好。王某也认为，既然咨询服务目的已经实现，创业咨询师应当及时撤出，这样一方面可以维持与客户的良好关系，另一方面创业咨询师还可以承担其他咨询服务。经过分析，王某召集咨询项目小组成员，要求大家做好结束咨询服务的准备工作。尚未结束的工作要抓紧时间；将要移交的工作，现在就要开始逐项移交。

决定结束咨询服务后，王某也开始准备各项结束咨询的书面资料。在询问了各创业咨询师工作完成情况后，王某正式启动了结束咨询服务的工作。

1. 协商结束咨询

王某首先向 T 创业咨询服务机构提出了结束咨询的申请。在申请书中，王某大体说明了整个咨询项目的完成情况，分析了提出结束咨询的依据。T 创业咨询服务机构在分析了结束咨询服务的申请以及咨询服务项目的书面资料后，同意与 C

公司协商结束咨询服务。下面是王某提交的结束咨询服务的申请书的格式：

封面

××公司咨询服务项目结束咨询申请书 申请人：王× 申请时间：200×年6月20日

扉页

咨询项目委托人：C公司 咨询项目开始日期：200×年9月20日　200×年6月30日 咨询项目负责人：王× 咨询项目组成员：刘××、王××、马××、赵××、李××、王××

一、咨询项目简介 该咨询项目是C公司生产—销售流程改造，项目开始于200×年9月20日。按照咨询服务项目协议的要求，我们的工作内容包括参与C公司现有生产销售流程的分析，协助设计新的生产—销售流程，协助C公司实现新旧流程的过渡。 C公司方面要求，新的生产—销售流程要达到以下几个指标：库存下降10%，单位产品生产时间下降15%，订单处理时间缩减10%以上，新的工作流程能承担公司下半年的设备改造后的工作压力。 为开展工作，我们调派刘××、王××、赵××等六人组成项目组，并由王×担任项目经理。

二、咨询服务结果

在咨询服务的过程中，我们采取了访谈、观察等方式获取咨询服务方案的支持资料。同时我们主动与C公司展开积极的沟通，制定和实施解决方案，并保持了良好的关系。根据C公司新的生产销售流程的数据，我们认为，此次咨询服务取得了如下成果：

1. C公司的单位产品生产时间平均缩短20%，抽样的产品次品率也出现明显的下降。

2. C公司库存水平较以前下降约20%，缺货率下降30%。调查显示分销商的满意度得到较大提高。

3. 订单处理时间缩短15%，订单处理步骤减少3步，处理准确性也有所提高。

4. 按照与C公司生产部门的测算，8月份将完成的生产设备改造将使生产能力提高20%，而初步估计，新流程可以承受生产能力提高30%。

5. C公司新建立的连接生产、销售、库存的计算机网络近6个月运行稳定，未出现数据错误和连接问题。

上述数据是根据近4个月的公司运行数据计算而得，该数据都已得到C公司方面的确认。

三、结论

通过分析C公司最近的运行情况，我们一致认为，咨询服务的目标已经实现。在此向总公司申请结束咨询服务，请总公司审查！

附件：1. 咨询服务协议　2. C公司运行报告　3. C公司关于运行报告确认函

2. 办理咨询项目验收

C公司在经过审查后，接受了咨询小组结束咨询的申请。C公司的有关部门分别派出人员和咨询小组商讨咨询项目结束工作，根据各项工作之间的关系和工作任务的完成情况，双方协商确定了咨询项目验收、移交的顺序。在后面的工作中，咨询小组为项目的验收和移交进行了以下工作：

(1) 评价是否满足验收要求

设计改进的工作，C公司的管理人员要与项目组成员共同评价是否达到了预期目的。

创业咨询师在C公司中承担了部分管理任务，则必须在移交之前已经由C公司人员接手其工作。

（2）验收、移交的工作内容

王某再三嘱咐咨询小组成员，必须将手中的工作和成果全部移交。各项目成员在完成验收和移交后，必须要求C公司方面的负责人签订验收报告。

张某负责为C公司在销售人员、生产人员和库存管理人员之间建立计算机网络，这样销售人员在销售时，直接可以看到库存有多少，不足的部分只要在计算机上稍加处理就可以直接传给生产人员。在这项工作完全移交给C公司之前，C公司调查了这套系统的稳定性和准确性。最终，C公司认同了张某的工作，张某看到C公司已经表示认可后，要求C公司出具了项目成果移交报告。

由于C公司原来缺少对销售人员进行绩效评价的人员，咨询员刘某便临时承担了该工作。但是刘某在工作开始之初便从C公司挑选了两名人事管理人员，指导他们进行工作。现在咨询马上就要结束了，刘某对两人的工作情况作了认真评估，认为他们在其离开后能够承担该工作。最后，刘某将C公司销售人员的所有资料全部移交给两人，并告知C公司以后将由两人承担该项工作。

3. 向客户提交项目资料

创业咨询师在服务过程中对各项资料重新进行了整理，将全部资料分为咨询服务直接资料和咨询小组内部工作资料。项目小组与C公司协商确定，咨询小组要将全部直接资料提交给C公司，但T创业咨询服务机构可以备份。咨询小组的内部工作资料则由T创业咨询服务机构占有。

4. 人员撤出

在完成项目验收和移交之后，创业咨询师要立刻撤出C公司。负责人王某认为C公司在整个咨询过程中，给予咨询小组的工作以莫大的帮助，因此他向各创业咨询师建议在离开时，要向C公司的相关负责人打招呼，并且一定要真诚地表达自己的谢意。事后，C公司的管理层表示：T创业咨询服务机构的创业咨询师在结束咨询的工作中，表现出了极大的责任心和专业精神，如果有机会，他们将继续选择T创业咨询服务机构作为合作伙伴。

学习单元 2　提供跟踪服务

学习目标

➢ 掌握跟踪服务的基本概念。

➢ 掌握跟踪服务的内容、对象和规范。

➢ 能够就已完成的咨询服务任务提供跟踪服务。

知识要求

一、跟踪服务的概念

跟踪服务是企业向客户提供咨询服务后所附带的各项免费服务的总称，是跟踪客户的重要工作内容之一。积极、有效地提供跟踪服务，满足客户的要求已经成为创业咨询服务机构在行业竞争中赢得竞争优势的一项重要手段。

1. 跟踪服务的特点

（1）免费性

咨询后续服务的内容可以分为收费服务和免费服务两个部分。跟踪服务是各项免费服务的总称，当然这种免费并不代表绝对免费。创业咨询师可以将预计的跟踪服务的费用计入到前期服务收费中，或者仅向客户收取一些差旅费等。而在收费服务部分，创业咨询师会向客户收取实施后续服务的费用，这些费用是独立于前期服务收费的。

（2）从属性

跟踪服务的从属性可以从咨询协议的内容和跟踪服务的内容两个方面理解。通常情况下，如果客户要求提供跟踪服务，而创业咨询师表示同意，或者所实施的咨询项目需要相应的跟踪服务的支持，那么在咨询协议中就会出现相关跟踪服务的条款，这些条款在协议中可以作为补充条款。

跟踪服务所提供的服务内容与前期服务具有极强的相关性，是前期服务内容的延伸和补充。创业咨询师开展跟踪服务，通常是基于前期服务的内容、效果而对跟踪服务进行计划、实施、评估。

2. 跟踪服务的意义

跟踪服务对于实现咨询目的、提高客户满意度具有重要意义。对于创业咨询师来说，跟踪服务具有以下作用：

（1）更好地实现咨询项目的目的

在咨询项目的前期工作中，经常会存在许多尚未发现的问题，或者需要在后续执行过程中解决的问题，如果这些问题不能很好地解决，会对整个咨询项目的结果产生不利的影响。因此，为了更好地实现咨询项目的目的，创业咨询师应当开展跟踪服务，保证项目的顺利执行。

（2）消除客户的顾虑

通常情况下，咨询项目在执行过程中因为未预知事情的发生或各种制约条件等都使得客户对咨询的结果产生怀疑，甚至动摇是否继续执行。在这种情况下，如果创业咨询师能够及时与客户沟通，提供积极的跟踪服务，不仅可以消除客户的顾虑，而且可以在创业咨询师和客户之间建立相互信任的良好关系。

（3）竞争的有力武器

现代咨询业的竞争也越来越激励，能否提供令客户满意的咨询服务，也成为咨询业竞争中能否赢得竞争优势的一项重要因素。毫无疑问，跟踪服务在提高客户满意度方面，因为其免费性、从属性，能够发挥更好的效果。

二、跟踪服务对象

理论上讲，创业咨询师的所有客户都可以成为跟踪服务的对象，但是跟踪服务通常是企业免费提供的服务，因此开展大量的跟踪服务将耗费大量的人力和财力，而且如果在跟踪服务中没有针对性，提供的服务缺乏专业性，跟踪服务反而会影响到客户的满意度。因此，在确定跟踪服务对象时，创业咨询师应当考虑各方面因素，与客户进行全方位沟通，获取客户的信息，最后确定跟踪服务的对象。创业咨询师在确定跟踪服务的对象时应考虑如下因素：

1. 是否与客户存在跟踪服务协议

在很多咨询服务中，创业咨询师与客户的咨询协议中都明确规定了创业咨询师需提供跟踪服务，或者创业咨询师在服务前已经公开承诺将提供跟踪服务。在这种情况下，创业咨询师服务的客户都将成为跟踪服务的对象。

2. 服务项目开展的难度

服务项目开展的难度含有两方面内容：前期服务项目和跟踪服务项目。

前期服务项目难度较大时，创业咨询师通常需要在确定咨询协议时向客户承诺相应的跟踪服务。对于前期服务难度较大的咨询项目，在提供服务时往往有许多复杂的关系和无法预见的情况，因此，创业咨询师有必要提供跟踪服务，以逐渐理清客户的各种关系，协助客户处理项目执行过程中的问题。

跟踪服务项目的难度也将影响到创业咨询师对跟踪服务对象的选择。对于跟踪服务项目难度较小，而且对于实现整个服务项目目的具有积极意义的，创业咨询师应当提供跟踪服务。如果跟踪服务项目难度较大，涉及面比较广，创业咨询师开展跟踪服务需要耗费大量的人力、财力，创业咨询师应慎重考虑是否确认为跟踪服务对象。在后一种情况下，创业咨询师可以考虑向客户建议开展新咨询，或提高咨询费用。

3. 跟踪服务的成本和收益

跟踪服务一方面将消耗创业咨询师的精力、财力，另一方面也会产生一定的效果，因此，在确定是否提供跟踪服务时，创业咨询师应当对成本和收益进行权衡。当跟踪服务所取得的收益大于成本时，则开展跟踪服务是可行的。反之则不可行。但需要注意的是，跟踪服务不可行并不意味着创业咨询师可以不进行跟踪服务，确定是否进行跟踪服务还要受到其他因素的影响，例如服务协议中明确规定需要提供跟踪服务，即使跟踪服务不可行，创业咨询师也应当提供跟踪服务。

三、跟踪服务的内容

创业咨询师确定跟踪服务的内容需要根据跟踪服务对象、跟踪服务的目标、前期服务的内容来确定。因此，每个项目的跟踪服务的内容具有较大的区别，这里介绍跟踪服务中常见的三个内容。

1. 辅助的员工培训

跟踪服务中的员工培训侧重于提高员工对工作的熟悉程度，提醒员工注意工作中的一些问题。一般情况下，跟踪服务中的培训应避免长时间、大范围、深层次的培训，更应当注重提高培训对象和内容的针对性。这与传授技能、思想等的后续服务的培训存在区别。

在咨询项目开展过程中可能暴露未预见的问题或前期咨询中未考虑的事项，对于这些问题，创业咨询师应当在分析问题出现的原因，双方协议内容的基础上，确定培训是作为跟踪服务的内容还是后续服务的内容。

2. 咨询资料的更新

咨询资料更新是指创业咨询师对咨询中使用的资料，如果在完成咨询后发生了变化，或出现了新的情况，创业咨询师应当及时通知客户。在咨询过程中，大多数决策都是依据现有的资料做出的，如果决策所依据的资料发生了变化，那么咨询中所提供的一些决策或建议就会发生偏差，因此，在跟踪服务中，创业咨询师应当及时向客户提供新的咨询资料，协助客户修正原来的咨询方案。

3. 执行过程中问题的解决

跟踪服务和后续服务与客户执行过程中的问题的服务内容是基本相似的，都是要解决客户在执行过程中可能出现的两方面问题：客户执行过程中的偏差；执行过程中出现的新问题。但跟踪服务是免费的、从属的，因此较之于后续服务，跟踪服务在是否提供和工作内容的选择上又有一些不同。

四、跟踪服务的规范

1. 跟踪服务制度

规范跟踪服务首先应当从制度上确立跟踪服务在日常咨询中的地位。跟踪服务制度最基本的内容包括：

（1）跟踪服务的执行人员

确定跟踪服务的执行人员时，要着重关注其两方面的能力：了解服务对象，足够的专业胜任能力。因此，跟踪服务的执行人员中应尽量包含参加前期服务的人员。确定跟踪服务的执行人员的一项工作内容是确定负责人，负责人的要求要比普通参与者的要求高，具体确定由哪些人担任负责人，还应当考虑咨询公司的人力资源状况和跟踪服务的情况。

（2）跟踪服务对象的选择标准

前面已经说明了服务对象的一些选择标准，但针对每个创业咨询服务机构来说，其标准应当更加详细，而且还要包括跟踪服务的审批机制。否则，不恰当或多余跟踪服务很有可能造成消耗大量成本却影响了整体服务的质量。

（3）跟踪服务的工作质量要求

创业咨询服务机构应当以制度形式确立跟踪服务的工作质量要求。跟踪服务的工作质量要求应关注两方面内容：跟踪服务所取得的效果或客户满意度，跟踪服务的成本。创业咨询服务机构确立跟踪服务的工作质量要求的基本思想是：为公司负责，为客户负责，努力以最低的成本实现最好的绩效。因此，确立跟踪服务的工作质量要求要将两方面相结合。

（4）跟踪服务的定期评估、报告制度

确定了跟踪服务的执行人员和负责人，创业咨询服务机构应当本着执行人员对其工作过程和工作结果负责的原则，对其保持相应的监督、检查。跟踪服务的定期评估、报告制度就是为了对执行人员进行必要的监督和检查而设立的。设立定期评估、报告制度时，应着重确定几个问题：报告人、报告对象、报告内容、报告时间。

2. 跟踪服务的质量标准

跟踪服务的质量将直接影响到客户对整个咨询项目的满意度，同时为了便于对创业咨询师的工作质量进行评估，应首先确定跟踪服务的质量标准。确立的跟踪服务的质量标准应首先满足整个咨询项目的质量要求，然后针对不同的跟踪服务项目分别补充各自的服务质量标准。创业咨询师可以从以下几个方面确立质量标准：跟踪服务行为的质量标准，跟踪服务方案的质量标准，跟踪服务内容的质量标准，跟踪服务结果的质量标准。

3. 跟踪服务的工作流程

一旦将跟踪服务作为一项制度确立后，即意味着创业咨询师将对许多咨询服务提供跟踪服务。因此设计一套标准化的跟踪服务的工作流程对提高跟踪服务的质量，降低跟踪服务的成本具有重要的意义。

一般来说，跟踪服务的工作流程包括以下几个步骤：收集客户资料，确定客户需求，拟订跟踪服务的方案，实施跟踪服务，评估跟踪服务。每一个步骤的工作内容将在案例中说明。

4. 跟踪服务的评估

创业咨询师开展跟踪服务消耗了相应的人力、财力，同时也将影响到客户的满意度，因此必须对跟踪服务进行评估。跟踪服务的特点与跟踪服务的评估有着密切的联系，同时也决定了其评估方法与后续服务评估存在区别，如跟踪服务具有免费性和从属性，因此创业咨询师不应开展成本较高的大范围评估，而且在很多情况下，创业咨询师很难区分跟踪服务的效果，因此不能如后续服务那样进行单独的评估。

对跟踪服务的评估，创业咨询师可以采取以下两种方法：

（1）单独对跟踪服务进行评估

当跟踪服务的效果能够单独确认时，创业咨询师可以单独对跟踪服务进行评估。采取这种方式，创业咨询师能够直接对服务的效果进行评价，其得出的结论也可以直接反映实际情况。

（2）仅对跟踪服务的工作进行评价

当跟踪服务的效果最终体现在整个咨询项目的效果中时，创业咨询师难以单独确认跟踪服务的效果，此时创业咨询师可以考虑仅对跟踪服务的工作情况进行评价，例如评价相关人员是否按照规定进行跟踪服务，跟踪服务内容是否合理，而对服务效果暂不作评价。

能力要求

实施跟踪服务案例

实施跟踪服务的工作内容包括：收集客户资料，确定客户需求，拟订跟踪服务方案，实施跟踪服务，评估跟踪服务。下面结合案例详细说明。

HL创业咨询服务机构是某市著名的咨询机构，去年，该创业咨询服务机构向刚创立的JK公司就销售部门的业务提供了咨询服务。根据当时咨询协议的规定，咨询方案执行后的一年内，HL创业咨询服务机构应当提供跟踪服务。前几天，HL创业咨询服务机构接到JK公司的通知，该公司的销售部门执行咨询方案时出现了一些问题，在通知中JK公司列举了一下问题：新设计的薪酬体系引起了员工的争议，销售部门产生了较多的应收账款，部分员工工作过程中常出现问题、业绩下降。希望HL创业咨询服务机构协助解决。收到此消息后，原来负责该项目的经理李某迅速召集了原来参加该咨询项目的成员，经过讨论确定：JK公司的要求属于咨询服务协议要求的跟踪服务范围，HL创业咨询服务机构应当无偿协助JK公司解决这些问题。于是，李经理决定由先前咨询项目组中的5名成员组成小组，协助JK公司解决这些问题。由于HL创业咨询服务机构有完善的跟踪服务制度，而且有详细的跟踪服务流程规定，5人小组根据预计的情况，对跟踪服务流程规定进行修改后便形成了本次跟踪服务的流程。以下是该5人小组的主要工作内容：

1. 与客户沟通，收集客户资料

5人小组首先与JK公司取得联系，要求对方提供一些销售部门运营情况的资料和数据，并希望能够对问题进行简单的描述。获得这些资料后，5人小组便对资料进行分析、讨论，同时，他们争取了创业咨询服务机构中有经验的创业咨询师的意见。几天的讨论过后，5人小组对JK公司的问题有了详细的了解，基本确定了问题产生的原因。但是，为了获得更详细的资料来验证先前的判断，5人小组决定进驻JK公司进行短暂的调研。到JK公司进行调研的人员要填制客户访问表。下表是客户访问表的部分内容。

跟踪服务客户访问表

日期：2008 年 10 月 25 日　　　　　　　　　　编号：080010

访问人	小李	访问地点	JK 公司销售部
访问客户	JK 公司销售部员工	访问日期	2008 年 10 月 25 日
访问要点	1. 新的薪酬体系是否合理？为什么 2. 比较以前的工作流程，你的工作绩效上升了吗？哪些因素影响了你的工作绩效 3. 针对目前的应收账款上升，你有什么看法		
访问记录	A 员工：对新的工作流程我并不非常清楚，而且我在工作中经常出现一些问题，这些问题在以前是不会出现的。因为这些问题，我这个月的绩效考核成绩降低了，奖金也没有了。我比以前更努力工作，可是却得到这样的结果，我觉得这对我不公平 B 员工：我们销售部门最基本的考核指标是销售量，销售量上去了，奖金也就多了。新的工作流程出来后，我们发现对信用额度的管理放松了。于是很多同事便只注重销售量，而放松了对信用额度的审查		
备注			

2. 确定客户需求

取得进一步的资料后，先前的判断大多得到了验证。但 5 人小组发现虽然他们确定了问题产生的原因，而且能够提出相应的解决方案，但是他们尚不了解客户的详细要求是什么，诸如实施跟踪服务后，销售部门运行的各项指标要求。为此，5 人小组向 JK 公司提议，双方派出相关人员就相关事项进行商讨，这样便于整个跟踪服务的开展。经过商讨，5 人小组认为销售部门产生上述问题主要是因为：

（1）部分员工对新工作内容有所生疏，使其在工作中遇到了很多问题。

（2）工作内容的调整加大了部分员工的工作量，但对岗位的薪酬调整太小。

（3）薪酬评价体系过分关注销售量，而且对客户的信用额度授权较以前有放松的迹象。

3. 拟订跟踪服务方案

类似于前期咨询服务，5 人小组拟订了服务方案并提交给 JK 公司一份，征求了对方的意见后，经过适当的修改，最终确定了跟踪服务方案。根据对 JK 公司销售部门的问题的分析，5 人小组在跟踪服务方案中确立了 4 部分内容：

（1）对部分员工进行培训，提高员工对新工作内容的熟悉程度，消除员工因工作中问题的增加而产生的工作量加大的感觉。

（2）对部分员工的工作内容进行调整，着重消除销售中信用额度授权不清的问题。

（3）与财务部门合作，对销售部门的部分信用额度进行调整，并加强对授权审批的监督。

(4) 与人力资源部门讨论现有的销售部门的薪酬体系，建议人力资源部门对其进行调整。提醒人力资源部门，创业咨询师在必要时可提供协助。

按照HL创业咨询服务机构跟踪服务制度的要求，5人小组将最终服务方案归入了整个咨询项目的档案中。

4. 实施跟踪服务

5人小组将服务方案提交给JK公司的相关部门，提醒做好必要的事先准备。即日之后，5人小组正式进入JK公司销售部门实施本次跟踪服务。在实施的过程中，5人小组会定期与JK公司高层和销售部门的领导就跟踪服务中双方存在的问题进行沟通、协商。另外，5人小组在每一部分工作实施后都会选择部分员工进行谈话，听取员工的意见。

5. 评估跟踪服务

JK公司新销售部门运行一段时间后，负责该咨询项目的李经理认为应当对跟踪服务进行评估，这样一方面可以分析跟踪服务给客户带来的效益，另一方面也可以对实施跟踪服务的人员的工资进行评价。于是李经理派出了另外2名创业咨询师，对此次跟踪服务进行评估。根据跟踪服务的内容，2名创业咨询师认为此次跟踪服务的效果是可以单独确认的，因此可以按照通常的评估咨询服务（见第1节）来执行。据此，2人提交初步评估方案报告后，便着手对跟踪服务进行评估。

学习单元3　提供后续咨询意见和建议

学习目标

➢ 掌握长期咨询的特点。

➢ 掌握长期咨询顾问的职责。

➢ 掌握长期咨询中客户关系处理的技能。

➢ 能够就客户后续经营中遇到的问题，提供咨询意见和建议。

知识要求

一、长期咨询的特点

长期咨询是咨询服务项目期限的延长。在咨询服务中，创业咨询师和客户可能会因为某些原因而以修改咨询服务协议等方式延长咨询服务的期限。长期咨询服务是后续咨询服务的一种形式，只是长期咨询服务是在咨询服务的基础上通过延长服务项目的期限以继续向客户提供服务。

相对于一般的咨询项目，长期咨询在整个咨询服务周期上要延长很多，往往其中又包括了许多的短期咨询项目。而且，一般的咨询项目都是针对客户的某项职能或某个部分开展的，项目涉及面不广。咨询服务项目期限的延长则可能需要创业咨询师长期与客户保持非常密切的联系，随时解答客户的疑惑，协助客户不断改进工作。长期咨询服务的特点主要在以下几个方面：

1. 咨询服务延长的期限一般较长

长期咨询中，项目延长的期限可能会较长以保证完成新的咨询服务目标。在这段时间内，创业咨询师将与客户展开密切的合作，需要按照咨询协议的要求持续提供咨询服务。

长期的咨询服务对于创业咨询师来说是一把“双刃剑”，一方面，它有利于稳定创业咨询师与客户的关系，使创业咨询师有充足的时间进行调查、提供解决方案、协助执行方案，同时也促使创业咨询师提供更专业的服务来保证长期咨询服务的继续。另一方面，长期咨询服务也会无形中减少创业咨询师和客户选择的余地，尤其当咨询服务的目标无法实现时，恶化的双方关系往往会给双方都带来损害。因此，双方宜分期签订咨询服务协议。

2. 涉及的内容较多

创业咨询师与客户签订长期咨询协议往往是一套综合解决方案，咨询服务项目比较复杂，执行周期比较长。显然，对于这类咨询项目，它所涉及的服务内容也较多。

长期咨询服务中，创业咨询师不可能在开始阶段便预料到所有的工作内容，许多工作内容都是随着工作的展开而逐渐呈现出来的。由于工作内容的不确定性，就涉及了工作薪酬的问题，这一点创业咨询师一定要事先和客户说明，并约定适当的薪酬支付方式。

3. 对创业咨询师的要求较高

长期咨询服务涉及的内容较多，且很复杂，因此必须要求创业咨询师能够应对各方面的问题。长期咨询中对创业咨询师的要求主要集中在以下几个方面：

（1）良好的理论基础

良好的理论基础是对创业咨询师最基本的要求。创业咨询师不仅要对各方面的理论都有全面的把握，如公司战略、人力资源、公司财务等，还要在某一方面有比较深的理解。

（2）丰富的咨询服务经验

咨询服务中会遇到许多意料之外的情况，此时丰富的经验对创业咨询师来说就显得非常重要。强调经验的重要性，也是在强调历史和积累的重要性。创业咨询师也要意识到利用经验绝不能忘记经验成立的条件，不能压抑创新。

（3）与客户沟通的能力

长期咨询中，创业咨询师要与客户长期相处，良好的沟通能力的重要性便不言而喻。

4. 与客户的关系对咨询服务的效果影响很大

与一般的短期咨询服务相比，与客户的关系对长期咨询服务的效果影响很大。咨询服务的效果一方面取决于创业咨询师的工作情况，另一方面取决于客户的执行情况。如果创业咨询师与客户的关系恶化，双方产生抵触情绪，不仅会极大影响到创业咨询师的工作热情，而且也会使创业咨询师的工作失去必要的支持。客户方面也可能缺乏对创业咨询师的信任，隐瞒信息，在执行过程中存在较多的疑虑。这一切都会对咨询服务的效果产生消极的影响。

长期咨询中，双方关系恶化也会导致长期咨询协议无法执行下去，如果双方没有改变现状的意图，那么只能终止咨询协议。

二、长期咨询顾问的职责

长期咨询顾问的职责类似于一般的咨询顾问的职责，只是长期咨询顾问的职责是咨询职责在时间上的延伸和重复，其更强调系统性、协调性、持续性。因为三级教程的有关内容中已经对此做了比较详细的论述，这里仅作简单说明。

（1）管理情况调查

任何一项咨询服务都应该从管理情况的调查展开，了解客户基本情况，分析客户的需求。但在长期咨询服务中，创业咨询师要注意一点：不能只通过一次的管理情况调查就去分析各个子项目，创业咨询师必须针对子项目的具体要求进行必要补充调查。还要关注长期咨询过程中情况的变化、演进。

(2) 向客户提供持续的解决方案

在许多长期咨询服务中，创业咨询师会在客户中承担部分管理事务，出席客户的重大会议。在这个过程中，创业咨询师需要对客户经营过程中的问题给予必要的提醒，对于客户提出的问题和疑惑，经过诊断提出适当的解决方案。

向客户提供持续的解决方案是创业咨询师在长期咨询中的价值体现，也是长期咨询服务一切工作的核心。如果创业咨询师没有令客户满意地提出解决方案，协助客户解决经营过程中的问题，势必会摧毁双方良好关系的基础，使长期咨询服务难以持续下去。因此，创业咨询师应当格外注意。

(3) 协助客户实施解决方案

创业咨询师比客户更了解解决方案，如果能够协助客户实施解决方案，可以极大地保证解决方案的执行效果，随时发现方案执行过程中的问题。而且，如果创业咨询师有类似咨询项目经验，则可以避免走很多弯路。

(4) 参与客户的部分日常管理

现在，在长期咨询服务中，创业咨询师经常会承担客户的部分日常管理活动。创业咨询师承担这些管理活动主要出于以下原因，同时也是创业咨询师在管理过程中应当努力实现的目标。一是为客户培养部分管理人员。客户的许多管理人员的能力不能满足工作任务的要求，或者对新工作内容、流程不够熟悉，此时创业咨询师承担部分管理活动，并提供必要的指导、培训，帮助客户实现过渡，这样在创业咨询师离开后，也能保证日常工作的正常开展。二是创业咨询师往往比客户更了解咨询方案如何执行，执行过程中应注意哪些问题。通过让创业咨询师承担部分管理活动，可以保证整个咨询方案的顺利执行。

(5) 处理与客户的关系

在咨询服务中，创业咨询师需要花费一定的时间、精力处理与客户的关系。在长期咨询服务中，咨询服务期限的延长将意味着创业咨询师将可能遇到许多意外情况，需要与客户进行更多的沟通、协商，因此，与客户关系的维持对咨询服务的继续和保证咨询服务质量异常重要。创业咨询师在长期咨询中要花费一定的时间来协调与客户的关系，具体地处理与客户关系的方法将在下一部分中讨论。

三、长期咨询客户关系的处理

在前面的讨论分析中可以看出，良好的客户关系对长期咨询服务的重要性。因此这一部分将探讨如何在长期咨询服务中处理好与客户的关系。

1. 把握客户的性格特点

创业咨询师要想与客户相处融洽，把握客户的性格特点无疑是一条良好的途径。创业咨询师在与不同性格的客户打交道的过程中，要区别对待，因人而异地采取恰当的态度。

（1）承认差别

在咨询工作中，创业咨询师经常会感到与客户在某些问题上无法沟通，无法理解对方的想法或者认为对方不可理喻。创业咨询师必须认识到一点，其与客户在经历和知识方面的差异经常导致思维方式和知识存在差别。因此，创业咨询师在工作中不能强求客户顺从自己的意见，所提供的咨询建议也应当根据客户的情况作出调整。

（2）求大同，存小异

在咨询服务过程中，创业咨询师需要就许多问题与客户进行协商、讨论，这一过程中，难免就会出现意见不统一的情况，甚至陷入僵局。解决这个问题时，创业咨询师一定要学会在不同之中，发现共同之处。通过与客户的沟通、讨论，尽量消除彼此之间的分歧，利用劝说、协调等方式，最终形成使双方都满意的结果。

求大同，存小异，要求创业咨询师不能因为与客户存在分歧便对客户产生看法，破坏与客户的良好合作关系。当分歧比较大的时候，创业咨询师必要时应当学会妥协，毕竟客户是整个咨询项目真正的委托人，作为受托人的创业咨询师应当尊重客户的想法。

（3）促进彼此了解

在一些长期咨询项目中，创业咨询师自始至终都与客户存在较大的分歧，与客户的关系一直处于不冷不暖的状态，于是导致创业咨询师需要花大量的时间去解决分歧，改善与客户的关系。究其原因，主要是创业咨询师在咨询过程中忽略了促进与客户的彼此了解。

在长期咨询中，创业咨询师需要长时间与客户打交道，这个过程中，创业咨询师一定要学会采取必要的行动促进彼此的了解。了解客户，不仅要了解客户的性格特点，更重要的是要了解客户的想法。同时，创业咨询师也要有技巧地将自己的想法传递给客户。这样创业咨询师才能更多地得到客户的理解，增强客户对创业咨询师的信任感。

（4）发现对方优点，取长补短

咨询服务中，许多客户在某方面比较欠缺，而且创业创业咨询师往往在咨询服务过程中会觉得客户存在许多缺点，进而在客户面前摆出一副专家的样子，对一些客户缺乏应有的尊重。创业咨询师，在咨询过程中可能发现了客户的许多缺点，正确的处理方法是对某些缺点，创业咨询师可以以朋友身份提示，但不宜涉及太深。更主要的是创业咨询师要发现客户的优点，包括在提供咨询服务和解决方案时，创业咨询师应将客户的优缺点考虑在内，尽量为客户提供量身定做的专业服务。

（5）学会容忍

创业咨询师在咨询过程中，免不了会与客户发生一些矛盾，存在一些分歧。有时在创业咨询师看来客户不讲道理、不可理喻，在面对这种情况的时候，创业咨询师一定要学会容忍，胸怀宽一些，气量大一些，要以大局为重。

学会容忍绝不是要求创业咨询师在客户面前唯命是从，忍气吞声。创业咨询师要坚定自己的原则。在某些问题上，为了维护客户的利益，一定要向客户阐明其中的利害关系，切不可为了保持与客户良好的关系而隐藏。需要提醒创业咨询师注意的是，如果创业咨询师发现客户私人生活的一些不良习惯，要能容得下，不可涉及工作以外的事情。

（6）讲究方式

咨询服务中，创业咨询师经常会发现，针对同一个问题，采取这种方式客户不会接受，如果换一种方式，客户便会欣然接受。这便涉及与客户沟通要讲究方式。但是讲究方式绝不是“见人说人话、见鬼说鬼话”的世故圆滑，也不是逢场作戏的玩世不恭。讲究方式强调在向客户提供建议时为了便于客户理解、接受，要针对不同人的性格特点，选择恰当的时机、恰当的方式、恰当的态度、恰当的语言向客户提出。

2. 注重在长期咨询的各个项目中都保持与客户的良好关系

长期咨询服务项目会包括许多子项目，如果每个子项目都达到客户满意，无疑创业咨询师开展后面的工作将得到更多的信任和支持。注重在长期咨询的各个项目中都保持与客户的良好关系，创业咨询师应当做好以下几项工作：

（1）了解客户的需求

在很多情况下，客户并不了解自己的需求，或者知道需求，创业咨询师却无法知晓。因此，创业咨询师必须与客户保持良好的沟通，了解客户的需求。而且，创业咨询师也应尝试站在客户的角度，分析客户的需求，在咨询过程中争取到更多的主动权。

（2）增加附加价值

一个良好的咨询服务项目应当为客户创造更多的附加价值，但要注意增加附加价值绝不是意味着提供更多的免费服务，而是要通过优秀的工作，超过客户期望地完成工作任务。向客户提供对其有价值、创业咨询师又很容易获得的资源，也是增加附加价值的重要方式。

（3）及时通告咨询服务的进程

让客户及时了解咨询服务的进程，告知客户在咨询服务中取得的成绩，并同客户开展评估，可以极大地促进双方的了解和信任。创业咨询师也要借此展示自己良好的工作能力，使客户对创业咨询师刮目相看，赢得客户的尊重，这样更有利于自己开展工作。

（4）处理好咨询服务中的坏消息

创业咨询师在处理服务过程中的坏消息时，要分情况灵活处理。如果坏消息不涉及客户或非常琐碎的小事情，创业咨询师就没有必要打扰客户，只需自行处理即可。如果坏消息将触及客户的利益，创业咨询师一定要在情况变复杂之前通知客户，万不可为了自身的利益而遮遮掩掩。

在处理咨询服务中的问题时，创业咨询师应当为客户提供积极的支持和帮助，必要时要参与其中，与客户共同解决问题。

3. 协助客户不断地改进，为客户的发展提供支持

发展可以掩盖矛盾。咨询服务中，客户与创业咨询师关系恶化往往是因为咨询服务并没有给客户带来预期的效果，使得客户对创业咨询师产生怀疑。因此，创业咨询师必须明确服务一定要使客户得到不断的改进，帮助客户走向优秀。

作为一名创业咨询师，要想在协助客户走向优秀的过程中发挥应有的作用，创业咨询师一定要独立于客户进行思考，对于客户的现状，以及客户在管理中设定的假设、条件保持一定的质疑。

4. 正确处理客户的抱怨

客户有时会不可避免地抱怨咨询项目的进度或质疑咨询服务的质量。对于客户的抱怨，创业咨询师不宜作出强烈的反应，因为许多抱怨是没有根据的或者是可以轻易解决的。事实上，能够获知客户在哪些方面不满意是非常有用的，因为创业咨询师能够了解客户的想法，及时发现存在的问题，使咨询服务的质量得到不断的改善。

处理客户的抱怨时，知道客户什么时候需要帮助非常重要，特别是抱怨是由创业咨询师的工作引起的，这一点就更重要了。

5. 鼓励客户参与到咨询项目中

在咨询服务过程中，只要可能，就应当鼓励客户参与到咨询项目中，就要与客户共同制定那些对项目有极大影响的重大决策。鼓励客户参与到咨询项目中，可以使客户感觉到自己是其中的一分子，这样就会消除抵触情绪。同时，客户在参与咨询项目的过程中，创业咨询师可以直接了解到客户的想法，促进双方的彼此了解。如此一来，创业咨询师可以与客户建立稳定的合作伙伴关系，有利于咨询服务项目的顺利进行。

能力要求

实施长期咨询服务案例

在长期咨询中，咨询服务期限的延长意味着更多的工作和责任。创业咨询师在长期咨询中主要的工作内容包括：管理情况调查，向客户提供解决方案，协助客户实施解决方案，参与客户的部分日常管理，处理与客户的关系。下面结合案例说明创业咨询师在长期咨询中的工作内容。

T 创业咨询服务机构于 200×年向 C 公司提供咨询服务，咨询服务将要结束时，C 公司认为其正快速成长，未来也有转型的可能性，因此管理中可能会遇到很多问题，希望能延长咨询服务时间。由于 C 公司正处于快速成长期，公司有良好的发展前景，因此 T 创业咨询服务机构也希望将其作为自己的长期合作伙伴。最终双方签订长期咨询服务协议，将原来的咨询服务延长 1 年，T 创业咨询服务机构将向 C 公司继续提供咨询服务。为了能够有效实施此项长期咨询服务，T 创业咨询服务机构专门选派该公司的创业咨询师王某作为该咨询服务的负责人，并由先前的创业咨询师组成咨询服务小组。

项目组成立后，王某认为有必要将各项工作落实到个人，经过讨论后，项目小组决定除少数人工作变动外，其他小组成员将继续承担先前的工作内容。具体的工作安排如下：

姓名	工作内容
王某	项目负责人，协调各方工作
小 A	负责向 C 公司销售部门提供日常咨询服务
小 B	负责向 C 公司生产部门提供日常咨询服务
小 D	负责向 C 公司财务部提供日常咨询服务
小 E	负责向 C 公司的物流工作提供服务
小 F	负责项目的日常资料管理

王某指出，针对日常的较小的咨询项目，各创业咨询师自主负责。当C公司要求的咨询服务内容比较复杂时，咨询小组将集体工作。

1. 管理情况调查

平时，咨询小组成员会定期前往C公司的有关部门调查。每次到C企业后，创业咨询师都会与有关部门领导进行交流，帮其解决管理中的困惑。咨询小组成员另外一个目的就是要调查C公司的管理情况。为此，T创业咨询服务机构提供了专门的表格，要求创业咨询师填制。

企业名称：C公司	部门名称：销售部
调查人：王××	调查日期：200×年2月20日
管理情况： 2月份的销售缺货率较前3个月上升20%。销售部门已经多次接到客户的投诉，主要问题集中在销售人员作出销售承诺后，在合同约定的期间内无法得到供货	
访谈记录： 销售人员：2月份是销售旺季，各主要客户都会增加供货要求，因为长期以来的供货关系，我们将首要保证他们的供货，但生产的扩大有限 销售部经理：我们现有的销售奖励体系比较单一，对客户提前预订没有相应的奖励机制，对客户存货也没有补贴激励措施。所以客户都现需现订，不会提前存货的	
建议： 对客户提前订货采取奖励措施，鼓励客户在旺季之前主动存货。编制企业的销售预测表，并与生产部门合作协调产销	

2. 向客户提供解决方案

咨询小组成员定期到C公司调查，在此期间，C公司的部门经理经常会就管理中的一些问题向创业咨询师请教，对于一些较容易解决的问题，创业咨询师通常只提供建议、指导，具体的实施过程都是由C公司人员进行的。有时，C公司的经理也会主动打电话向创业咨询师咨询一些问题。在这种情况下，按照T创业咨询服务机构的要求，除非很小的事情外，否则创业咨询师应当到C公司，现场向C公司的部门经理询问情况，提供建议。

3. 协助客户实施解决方案

由于参与此次长期咨询服务的人员都有较多的项目管理经验，他们对企业全局的把握能力要高于各个部门经理。因此，C公司的部门经理在实施一些改造项目时，都会邀请创业咨询师参与。

4. 参与企业的部分日常管理

在T创业咨询服务机构提供长期咨询服务后，C公司成立物流中心，主要负责C公司的库存管理、产品配送，以及原材料运输工作。由于C公司也是刚刚成立这个部门，经理是刚从外部选聘的，企业内部又缺少这方面的管理人才，因此C公司希望T创业咨询服务机构允许创业咨询师小E承担部分管理工作。为了最大限度地满足客户的需求，T创业咨询服务机构答应了该要求，但T创业咨询服务机构同时提醒小E不应过多干涉现任物流中心经理的工作，应主要提供辅助支持。

小E比物流中心经理来得早，对C公司的情况也更了解。因此，在工作中，小E更多的工作是协助经理工作。当然小E的另外一项工作是对物流中心的新员工进行培训。他定期会给物流中心的员工提供培训课程，也借此了解C公司物流系统的运作情况。

5. 处理与客户的关系

由于C公司是咨询公司的重要客户，因此王某从咨询一开始就意识到与客户保持良好关系的重要性。在日常工作中，王某会定期督促咨询小组成员检查与客户的关系，而且他也会经常到C公司的各部门去与部门经理和员工进行交谈，询问他们有关咨询服务的意见。

作为该项目的负责人，王某也必须尽量帮助咨询小组成员在开展工作时能够得到C公司方面的支持。为此，王某需要经常到C公司处与其高层管理人员沟通，就咨询服务中的问题和潜在问题交换意见，争取高层管理人员的认同和支持。

 学习单元 4　提供新的服务构想

- 掌握开始新的咨询服务的原因和条件。
- 掌握开展新的服务构想的来源。
- 掌握向客户表明新服务构想的技巧。
- 能够针对客户的后续问题，提出新的服务构想。

知识要求

一、开始新的咨询服务的原因

新的咨询服务是前期咨询服务结束后，咨询公司与客户重新签订咨询协议，确定新的咨询服务关系。新的咨询服务不同于跟踪服务，因为新的咨询服务是一项单独的咨询服务，与其他咨询服务项目是独立的，创业咨询师会根据咨询服务的具体情况向客户收取咨询费用。

在咨询服务结束后，客户与创业咨询师确立新的咨询服务关系通常有以下原因：

1. 客户业务的拓展，产生新的咨询需求

随着客户业务的拓展，或经营环境发生变化，使得客户必须对管理中的许多方面进行改进，以适应新的经营环境。如果先前的咨询服务使客户比较满意，那么客户可能会再次向创业咨询师寻求帮助。

2. 原来咨询服务的延伸

在系统性很强的咨询服务中，各项咨询服务都是分阶段展开的，后面的咨询服务都是在先前的咨询服务的基础上继续进行。例如客户的营销战略的咨询，创业咨询师可能分期分别对客户的物流系统、分销系统、促销等进行咨询。创业咨询师分阶段进行咨询服务，或者出于其工作能力的限制，或者因为后期的咨询服务必须在一定基础上才能取得良好的效果。

3. 创业咨询师推行一种新的管理模式

在研究、咨询过程中，创业咨询师经常会逐渐开发出新的管理模式，或者客户的管理模式落后，在这些情况下，创业咨询师往往会鼓励客户实行新的管理模式。如果新的管理模式能够满足客户的需要，并具有可行性，客户很多时候会被打动。当客户接受这种新的咨询服务后，新的咨询服务便产生了。

4. 原来的咨询服务未满足客户的要求

产生新咨询服务还有一种情况就是先前的咨询服务在后来的操作中被证明存在许多问题，客户希望创业咨询师采取必要的补救性的咨询。这种咨询在实际情况中并不多见，主要因为许多客户一旦发现先前的咨询服务并未达到预期的目的，便会对创业咨询师产生怀疑，他们会更倾向于另外聘请创业咨询师提供服务。

二、开始新的咨询服务的条件

创业咨询师开展新的咨询服务必须具备一定的条件，否则在咨询服务实施后才发现无法实现服务的目的，创业咨询师很有可能陷入解约、丧失信誉的尴尬局面。分析是否具备新的咨询服务的条件并非易事，通常需要有经验的创业咨询师作出判断，并要经过参与创业咨询师的讨论才能确定。下面列出了几项创业咨询师应当考虑的因素。

1. 与客户保持了良好的关系

与客户保持了良好的关系无疑是开展新的咨询服务的重要条件。如果创业咨询师与客户在上一期的咨询服务中关系恶化，即使客户再次邀请创业咨询师提供服务，创业咨询师也要花费较多的精力来改善双方的关系，或者在一种并不友好的氛围中工作。很难想象创业咨询师能够提供出色的咨询服务。

创业咨询师在确认新的咨询服务时需要考虑先前咨询服务的情况。面对很难相处的客户，如果没有有效的方法妥善处理双方的关系，创业咨询师应当慎重考虑是否承接咨询服务。

2. 创业咨询师能够胜任新的咨询服务项目

创业咨询师向客户推销新的服务构想，首要分析的问题是创业咨询师的胜任能力。如果创业咨询师在未考虑其胜任能力或过高估计自己的能力的情况下，便承接了客户的咨询服务，则很有可能陷入到解约或寻求他人帮助的尴尬境地，但无论哪种情况，都意味着要付出较高的成本，损害咨询公司的声誉。

3. 新咨询服务能帮助客户改进经营管理

俗话说“发展可以掩盖矛盾”，在新咨询服务中也透视着这一道理。新的咨询服务最好能够使客户迅速觉察到经营管理得到改善，这样新的咨询服务才能继续顺利开展下去。否则，客户很可能在只见成本、不见成效的情况下放弃新咨询服务。

三、新服务构想

新服务构想的产生有多种方式，而且每一种方式背后的机制又存在较大的区别。归纳起来，根据新服务构想的产生方式的不同将其分为：升级型、潮流型、研究型和随机型。

1. 升级型

客户所面临的经营环境发生变化，会通过一定的渠道传递到企业内部，造成管理上的不适和经营业绩不如预期。创业咨询师需要根据新的环境要求提出解决方案，根据新的需要对原来的咨询服务进行改进，此时新服务构想称为升级型服务构想。

升级型服务构想体现了企业积极适应环境的自觉性，这种服务构想的触发点往往是客户的状况因为经营环境的变化而发生恶化，因此这种服务构想产生又具有一定的被动性。在这种情况下，创业咨询师把握问题的能力是决定服务构想质量的关键因素。创业咨询师努力的目标是帮助客户扭转被动局面，重新在经营中掌握主动权，当然这要求创业咨询师的服务构想具有创新性，要从根本上解决问题。

2. 潮流型

在某个阶段，通常都有一种管理或销售方式能引起众多企业的关注，客户也不例外，客户可能因为需要或单纯为了追求潮流也要求创业咨询师提供有关方面的咨询服务，此时新服务构想称为潮流型服务构想。

潮流型的服务构想主要体现了创业咨询师迅速学习，把握新事物的能力。一名优秀的创业咨询师必须具有对新事物敏锐的洞察力，能够迅速发现新的管理方式、商业方式对企业带来的冲击和机遇，同时通过学习能够迅速把握新事物的核心内容、实施条件等要素。唯有如此，创业咨询师才能够成功地将一种新的管理方式或商业方式推向客户，或者应客户的要求，提供专业的咨询服务。

在有些情况下，客户追求潮流型的服务构想是没有经过深思熟虑的，客户并不了解这种服务到底能够给企业带来什么，也不清楚企业是否真的需要。在这种情况下，创业咨询师只需将服务构想向创业咨询师作细致说明，至于最终的决策权应当交给客户。

3. 研究型

现在的创业咨询服务机构通常都具有较强的分析能力，而且创业咨询师在与客户的长期交流过程中，随着掌握的资料增多和系统性的分析，都会对客户的咨询服务产生新的构想，这一类的服务构想可以称为研究型服务构想。创业咨询师对客户持续进行分析研究的目的就是要通过了解客户的历史，把握客户的现状，最终达到预测客户未来的目的。因此，研究型的服务构想要解决的关键问题是确定企业的发展方向。

与升级型服务构想相比，研究型的服务构想更富有主动性。通过创业咨询师和客户的积极思考，主动发现管理中的潜在问题和危机，主动干预，做到未雨绸缪。但很多企业并不会主动接受研究型的服务构想，因为实施研究型的服务构想会产生一个问题——成本是现实的，收益是潜在的。如果客户没有长期的战略发展观，那么从现在看来，研究型的服务构想是没必要的。

4. 随机型

随机型的服务构想是创业咨询师无意中形成的服务构想。随机型服务构想与其他 3 种服务构想最大的区别是其并没有明显的产生依据，但是往往具有创新性。当然，随机型服务构想也有其产生的基础，例如足够的知识、丰富的经验，很难想象一个没有足够知识和经验的创业咨询师能够提出可行的服务构想。

随机型服务构想往往是创业咨询师在没有深刻调查的基础上提出的，不免在可行性方面会存在一些欠缺。因此，创业咨询师在实施随机型服务构想之前一定要对实际情况进行调查，对服务构想中偏离实际情况的部分进行修正，只有当随机型服务构想具有可行性时，创业咨询师才可以建议客户实施。

四、向客户表明新服务构想的技巧

在创业咨询师向客户提出服务构想时，客户通常会对创业咨询师持有怀疑态度，因此创业咨询师主动提出服务构想时，如何让客户了解、接受服务构想，创业咨询师应掌握一些表明新服务构想的技巧。

1. 证据充分

创业咨询师在提出新服务构想时，要提供充分的证据来支持其观点。创业咨询师可以向客户分析其现在存在的问题，将各个问题与服务构想中的建议结合起来，使客户认为创业咨询师是做过充分调查和分析的。如果服务构想创新性较强，给客户带来的收益也不明显，创业咨询师可以提供其他类似企业实施后所取得效益为证据。

2. 方案可行

客户在收到创业咨询师的新的服务构想后，都会对其可行性进行评价。新服务构想再好，如果在客户看来不具有可行性，也不会被接受。因此，创业咨询师在提出新的服务构想后都要对方案的可行性进行评价或根据客户的情况进行调整。针对新服务构想，创业咨询师首先要能够说服自己，否则，是很难会让客户心动的。

3. 效益明显

创业咨询师要思考客户接受新服务构想的原因，即新的服务构想能够给客户带来哪些利益。一般来说，对于效益比较明显的服务构想，客户比较容易接受，而且也会给客户带来实施服务构想的动力。因此，创业咨询师在表明新服务构想时，一定要向客户展示提供咨询服务所能获得的效益。不过，创业咨询师要注意不要为了让客户接受其服务构想，而展示一些不切实际的效益，迷惑客户。

能力要求

向客户提出新的服务构想案例

向客户提出新的服务构想主要包括：收集资料；提出咨询服务构想；问题诊断，提出解决方案；实施解决方案；方案评估。下面结合案例说明创业咨询师提出新的服务构想的过程。

A创业咨询服务机构曾于199×年向新创建的公司C提供咨询服务，服务的目标是解决C公司生产和销售的协调问题。通过该咨询服务，C公司的生产人员和销售人员之间的抱怨明显减少，也使得C公司在实施后的几个月内，效益有了明显改善。但近日，A创业咨询服务机构的刘经理在与C公司高层管理者的聊天中了解到该企业的销售人员抱怨生产人员生产太慢，经常获得订单后，却发现没有存货，而且企业销量增长乏力。凭借多年的咨询经验，刘经理基本已经确定C公司的问题所在，同时一个服务构想也浮现出来。回来后，刘经理找到咨询师马某，希望他抽调部分创业咨询师组成咨询小组，对C公司现在的情况进行调查，并向C公司提出新的服务构想。

1. 收集资料

由于尚未与C公司确定咨询服务关系，咨询小组无法直接从C公司方面获得客户的信息。为此，马某动员咨询小组利用已有的关系网络，尽可能收集更多的C公司信息。咨询小组主要通过下列途径收集资料。

(1) 公开的书面资料

马某首先向公司申请调出了以前C公司咨询项目的有关资料。马某想通过对这些资料的分析，获取一些导致C公司现状的原因。同时，咨询小组成员也分头利用媒体、商界的关系，收集C公司公开的运行状况资料。

(2) 与C公司的有关人员约谈

在前期的咨询项目中，创业咨询师与C公司的管理人员保持着良好的关系。于是咨询小组便主动拜访C公司的一些管理人员。虽然没有表明拜访的目的，但咨询小组成员在谈话的过程中旁敲侧击地收集到了一些C公司资料。

2. 提出咨询服务构想

根据收集到的资料，咨询小组分析发现：由于C公司在设立之初，就将销售和生产混在一起，销售人员看着库存卖货，生产人员看着库存生产。两类员工的奖全都和销售量挂钩。但是近两年，企业的销量不断增加，该产品的市场异常好。于是经理便要求销售人员扩大销量，但由于销售人员和生产人员都习惯了以往的方式。在压力下，销售人员经常使库存保持在零，刚开始生产人员还加班工作，但时间长了他们发现再努力工作，库存还是零，而且生产人员认为销售量上升，其绩效工资却没有销售人员的高，觉得不够公平。慢慢地，生产人员放弃了努力，便出现了推诿、抱怨，销售量却上不去的情况。

确定了 C 公司的问题所在，马某要求咨询小组要互相合作，迅速拿出咨询服务构想。为了使咨询服务构想更可行，而且能打动 C 公司，马某将完成的咨询服务构想首先在公司内部邀请部分有经验的咨询师进行点评。经过几轮的修改后，咨询小组初步确定了咨询服务构想。

马某将最后的咨询服务构想书交给了刘经理，希望其能够与 C 公司的高层管理人员沟通，劝说 C 公司听取咨询小组的咨询服务构想报告。经过多天的沟通、协商，咨询小组终于有机会将服务构想向 C 公司高层展示。在咨询服务构想报告过程中，咨询小组详尽地展示了 C 公司现在的状况和可行的解决方案，并回答了 C 公司高层的问题。最后，在听完整个服务构想报告后，C 公司方面的高层管理人员当场决定聘请 C 公司执行此次咨询服务。

3. 问题诊断，提出解决方案

虽然 C 公司接受创业咨询服务机构的服务构想，但马某很清楚要真正有效地协助 C 公司解决目前的问题，提出更有效的解决方案，单凭前面的资料是远远不够的。于是他向 C 公司提出，希望 C 公司允许咨询小组成员到 C 公司再进行认真调查，以保证解决方案更可行。在获得 C 公司方面的同意后，创业咨询师到达 C 企业后，马上开展下列工作：

(1) 问题诊断

咨询小组成员在销售人员和生产人员之间展开了广泛的访谈，向他们说明企业现在面临的问题，听取他们对这些问题的看法。在调查过程中，咨询小组听到的抱怨主要有：“我们的销售要看生产情况，上级又催我们扩大销量。我们陷在中间也不好过，总不能去拿一些无法付货的订单”；“销售那帮人经常来催我们，说经理要扩大销量，销售是他们的事，跟我们没关系”。

从访谈中，创业咨询师隐隐约约觉察到了产生问题的原因，于是创业咨询师从

C公司经理王某那里获得了现在的企业运作流程图，包括企业的组织结构图。

（2）提出解决方案

咨询小组认为要解决现在的问题，C公司的组织结构和绩效考核等多方面都要重新设计。而这首先要争得客户的同意，为此咨询小组并没有立即拟订解决方案，而是采取先向王经理说明原委，建议C公司采取创业咨询师服务构想。一段时间后，C公司表示接受咨询小组的建议。至此，咨询小组便着手拟订解决方案。最后的解决方案最主要的部分包括：

（1）将销售和生产分开，分别设立独立的部门

分开的首要目标是使销售不再受制于生产，从而销售人员在销售决策上有更大的决策权，为绩效考核体系的改革创造条件。

（2）重新设计销售和生产的绩效考核体系

消除生产部门也以销售额作为考核指标的先前做法，分别为新的销售部门和生产部门设计绩效考核体系。

（3）在分离后的两个部门之间建立规范化的工作流程

这是对先前咨询服务的修正、升级。

（4）有计划地扩大生产能力

不可否认，C公司所产生的问题，一部分也是因为企业的生产能力的提高速度跟不上市场需求的增长速度。新组织结构一旦形成，销售部门的销量势必会大幅度提高，此时如果生产部门不能扩大生产，企业增长的计划也必将落空。

4. 实施解决方案

此次咨询服务的解决方案涉及面广，一旦方案实施起来，必然触及许多人的利益。而且，现在C公司正处于良好的发展之中，不能因为咨询服务而影响了企业的稳定发展。因此，咨询小组在实施解决方案的时候，向C公司提出以下几条实施建议：

（1）先定方案，后动人事；积极沟通，相互谅解。

（2）建立一个过渡性的组织，保证企业经营的顺利进行。

（3）该快则快，该慢则慢，不可操之过急。

（4）分阶段展开，定期评价。

由于C公司现在的规模尚不大，企业的员工对原来的组织和绩效考核也存在

较多意见。因此，方案执行过程中并没有遇到很大的阻力。经过近半年的共同合作，整个解决方案已经基本全部落实。

5. 方案评估

解决方案的执行取得了良好的效果，但咨询小组仍希望能够对该咨询项目的成果作出更细致的评价，而且C公司也需要对新企业有全面的了解。双方决定共同对方案的实施效果进行评估。

参考文献

1. 陈德智. 创业管理. 北京：清华大学出版社，2007

2. 杜跃平主编. 创业管理. 西安交通大学出版社，2006

3. 韩国文. 创业学. 武汉大学出版社，2007

4. 欧阳卓飞. 市场营销调研. 北京：清华大学出版社，2006

5. 李玉周主编. 轻松撰写可行性研究报告. 成都：西南财经大学出版社，2002

6. 周天华. 项目评估实务. 北京：中华工商联合出版社，2005

7. 颜世富主编. 培训与开发. 北京师范大学出版社，2007

8. 王成主编. 咨询顾问培训技能提升. 北京：机械工业出版社，2003

9. 谢晋宇. 企业管理培训. 成都：四川人民出版社，2008

10. 王燕. 培训管理入门. 广州：广东经济出版社，2006

11. 向春. 实效培训. 广州：广东经济出版社，2005

12. 国际劳工局. 管理咨询专业指南. 中国企业管理咨询公司译. 杭州：浙江人民出版社，1985

13. 常桦. 咨询师手册. 北京：中国纺织出版社. 2005

14. [美] 布洛克. 完美咨询：咨询顾问的圣经. 于凤霞译. 北京：中国劳动社会保障出版社，2003

15. 陈立华，李雪. 咨询的真相. 北京：人民邮电出版社，2007

16. [美] 维吉尼亚·拉格罗萨，苏珊·萨克斯. 找对方法做好咨询——世界顶尖咨询师积淀 30 年的经典培训资料. 莫燕萱，胡永国译. 北京：高等教育出版社，2004

17. 鲍春莉. 如何创办产业投资咨询公司. 北京：机械工业出版社，2003

18. 崔玉敏. 小公司病. 哈尔滨：黑龙江科学技术出版社，2002

19. 张百章. 小企业的创立和管理. 北京：经济科学出版社，2004

20. 郁义鸿，李志能，罗博特·D·希斯瑞克. 创业学. 上海：复旦大学出版社，2000

21. 韩庆祥. 教你做生意自学辅导——创业设计培训. 北京：中国人民大学出版社，2000

22. 李国强，苗杰. 市场调查与市场分析. 北京：中国人民大学出版社，2005

23. 龚曙明. 市场调查与预测. 北京：清华大学出版社，2005

24. 上海市职业技术培训指导中心等. 创业培训辅导教程. 北京：中国劳动社会保障出